【세종연구소 북한연구총서】 4

조선로동당의 외곽단체

세종연구소 북한연구센터 엮음

국립중앙도서관 출판시도서목록(CIP)

조선로동당의 외곽단체 / 세종연구소 북한연구센터 엮음.
-- 서울 : 한울, 2004
p. ; cm. -- (한울아카데미 ; 589)(세종연구소 북한
연구총서 ; 4)

색인수록
ISBN 89-460-3174-3 93340
ISBN 89-460-0115-1(세트)

339.0911-KDC4
366.0095193-DDC21 CIP2003001721

발간사

최근 북한연구는 연구분야가 더욱 다양화되고, 관련 학과가 여러 대학에 설치되면서 활기를 띠고 있다. 그러나 아직도 대부분의 북한연구가 정책 위주로 이루어지다 보니 기초연구의 축적이 미진할 뿐더러 연구방법의 과학화를 위한 시도들이 미흡한 것으로 생각된다. 이런 이유로 북한학계에서는 연구의 양적 증가와 함께 질적 성장을 위한 요구가 끊임없이 제기되어왔다.

이러한 학계의 요구에 따라 2002년 8월 세종연구소는 한국학술진흥재단의 기초학문지원사업에 힘입어 북한연구센터를 설립하였다. 그리고 정치학, 경제학, 법학, 문학 등 다양한 분야의 소장학자들을 초빙하는 한편, 연구소 안팎의 북한연구자들의 협력을 얻어 "북한체제의 지속성과 변화: 1945~2002"라는 대주제하에 부문별 기초연구에 매진하고 있다. 연구결과물은 총 7권의 '세종연구소 북한연구총서'로 발간될 예정이며, 올해 그 첫 결실 중 하나로 『조선로동당의 외곽단체』를 출간하게 되었다.

북한사회에서 조선로동당은 대중 통제를 위해 당조직을 이용할 뿐 아니라 다양한 형태의 외곽단체도 활용하고 있다. 이러한 점에서 조선로동당의 외곽단체에 대한 연구는 북한체제의 운영방식 및 대중통제 메커니즘을 파악하는 데 필수적이다. 세종연구소는 이미 1998년 조선로동당의 대표적인 외곽단체인 4개 근로단체를 연구하여 『북한의 근로단체 연구』를 내놓은 바 있다. '김일성사회주의청년동맹', '조선직업총동맹', '조선농업근로자동맹', '조선민주여성동맹'의 실체와 존재 의미 및 한계를 밝힘으로써 불모지나 다름없던 근로단체 연구에 기초 자료를 제공하였다. 아쉽게도 당시 연구는 1990년대 경제위기 후 근로단체의 기능이나 조직의 변화를 반영하지 못했는데 지금 내놓는 『조선로동당의 외곽단체』는 이런 점을 대폭 보완하였다.

더구나 이번 연구는 4개 근로단체 연구의 보완도 보완이지만, 이 근로단체들 외에 정당(조선사회민주당과 조선천도교청우당), 문화(조선문학예술총동맹), 경제(대외경제기구) 등을 포함시킴으로써 조선로동당의 외곽단체를 종합적으로 다루고 있다. 또한 시기적으로 1945년 해방 이후 현재에 이르는 전(全) 기간을 다뤄 '지속성'과 '변화'의 측면에서 외곽단체들의 변천과정을 일목요연하게 제시하고 있다.

무엇보다도 기초학문 지원사업을 통해 북한연구의 지평을 넓히는 데 도움을 준 한국학술진흥재단의 전폭적인 지원이 없었다면 이 연구서의 출간은 불가능하였을 것이다. 진심으로 깊은 사의를 표한다. 또한 이 책이 나오기까지 책임을 지고 많은 노력을 아끼지 않은 백학순 북한연구센터장을 비롯 참여 집필자들, 그리고 이 책의 출판을 기꺼이 맡아준 도서출판 한울에도 진심으로 감사드린다.

마지막으로 이 책이 북한연구의 기초연구에 밑거름이 될 뿐 아니라 우리 사회의 북한에 대한 관심과 올바른 이해를 도모하는 데 큰 도움이 되기를 바라마지 않는다. 연구자들과 정책입안자들, 그리고 일반인들의 일독을 권하는 바이다.

2003년 12월

세종연구소 소장 백종천

책 머리에

사회주의체제의 특징 중의 하나는 독특한 정당제일 것이다. 대부분 일당독재체제하에서 공산당이 여러 기제를 활용하여 국가기구, 군, 사회단체에 대해 강한 통제력을 가진다. 이런 점에서 북한도 예외가 아니다. 북한사회에서 조선로동당의 지위는 매우 강력하고 독점적이다. 국가기구는 당의 결정에 따라 정책을 집행하고, 당은 정치적 지도체계를 통해 군부를 장악하고 있으며, 또한 여러 단체와 '우당'을 통해 주민들을 통제하고 있다.

1990년대 이후 북한의 경제위기를 지켜보면서 드는 의문은 '왜 극심한 어려움 속에도 대중봉기가 일어나지 않는가' 하는 점이다. 조선로동당의 외곽단체들의 역할과 활동을 살펴보면 이런 의문에 대한 해답을 찾을 수 있다.

조선로동당과 주민들을 연결하는 대표적인 통제기제는 4개 근로단체이다. 김일성사회주의청년동맹, 조선직업총동맹, 조선농업근로자동맹, 조선민주녀성동맹이 연령별, 직업별, 성별로 주민들에 대해 다층적인 통제력을 가지고 있다. 그 외에도 조선로동당은 '우당', 문화기구, 경제기구 등 다양한 외곽단체들을 활용하여 사회 전 부문에서 체제유지에 필요한 통제력과 침투력을 가지고 있다.

이 연구서에서는 총 7개의 논문을 통해 조선로동당의 외곽단체를 부문별로 살펴보고 있다. 그 중 4개 근로단체에 대한 연구는 기존연구가 다루지 못한 1990년대 이후 상황을 상당 부분 보완하였고, 나머지 3개 외곽단체에 대한 연구는 이번의 연구가 최초의 연구라는 점에서 큰 의의가 있다. 이 연구들은 모두 북한체제의 '지속성'과 '변화' 차원에서 다음 세 가지 공통된 내용을 담고 있다.

첫째, 기존 사회주의권의 외곽단체와 비교를 통해 북한의 일반성과 특수성을 제시하였다. 둘째, 외곽단체의 역사적 변천과정을 정치·경제적 상황과 연관시켜 분석함으로써 동태적인 흐름을 보여주었다. 셋째, 조직체계 및 사업활동 내용을 시기·부문별로 검토하여 무엇이 '지속'되었고 무엇이 '변화'되었는가를 분석하였다.

제1장 「김일성사회주의청년동맹」은 특히 자료면에서 중요한 내용을 포함하고 있다. 1981년과 2002년 규약의 개정 내용을 처음으로 소개하였고 청년동맹의 조직체계와 사업활동에 대해 한층 세밀한 연구결과를 제시하였다.

제2장 「조선직업총동맹」과 제3장 「조선농업근로자동맹」은 1990년대 경제위기 이전과 이후의 기능 및 활동의 변화를 일목요연하게 제시하였고, 공장 및 기업소, 그리고 생산체계-당조직-근로단체(직맹 또는 농근맹)의 상호관계를 도표를 통해 세밀히 그려내고 분석한 점에서 중요한 공헌을 하고 있다.

제4장 「조선민주녀성동맹」은 여성학이나 사회학적 접근이 아니라 정치학적 접근을 통해 여성동맹을 분석하고 있다는 점에서 기존의 연구와 차별성이 있다. 또한 기관지 분석을 통해 맹원의 통제방식, 사업활동 등을 사례 중심으로 구체적으로 제시하고 있다.

제5장 「조선사회민주당과 조선천도교청우당」은 '우당'에 대한 최초의 본격적인 연구이다. 각 당의 이념 및 규약의 변화를 추적하고 조직체계도와 함께 당원교육 체계 및 교육방식을 처음으로 제시하였다. 특히 조

선사회민주당의 당 이념 변화는 흥미로우며 구체적으로 세세하게 기술된 조직 활동도 관심을 끌 만하다.

제6장 「조선문학예술총동맹」은 당-문화성-문예총 관계 분석을 통해 북한사회에서 문학 및 예술의 역할과 위상을 설명해주는 한편, 문예총이 창작 및 작품검열, 인민교양활동을 통해 어떻게 조선로동당의 기제로 활용되는가를 실증적으로 보여주고 있다.

마지막으로 제7장 「대외경제기구」는 경제기구의 구체적인 활동내용을 사실상 처음으로 정리한 것이라는 점에서 큰 의미가 있다. 특히 1990년대 이후 새로운 환경에 따라 이전 시스템과 새로운 시스템 간 충돌현상을 집필자가 실무에서 쌓은 인적 자료를 통해 설득력 있게 설명하고 있다.

북한연구센터가 빠른 시일 내에 자리 잡고 연구에 매진할 수 있도록 물심양면으로 도움을 준 백종천 소장님을 비롯한 세종연구소 여러분에게 깊이 감사드린다. 그리고 이 연구를 태동시키고 북한연구센터를 설립하는 데 큰 역할을 하였던 국가안전보장회의(NSC) 사무차장 이종석 박사와 이 연구의 진행과 편집을 맡아 수고해준 정성임 박사, 그리고 이 연구가 보다 원활히 진행될 수 있도록 도움을 준 석·박사 과정의 연구보조원들에게도 고마움을 표한다. 향후 이 연구를 바탕으로 학계가 기초연구에 대해 보다 큰 관심을 보이고, 연구자들 사이에서 한층 심화된 후속 연구가 나오기를 기대한다.

2003년 12월

세종연구소 북한연구센터장 백학순

차례

제1부 근로단체

제2부 기타 외곽단체

서장

정성임

해방 이후 북한체제는 무엇이 변화하고 무엇이 변화하지 않았을까? 북한체제가 어려운 가운데서도 붕괴하지 않는 이유는 무엇일까? 이에 대한 궁금증을 해결하는 데 여러 접근법이 있을 수 있다. 예를 들어 조선로동당의 기능 및 역할에 초점을 맞출 수도 있고, 조선인민군의 강력한 체제 수호자적 역할을 중시할 수도 있으며, 일반 주민들의 일상생활을 통해서도 파악할 수 있다. 그 중 당과 대중을 연결하는 '조선로동당의 외곽단체'의 분석은 이들 단체 자체의 지속성과 변화를 보여줄 뿐 아니라 북한체제의 통제방식과 조선로동당의 사회통제력을 가늠할 수 있다는 점에서 장점이 있다.

이러한 외곽단체는 북한체제에만 있는 독특한 조직이 아니다. 소련을 위시한 구사회주의국가에도 유사한 단체들이 존재하여 왔고, 이들은 공산당이 대중을 '지도'하는 핵심적인 수단으로 활용되어 왔다. 이들과 북한의 외곽단체들은 조직 및 활동 부분에서 유사성이 있으면서도 차이점을 가지고 있다. 북한은 지배체제와 이념, 그리고 정치·경제적 상황과 구조에서 구사회주의권과는 차이가 있기 때문이다.

조선로동당의 외곽단체는 크게 나누어 '단체'와 '우당'이 있다. 단체는 크게 두 유형으로 대별된다. 가장 대표적인 것이 4개 '근로단체(김일성사회주의청년동맹, 조선직업총동맹, 조선농업근로자동맹, 조선민주녀성동맹)'이다. 이들은 연령별, 직업별, 성별로 조직된 대중단체로 조선로동당의 '인전대'이자 '방조자', '후비대'로 역할하여 왔다. 당원이 아닌 북한 주민들 모두는 이들 4개 근로단체 중 하나에 속하게 된다. 만 14~30세의 청년들은 김일성사회주의청년동맹의 맹원으로 가입하며, 만 31세 이상은 직업에 따라 노동자와 사무직 등은 조선직업총동맹, 그리고 농민들은 조선농업근로자동맹에 각각 가입하며, 여성들은 조선민주녀성동맹에 가입하게 된다. 이들 단체들은 맹원 구성의 차이에 상관없이 모두 강력한 조직적 규율과 사상교양 속에서 맹원들을 당정책에 순응시키고 노력동원에 앞장서온 공통점을 가지고 있다.

또 다른 유형은 '사회단체'인데, 조선문학예술총동맹과 같은 사회문화단체, 조선아시아태평양평화위원회와 같은 대외활동단체, 그리고 통일전선단체, 경제단체, 종교단체 등이 있다. 이들은 인민들의 계급성과 혁명성을 진작시켜 그들을 당의 두리에 둘러 세우고 당의 과업 동원을 원활히 하는 역할을 하고 있다.

조선로동당의 우당으로는 '조선사회민주당'과 '조선천도교청우당'이 있다. 외형상 북한 정당제는 일당독재가 아닌 복수정당제이지만, 이들 '우당'의 역할은 대외 및 대남 선전, 그리고 대내적으로 주민들의 노력동원에 치중하는 등 조선로동당의 과업수행을 보조하는 데 지나지 않는다.

이러한 조선로동당의 외곽단체들은 해방이후 어떠한 변천과정을 겪어 왔을까? 북한의 정치·경제적 변화에 따라 이들은 역사적 전개, 조직, 그리고 활동면에서 지속성을 갖는 한편 일부 변모의 과정을 밟아왔다. 먼저 4개 근로단체들을 살펴보도록 하자.

근로단체의 대표적 조직인 김일성사회주의청년동맹(제1비서: 김경호)은 구소련의 공산주의청년동맹(공청)을 모델로 창설되어 사업내용에 있어서도 공청의 특징들 중 상당 부분을 현재까지도 계승하고 있다. 그런데 북한의 청년동맹은 초기에는 '당의 근로단체'로 출발하였지만, '수령(김일성)의 청년동맹', '수령의 후계자(김정일)의 청년동맹'으로 변모하는 등 당보다 수령에게 더 충성을 바치는 조직으로 변하게 되었다. 그렇다고 청년동맹이 당과 대중을 연결하는 '인전대'로서의 기능, 당의 '방조자 및 후비대'로서의 기능을 수행하지 않는 것은 아니다.

청년동맹의 역사는 1946년 1월 조선민주청년동맹 북조선위원회(민청)의 결성으로부터 시작되어 1964년 5월에는 조선사회주의로동청년동맹(사로청)으로 개편되었다. 1950년대 중·후반에 생산관계의 사회주의적 개조가 이루어짐에 따라 모든 청년들이 사회주의적 근로청년으로 되었기 때문에 그에 따라 조직 개편이 이루어지게 된 것이다. 그 후 사로청은 김일성 사후인 1996년 1월 김일성사회주의청년동맹(김일성사청)으로 바뀌어 오늘에 이르고 있다.

청년동맹의 기능은 세 가지로 요약된다. 우선 당의 사상교양단체로서 초기에는 청년들을 마르크스-레닌주의로, 나중에는 주체사상으로 무장시키는 역할을 맡고 있다. 또한 당의 방조자로서 청년동맹은 각종 경제건설과 문맹퇴치, 위생사업 등에 청년들을 동원하여 왔다. 그리고 당의 후비대로서 청년동맹은 군중 속에서 '핵심'을 키워내어 당 대열을 끊임없이 보충하는 역할도 담당하고 있다.

1990년대 초부터 북한이 당면하고 있는 대내외적 위기 상황은 청년동맹의 위상을 높이는 결과를 가져왔다. 북한의 대내외 상황이 전반적으로 악화되고 체제유지에 대한 불안감이 증대하자 북한지도부는 변화에 민감한 청년들을 체제의 핵심적 지지 세력으로 만들기 위해 특단의 조치를 취했다. 당, 군대, 청년의 3대 핵심세력을 중심으로 당면한 위기를 타파하겠다는 것이다. 당의 영도적 역할을 강화하면서도 군대를 '혁명의 주력군'으로, 그리고 청년을 '사회주의건설의 주력군'으로 내세우고 있는 것이다. 매년 1월 1일의 신년공동사설이 김일성 사후에는 당보, 군보, 청년보 공동 명의로 발표되는 것은 바로 이러한 특성이 반영된 것이다.

북한이 당면한 위기가 가까운 미래에 해결되기 어려운 만큼 김정일의 청년중시정치는 앞으로도 오랫동안 지속될 것으로 전망된다. 그리고 최근 북한에서 김정일의 후계자 결정을 예고하는 움직임이 나타나면서 가까운 장래에 청년동맹은 권력이양을 뒷받침하는 기구로 활용될 수 있을 것이다.

조선직업총동맹(직업동맹, 위원장: 렴순길)은 1945년 11월 창립 당시 조선노동조합전국평의회 북부조선총국으로 출범하여 나중에 조선직업총동맹으로 개칭하였다. 해방 이후 1950년대 말~1960년대 초까지 직업동맹은 우여곡절을 겪으면서도 노동자들의 권익보호 단체인 동시에 당의 외곽단체로서 기능하였다. 특히 한국전쟁 발발 이전까지 민족자본가들의 개인기업소 운영이 허용됨에 따라 이들 기업소에서 직업동맹은 자본가들의 노동법령 준수와 노동자들의 권익 침해 여부를 감독하는 기능을 수행했던 것이다.

그러나 그 후 직업동맹의 기능은 커다란 변화를 맞게 된다. 1956년 '8월 종파사건'을 계기로 노동자들의 권익보호를 주장하던 동맹의 지도부는 모두 숙청되었고, 1960년대 초 모든 공장 및 기업소가 국영화되고 '대안의 사업체계'가 도입되자 직업동맹은 기존의 노동 관리 및 감독 기능을 상실하였다. 당 위원회의 운영을 직업동맹이 감독하는 것은 있을 수 없으며 당 위원회와 직업동맹의 이해관계는 일치한다고 보았기 때문이다. 따라서 이제 직업동맹은 이전과는 달리 사상교양사업과 증산경쟁운동을 통해 당의 '방조자'이자 '후비대'로서의 기능만 수행하게 되었다. 즉 직업동맹은 출범이후 오늘까지 당의 외곽단체로 역할한다는 점에서는 지속성이 있지만 '대안의 사업체계' 후 노동 관리 및 감독 기능을 상실했다는 점에서는 변화의 측면이 있는 것이다.

1960년대 이후 직업동맹은 조선로동당의 외곽단체로서 '3대 혁명'의 완수를 위한 활동을 중점적으로 벌여왔다. 맹원들 중에는 노동자 외에도 사무원, 교원 등도 있기 때문에 직맹은 '사상혁명'을 통해 모든 맹원들의 노동계급화, 혁명화에 초점을 맞추었다. 그리고 '기술혁명'을 통해 공산주의의 물질적 요새를 점령하기 위해 중노동과 경노동, 농업부문과 공업부문의 노동, 정신노동과 육체노동 간에 차이를 없애는 데 주력하는가 하면 '기술혁명'의 성공적 수행을 위해 필요한 기술문화지식 습득을 위해 '문화혁명'도 함께 수행하였다.

1990년대 구사회주의권의 변화에 따라 직업동맹은 사상교양사업에 보다 초점을 맞추고 있다. '우리민족제일주의'와 '우리 식 사회주의제도'에 대한 맹원교육을 통해 '우리의 이념'과 '우리 식의 혁명방식'이 최고라는 신념을 강조하고 있는 것이다. 그러나 경제위기와 함께 주민들의 집단주의 정신은 약화되고 개인주의와 물질주의가 강하게 퍼지고 있다. 전기와 원자재의 부족으로 공장 및 기업소가 제대로 운영되지 못하고, 식량을 구하러 무단결근하거나 공장의 물품을 빼돌리는 상황 하에서 직업동맹이 이전처럼 증산경쟁운동을 벌이기란 어려우며 사상교양사업 또한 효과를 발휘하리라 기대하는 것은 무리라고 할 수 있다.

한편 농촌에서는 개인농을 중심으로 북조선농민련맹(1946년 7월 이후 북조선농민동맹)이 만들어졌다. 1965년 이후 북조선농민동맹의 발전적 해체와 동시에 출범한 조선농업근로자동맹(농근맹, 위원장: 승상섭)은 그 기반토대 면에서 이전과 질적인 변화를 보인다. 농근맹은 토지의 협동적 소유 혹은 사회주의적 소유에 토대를 두고 출범한 것이다.

이러한 조직기반의 차이점은 강령에도 그대로 나타난다. 북조선농민련맹 또는 북조선농민동맹의 강령에는 이 조직들이 농민들의 이익을 대표하며 옹호한다고 표방한 반면, 농근맹의 강령에는 이런 표현이 사라지고 대신에 조선로동당의 '방조자'이며 당과 농민대중을 연결하는 '인전대'라는 측면이 부각되어 있는 것이다. 그렇다고 1965년 이전 농민조직들이 농민들의 이익단체로만 활동하고 당의 외곽단체로서 역할을 하지 않았다는 것은 아니다. 당의 '방조자'로서 기능하면서도 당시 여건이나 혁명전략 때문에 그 성격을 전면에 내세우지 않았을 뿐이다.

또한 사업활동 내용에도 차이를 보인다. 북조선농민동맹은 북조선민족통일전선의 일원으로 빈농을 중심으로 지주와 부농에 대항하는 데 주력하였다면, 농근맹은 농민들의 계급의식을 노동자 수준으로 끌어올리고 농촌부문에서의 사상혁명, 기술혁명, 문화혁명을 추진하였던 것이다.

즉 북한의 농민조직은 어느 시기이건 모두 당의 외곽단체로 농민들이 당정책을 지지하고 수행하도록 동원하는 한편, 농촌경리의 발전 및 식량증산에도 앞장서 왔다. 그러나 1965년 이후 농근맹은 이익단체로서의 기능을 완전히 상실하고 사상교양사업 위주로 활동을 벌였다는 점에서 변화의 모습을 볼 수 있다.

1990년대 농근맹은 이전과 마찬가지로 '사회주의농촌문제에 관한 테제'를 철저히 실천하여 성과를 거두고 있다고 주장하고 있다. 그러나 북한에서는 경제적 위기와 함께 개인뙈기밭이 허용되는 등 토지의 개인소유화 경향이 나타나고 있다. 또한 김대중정부 출범 후 남북 교류의 활성화와 농업부문 대북지원의 증가는 농민들에게도 적잖은 파장을 미치고 있다. 따라서 농근맹은 맹원들 사이에 제국주의자들의 사상문화적 침투를 막고 사회주의 생활양식을 철저히 확립하기 위해 사상교양사업을 한층 강화하고 있지만 현실적으로 받아들여지기 어려운 상황에 봉착해 있다.

조선민주녀성동맹(여맹, 위원장: 박순희)은 여성대중조직이지만 능동성이 없다는 점에서 '대중조직'으로서 한계가 있으며, '여성문제'를 '자주성'의 문제로부터 '충성의 문제'로 인식한다는 점에서 '여성조직'으로서도 한계가 있다.

여맹은 북한사회의 정치적·경제적 변화에 따라 부침의 과정을 겪어왔다. 형성기(1945~1950년대)에 여맹은 여성의 의식전환과 생산활동 참여를 위해 사업을 벌였고 실질적인 성과를 바탕으로 향후 여맹의 발전을 도모할 수 있는 기반을 조성하였다. 그러나 유일체제 수립과 변화기(1960년대~1970년대)를 거치며 200여 만 명의 맹원수와 조직을 구성하는 등 '대중조직'으로서 면모를 가진 반면, 북한의 정치적 변화에 따라 한계를 노정하면서 '여성조직'으로서의 역할은 벽에 부딪히게 되었다. 그리고 1980년대 후계체제의 공식출범과 함께 위축된 여맹은 1990년대 경제위기 상황 속에서 가정여성, 일부 기업소 근로자들로 조직을 재정비(약 200만 명)하고 가정유지와 생산지원이라는 한계 내에서 활동의 범위를 넓히고 있다.

여맹 조직의 가장 기초조직은 초급단체이며 대부분의 활동은 인원수에 따라 초급단체나 초급단체 위원회별로 조직·동원되어 이루어진다. 여맹은 자발적 참여를 불러일으키기 위해 조직관념을 의식화하고 조직적 통제를 위해 엄격하고 강한 규율을 통해 '장악과 지도'를 병행하고 있다.

여맹 사업은 사상교양사업과 조직사업으로 나누어지는데, 전자가 맹원들의 혁명적 개조를 위해 혁명의식과 충성심을 고취하기 위한 것이라면, 후자는 그 계급의식과 충성심이 실천으로 나타나게 하는 것이라고 할 수 있다. 사상교양사업의 교양방식은 '해설'과 '설복'으로, '해설'을 통해 교양내용을 이해하고 '설복'을 통해 자발적인 '따라배우기'로 이끄는 데 목적이 있다. 교양내용은 주체, 계급, 혁명전통, 공산주의 도덕 등의 사상 교양, 당 정책 교양, 애국주의 교양 등인데, 그 핵심은 상호연관 속에 지도자에 대한 충실성으로 수렴된다는 점이다.

조직사업은 '가정의 혁명화'를 위해 개별적으로 모범사례를 발굴하고, '따라배우기'를 통해 이끄는 한편, '여성의 노동계급화'를 위해 산업현장에서 맹원들을 독려하거나 조직을 동원하여 노력, 물자지원 및 선동활동을 벌이고 있다. 이런 활동내용은 여맹이 '정치적 교양자', '조직동원자'의 역할을 수행하고 있음을 보여준다. 활동의 내용과 범위가 당정책에 종속되어 있다는 점이 바로 여맹사업의 특징이자 한계인 것이다.

한편, 북한의 정당제는 조선로동당의 일당독재 유형이 아니다. 로동당 외에도 조선사회민주당(사민당, 위원장: 김영대)과 조선천도교청우당(청우당, 위원장: 류미영)이라는 두 '우당'이 존재하는 복수정당제인 것이다. 그들은 자신들의 정당제를 정당들 간에 공통된 목적과 이해관계를 가지고 서로 협조하는 '다당연합제'로 주장하고 있다. 그러나 실제 그들이 강조하는 부분은 조선로동당의 주도적 지위이며 실제 '우당'은 조선로동당의 기능과 역할을 보완하고 지원하는 당의 외곽단체에 머무르고 있다.

근로단체가 당-대중 관계에 초점을 맞추었다면, '우당'의 역할은 대남관계와 대외관계에 있다. 복수의 정당, 종교적 정당을 통해 일당독재의 비난에서 벗어나고 종교의 자유를 선전하는 한편, 유럽 국가들과 당차원의 교류를 통해 '한반도문제' 해결에 유리한 국제환경을 조성하고, 다양한 루트를 통해 대남 선전을 강화하려는 데 있는 것이다. 현재 '우당'의 지도역할은 조선로동당 통일전선부가 맡고 있으며, 사민당의 대외활동은 조선로동당 국제부의 지도를 받고 있다.

해방 후 등장한 조선민주당과 청우당은 크게 세 단계, 창립과 변모기, 약화와 침체기, 개편과 재부상기를 거치며 부침의 과정을 겪어왔다. 1945~1950년은 조선민주당과 조선천도교청우당이 등장한 후 지도부 개편을 통해 '우당'으로 새롭게 변모하는 시기라면, 한국전쟁~1970년대는 사회주의건설과정에서 조선로동당의 입지가 확실해지면서 '우당'의 필요성이 감소함에 따라 지방조직의 와해와 함께 침체기에 접어드는 시기이다. 그리고 1980년대 민주당은 당명개편을 통해 조선사회민주당으로 거듭나는 한편, 청우당은 조선천도교회와의 공동보조 속에 새로운 형태로 재부상되는 시기였고, 1990년대는 사민당과 청우당 모두 강령 및 규약 수정을 통해 재도약을 기한 시기이다.

당 이념이나 조직면에서 민주당과 청우당은 유사성을 가지고 있다. 민주당의 경우, 당의 변천에 따라 당 이념이 '진보적 민주주의'(1947) → '민족적 사회민주주의'(1981) → '자주'(1994)로 변화되었지만 그들의 일관된 목표는 '자주독립국가' 건설이며 청우당 또한 예외가 아닌 것이다. 또한 당조직에서도 민주당과 청우당은 최고지도기관(중앙위원회)-연락소(도, 직할시 당위원회)-거점(시, 구역, 군 당위원회)-기초단위(반 또는 접)로 구성되어 있다.

'우당'의 주요 활동은 대남 차원에서 통일전선 활동 및 대남 선전, 대내 차원에서 지방경제 지원, 그리고 대외 차원에서 당차원의 교류 등으로 요약되며 시대에 따라 활동의 우선순위가 변화되어 왔다. 사민당의 경우, 1940년대, 1950년대 통일전선 → 1980년대 경제지원과 대남선전 → 1990년대 이후 대남선전에 치중했다면, 청우당은 1940년대, 1950년대 통일전선 → 1980년대 이후 대남관계 부문에서 활발한 활동을 보이고 있다. 그러나 내용면에서는 어느 시기이건 조선로동당의 역할을 보완한다는 점에서 지속성이 있다. 향후 이들 '우당'은 지방경제의 활성화, 대남 교류 및 유럽 국가들과의 경제교류에 활용될 가능성이 있다.

문화부문에서 조선로동당의 외곽단체로는 조선문학예술총동맹(문예총: 위원장 김정호)이 대표적이다. 북한에서 문예활동은 반드시 당정책과 노선에 따라 현실을 반영해야 하며 문예사업의 관건은 사람들의 사상의식을 혁명적으로 개조하는 데 있다. 문예총은 사상교양단체로 작가·예술인들에게 당적 문학예술 창작을 고무시키고 사업방식을 철저히 정치사업화하는 데 초점을 맞추어 활동을 벌여왔다. 따라서 문예총은 당대회의 결정과 밀접한 연관 속에서 변모의 과정을 겪게 된다.

6·25전쟁 직전에 개최된 제3차 대회를 계기로 문예총은 당정책에 문학예술의 창작세계를 일치시켜 계획생산을 본격화하기 시작했다. 그리고 1953년 문예총 제4차 대회에서는 연합체를 해체하여 부문별 동맹 중심의 활동을 벌여나갔다. 그 후 종파투쟁과 조선로동당 제3차 대회의 당 사상사업 영향으로 문예 조직에도 숙청이 뒤따랐으며 1961년 김일성이 다시 문예총을 재창립하여 당의 장악력을 높이는 한편 창작지도체계를 변화시켰다.

김정일이 문예총을 장악한 것은 1964년 영화예술사업을 지도한 것이 계기가 되었다. 김정일은 작품창작에 속도전을 반영하고 '종자론'을 기반으로 주체사상을 일색화하는 등 문학예술의 선전선동성을 극대화하였다. 특히 작품은 사상적 알맹이, 즉 상자를 바로잡아 주체사상을 구현해야 한다는 '종자론'은 그 후 사상검열의 기제로 작용함으로써 문예총, 작가동맹의 자율성을 더욱 약화시켰다. 또한 김정일은 '주체적인 창작지도체계'를 정립하여 당의 지도 밑에 모든 창작가, 예술인들을 조직화하고 '당, 문학예술행정기관, 문예총의 3위1체의 원칙'을 강조하였다. 이는 문예총의 조직 및 활동에 당정책이 일사불란하게 관철되고 있음을 의미한다.

1986년 문예총 제6차 대회는 문학예술의 이론과 실천에서 '우리 식'의 해결을 강조하는 한편 '3위1체'의 방침에 근거하여 교양단체로서 문예총 및 작가동맹의 기능과 역할을 보다 강조하였다. 그리고 동맹의 기층조직을 정비하였다.

특히 '우리 식'의 강조는 탈냉전기 국제사회변화에 따른 대응으로 나타났다. '우리 식'은 선군사상의 중요한 특징으로 선군혁명문학예술의 이론화를 이끌었다. 사회계급관계에서 노동계급이 혁명의 전위대가 아니라 '선군후로(先軍後勞)', 즉 군대를 혁명의 주력군으로 보고 있다는 것은 주목할 만하다. 문예총 및 작가동맹은 선군혁명문학예술의 이론화 작업을 통해 당의 노선을 받들고 그들의 창작품은 인민대중을 혁명화하는 수단이 되고 있다.

즉 문예총은 당의 사상과 정책을 문예이론으로 재생산하고 문예활동을 통제함으로써 선전선동 예술의 교두보 역할을 담당하고 있다. 따라서 문예총의 자율적 활동을 기대하기란 어려우며 초기 이론투쟁과정에서 보여주었던 창작활동의 자율적 역동성도 잃고 철저히 당의 외곽단체로 기능하고 있다.

마지막으로 조선로동당은 대외경제 부문에서도 외곽단체를 활용하고 있다. 사회주의국가들은 전반적으로 대외경제부문의 비중이 그다지 높지 않다. 자급자족에 기초한 계획경제 시스템을 가지고 있기 때문이다. 내부의 자원동원을 통한 경제운영방식을 기본으로 부족 부분을 외부에서 조달하는 방식을 취했기 때문에 상대적으로 대외경제부문에 대한 중요도가 낮았던 것이다. 특히 북한은 자력갱생의 기초 위에 자립적 민족경제건설을 목표로 하고 있기 때문에 이런 경향이 더욱 강하며, 조선로동당은 당적 지도 방식으로 경제운영을 장악하고 있다.

그런데 당의 지도방식은 일반적인 대외경제관계 관련기구와 대남경협 관련기구에 따라 다르게 나타난다. 대외경제기구에 대해서는 당 조직지도부, 선전선동부, 그리고 사안에 따라 당 비서국의 전문부서(국제부, 경제정책검열부, 재정경리부 등)가 지도, 통제하는 반면, 대남경협 기구는 당의 대남담당 부서인 통일전선부가 지도, 통제하고 있다.

북한의 대외경제관계는 내각의 무역성이 중심적인 역할을 수행하며 주요기관으로 국제무역촉진위원회(무촉위, 위원장: 김정기)와 대외경제협력추진위원회(대경추, 위원장: 김용술)를 들 수 있다. 무촉위는 미수교국 또는 민간차원에서 추진하는 대외경제관계 관련 사업을 관장한다면, 대경추는 나선시 및 신의주 지역에 대한 외국인 투자의 접촉 창구역할을 담당하고 있는데 무역성의 외곽단체이지만 직접적인 행정업무를 담당하는 것은 아니다.

대남 경협사업을 관장하는 기구는 외관상 무역성 산하기관으로 분류되지만 대남사업의 특성상 전담조직이 구성되어 있다. 민족경제협력련합회(민경련, 회장: 정운업)가 바로 그 조직으로 대남 경협사업의 창구역할을 담당하고 있다.

1990년대 이후 대외경제기구는 변화의 모습을 보이고 있다. 대내외적인 환경변화로 시스템이 불안정한 상황에서는 기득권 세력과 새로운 세력 간에 신구의 충돌이 지속적으로 발생할 수밖에 없다. 이전에 대외경제기구는 북한경제의 중심축이 아니었기 때문에 당의 주목을 받을 일이 별로 없었고 권력집단의 이해관계와 밀접한 관계에 있지도 않았다. 그러나 사회주의권의 붕괴 이후 외화벌이는 중요 현안으로 부각되었고 기득권층의 이해관계가 집중됨에 따라 대외경제기구도 마찬가지 모습을 보이고 있다.

조선아시아태평양평화위원회(아태)는 탈냉전시대 변화된 세계에 대응하기 위해 대외 접촉창구로 만든 당의 외곽기구이다. 그러나 아태는 경제활동을 직접 담당하는 기구는 아니며 대외경제관계를 원활히 추진하기 위해 내부적인 조정과 결정을 내리는 정치조직이다. 대외경제기구 또는 대남경협 담당기관들은 아태의 일과 관련된 경우 아태의 지도 및 통제를 받고 있다. 대남업무와 관련 아태는 통일전선부와 일부 충돌 현상이 있으며 대외개방과 관련 대경추와 무촉위 간에도 이견 충돌현상이 목도되고 있다. 이러한 점에서 대외경제기구의 변화는 북한체제의 지속성과 변화를 투영해주는 거울이라 할 수 있다.

본 서장에서는 조선로동당의 외곽단체들을 역사적 전개과정, 조직 및 활동 내용 등을 중심으로 우선 간단히 소개하였다. 북한의 정치·경제상황뿐만 아니라 대외적 환경의 변화에 따라 이들 단체들은 부침의 과정을 걸어왔다. 현재 북한체제의 불안정을 반영하듯이 이들 단체들도 기존의 기능과 역할에 상당한 변모를 보이고 있다. 물론 어느 시기이건 어떤 상황에서도 이들 단체들은 조선로동당의 외곽단체로서 충실히 역할하여왔다는 점에서는 지속성을 찾을 수 있다. 그럼에도 때로는 변화된 현실에 적응하기 위해 기능과 조직이 일부 변화한다든지 활동의 우선 순위에 변화를 보이기도 하고, 또 때로는 활동 내용면에서 기구들간에 중복이나 충돌 현상도 보이고 있다. 우리는 향후 이들 외곽단체의 모습에 주목할 필요가 있다. 북한체제의 변화는 이들 단체의 변화에 그대로 투영되어 나타나기 때문이다.

제1부 근로단체

제1장 김일성사회주의청년동맹
제2장 조선직업총동맹
제3장 조선농업근로자동맹
제4장 조선민주녀성동맹

제1장 김일성사회주의청년동맹

정성장

1. 서론

김일성사회주의청년동맹(또는 청년동맹)은 만 14세에서 30세에 이르는 북한의 비당원 청년들을 포괄하는 유일한 청년단체로서 현재 약 500만 명의 청년들이 가입해 있다.[1] 북한 전체 인구의 약 22%가 가입해 있는 방대한 조직인 것이다.[2] 북한의 직업총동맹이 250만 명, 농업근로자동맹이 150만 명, 민주여성동맹(여맹)이 270만 명의 맹원 수를 가지고 있으므로 청년동맹은 북한 최대의 근로단체이자 사회단체인 셈이다.[3] 북한에서 대학생과 군인 중 비당원인 사람들 대부분이 이 단체의 맹원이다.

---

1) 김정일은 1993년 2월에 "지금 우리 나라에는 청년들이 500만 명이나 됩니다. ……500만 명의 청년들에 300만 명의 소년단원들까지 합하면 800만 명이나 됩니다. 800만 명의 청소년들이 다 총을 잡으면 그것은 대단한 력량입니다. 이 력량을 가지면 그 어떤 원쑤가 달려들어도 무서울 것이 없습니다"라고 주장하였다. 김정일, 「청년들과의 사업에 힘을 넣을데 대하여」(조선로동당 중앙위원회 책임일군들과 한 담화, 1993년 2월 26일), 『김정일선집』 제13권, 평양: 조선로동당출판사, 1998, 341쪽.

2) 현재의 북한 인구를 22,428,000명으로 추산할 때 500만 명은 약 22.3%에 해당한다. *L'état du monde 2003*, Paris: La Découverte, 2002, p.289 참조.

3) 조기수, 「혁명의 후비대, 소년단과 청년동맹」, ≪새물결≫ 1996년 5월, 57쪽.

청년동맹이 변화에 민감한 청년들을 포괄하고 있기 때문에 북한의 지도부는 특히 김일성 사후 청년동맹에 매우 큰 관심을 보여왔다. 이 같은 사실은 북한이 1995년부터 2003년까지—1998년을 제외한— 매년 초에 조선로동당 기관지 ≪로동신문≫, 북한군 대변지 ≪조선인민군≫, 청년동맹 기관지 ≪청년전위≫[4]의 명의로 공동사설을 발표하고 있는 것을 통해 확인할 수 있다. 현재 북한지도부는 김정일의 '청년중시정치'에 따라 청년동맹을 당, 군과 함께 체제유지를 위한 3대 보루의 하나로 인식하고 있다. 즉, 당은 '혁명위업의 향도자'이고, 군대는 '당의 위업의 수호자'이며, 청년대중(또는 청년동맹)은 '혁명위업의 믿음직한 계승자'라는 도식[5]을 내세워 청년동맹을 당과 군대 다음으로 중요시하고 있는 것이다.[6]

청년동맹에 대한 연구는 오늘날 김정일 정권의 내구력과 생존전략뿐만 아니라 북한정치사의 중요한 한 부분, 즉 김일성에서 김정일로 권력이 승계되는 과정을 이해하기 위해 필수적이다. 본문에 들어가서 자세히 살펴보겠지만, 김일성사회주의청년동맹(김일성사청)의 전신(前身)인 조선사회주의로동청년동맹(사로청)은 '수령의 후계자'로서 김정일의 지위를 북한 사회 내에서 공고화하는 데 중요한 역할을 수행하였다. 그런데 최근에 북한이 김정일의 아들을 후계자로 내세우기 위한 사전준비작업을 진행하여 향후 청년동맹의 역할이 더욱 주목된다. 북한은 2002년 8월에 발간한 대외비 자료에서 "경애하는 최고사령관 동지를 가장 몸 가까이에서 보좌해드리시며 충성 다해 모셔가는 존경하는 어머님은 항일전의 그날 어버이 수령님을 높이 모시고 우리 혁명의 대를 굳건히 이어놓으신

---

4) 1996년 1월의 사로청 대표자회 개최 이전에 기관지의 제호는 ≪로동청년≫이었다.

5) 북한은 김정일의 영도하에 주체혁명위업을 빛나게 완성해나가려면 당과 군대, 청년동맹을 강화하는 것이 중요하다고 지적하면서 "당이 강하고 군대가 강하고 청년동맹이 강하면 이 세상에 못 해낼 일이 없고 그 어떤 강적과도 맞서 싸워나갈 수 있다"라고 주장하고 있다. "당의 령도따라 위대한 김일성동지의 위업을 끝없이 빛내여 나가자", ≪로동신문≫ 1996년 7월 8일자 사설.

6) 이종석, 「김일성사회주의청년동맹 연구」, 이종석 편, 『북한의 근로단체 연구』, 세종연구소, 1998, 13-15쪽 참조.

항일의 녀성영웅 김정숙 동지와 꼭 같으신 분, 우리 모두가 따라 배워야 할 충신의 위대한 귀감이시다"라고 하면서 김정일 부인 고영희에 대한 개인숭배를 시작하였다.[7] 이는 가까운 미래에 고영희에게서 태어날 김정일의 2남 김정철 또는 3남 김정운을 후계자로 내세우기 위한 사전정지 작업이었다고 해석할 수 있다.[8]

북한에서 당과 대중을 연결하는 '인전대'로서의 청년조직은 해방 직후 민주청년동맹(민청)으로 출범하여 1964년에 사회주의로동청년동맹으로 개편되었고, 1996년에 김일성사회주의청년동맹으로 개칭되었다. 이들 조직 모두에 청년동맹이라는 명칭이 들어가 있으므로 이들 조직에 공통되는 사항을 언급하거나 특별히 구별할 필요가 없는 경우에는 간단히 '청년동맹'이라는 표현을 사용하기로 하겠다.

북한에서는 권력 승계와 관련하여 그리고 생존전략 차원에서 청년동맹을 매우 중요시하고 있지만, 국내에서 청년동맹에 대한 체계적 연구는 1998년에 세종연구소가 발간한 『북한의 근로단체 연구』에 실린 이종석 연구위원의 논문을 제외하면 거의 찾아보기 힘든 실정이다. 그런데 청년동맹에 대한 연구는 당장 남북한 청소년 간 교류의 활성화 방안 수립을 위해서뿐만 아니라 미래의 통일과정에서 남북한 간 사회적 통합을 위해서도 꼭 필요하다고 하겠다. 따라서 본 연구는 국내에서의 청년동맹에 대한 연구상의 공백을 메우고, 더 나아가 남북교류의 활성화와 사회적 통합 방안 마련을 위한 기초자료 제공을 목적으로 할 것이다.

본 연구의 방법과 관련하여 필자는 문헌 분석과 탈북자 인터뷰에 주로

---

7) 「존경하는 어머님은 경애하는 최고사령관 동지께 끝없이 충직한 충신중의 충신이시다」[강연자료(2002년 8월) 조선인민군 출판사(대외비 자료 전문)], ≪월간조선≫ 2003년 3월호, 120-130쪽 참조.

8) 김연광, "황장엽 전 노동당 사상·국제 담당 비서 확인 인터뷰", ≪월간조선≫ 2003년 3월호, 113쪽; 김인광, "김정일 세습을 최초로 포착했던 정보부 북한국장 출신 강인덕 전 통일부 장관 분석", ≪월간조선≫ 2003년 3월호, 106-112쪽; 정성장, 「김정일의 후계문제에 대한 시론(試論)」, ≪학인≫ 제4호, 경남대 북한대학원 총학생회, 2002, 90-94쪽 참조.

의존할 것이다. 문헌 분석을 위해 김일성과 김정일의 저작 및 ≪로동신문≫ 등을 세밀히 검토하고, 청년동맹의 조직생활이 어떻게 이루어지고 있는가에 대해서는 탈북자 인터뷰를 통해 수집한 정보를 참조·분석할 것이다.

2. 북한체제에서 청년동맹의 위상과 성격

1) 사회주의체제에서 당과 청년동맹 간의 관계

북한의 청년동맹에 대하여 깊이 있게 이해하기 위해서는 먼저 다른 사회주의체제, 특히 구소련의 당과 근로단체 간의 관계와 청년동맹의 역할에 대해 간략하게나마 살펴보는 것이 필수적이다. 왜냐하면 북한의 청년동맹이 구소련의 청년동맹처럼 당의 근로단체 중의 하나이며, 나름대로 북한만의 독특한 측면들을 가지고 있기는 하지만 기본적으로 구소련의 청년동맹을 모델로 하여 창설되었기 때문이다.

레닌은 당과 관련하여 "투쟁에서 단련된 강철 같은 당이 없이는, 프롤레타리아 계급의 모든 성실한 분자들의 신임을 받는 당이 없이는, 대중의 기분을 살피며 대중에게 영향을 줄 줄 아는 당이 없이는" 낡은 사회의 제 세력과 그 전통을 반대하는 유혈적 혹은 무혈적, 폭력적 혹은 평화적, 군사적 혹은 경제적, 교육적 혹은 행정적인 완강한 투쟁을 성공적으로 수행할 수 없다고 보았다. 레닌은 이처럼 당의 영도적 역할을 중요시하면서 청년동맹을 포함한 모든 근로단체에 대한 당의 지도를 당연시했다. 근로단체에 대한 당의 통제를 위해 레닌이 채택한 방법은 근로단체의 지도부를 공산주의자들로 구성하는 것이었는데, 이는 그의 1920년 저작 『공산주의에 있어서의 '좌익' 소아병』에 명확하게 드러나 있다. 레닌은 이 저작에서 직업동맹에 대해 언급하면서 대다수 동맹들의 지도적 기관들, 특히 전(全)러시아 직업동맹 중앙부 혹은 뷰로(전러시아 직업동맹 중앙평의회)는 "두말할 것 없이 공산당원들로 구성되어 있으며 그들은 당의 모든 지령을 실시"하고 있다고 지적하였다. 그리고 그것은 "형식상으로는 비공산당적이고 탄력성 있으며 비교적 광범위하고 매우 강대한 프롤레타리아적 기관인데, 그것을 통하여 당은 계급 및 대중과 밀접히 연결되며 또 그것을 통하여 당의 지도하에서 계급의 독재가 실현되는 것"이라고 설명하였다. 지도부를 공산주의자들로 구성한다는 점에 대해서는 공산주의청년동맹(공청)도 물론 예외가 될 수는 없었다. 레닌은 당의 영도적 역할을 중요시하면서도 근로단체들의 중요성을 결코 간과하지 않았다. 이는 레닌이 "직업동맹과의 밀접한 연결이 없이는, 직업동맹의 열렬한 지지가 없이는, 직업동맹의 헌신적 활동이 없이는 경제건설에서뿐만 아니라 군사적 건설에서도 ……두 해 동안은커녕 두 달 동안도 국가를 통치하며 독재를 실현할 수 없었을 것"이라고 지적한 데서 확인할 수 있다.[9] 공산당의 영도적 역할이 무엇보다도 중요하지만, 근로단체를 포함한 외곽단체의 도움 없이 공산당 단독으로는 사회주의혁명도 혁명 후 건설도 이루어낼 수 없다는 것을 잘 인식하고 있었던 것이다.

레닌은 특히 사회주의혁명의 성공 후 공산주의 사회의 건설과 관련해서는 공산주의청년동맹의 역할을 매우 중요시하였다. 그는 1920년에 러시아공산주의청년동맹 제3차 대회에서 한 연설을 통해 앞 세대의 역할이 부르주아 계급을 타도하는 데 있었다면, 공산주의 사회를 건설하는 것은 바로 청년들의 과업이라고 하면서 공산주의청년동맹의 역할을 강조하였다. 레닌에 의하면 청년들과 청년동맹의 첫 번째 과업은 학습이었다. 학습 중에서도 특히 공산주의를 학습하는 것과 착취자에 반대하는 모든 근로자들의 공동투쟁과 학습을 결부시킬 것이 강조되었다. 그리고 과거의 학교가 가지고 있었던 결점과 수용할 만한 부분을 구별하여 공산

9) V. I. 레닌, 「공산주의에 있어서의 '좌익' 소아병(발췌)」, 『프롤레타리아 독재에 대하여』, 앎과함, 1989, 201-209쪽.

주의에 필요한 것을 추출해낼 것이 요구되었다. 레닌은 또한 청년동맹의 경제적 과업에 대해서도 상세하게 자신의 입장을 피력하였다. 그에 따르면 청년동맹에게 "군사적 과업, 공화국 방위의 과업 다음으로 중요한 것은 경제적 과업"이었다. 레닌은 청년동맹원들이 온 나라의 경제를 복구하고, 농업과 공업을 현대기술의 기초 위에서 재조직하고 발전시키는 과업을 가지고 있다고 지적하였다. 그리고 레닌은 온 나라와 산업 및 농업의 모든 부문들의 전기화라는 과업을 이룩한 후에야 청년동맹원들이 앞 세대가 이룰 수 없는 과제(즉 공산주의 사회의 건설)를 성취할 수 있다고 주장하면서, 청년동맹에게 모든 경제 부문에서의 전기화를 위해 적극적인 역할을 할 것을 요구하였다. 레닌은 또한 청년동맹의 과업으로 문맹퇴치, 식량난 해결을 위한 교외의 채소밭 경작 면적의 확대 및 생산 증대, 지역 위생, 식량의 분배 등을 지적하면서 청년동맹은 모든 부문에 도움을 제공하는 '돌격대'가 되어야 한다고 주장하였다.[10] 1920년에 행해진 레닌의 연설을 통해 소련의 청년동맹은 그 형성 초기부터 당의 근로단체로서 '생산의 전위대·돌격대' 역할을 떠맡게 되었음을 확인할 수 있다.

청년동맹에 대한 스탈린의 입장은 기본적으로 레닌의 입장을 계승하는 것이었다. 그는 특히 당과 청년동맹 간의 관계에 대해 보다 명료하게 설명하였다. 스탈린은 1926년에 집필한 『레닌주의의 문제에 관하여』에서 프롤레타리아 독재체계는 '인전대(수송벨트, transmission belt)'[11]와 '향도적 역량(directing force)'으로 구성된다고 주장하였다. 스탈린은 '인전

10) V. Lénine, "Les tâches des Unions de la jeunesse(Discours prononcé au IIIe Congrès de l'Union de la jeunesse communiste de Russie, 2 octobre 1920)," *Oeuvres choisies 3*, Moscou: Editions du Progrès, 1968, pp.555-574.

11) 1973년에 발행된 북한 사전은 '인전대'에 대해 "맑스-레닌주의당의 로선과 정책을 대중들에게 해설침투하고 당과 대중과의 유기적 련계를 보장하며 광범한 대중을 당과 수령의 두리에 튼튼히 묶어세워 혁명과업 수행에로 조직동원하는 역할을 노는 사회정치적 조직들"이라고 설명하고 있다(사회과학원 언어학연구소, 『조선문화어사전』, 평양: 사회과학출판사, 1973, 1029쪽).

대'라는 대중조직이 없이는 프롤레타리아 독재가 실현될 수 없다고 지적하면서, 인전대의 범주에 노동조합과 소비에트, 협동조합, 청년동맹을 포함시켰다. 스탈린은 특히 청년동맹에 대해 "젊은 노동자와 농민들의 대중조직으로 비당적 조직"이지만 당과 연결되어 있으며, 당의 젊은 세대를 사회주의의 정신으로 교육하는 것을 돕는 임무를 가지고 있다고 지적하였다. 또한 청년동맹은 모든 행정 분야에서 프롤레타리아트의 다른 모든 대중조직에 젊은 예비군을 제공하며, 프롤레타리아 독재의 공고화 후에 프롤레타리아트에 의해 수행되는 문화·교육사업이 확대되는 시기에 특별한 의의를 획득한다고 주장하였다. '향도적 역량'과 관련하여 스탈린은 당이 '향도적 역량'으로서 프롤레타리아 독재체계에서 유일하게 영도적 역할을 수행할 수 있다고 지적하였다. 그 이유는 당이 첫째로 노동계급의 최정예분자들로 구성되었으며, 둘째로 노동자계급의 지도자를 훈련시키는 최고의 학교이며, 셋째로 노동계급의 모든 비당적 조직들을 노동계급과 당을 연결시키는 보조기관과 인전대로 전환시킬 수 있는 유일한 조직이기 때문이라는 것이었다.[12] 이처럼 레닌과 스탈린을 거치면서 청년동맹은 사회주의국가에서 당의 인전대로서 당과 청년대중을 연결하고, 프롤레타리아 독재 실현과 당의 사회주의·공산주의 건설을 돕는 역할을 담당하게 되었다.

2) 북한 청년동맹의 위상, 역할과 성격

청년동맹의 역할에 관한 한 북한은 기본적으로 레닌과 스탈린의 입장을 계승하였으나, 1967년 갑산파의 숙청 이후 혁명과 건설에서 수령의 결정적 역할을 강조하면서 부분적이지만 중요한 차이점이 발생하게 되었다.[13] 1967년부터 북한에서는 스탈린 시대의 소련에서처럼 실제에 있

12) J. V. 스탈린, 「레닌주의의 문제에 관하여(1926)」, 『스탈린 선집(1905-1931)』 제1권(서중건 역), 전진, 1990, 210-212쪽.

어서 당의 독재가 '수령'이라고 불리는 최고지도자의 독재와 동일시되는 차원을 넘어서서 이론적으로 '수령' 및 '수령의 후계자'의 절대 독재까지 정당화되는 방향으로 나아갔다. 그 결과 1985년에 발간된 『주체사상의 사회역사원리』에서는 수령이 "인민대중의 이익과 의사의 대변자이며 그의 유일한 대표자"로서 혁명운동에서 '절대적 지위'를 차지하고 역사발전에서 '결정적 역할'을 하며, 수령의 후계자는 노동계급의 혁명위업, 수령의 혁명위업 계승에서 '절대적인 지위'를 차지하고 '결정적인 역할'을 한다고 적고 있다. 그리고 '수령의 후계자'가 "인민대중의 뇌수, 통일단결의 중심, 당과 혁명의 최고영도자로서의 수령의 지위"를 이어나가는 이유가 "노동계급의 혁명위업이 한 세대에 끝나는 것이 아니라 자주성이 완전히 실현될 때까지 여러 세대에 걸쳐 진행되는 장기적인 역사적 위업"이기 때문이라고 설명하고 있다.[14] 결국 이러한 '주체사관' 때문에 북한에서 청년동맹은 1967년 이후 당과 대중을 연결하는 인전대로서의 전통적인 역할 이외에도 수령 또는 수령의 후계자의 절대 독재를 옹호하는 역할까지 떠맡게 되었다.

북한 정치체제는 '수령의 유일적 령도체계'라는 표현에 의해 잘 설명되고 있는데, 이 체계는 "혁명과 건설에서 나서는 모든 문제를 오직 수령의 사상과 의도대로만 풀어나가며 프롤레타리아 독재체계의 모든 조직기구들과 거기에 망라되어 있는 모든 성원들이 수령의 유일적 영도 밑에 하나의 유기체와 같이 움직이며 수령의 의도와 명령, 지시를 무조건 접수하고 끝까지 관철해나가게 하는 령도체계"로 정의된다.[15] 그리고 '수령의 유일적 령도체계' 확립을 위해 북한의 일반 인민들이 지켜야 할

---

13) 북한 역사에서 1967년이 갖는 역사적 중요성에 대해서는 이종석, 『새로 쓴 현대북한의 이해』, 역사비평사, 2000, 204-208쪽 참조.

14) 사회과학출판사 편, 『주체사상의 사회역사원리』, 평양: 사회과학출판사, 1985; 백산서당, 1989년 재발행, 188-197쪽.

15) 사회과학출판사 편, 『령도체계』, 평양: 사회과학출판사, 1985; 지평, 1989년 재발행, 79쪽.

구체적 원칙들은 『당의 유일사상체계 확립의 10대 원칙』에 잘 나타나 있다.[16] 북한은 수령의 유일적 령도체계가 프롤레타리아 독재체계를 통해 실현되며, 프롤레타리아 독재체계는 수령을 중심으로 당과 정권기관, 근로단체들로 이루어진다고 설명하고 있다. 그런데 이 독재체계에서 당은 "노동계급과 근로대중의 다른 모든 조직들을 통일적으로 지도하는 최고형태의 조직", "혁명과 건설을 전적으로 책임지고 모든 사업을 조직 지휘하는 혁명의 참모부"로서 독재체계의 어느 조직보다 중요한 위치를 차지하고 있다. 그리고 근로단체들은 각계각층의 광범한 군중을 망라한 조직으로서 령도체계에서 당과 대중을 연결하는 중요한 '인전대'로 간주되고 있으며, 이들은 당의 '외곽단체'로서 각계각층의 군중을 조직화, 의식화하여 당과 수령의 두리에 묶어세우는 임무를 가지고 있다.[17] 프롤레타리아 독재체계에 대한 북한의 이 같은 설명은 수령을 독재체계의 중심에 내세우고 있는 것을 제외하면, 스탈린이 『레닌주의의 문제에 관하여』에서 지적한 것과 거의 동일하다.

북한에서 청년동맹을 비롯하여 직업동맹, 농업근로자동맹, 여성동맹을 포괄하는 근로단체의 위상 또는 '지위'는 당과 대중을 연결하는 인전대이자 당의 외곽단체로 규정되고 있으며, 근로단체의 '역할'은 당의 방조자(傍助者), 후비대[18]로, 근로단체의 '성격'은 사상교양단체로 규정되고 있다.[19]

근로단체가 당의 외곽단체로서의 위상 또는 지위를 갖는다는 것은 북한에서 흔히 복숭아에 대한 비유를 통해 설명된다. 복숭아는 겉에 살이 있고 그 속에 굳은 껍질이 있으며 그 속에 씨가 있다. 복숭아의 씨는 수

16) 『당의 유일사상체계확립의 10대원칙』, 평양: 조선로동당출판사, 1983 참조.
17) 사회과학출판사 편, 『령도체계』, 110-175쪽.
18) '후비대'란 "앞으로 일정한 조직의 대렬을 보충하거나 사업을 계승하고 활동하게 될 후비로 되는 대오 또는 그에 속한 사람"을 의미한다(『조선말대사전 2』, 평양: 사회과학출판사, 1992, 1007쪽).
19) 사회과학출판사 편, 『령도체계』, 174-179쪽 참조.

령과 같고 굳은 껍질은 당(黨)과 같으며 살은 대중과 그들을 결속시킨 근로단체, 다시 말해 외곽단체라고 말할 수 있다. 복숭아가 잘 크고 맛있게 익어야 안에 있는 씨가 잘 보호되고 실속 있게 여무는 것처럼, 근로단체들이 강화되어야 대중을 당의 두리에 튼튼히 묶어세울 수 있고 당을 힘있는 당으로 만들 수 있으며 당과 인민의 최고수뇌인 수령을 견결히 옹위할 수 있다는 것이다.[20] 근로단체가 근로자들을 계급·계층별로 결속시킨 대중적 조직으로서 령도체계에서 당과 대중을 연결하는 중요한 '인전대'라는 사실로부터 근로단체에 대한 당의 지도의 중요성이 강조되게 된다. 북한의 이론가들은 혁명과 건설의 다른 모든 사업에서와 마찬가지로 근로단체들의 사업에서도 당의 지도를 떠나서는 사업의 성공적 수행이 불가능하다고 단언한다. 그리고 근로단체들에 대한 당조직의 지도에서 근로단체들이 당조직에 튼튼히 의거하고 당의 지도하에 사업을 하면서도 군중과의 사업에서는 그들이 주인이 되어 자기사업을 능동적으로 조직·진행하도록 이끌어주는 것이 중요하다고 지적하고 있다.[21]

근로단체가 당의 방조자, 후비대라는 것은 근로단체들이 당의 위업, 사회주의·공산주의 위업 수행에서 당의 활동을 적극적으로 도와주며 동시에 당의 위업, 사회주의·공산주의 위업을 대를 이어 계승해나가는 정치적 조직이라는 것을 의미하는 것으로 설명되고 있다. 근로단체 중에서도 "혁명의 핵심역량인 노동계급을 망라하고 있는 직업동맹과 사회의 가장 활력 있는 역량인 청년들을 망라하고 있는 청년동맹"은 당을 정치사상적으로 옹호보위하는 데서 '돌격대, 결사대'의 역할을 담당수행하는 것으로 간주되고 있다. 북한은 특히 '당의 방조자'로서의 역할 강조를 통해 근로단체들이 혁명과 건설에서 '선봉대'와 '돌격대'가 될 것을 요구하고 있다. 그런데 당의 '후비대'로서의 역할과 관련하여 특별히 주목을

20) 『위대한 수령 김일성동지의 불멸의 혁명업적 10: 주체형의 혁명적근로단체건설』, 평양: 조선로동당출판사, 1998, 32쪽.

21) 사회과학출판사 편, 『령도체계』, 184쪽.

받는 것은 청년동맹이다. 북한의 이론가들은 청년동맹이 당의 위업을 대를 이어 계승·완성하고 혁명의 계승자를 키워내는 청년들의 대중적 정치조직이기 때문에 "당의 가장 믿음직한 후비대"라고 규정하고 있다. 바로 이 '후비대'로서의 역할 때문에 청년동맹은 1970년대 김정일의 후계자로서의 부상과 함께 북한에서 한층 더 큰 관심의 대상이 되었다.[22]

청년동맹을 비롯한 근로단체들이 '사상교양단체'라는 것은 이들이 근본 성격에 있어서 행정적 조직이나 문화계몽단체 또는 구락부가 아니라 대중을 혁명화하고 공산주의 혁명가로 만드는 혁명적 정치조직이라는 의미로 북한에서 설명되고 있다. 근로단체에 대한 이 같은 설명은 레닌이 공산주의청년동맹의 임무로서 '학습'을 강조했던 것을 연상시키는 것인데, 북한은 공산주의의 학습 이외에도 대중 모두를 "수령의 혁명전사로 개조"[23]할 것을 요구함으로써 최고지도자에 대한 개인숭배를 반대하고 집체적 지도를 강조하는 레닌주의로부터의 일탈 현상을 보여주고 있다.

3. 청년동맹의 형성 및 발전 과정

1) 민청의 결성과 발전(1946~1964)

해방 직후 북한의 정치과정은 1945년 8월 소련군의 북한 진주와 함께 공산주의세력에게 유리한 방향으로 전개되었으며, 특히 1945년 9월 19일 김일성의 귀국 이후에는 그가 소련군의 지원으로 북한 공산주의운동의 주도권을 장악하게 되었다.[24]

---

22) 북한은 『령도체계』와 『김정일강성대국 건설전략』이라는 책에서 근로단체 중 청년동맹에 대해 먼저 언급하고, 그 다음에 직업동맹에 대해 언급하는 순서를 취하고 있다. 사회과학출판사 편, 『령도체계』, 187-199쪽; 김재호, 『김정일강성대국 건설전략』, 평양: 평양출판사, 2000, 76-80쪽 참조.

23) 사회과학출판사 편, 『령도체계』, 178쪽.

소련군은 북한지역에 대한 효율적 통제를 위해 일제의 패망 직후 각 지역에 생겨났던 건국준비위원회 지부들을 부정하는 대신 이들을 최초의 지방행정기관이라고 할 수 있는 지방인민위원회로 재편하거나 새로 지방 인민위원회를 결성하는 과정에 적극적으로 개입하였다. 소련군은 좌익이 우세한 지역에서는 기존의 조직을 인정하여 통치를 담당하게 하였으나, 우익이 우세한 지역에서는 좌우세력이 균형을 이루도록 함으로써 전국적 수준에서 공산주의 세력의 헤게모니가 보장되도록 하였다.[25] 더 나아가 소련의 모델에 따라 직업별·계층별로 유일적인 근로단체들을 만드는 작업이 진행되었으며, 청년조직의 경우도 예외는 아니었다. 해방 후 북한에는 공산주의청년동맹(공청), 기독교청년회, 백의청년동맹 등 다양한 좌우익 청년단체들이 생겨났는데, 모든 청년대중을 망라하는 유일 청년조직인 민주청년동맹(민청)을 결성하기 위해서는 이들 기존 단체들을 해산시키는 것이 우선적으로 요구되었다. 이러한 맥락에서 북한 공산주의자들은 1945년 10월 28일부터 '북조선 5도 청년대표대회'를 개최하였고, 이 대회에서 김일성은 공청 해산과 민청 결성을 촉구하는 연설을 하였다. 그 결과 '민청조직준비위원회'가 결성되어 본격적으로 민청의 조직을 위한 작업이 추진되었다.[26]

김일성은 1945년 12월 30일 학생이 민청에 가맹할 것인가, 학생동맹이 민청에 합류할 것인가 하는 학생들의 질문을 받고, "학생청년들은 사회의 어느 한 계급이나 한 계층에 속한 것"이지 결코 독립적으로 존재하는 계급이나 계층은 아니라고 먼저 대답하였다. 김일성의 이 같은 지적은 "만약 학생들의 정치적 구분이 사회 전체의 정치적 구분에 조응하지

24) 정성장, 「정치체제의 형성과 확립: 김일성정권 성립부터 1994년까지」, 박호성·홍원표 외, 『북한사회의 이해』, 인간사랑, 2002, 52-57쪽.

25) 김주환, 「해방 후 북한의 인민민주주의혁명과 사회주의 혁명」, 김남식 외, 『해방전후사의 인식』 제5권, 한길사, 1989, 259-260쪽.

26) 『해방후 10년 일지: 1945-1955』, 평양: 조선중앙통신사, 1955, 46쪽; 김일성, 「민주청년동맹을 조직할데 대하여」(민주청년열성자대회에서 한 결론, 1945년 10월 29일), 『김일성저작집』 제1권, 평양: 조선로동당출판사, 1979, 374-382쪽.

않는다면 학생들은 현재의 그들이 아닐 것이다"[27]라는 레닌의 주장과 일치하는 것이었다. 김일성은 이어서 "학생들은 근로청년들과 합류함으로써 그들에게 지식을 줄 뿐만 아니라 자신들도 그들로부터 전진하는 계급의 세계관, 혁명적 지식, 생활 태도, 그리고 사회의 현실 등 모든 것을 체득하고 섭취하고 배울 것"이라고 지적하였다. 그리고 학생들이 별개로 학생동맹을 조직하는 것은 옳지 못한 일이며 학생들이 응당 민주청년동맹에 가입하여야 한다고 주장하였다.[28] 이러한 과정을 거쳐 마침내 1946년 1월 16일 평양에서 북조선민주청년단체대표자회가 열려 17일에 공산당과 청년대중을 연결하는 '인전대'로서 '조선민주청년동맹 북조선위원회(후에 북한 문헌에서는 '북조선민주청년동맹'으로 기술)'[29]가 결성되었다. 북한은 현재 이때의 대표자회를 후에 민청 창립대회로 간주하고 있다.[30] 물론 이때 결성된 민청은 다양한 세력을 망라하고 있어 인전대로서의 임무를 적극적으로 수행할 수는 없었지만, 동맹의 주도권을 공산주의자들이 장악함으로써 실질적으로 핵심적인 문제에서는 공산당이 원하는 방향으로 이끌어갈 수 있었다.

민청은 결성 초기부터 조직 확대 작업을 추진하여 1946년 1월에 25만 명이던 동맹원이 '북조선민주청년동맹 제1차 대표회의(후에 북한 문헌에서는 북조선민주청년동맹 제2차 대회로 기술)'[31]가 열린 동년 9월에 이르러

27) V. I. 레닌, 「혁명적 청년의 임무」, 『레닌 저작집(1903. 9-1904. 9)』 제2권 2호(김탁 역), 전진, 1989, 41쪽 참조.

28) 『해방후 10년 일지: 1945-1955』, 46쪽; 김일성, 「학생 동맹을 유일한 청년 단체인 민주 청년 동맹에 합류시키는 문제에 대하여」(1945년 12월 30일), 『김일성선집』 제1권, 평양: 조선로동당출판사, 1954, 19-20쪽.

29) 『해방후 10년 일지: 1945-1955』, 46쪽; 김일성, 「조선민주청년동맹 북조선위원회 결성에 즈음하여」(북조선민주청년단체대표자회에서 한 연설, 1946년 1월 17일), 『청소년사업과 사회주의로동청년동맹의 임무에 대하여』 제1권, 평양: 조선로동당출판사, 1969, 3-6쪽.

30) 『위대한 수령 김일성동지의 청년운동령도사』, 평양: 금성청년출판사, 1997, 153-154쪽.

31) 이 대표회의에서 강령 초안에 대한 보고를 청취·토의하고 결정서를 채택하였으며, 규약 초안을 토의 결정하였다. 그리고 중앙집행위원 41명과 중앙검열위원 7

130만 명에 달하는 성과를 거두었다. 이 숫자는 당시 북한 인구의 14%에 해당하는 것이었다. 북한 지도부는 또한 1946년 10월에 군대 내에도 북조선로동당(북로당)에서 파견한 정치 부사령관의 지도를 받는 민청 조직의 결성을 추진하였다. 이와 함께 민청은 선전망을 확대하고 민청선전원 제도를 건립하였으며, 민청의 예비군이라고 할 수 있는 소년단 사업에도 관심을 기울여 이 단체의 조직사업을 지도하였다. 민청이 북로당의 사상교양단체로서의 성격을 분명히 하기 시작한 것은 1948년 11월에 열린 북조선민주청년동맹 제3차 대회부터였다. 이 대회 이후 민청 내에서 사상교양의 일환으로 마르크스-레닌주의가 본격적으로 학습되기 시작하였다. 한국전쟁 중인 1951년 1월에 북조선민주청년동맹은 남한의 민청 조직과 통합하여 조선민주청년동맹이라는 하나의 청년조직을 결성하였다.[32] 전후(戰後)에 민청은 북한사회에서 복구건설의 핵심역할을 담당하였다. 북한지도부는 전쟁이 종료되면서 폐허가 된 경제의 복구가 최대 현안 과제로 대두하자 민청원들에게 탄광·광산·건재공업·임업 부문 등 가장 고되고 힘든 생산현장에 뛰어들 것을 요구하여 민청은 전후 복구건설의 전위 역할을 담당하였다.[33]

2) 사로청으로의 개편과 이후 변화(1964~1996)

조선민주청년동맹은 1964년 5월에 열린 제5차 대회에서 이름을 '조선사회주의로동청년동맹(사로청)'으로 변경하였다. 북한은 청년동맹의 이름을 변경한 배경으로 북한에서 생산관계의 '사회주의적 개조'가 완성되어

명을 선거하였다. 『해방후 10년 일지』, 48쪽.

32) 김일성, 「현정세와 민청단체들의 당면과업에 대하여」(남북조선민주청년동맹 중앙위원회 련합회의에서 한 연설, 1951년 1월 18일), 『청소년사업과 사회주의로동청년동맹의 임무에 대하여』 제1권, 평양: 조선로동당출판사, 1969, 162쪽.

33) 이종석, 앞의 글, 1998, 31-35쪽; 『위대한 수령 김일성동지의 청년운동령도사』, 157-159쪽.

개인 상공업자와 개인 농민들이 사회주의적 근로자로, 모든 청년들이 사회주의 노동청년으로 된 사실을 들었다. 모든 청년들이 사회주의적 근로청년이 되고 그들의 정치의식 수준과 문화 수준이 전면적으로 높아짐에 따라 청년운동이 한 단계 높은 발전단계에 들어서게 되었다고 북한 지도부는 파악한 것이다.[34] 그런데 북한에서 농업협동화 운동과 개인 상공업의 사회주의적 개조가 공식적으로 완성된 시점은 1958년 8월이므로,[35] 민청의 사로청으로의 개편은 뒤늦은 감이 있다. 개편이 늦어진 데에는 여러 가지 이유가 있겠지만, 김일성을 중심으로 한 지도부가 1956년의 '8월 종파사건' 이후 과거에 연안파와 소련파, 국내파에 속했던 인사들을 당과 국가기관의 모든 수준에서 제거하는 데 주력하느라 1960년대 초까지 근로단체의 개편에 관심을 기울일 여력이 없었던 것이 가장 중요한 이유로 작용했을 것이다.

김일성은 1964년의 민청 제5차 대회에서 청년들에 대한 정치사상교양을 사로청의 '가장 중심적인 과업'으로 내세우면서, 청년들은 무엇보다도 먼저 "백전백승의 맑스-레닌주의리론으로, 우리 당의 사상과 의지로 튼튼히 무장하여야 합니다"라고 주장하였다. 김일성은 당시 중소분쟁을 의식하여 수정주의와 교조주의 모두를 반대하여 투쟁할 것을 강조하였고, 특히 새 세대들에 대한 사상교양에서 계급교양과 혁명전통교양을 중요시해야 한다고 지적하였다. 김일성은 또한 —레닌이 1920년 10월에 강조했던 것처럼 — 청년들이 사회주의 건설의 '돌격대'로 언제나 힘들고 어려운 일에 앞장서야 하며, 기술혁명의 과업을 수행하는 데 앞장서야 한다고 지적하였다. 통일의 문제와 관련하여 김일성은 북한 청년들이 "필요한 때에는 언제나 남조선 청년들과 힘을 합하여 조국통일위업을 이룩할 결정적 투쟁에 동원될 수 있도록 준비되여 있어야" 한다고 주장하였다.

34) 조선로동당 중앙위원회 당력사연구소, 『조선로동당략사』 제2권, 평양: 조선로동당출판사, 1979; 돌베개, 1989년 재발행, 183-184쪽.
35) 김한길, 『현대조선력사』, 평양: 사회과학출판사, 1983, 433-446쪽 참조.

그리고 김일성은 청년들이 남북 사이의 자유왕래와 접촉, 경제문화교류를 위하여 억세게 투쟁해야 한다고 지적함으로써 당시 북한의 대남 우위의식을 드러냈다.[36)]

1967년에는 당내에서 갑산파가 숙청되고 사로청에서도 중앙위원회 위원장 홍순권을 비롯한 간부들이 숙청되면서 수령에 대한 '충실성'이 이후 동맹생활의 가장 중요한 원칙이 되었다. 그리고 1970년대 초부터는 김정일의 사로청 장악을 용이하게 하기 위해 사로청 간부들의 세대교체가 대폭적으로 이루어지는 등 조직의 인적 구성과 활동 내용에 있어서 큰 변화가 발생하였다. 김일성은 특히 1971년 2월에 개최된 도, 시, 군, 공장, 기업소, 대학 당 위원회 청년사업부장 및 사로청위원장 협의회에서 사로청 조직이 공산주의적 청년조직다운 기백과 적극성이 없으며 느릿느릿하여 마치 '영감동맹'과 같은 감이 있다고 지적하였다. 그리고 38~40살되는 사로청 간부들이 적지 않으며 심지어 45살 되는 간부도 있다고 하면서, 사로청 간부들의 나이가 이렇게 많으면 청년들의 특성에 맞게 사업을 조직하고 지도할 수 없다고 사로청 간부의 노후화 문제를 강하게 질타하였다. 김일성은 이어서 사로청원들을 직접 상대하여 사업하는 사로청 초급일군들은 29살까지, 군 사로청 일군들은 32살까지, 도와 중앙 사로청 일군들은 35살 아래의 사람으로 1~2년 안에 교체하도록 매우 구체적인 지시를 내렸다.[37)] 김일성의 이 같은 지시에 따라 1972년에 사로청 중앙위원장의 나이가 30세, 1977년에 도 사로청위원장들의 나이도 30~31세로 낮아지는 등 대폭적인 세대교체가 이루어졌다. 그런데 1980년 중반 이후 사로청 간부들이 다시 노후화되는 현상이 발생하였으

36) 김일성, 「사회주의로동청년동맹의 과업에 대하여」(조선민주청년동맹 제5차대회에서 한 연설, 1964년 5월 15일), 『김일성저작선집』 제4권, 평양: 조선로동당출판사, 1968, 97-125쪽.

37) 김일성, 「청년들의 특성에 맞게 사로청 사업을 더욱 적극화할데 대하여」(도, 시, 군, 공장, 기업소, 대학 당 위원회 청년사업부장 및 사로청위원장 협의회에서 한 연설, 1971년 2월 3일), 『김일성저작선집』 제6권, 평양: 조선로동당출판사, 1974, 1-6쪽.

나 이를 수정하려는 노력은 나타나지 않았다. 이는 1970년대 사로청 간부의 세대교체 작업이 1942년생인 김정일의 사로청 장악을 용이하게 하기 위한 것이었음을 시사하는 것이다.[38]

3) 김일성사청으로의 개편(1996～현재)

1994년 7월 김일성이 사망한 후 북한 지도부는 1996년 1월 16일 사로청 창립 50돌 기념 중앙보고대회를 개최하였고, 그 다음 날 사로청 대표자회를 소집하여 사로청의 명칭을 김일성사회주의청년동맹으로 변경하였다. 북한이 사로청의 명칭을 변경한 이유는 대표자회 폐막 이후 로동신문에 게재된 사설에 잘 나타나 있다. "조선청년운동발전에 특기할 력사적 사변"이란 제목으로 발표된 사설은 "청년동맹에 위대한 수령님의 존함을 높이 모신 것은 청년들에 대한 당의 최대의 믿음, 최고의 표창으로 되며 그것은 모든 청년들을 당과 수령에 대한 충실성을 제일생명으로 지닌 청년전위로 튼튼히 준비되게 하는 데서 획기적인 계기로 될 것"이라고 적었다. 당시 북한이 동구 사회주의체제의 붕괴 및 구소련의 해체 등으로 국제적으로 고립되고 유례없는 자연재해가 유발한 극도의 식량난과 아사자 대량 발생 사태로 인해 심각하게 체제위기의식을 느끼고 있었던 점을 고려한다면, 북한 당 지도부가 청년동맹에 김일성의 이름을 붙여준 이유는 청년들에 대한 '표창'이라기보다 변화에 민감한 청년들의 사기를 진작시켜 충성심을 유도하려는 것이라고 해석할 수 있다.[39] 이는 동 사설이 청년들은 "경애하는 장군님을 제일선에서 옹호보

38) 이종석, 앞의 글, 1998, 40-42쪽.

39) 1994년 8월부터 1996년 6월까지 평남 은산군 천연스레트(슬레이트) 공장 청년동맹위원장이었던 황영은 1996년 1월에 사로청의 명칭이 김일성사청으로 바뀌면서 청년동맹의 활동 내용에서 크게 변화된 것은 없으나 청년동맹의 권위는 조금 높아졌다고 지적한다. 그리고 청년동맹의 명칭을 바꾼 이유는 청년동맹의 사기를 높여주기 위한 배려인 것으로 추측된다고 말하고 있다(황영, 「'김일성사회주의청년동맹'과 청년들의 생활」, ≪통일한국≫ 2000년 4월호, 70쪽).

위하는 500만의 총폭탄이 될 굳은 결심을 가지고 항일의 7련대의 결사옹위정신으로 장군님을 받드는 근위대, 결사대"가 되어야 한다고 주장하고 있는 데서도 확인할 수 있다. 결국 김일성 사망 후 개최된 1996년의 사로청 대표자회는 공식적으로는 김일성의 권위를 재확인하는 자리였지만, 실질적으로는 청년동맹 안에서 '김정일 장군님의 유일적 령도체계'를 확고히 세우기 위한 자리였다. 대표자회 개최를 계기로 "주체혁명위업을 대를 이어 끗끗이 계승해나갈 수 있는 청년들의 대부대를 훌륭히 키우신 것"이 김일성이 시대와 혁명 앞에 쌓아올린 "가장 큰 업적"으로 소개되었다. 그리고 김정일은 "우리 시대 공산주의청년운동의 위대한 령도자이시며 우리의 수백만 청년들을 주체혁명위업의 믿음직한 계승자로 키워주시는 자애로운 어버이"로 묘사되었다. 김일성의 업적과 김정일에 대한 이 같은 평가로부터 북한이 김정일의 사상과 방침을 무조건 접수하고 철저히 관철하는 '혁명군대와 같은 규율과 질서'를 확립해야 한다는 결론을 도출해내는 것은 당연한 것이었다.[40]

사로청이 김일성사청으로 바뀌면서 동맹 중앙위원회 기관지의 제호도 ≪로동청년≫에서 ≪청년전위≫로 변경되었다. 그리고 조직과 관련해서 동맹 중앙위원회와 도, 시, 군 및 그와 같은 기능을 수행하는 단위의 위원회에서 기존의 위원장, 부위원장 직제를 1비서와 비서 직제로 개편하였고, 각급 초급조직들에는 비서와 부비서 직제를 두기로 결정하였다.[41] 그런데 북한은 1966년 10월에 제2차 당 대표자회를 개최하여 기존의 당 중앙위원회 위원장, 부위원장 직제를 폐지하고 총비서, 비서 직제로 개편한 바 있다.[42] 북한이 청년동맹을 조선로동당처럼 총비서, 비서 직제로 개편한 것이 아니라 1비서와 비서 직제로 개편한 것은 청년동맹 최고책임자의 권한을 상대적으로 축소시키면서 동맹 지도부의 집체

---

40) "조선청년운동발전에 특기할 력사적사변", ≪로동신문≫ 1996년 1월 21일자 사설.
41) ≪로동신문≫ 1996년 1월 20일자.
42) 이종석, 『조선로동당연구』, 역사비평사, 1995, 298쪽 참조.

지도를 강화하기 위한 것으로 해석된다.

북한은 2002년 3월에 또다시 청년동맹 대표자회를 개최해 1981년에 전면 개정되고, 1996년에 부분적으로 개정된 규약을 다시 수정·보충하여 서문과 10개 장으로 구성된 새 청년동맹 규약을 채택했다.[43] 새 청년동맹 규약은 김일성사청이 "조선청년운동의 개척자이시며 령도자이신 경애하는 김일성 동지의 청년조직"이라고 지적하고, 김일성의 혁명사상, 주체사상을 지침으로 삼고 "수령님의 위업, 주체위업을 대를 이어 계승 완성하는 것"을 청년동맹의 사명으로 규정하였다. 새 규약은 또한 김일성사청을 조선로동당의 '정치적 후비대'로, "당의 선군혁명령도를 충성으로 받들고 혁명의 령도자를 앞장에서 결사옹위하는 청년전위조직"으로 규정하였다. 그리고 규약은 청년들이 사상, 기술, 문화의 3대혁명노선을 철저히 관철하고 총대로 당과 수령, 사회주의조국과 인민의 안전을 굳건히 지키며 "사회주의강성대국 건설에서 선봉대, 돌격대적 역할을 수행하도록 하는 것을 청년동맹의 투쟁과업으로 제기"하였다.[44] 규약의 전문을 입수해야 수정된 내용에 대한 구체적인 분석이 가능하겠지만, 당시 ≪로동신문≫과 조선중앙통신을 통해 보도된 내용을 가지고 분석해보면, 동맹의 조직체계에서 의미 있는 개편이 이루어진 것으로는 보이지 않는다. 반면 김일성의 권위를 공식적으로 재확인하면서도 실질적으로 김정일의 '유일적 령도체계' 확립을 강조하고, 김정일 시대에 새롭게 대두한 선군정치와 강성대국 담론을 반영하는 방향으로 수정이 이루어진 것으로 보인다.

43) 1981년에 개정된 동맹 규약은 서문과 9개 장으로 구성되어 있으므로, 새 규약에는 한 개의 장이 더 추가된 셈이다.

44) ≪로동신문≫ 2002년 3월 23일자; 연합뉴스, 2002년 3월 22일자.

<표 1-1> 청년동맹 대회 및 대표자회

대회(또는 대표자회)	개최 일자	결정사항 및 기타
창립대회	1946년 1월 16-17일	·공산청년동맹 해산 후 유일 청년조직인 북조선민주청년동맹(당시 명칭은 '조선민주청년동맹 북조선위원회') 결성
제2차대회	1946년 9월	·당시 명칭은 '북조선민주청년동맹 제1차 대표회의' —강령초안에 대한 보고를 청취 토의하고 결정서 채택 —규약 초안을 토의 결정 —중앙집행위원 41명과 중앙검열위원 7명을 선거
제3차대회	1948년 11월	·민청의 기본임무를 사상 교양단체로 명확히 함 —각급위원회의 선전부를 정치문화교양부로 개편 —지도원제에서 전임강사제로 고침 —민청 독보망을 학습망으로 개편, 동맹 전체가 유일학습제강을 가지고 매주 1회 정기학습
제4차대회	1956년 11월	·당 규약에 민청 과업으로 새로운 조항 삽입 —"조선로동당과 조선민주주의인민공화국 정부정책을 실천" —"사회주의경제건설에 조직동원" —"프롤레타리아국제주의 정신으로 교양" ·전체 동맹원이 150만여 명에 이름
제5차대회	1964년 5월	·사회주의로동청년동맹으로 개편, 규약 새로 제정 —청년을 당의 혁명위업 실천에 적극 조직동원하며 그들을 전면적으로 발전한 공산주의건설자로 교양 육성하는 것을 기본임무로 천명 —특히 청년들의 교양을 위해 김일성 저작 연구 요구 ·민청 가입연령을 만 14-28세에서 만 14-30대로 변경→ 1964년 5월 시점에 대상청년의 99.9%에 해당하는 271만 명이 소속
제6차대회	1971년 6월	·조선로동당 제5차대회의 결과 반영 ·당의 유일사상체계 확립, 수령에 대한 충성심 고양, 대를 이은 혁명과업의 수행을 강조하는 결의 채택
제7차대회	1981년 10월 20-24일	·김정일이 직접 지도 ·사로청도 "온 사회의 주체사상화 위업을 대를 이어 빛나게 완성하여" 나갈 것을 선언 ·당 규약 개정
제8차대회	1993년 2월 18-20일	·지난 7차대회 이후 사로청 조직 주관으로 추진해온 청년운동의 성과를 종합 평가, 앞으로의 과업과 규약 개정문제 등을 토의한 후 중앙지도기관 선거 ·사회주의에 대한 신념, 김정일에 대한 충실성의 전통 계승 강조 —사회주의권의 붕괴 속에서 청년들의 체제이탈을 사전에 단속하기 위한 목적(청년들에 대한 사상 교양을 극단적으로 강조)
대표자회	1996년 1월 17-19일	·김일성사회주의청년동맹(김일성사청)으로 개칭 ·동맹 중앙위원회 기관지의 제호를 ≪로동청년≫에서 ≪청년전위≫로 변경 ·당 규약의 부분 개정 —각 단위의 위원장·부위원장 제도를 비서제로 바꿈
제2차 대표자회	2002년 3월 21-22일	·종전 규약을 수정·보충해 서문과 10개 장으로 이루어진 새로운 청년동맹 규약 채택 ·김경호 1비서의 보고에서 '청년들은 강성대국 건설의 돌격대·선봉대, 조국통일의 기수이며 선봉투사'라고 강조하며 역할 강화 요구 —청년동맹 안에 김정일의 유일적 령도체계 확립 강조

4. 청년동맹의 조직체계

북한은 1996년 1월에 사로청을 김일성사회주의청년동맹으로 개칭하면서 규약을 부분적으로 수정하였다. 그런데 북한의 공식문헌이나 탈북자들의 증언을 참조해보면, 수정한 부분은 매우 제한적인 것으로 나타나고 있다. 그리고 2002년 3월의 대표자회에서 새 동맹규약을 채택하였지만, ≪로동신문≫에 보도된 내용만을 가지고 보면 조직 개편이 이루어진 것으로는 보이지 않는다. 따라서 필자는 1981년 10월에 개정된 "조선사회주의로동청년동맹 규약"[45]과 1996년 사로청의 김일성사청으로의 개칭시 발표된 북한 공식문헌 및 탈북자들의 증언 등을 토대로 청년동맹의 중앙조직 체계와 하부단위 조직체계를 밝히도록 하겠다.

1) 중앙조직

1981년 10월에 개정된 동맹 규약은 청년동맹이 "위대한 수령 김일성동지께서 무어주시고 영광스러운 조선로동당이 령도하는 주체형의 혁명적 청년조직"이며, "동맹 건설과 활동에서 당의 유일사상체계를 튼튼히 세우며 당의 령도를 충실히 받들어나가는 것을 근본원칙으로 삼는다"고 규정하고 있다.[46] 바로 이 같은 규정에 의거해서 조선로동당 중앙위원회 근로단체부는 청년동맹의 중앙조직인 청년동맹 중앙위원회에 대한 지도를 정당화하고 있다.[47]

청년동맹의 실질적 핵심조직은 동맹 중앙위원회이지만, 명목상으로는 동맹의 대회가 청년동맹의 최고지도기관으로 되어 있고, 대회와 대회 사이에는 대회가 선거한 동맹 중앙위원회가 그 역할을 수행한다고 동맹 규약에 규정되어 있다.[48] 동맹의 대회는 매 5년마다 동맹의 중앙위원회에

---

45) 『조선사회주의로동청년동맹규약(1981. 10)』, 평양: 출판사 미상, 1981.

46) 사로청 규약(1981. 10) 전문.

47) 정유진, 「북한 근로단체의 성격과 구성」, ≪북한조사연구≫ 제2권 2호, 통일정책연구소, 1999, 83쪽.

서 소집하도록 되어 있지만(1964년의 동맹 규약에서는 매 4년마다 소집하도록 규정되어 있었다) 규약대로 지켜지지 않고 있다. 이는 조선로동당 대회가 당 규약에 명시된 대로 개최되지 않고 있는 것과 같은 현상이다.

동맹의 중앙위원회는 중앙위원회 전원회의를 6개월에 1회 이상 소집하도록 되어 있다. 그리고 동맹 중앙위원회 전원회의에서는 동맹 중앙위원회 집행위원회(1964년 규약에서는 상무위원회를 선거하는 것으로 규정되어 있었다)와 위원장, 부위원장을 선거하며 조직위원회를 조직하도록 되어 있다. 그런데 동맹 중앙위원회의 위원장과 부위원장 직제는 1996년 1월 사로청이 김일성사청으로 개칭되면서 1비서와 비서 직제로 대체되었다.[49] 중앙위원회 1비서로는 1998년 1월 과거 11년 넘게 청년동맹 위원장을 역임해온 최룡해가 해임되고, 후임에 리일환이 선출되었으나 2001년 10월의 전원회의에서 사업상 이유로 해임 소환되었다. 그 후 김경호가 현재까지 청년동맹 중앙위원회 1비서를 맡고 있다.[50] 1비서 밑에는 약 10명 정도의 비서가 있으며, 이들이 조직부·선전부·대학생청년부·학생소년부·노동청년부·출판부·국제부 등을 담당하고 있다.[51] 그리고 조직부 밑에는 전위조직으로 해외교육지도국, 속도전 청년돌격대 지도국, 남조선청년조직 지도국 등 3개의 지도국이 있다.[52]

동맹의 중앙조직으로서 '중앙위원회 집행위원회(1964년 규약에서는 상무위원회)'는 전원회의와 전원회의 사이에 중앙위원회의 이름으로 동맹의 모든 사업을 조직 지도하며, 집행위원회는 한 달에 1회 이상 소집하도록 되어 있다.[53] 그리고 '중앙위원회 조직위원회'는 간부사업을 비롯한 동

---

48) 사로청 규약(1981. 10) 제15조.

49) ≪로동신문≫ 1996년 1월 20일자.

50) 김근식, 「'북한식' 민간단체의 현황과 변화 전망」, ≪평화연구≫ 제11권 1호, 고려대학교 평화연구소, 2003, 99쪽; 연합뉴스, 2002년 2월 1일.

51) 이종석, 앞의 글, 1998, 51쪽; 정유진 통일정책연구소 연구위원은 청년동맹 중앙위원회에 1비서 외에 11명의 비서, 15명의 집행위원, 조직부, 선전선동부, 대학생 및 학생청년부, 출판부, 국제부, 속도전 청년돌격대 지도국 등의 기구가 있다고 지적한다. 정유진, 앞의 글, 1999, 84쪽 참조.

52) 남영진, 「'사로청', 그 실체를 밝힌다」, ≪새물결≫ 1995년 1월, 76쪽.

<그림 1-1> 청년동맹의 중앙조직

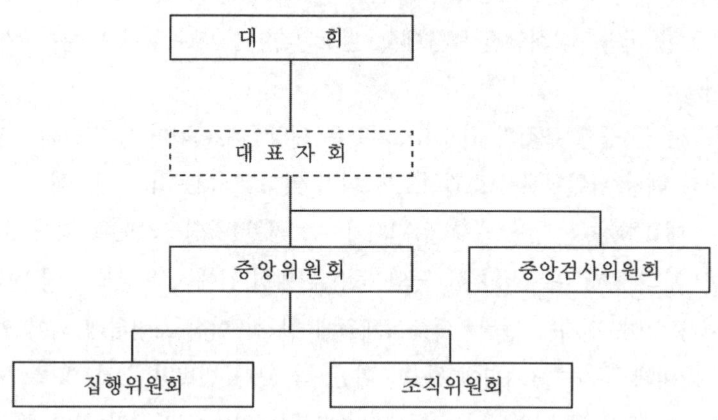

이 그림은 1981년 10월에 채택된 사로청 규약을 토대로 필자가 만든 것임.

맹 내부 사업과 그 밖의 실무적 문제들을 수시로 토의 결정하고 그 집행을 조직 지도하며, 동맹의 '중앙검사위원회'는 재정경리사업을 검사하도록 되어 있다.[54] 동맹의 중앙위원회는 대회와 대회 사이에 '대표자회'를 소집하여 동맹 앞에 나선 긴급한 문제를 토의·결정하도록 규정하고 있는데,[55] 바로 이 규정에 의해 1996년 1월에 동맹 대표자회가 소집되어 사로청의 이름을 '김일성사회주의청년동맹'으로 바꾸게 되었다.

2) 도(직할시), 시(구역), 군 등의 조직과 기층조직

앞에서도 간략하게 언급한 바와 같이 청년동맹에는 만 14세부터 30세에 이르는 청년·학생·군인·직장인 등 모든 청년들이 의무적으로 가입하

53) 사로청 규약(1981. 10) 제26조.
54) 사로청 규약(1981. 10) 제27-28조.
55) 사로청 규약(1981. 10) 제29조.
56) 1964년의 동맹 규약에서는 2년마다 소집하도록 규정되어 있었다.
57) 사로청 규약(1981. 10) 제15조.

게 되어 있다. 조직체계로는 도(직할시)·시(구역)·군(郡)에 청년동맹위원회가 설치되어 있으며, 기층조직이 연합기업소, 공장 등에도 조직되어 있다. 또한 군(軍)·사회안전부 등에도 별도의 청년동맹위원회가 설치되어 있다.

도·시·군 동맹 조직의 최고지도기관은 해당 '대표회'이며, 대표회는 3년마다 해당 위원회에서 소집하도록 되어 있다.[56] 대표회와 대표회 사이에는 대표회가 선거한 해당 위원회가 그 역할을 담당하도록 되어 있다.[57] 도의 동맹 위원회와 시·군의 동맹 위원회 간에는 운영상에 약간의 차이가 있어, 전자는 전원회의를 4개월에 한 번 이상 소집하게 되어 있는 데 비해 후자는 3개월에 한 번 이상, 즉 보다 빈번히 소집하도록 하고 있다. 도의 동맹 위원회는 동맹의 "간부 대열과 공산주의 청년 핵심대열을 튼튼히 꾸리고 당원의 후비를 키우며" 동맹원들의 조직생활을 지도하며 아래 동맹 조직들을 꾸리고 그 활동을 조직·장악하는 사업을 진행한다.[58] 시·군의 동맹 위원회의 사업도 이와 거의 유사하나 동맹의 '초급' 간부대열 양성과 기층조직의 조직 및 관리를 강조하고 있다는 점에서 약간의 차이점이 발견된다.

청년동맹의 말단 기층조직은 '초급단체'로서 청년동맹원들의 "정치생활의 거점"이며, 청년동맹원들을 "당과 수령의 두리에 튼튼히 묶어세우고 당의 로선과 정책관철에로 조직동원하는 전투단위"로 간주되고 있다.[59] 일반적으로 동맹원이 5~35명까지 있는 단위에 초급단체를 조직하며, 동맹원이 5명이 안 되는 단위에는 따로 초급단체를 조직하지 않고 그 단위의 동맹원들을 가까이에 있는 초급단체에 소속시키거나 사업의 성격과 인접관계 등을 고려하여 두 개 이상 단위의 청년동맹원들을 합하여 하나의 초급단체를 조직한다. 그리고 특수한 경우에는 청년동맹원들

56) 1964년의 동맹 규약에서는 2년마다 소집하도록 규정되어 있었다.
57) 사로청 규약(1981. 10) 제15조.
58) 사로청 규약(1981. 10) 제32조.
59) 사로청 규약(1981.10) 제40조.

이 3～4명 있거나 35명이 넘어도 초급단체를 조직할 수 있도록 하고 있다.[60] 동맹원이 36명 이상 있는 단위에는 초급청년동맹을 조직하도록 하고 있으며, 특수한 경우에는 동맹원이 36명이 안 되어도 초급청년동맹 조직을 허용하는 유연성을 보이고 있다. 한편 초급청년동맹 아래에 두 개 이상의 초급단체가 조직되어 있을 때에는 거기에 부문(부락)청년동맹을 조직하도록 하고 있다. 또한 초급청년동맹, 부문청년동맹, 초급단체의 조직형식만으로 청년동맹의 기층조직을 합리적으로 조직할 수 없을 때에는 초급청년동맹과 부문청년동맹 사이에 분초급청년동맹을 조직하도록 하고 있다.[61] 평안남도 은산군 천연스레트 공장의 청년동맹 조직 사례를 살펴보면, 이 공장에는 1990년대 중반에 약 80여 명의 청년동맹원들이 있었는데 각 초급단체가 15～20명으로 구성되어 있었다. 그리고 두 개의 초급단체를 묶어 부문청년동맹이 결성되어 공장 내에 총 2개의 부문청년동맹위원회가 활동하고 있었다.[62]

기층 청년동맹 조직의 최고지도기관은 총회(대표회)로서 초급단체 총회는 한 달에 한 번 이상 소집하게 되어 있다. 그리고 초급, 분초급, 부문 청년동맹 총회는 3개월에 한 번 이상 소집하도록 규정하고 있다. 그러나 동맹원이 500명이 넘거나 아래 동맹조직이 멀리 널려져 있는 경우에는 청년동맹 총회를 1년에 한 번 이상 하도록 예외규정도 두고 있다.[63] 기층 청년동맹 조직에서는 1년을 기간으로 하는 집행기관을 선거하는데, 초급단체는 총회에서 비서(위원장)와 부비서(부위원장)들을 선출한다. 초급단체의 규모가 큰 단위에서는 '초급단체위원회'를 선거하고 위원회에서 비서와 부비서들을 선출한다.[64] 그리고 초급청년동맹위원회, 분초급청년

---

60) 1964년 규약에서는 동맹원이 3명 이상, 100명 미만 되는 모든 단위에 초급단체를 조직하도록 규정하였다.

61) 사로청 규약(1981. 10) 제41조.

62) 황영, 앞의 글, 2000, 71쪽.

63) 사로청 규약(1981. 10) 제42조.

64) 1981년 10월에 채택된 사로청 규약에서는 초급단체의 총회에서 위원장과 부위원장을 선출하는 것으로 되어 있으나, 1996년 1월 규약이 개정되면서 초급단체

동맹위원회, 부문청년동맹위원회는 해당 청년동맹 총회(청년동맹 대표자회)에서 선거하며 위원회에서 비서와 부비서들을 선거한다.[65]

1990년대 중반 평안남도 은산군 천연스레트 공장의 부문청년동맹위원회를 보면, 비서 밑에 사상담당 부비서(사상적 학습 담당), 조직담당 부비서(조직과 관련된 사업을 주로 담당하며 생활총화, 행사준비가 주 업무), 선전담당 부비서(당사업의 선전 및 행사진행), 불량청소년 교양지도원, 내부 지도원이 있었다. 당시 청년동맹위원회의 비서는 '직관선전원'을 겸임하고 있었는데, '직관선전원'의 임무는 당이 제기하는 정책을 선전·선동하여 정책을 올바르게 관철시킬 수 있도록 하는 것이었다. 직관선전원은 특히 시기적으로 제기되는 학습을 담당하면서 당에 대한 충실성을 강조하는 교양사업을 펼치고, 잘된 것과 잘못된 것을 가려주면서 청년동맹원들이 실질적으로 노동현장에서 당정책을 관철할 수 있도록 지도하는 일을 담당하였다. 우리의 흥미를 끄는 또 다른 직책 하나는 '불량청소년 교양지도원'인데, 북한에서 '불량청소년'인가를 파악하는 기준은 당이 요구하는 건전한 사상으로 무장했는가 여부이다. 북한에서는 한 청소년이 정기 학습이나 생활총화 등에 잘 참석하지 않는 등 조직생활을 제대로 못하는 이유는 그 청소년이 당이 제시하는 사상으로 무장되어 있지 못해 안일하고 해이해져 있기 때문이라고 본다. 따라서 이러한 청소년들을 집중적으로 교양지도 하는 일을 '불량청소년 교양지도원'이 담당하는 것이다.[66]

한편 북한에서 청년동맹원의 상당수는 학교와 군대에 소속되어 있다. 일반 직장에도 청년동맹원들이 있으나 직맹원이나 농근맹원에 비해 상대적으로 적다고 하겠다. 학교 청년동맹은 고등중학교부터 설치되어 있으며, 청년동맹 가입연령인 만 14세는 고등중학교 4학년에 해당하는 나이이다. 고등중학교의 청년동맹 중앙위원회에는 비서인 학생이 있고, 그

위원장과 부위원장의 명칭이 비서와 부비서로 바뀌었다.

65) 사로청 규약(1981. 10) 제43조.

66) 황영, 앞의 글, 2000, 71쪽.

밑에 부비서들이 있다. 이 부비서들은 조직, 사상 등을 담당한다. 그리고 이들 밑에 학급마다 한 명씩 대표로 나가는 단위원이 있다. 고등중학교에서 청년동맹 초급단체는 학급별로 구성된다. 즉 한 개의 학급이 한 개의 초급단체로 조직되고, 여기에 초급단체 비서는 학급반장과 별도로 선출된다. 각 고등중학교마다 동맹사업을 지도하는 교사인 지도원이 있는데, 이 사람을 청년동맹 지도원이라고 부른다.[67]

북한 군대의 각급 단위에도 청년동맹 조직이 구성되어 있는데, 그를 관장하는 것이 '김일성사회주의청년동맹 조선인민군위원회'이다. 이 김일성사회주의청년동맹 조선인민군위원회는 도(직할시)청년동맹위원회와 같은 기능을 수행한다. 그리고 청년동맹 중앙위원회에 직속되어 그 지도 밑에 사업을 진행하며 자기의 사업정형을 청년동맹 중앙위원회에 정상적으로 보고한다.[68] 군대 청년동맹의 경우 최말단 단위는 소대로서 분조를 구성한다. 그리고 중대는 초급단체, 대대나 연대 이상에는 청년동맹 위원회가 구성된다. 사단이나 여단, 군단에는 청년동맹 위원회 역할을 하는 '청년동맹과'가 정치위원 밑에 별도로 구성되어 있다. 대대부터 청년동맹을 담당하는 상위(혹은 대위)급의 '지도원(청년동맹 위원회 비서)'이 있다. 중대에서는 중대 사관장(선임 하사관)들이 주로 동맹 초급단체 비서가 된다. 그리고 각 소대에서는 부소대장들이 무조건 분조책임자가 된다. 군대에서 청년동맹 활동의 기본단위는 초급단체인 중대이다. 이 중대 단위로 매주 동맹생활총화와 학습 등을 진행한다.[69]

청년동맹 중앙위원회에는 또한 '속도전 청년돌격대'가 직속으로 편재되어 있다. 속도전 청년돌격대는 군대 조직처럼 중앙급 14개 여단과 지

67) 이종석, 앞의 글, 1998, 52쪽.

68) 사로청 규약(1981. 10) 제45조; ≪로동신문≫ 2002년 10월 31일자 참조. 1981년의 사로청 규약에는 조선인민군 각급 단위의 사로청 조직을 망라하기 위해 '조선인민군 사로청위원회'를 조직한다고 규정되어 있다. 그런데 1996년에 사로청이 김일성사회주의청년동맹으로 개칭되면서 조선인민군 사로청위원회의 이름도 김일성사회주의청년동맹 조선인민군위원회로 변경되었다.

69) 이종석, 앞의 글, 1998, 53쪽.

<그림 1-2> 도(직할시), 시(구역), 군 및 기층조직 체계

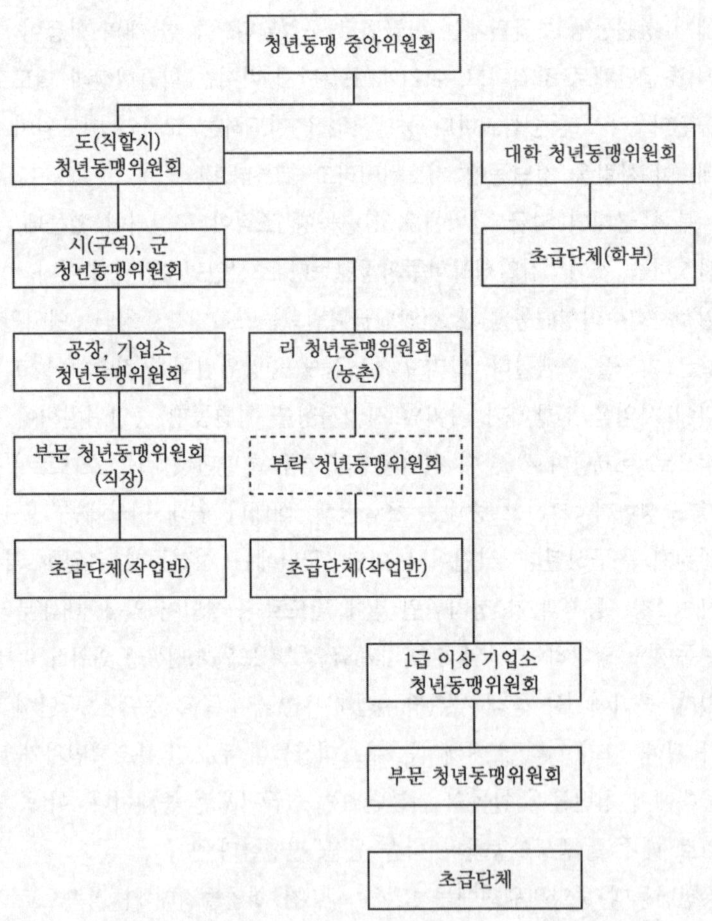

출처: 정유진, 앞의 글, 1999, 84쪽. 탈북자와의 인터뷰를 통해 부분적으로 보완하였음. 보위부, 사회안전부 등의 청년동맹 조직은 해당기관의 정치국에서 따로 조직 지도한다.

방급 11개 여단 등 모두 25개 여단을 두고 있으며, 여단 예하에는 대대·중대·소대가 편성되어 있고 대원들의 직급도 전사에서 대좌까지 군인 계급과 같다. 평시에도 군대식 조직운영이 가능할 뿐 아니라 유사시에는 즉시 정규군에 편입시켜 공병대 등에 투입할 수 있도록 편성되어 있다. 따라서 북한 주민들은 속도전 청년돌격대를 사실상 군대로 인식하고 있는 것으로 알려지고 있다.[70] 속도전 청년돌격대는 김정일이 1974년 3월 청년동맹(당시 사로청) 전원회의에서 청년들이 속도전 운동에 앞장설 것을 강조함에 따라 이듬해에 조직되어, 도로나 공장, 기업소 등 산업시설과 아파트 등을 주로 건설하는 임무를 맡고 있다. 따라서 속도전 청년돌격대는 건설을 전담하는 청년동맹 조직이라고 할 수 있다.[71]

5. 청년동맹의 사업과 활동

1) 사상교양단체로서의 사업

이미 앞에서도 지적한 바와 같이 청년동맹은 공산주의의 학습, 국방건설과 경제건설에의 참여 등 많은 과제들을 가지고 있다. 이들 과제 모두가 다 중요하지만, 북한에서 일반적으로 청년동맹에 대해 언급할 때 제일 먼저 언급하는 것이 사상교양단체로서의 사업이다. 그런데 청년동맹의 사업 중 사상교양과 관련된 분야는 역사적으로 다른 분야보다 훨씬 많은 변화를 경험하였다. 그것은 북한의 이데올로기가 1955년경을 전환점으로 해서 마르크스-레닌주의로부터 주체사상으로 바뀌기 시작하였으며, 주체사상도 초기에는 "마르크스-레닌주의의 일반적 진리"를 북한의 현실에 창조적으로 적용하여 나온 사상이라는 위상을 가졌다가 1974년부터 마르크스-레닌주의와 구별되는 독자적인 이데올로기의 위상을 확보하게 되는

70) 개성 출신의 한 탈북자의 증언에 의하면, 군대보다는 조금 어렵지만 비교적 입당(入黨)하기가 쉬워 속도전 청년돌격대에 들어가거나 위에서 가라니까 할 수 없이 가는 청년들이 많다고 한다. 개성 출신 북한이탈주민과의 면담(세종연구소 북한연구센터, 2002년 11월 7일).

71) 연합뉴스, 2001년 11월 13일.

방향으로 나아갔기 때문이다. 본 연구에서는 이러한 변화를 먼저 청년동맹과 결부시켜 역사적으로 파악하고, 미시적으로 분석하도록 하겠다.

북한 청년동맹은 결성 초기부터 청년들을 마르크스-레닌주의 이론으로 무장시키는 것을 기본 과업으로 가지고 있었다. 그런데 1946년에 결성된 민청은 공산주의자들뿐만 아니라 다양한 이념을 가진 청년들을 망라하는 조직이었기 때문에 처음부터 드러내놓고 마르크스-레닌주의 사상 교양을 강조할 수는 없었다. 그래서 김일성은 청년동맹에 대해 레닌주의적 입장을 천명하면서도 레닌의 저작에 대한 직접적인 인용은 피하는 방식을 택하였다. 예를 들어 민청 결성 전인 1945년 12월 30일 김일성은 학생들의 민청 가맹 문제에 대해 "학생들은 근로청년들과 합류함으로써 그들에게 지식을 줄 뿐만 아니라 자기 자체들이 그들에게서 전진하는 계급의 세계관, 혁명적 지식, 생활 태도, 그리고 사회의 현실 등 모든 것을 체득하고 섭취하고 배울 것"[72]이라고 지적하였다. 그리고 1946년 1월 민청 결성을 위한 대회에서 김일성은 모든 맹원들이 '사상통일'을 이룩하지 않으면 안 된다고 강조하였다.[73] 비공산주의자들은 명확하게 이해하지 못해도 공산주의자들에게는 그 의미가 명확한 '전진하는 계급의 세계관', '혁명적 지식', '사상통일' 등의 용어를 써가면서 김일성은 민청에서 비록 점진적이기는 하지만 마르크스-레닌주의를 중심으로 사상통일을 이룩하겠다는 의지를 간접적으로 드러냈던 것이다.

대략 1946년 5월경부터는 민청 내에서 어떠한 사상을 중심으로 사상통일을 이룩할 것이며, 구체적으로 어떠한 사업을 전개할 것인가 하는 문제가 더욱 구체화되기 시작하였다. 동월 30일에 개최된 각도 민주청년동맹위원장 회의에서 김일성은 '레닌 선생'의 지적을 인용하면서 구체적으로 교육과 선전사업을 강화할 것을 과제로 제시하였다.[74] 그리고 동년

72) 김일성, 「학생 동맹을 유일한 청년 단체인 민주 청년 동맹에 합류시키는 문제에 대하여」, 20쪽.

73) 김일성, 「조선민주청년동맹 북조선위원회 결성에 즈음하여」(북조선민주청년단체 대표자회에서 한 연설, 1946년 1월 17일), 4쪽.

9월 말에 개최된 '북조선민주청년동맹 제1차 대표회의(민청 제2차 대회)'에서 김일성은 민청이 "조선로동당의 믿음직한 방조자"가 되어야 한다고 지적하고, 청년들의 사상통일을 강화하기 위해 "자유주의, 개인주의를 비롯한 온갖 나쁜 사상경향과의 투쟁"을 강력히 전개해야 한다고 주장하였다.[75)]

북한에서 인민민주주의공화국이 수립되고 난 후인 1948년 11월에 개최된 민청 제3차 대회에서 김일성은 비로소 민청의 사업 방향 전반에 대해 구체적으로 지적하면서 청년들을 조국과 인민을 사랑하는 '민주사상'으로 교양하며 '과학적 선진이론'으로 무장해야 한다고 주장하였다. '민주사상'과 '과학적 선진이론'이 무엇을 뜻하는 것인가는 민청원들과 공산주의자들에게 명백했지만, 김일성은 통일전선적 차원에서 여전히 '마르크스-레닌주의'에 대한 직접적 언급은 회피하였다.[76)] 흥미 있는 것은 김일성이 민청 제3차 대회에서 민청의 사업방향으로 제시한 것이 1920년에 레닌이 러시아 공산청년동맹 제3차 대회에서 제시한 것과 거의 동일하다는 것이다. 물론 1920년 러시아와 1948년 북한의 대내외 환경 간에는 큰 차이가 있기 때문에 김일성의 연설에는 새로운 내용들이 들어가 있지만, 청년동맹의 기본 사업 방향에 있어서는 차이를 발견하기 어렵다.

1956년에 11월에 개최된 민청 제4차 대회는 사상교양과 관련하여 두 가지 주목할 만한 점을 보이고 있다. 하나는 북한이 한국전쟁에서의 실패로 말미암아 가까운 미래에 통일이 실현될 가능성이 희박해짐에 따라 더 이상 '맑스-레닌주의 교양'의 강화를 강조하는 데 주저하지 않게 되

74) 김일성, 「민주주의 조선건국에 있어서의 청년들의 임무」(1946년 5월 30일 각도 민주청년동맹위원장 회의에서 진술한 연설), 『조국의 통일독립과 민주화를 위하여』 제1권, 평양: 국립인민출판사, 1949, 68-69쪽.

75) 김일성, 「민주력량을 확대강화하기 위한 민청단체들의 과업」(북조선민주청년동맹 제2차대회에서 한 연설, 1946년 9월 29일), 『청소년사업과 사회주의로동청년동맹의 임무에 대하여』 제1권, 평양: 조선로동당출판사, 1969, 33-34쪽.

76) 김일성, 「북조선 민주청년동맹 제3차대회에서 진술한 김일성수상의 연설」(1948년 11월 14일), 『조국의 통일독립과 민주화를 위하여』 제2권, 평양: 국립인민출판사, 1949, 269-288쪽 참조.

었다는 점이다. 또 하나는 1955년 12월에 김일성이 사상사업에서의 주체 확립을 역설[77]한 것의 연장선상에서 민청의 교육교양사업에서도 주체 확립이 강조되기 시작했다는 점이다. 이때 주체를 세운다는 것은 곧 "맑스-레닌주의 리론을 조선혁명의 현실에 맞게 창조적으로 적용한다는 것"을 의미하였다.[78] 이후 북한에서는 주체사상이 서서히 강조되기 시작하여 김정일이 김일성의 후계자로 결정된 1974년부터 주체사상이 마르크스-레닌주의를 전적으로 대체하게 되었다.

청년동맹이 사상교양단체로 현재 청년들에게 실시하는 사상교양에는 당과 수령에 대한 충실성교양, 혁명교양, 계급교양, 사회주의애국주의교양, 공산주의도덕교양 등이 있다.[79] 현재 청년동맹이 실시하고 있는 사상교양은 '당과 수령에 대한 충실성교양'을 제외하면 기본적으로 냉전시대 다른 사회주의국가들이 실시했던 사상교양과 대동소이하다고 할 수 있다. 1981년에 개정된 사로청 규약은 청년동맹원들이 "김일성동지의 영광찬란한 혁명력사를 깊이 연구학습하여 조선로동당의 혁명전통으로 튼튼히 무장하며 그것을 옹호고수하고 사업과 생활에 철저히 구현해나가야 한다"고 지적하고 있는데,[80] 김일성의 사망과 함께 김정일의 '혁명역사' 및 문헌에 대한 연구학습이 더욱 중요한 비중을 차지하게 되었음은 의문의 여지가 없다.

청년동맹이 동맹원들을 단결시키고 통제하기 위해 진행하는 생활총화[81]와 학습은 동맹원들이 소속된 기관마다 약간의 차이를 보이고 있다.

---

77) 김일성, 「사상사업에서 교조주의와 형식주의를 퇴치하고 주체를 확립할데 대하여」(당선전선동일군들 앞에서 한 연설, 1955년 12월 28일), 『김일성저작선집』 제1권, 평양: 조선로동당출판사, 1967, 560-585쪽.

78) 김일성, 「민청단체들 앞에 나서는 당면한 몇 가지 과업에 대하여」(새로 선거된 민청중앙위원회 위원들 앞에서 한 연설, 1956년 11월 9일), 『청소년사업과 사회주의로동청년동맹의 임무에 대하여』 제1권, 평양: 조선로동당출판사, 1969, 199-207쪽.

79) 김정일, 「김일성사회주의청년동맹의 사명과 임무에 대하여」(김일성사회주의청년동맹 중앙위원회 책임일군과 한 담화, 1996년 1월 20일), 『김정일선집』 제14권, 평양: 조선로동당출판사, 2000, 141쪽.

80) 사로청 규약(1981. 10) 제4조.

중학교와 고등중학교의 경우 매주 토요일 1번씩 정규수업시간의 일환으로 1~2시간 청년동맹 회의를 개최한다. 대학에서는 매주 토요일마다 오전 수업 2강의(1강의는 90분)를 끝낸 후 오후까지 나머지 시간을 청년동맹 활동으로 보내도록 되어 있다. 이때 활동의 주요 내용은 생활총화, 강연회, 무도회 등이다. 청년동맹 활동을 가장 엄격하고 치밀하게 전개하는 곳은 군대로서, 군대에서는 대체로 작전 토요일('작전 요일'이란 북한이 전쟁 발발시를 대비해서 군이 한꺼번에 다 휴식을 취하지 않도록 사회에서 쓰는 요일과는 다른 요일을 군단마다 따라 정해준 것을 의미한다)에 청년동맹 활동을 한다. 이때 청년동맹원들은 군 지휘관들이 매일 하는 아침 정치강의 2시간을 들은 후 청년동맹 교육 및 활동을 계속한다. 이때의 교육이나 활동은 김일성·김정일 저작학습, 회상기학습 발표, 강연 등이 주종을 이룬다.[82]

공장 내 청년동맹은 매일 오후 5시부터 6시까지 정기학습을 실시하는데, 야근조가 있는 경우 오전 10시부터 11시까지 학습을 실시하기도 한다. 따라서 매일 오전이나 오후에 꼭 정기학습을 해야 한다. 그리고 매주 토요일에 '청년학교'가 운영되며, 신년사와 같이 매 시기 제기되는 내용을 집중적으로 학습하는 집중학습과 생활총화가 있다. 학습의 주된 내용은 당정책에 대한 설명과 함께 정책관철 강조, 혁명활동역사 교육, 당에 대한 충실성 강화를 위한 것들이며, 청년학교에서는 이 밖에 모범단위 방문, 숨은 영웅 따라 배우기, 영화학습 등을 진행한다. 모든 청년들이

81) 1999년 9월에 탈북한 개성 출신의 한 청년은 생활총화의 진행 방식에 대해 다음과 같이 설명하고 있다. "위대한 수령 김일성 동지께서는 어떻게 교시하시었다, 말씀하시었다 내용을 쭉 말하고 이 교시 내용과 비추어 볼 때 우리는 이렇게 생활하지 못했다는 거, 장군님의 배려로 이렇게 공부하면서도 그 은덕을 모르고 살아왔다는 식으로 하고, 그래서 어떤 어떤 결함을 범했다는 거 하고, 그러니까 정치학습도 제대로 안 했고, 보답하기 위해서 열심히 공부해야겠으나 뭐 자신의 조건이 있다고 해서 빠졌다거나 이런 식으로 비판을 해요. 쭉 비판을 하고 앞으로 이렇게 이렇게 고치겠다 해놓고, 호상 비판을 하겠습니다 해가지고 누구 어느 동무는 이 전에 어떤 어떤 잘못을 한 것 같은데 내가 보기엔 수령님 교시나 장군님 말씀에 비추어 볼 때 이렇게 잘못된 것 같다, 고쳐야 되겠다. 이런 식으로 하거든요." 개성 출신 북한이탈주민과의 면담(세종연구소 북한연구센터, 2002년 11월 7일).

82) 이종석, 앞의 글, 1998, 54-55쪽.

이러한 학습에 거의 참여하지만 몸이 피곤해 그 시간에 잠을 자거나 딴 짓을 하는 경우가 많다는 것이 탈북자들의 일반적인 주장이다. 청년동맹 조직으로서도 1990년대에 들어와 식량난이 극심해지면서 정기학습 및 생활총화를 체크하지만 사회적으로 문제를 일으킬 만한 내용이 아니면 대체로 눈감아주는 경향을 보이고 있다.[83)]

청년동맹원들이 비록 형식적이나마 정기학습 및 생활총화에 참가하는 배경에는 물리적 강제가 일정한 역할을 하고 있다. 북한은 공식적으로 학습을 통한 설득으로 사상교육을 강화한다고 하지만, 말을 잘 안 듣는 사람들의 경우 '노동단련대'에 보내 혹독한 노동을 시켜서 다시는 이곳에 오지 않겠다는 생각을 갖게 하고 있다. '노동단련대'는 군(郡) 내에 1개씩 있는데, 보통 1개월에서 3개월 동안 노동을 통해 사고의 전환을 이루어내는 것을 목표로 한다.[84)] 북한은 청년들에 대한 사상통제를 위해 설득의 방법뿐만 아니라 '채찍'도 동원하고 있는 것이다.

2) 당의 후비대로서의 사업

북한에서 모든 근로단체들은 군중 속에서 '핵심'을 키워내어 당 대열을 끊임없이 보충하는 후비대로서의 역할을 담당하고 있다. 이는 조선로동당이 당에 가입하기를 원하는 사람 모두를 당원으로 받아들이는 개방적 방식을 택하고 있는 것이 아니라 근로단체의 맹원 중에서 '우수한 선진분자'들을 골라 당원으로 충원하는 폐쇄적 방식을 채택하고 있는 것과 밀접한 관련이 있다. '우수한 선진분자'란 북한에서 "당과 수령에게 무한히 충실하며 정치사상적으로, 기술실무적으로 준비된 유능한 간부후비"를 의미한다.[85)]

83) 황영, 앞의 글, 2000, 71-72쪽 참조.
84) 황영, 앞의 글, 2000, 72쪽.
85) 사회과학출판사 편, 『령도체계』, 177쪽.

이처럼 모든 근로단체들이 후비대로서의 역할을 담당하고 있지만, 그 중에서도 청년동맹이 당원들을 가장 많이 배출하고 있어 어느 근로단체보다도 당의 후비대로서의 성격이 크게 강조되고 있다. 따라서 청년동맹은 북한에서 "당의 핵심인 간부들을 키워내는 간부양성기지이며 당 대열을 보충해주는 저수지"로 이해되고 있다. 청년동맹은 당의 후비대로서 또한 "당의 위업의 계승자의 대오"로 간주되고 있다. 이는 청년동맹이 당원 배출이라는 역할 이외에도 "대를 이어 계속되는 력사적 위업"인 당의 위업을 청년들이 계승·완성하도록 하는 임무를 가지고 있기 때문이다.[86)]

그런데 북한은 소년단 생활과 청년동맹 생활, 그리고 당 생활이 "밀접히 련관된 하나의 정연한 체계"를 이루고 있다고 파악하고 있다. 유치원에는 정치조직이 없으므로 유치원 생활은 정치적 조직생활이 아니지만, 어린이들이 인민학교에 들어가면 "정치조직인 소년단 조직"에 들게 되어 처음으로 '정치사상적 단련'을 받는다. 그 다음에 그들은 청년조직인 청년동맹에 넘어가서 조직생활을 하며 청년동맹 생활을 하는 과정에서 당원으로 되기 위한 '정치사상적 준비'를 한다. 따라서 노동당은 우수한 당원의 충원을 위해 청년동맹을 통해 청년들의 조직생활을 지도하고 있으며, 청년동맹은 또한 소년단 단체들의 조직생활을 지도·방조하고 있다.[87)] 그런데 청소년들은 중고등학교 시절 소년단 생활을 하다가 청년동맹 생활을 시작하고, 졸업 후에는 공장이나 농촌 또는 군대나 상급학교에 가서 청년동맹 생활을 계속한다. 이처럼 청소년들의 가입단체, 학교 및 직장이 바뀔 때마다 그들이 옮겨가는 조직에서 그들을 새로 파악하는데 많은 시간이 소요되는 문제점이 발생하게 된다. 따라서 이 같은 문제점을 해결하기 위해 1971년 2월 김일성이 내린 지시에 따라 소년단 때부터 조직생활정형을 기록한 카드가 만들어졌다. 이 카드에는 한 개인의 소년단 때부터의 조직생활, 성적, 품행, 장점과 단점, 향후 교양 방향 등

---

86) 『위대한 수령 김일성동지의 불멸의 혁명업적 10』, 38쪽.
87) 사로청 규약(1981. 10) 제37조.

이 종합적으로 기록된다. '조직생활정형카드'는 청소년이 14세가 되면 청년동맹에 보내지고, 청년동맹 생활을 하다가 당이나 다른 근로단체로 가면 다시 그곳에 기밀문서로 발송되어 평생 동안 그를 따라다니게 된다. 따라서 한 개인이 옮겨가는 조직에서는 그를 새로 파악하는 데 소요되는 시간을 줄이고 그에 대한 조직생활지도에서 '계승성'을 보장할 수 있게 된다. 한 개인의 진로는 대체로 청년동맹 시절에 대부분 결정되기 때문에, 특히 이 시기 정형카드의 내용은 한 개인의 운명에 매우 중요한 영향을 미친다.[88]

청년동맹은 조직생활 정형카드의 작성 외에도 동맹원들에게 조선로동당 입당보증, 그들의 인민군대 입대 및 상급학교 입학 추천사업과 표창내신사업을 조직 진행함으로써 그들을 장악하고 있다.[89] 물론 청년동맹원들의 입당, 고등중학교 졸업 후 입대 또는 직장 배치, 상급학교 입학사정 등에 대한 결정을 실질적으로 당에서 내리기 때문에 청년들은 자신들의 장래를 위해서도 "당의 위업의 계승자의 대오"가 되지 않을 수 없다.

그런데 1990년대 북한이 직면해야 했던 유례없는 심각한 식량난과 경제위기는 이러한 상황에 부분적 변화를 가져왔다. 특히 사회적 지위 상승보다 먹고 사는 문제가 지방의 거의 모든 사람들에게 절실한 과제가 됨으로써 조직생활이 형식화되는 경향이 나타난 것이다. 과거에는 조직생활을 잘하면 좋은 평가를 받았으나, 1990년대에 들어와서는 오히려 '바보'라고 손가락질을 받는 현상이 나타났다. 그리고 과거에는 모든 청년들이 당원이 되기 위해 노력했으나, 1990년대에는 당원증을 준다고

88) 김일성, 「청년들의 특성에 맞게 사로청 사업을 더욱 적극화할데 대하여」, 6-11쪽; 현성일, 「북한노동당의 조직구조와 사회통제체계에 관한 연구: '당의 유일사상체계 확립의 10대 원칙'을 중심으로」, 한국외대 정책과학대학원 석사학위논문, 1999, 83-85쪽.

89) 사로청 규약(1981. 10) 제37조. 이종석 연구위원은 구체적으로 청년동맹이 외국어대학, 체육대학, 예술부문대학, 물리, 수학, 전자 등 특수한 일부 학과를 제외하고는 약 3년간 군대나 공장, 농촌에서 근무하던 동맹원들 중 우수하다고 판단되는 사람을 대학에 추천할 권한을 가지고 있다고 지적하고 있다. 이종석, 앞의 글, 1998, 55-56쪽.

해도 여러 가지 핑계를 대어 당원이 되기를 거부하는 사례들이 발생했다. 예를 들어 아직 자질이 부족하다는 이유로 능력을 더 많이 배양한 후에 당원이 되겠다고 하면서 당원이 되는 것을 차일피일 미루는 것이다.[90] 그것은 당 간부에게는 많은 특권이 주어지지만, 일반 당원에게는 청년동맹원들보다 훨씬 더 큰 의무와 구속이 있을 뿐 경제적으로 혜택을 받는 것이 거의 없기 때문이다. 청년들이 당원이 되기를 거부하는 상황은 식량난이 해소되면 개선되겠지만, 식량난에 이어 2002년 7·1 경제관리개선 조치 실시와 신의주·개성·금강산 특구 지정 등으로 일반 인민들이 정치보다 경제에 더 큰 관심을 갖고 있는 상황에서 청년들 속에서 '핵심'을 키워내어 당 대열을 끊임없이 보충하는 것은 청년동맹과 조선로동당 모두에게 더욱 어려운 과제가 될 것으로 보인다.

3) 경제건설에의 동원

북한의 청년동맹이 당의 방조자로서 하는 활동은 다른 사회주의국가에서 청년동맹이 수행하는 활동과 기본적으로 큰 차이가 없을 것이다. 그런데 북한 내에서 이 활동은 혁명 단계 및 경제발전 단계가 바뀜에 따라 일정한 변화를 보여왔다.

민청의 결성 직후부터 북한지도부는 민청원들을 경제건설에 동원하였고, 특히 한국전쟁이 발발하기 직전까지 문맹퇴치사업을 위해 적극적으로 활용하였다. 휴전협정 체결 이후에는 폐허가 된 경제의 복구를 위해 민청원들에게 탄광·광산·건재공장·임업 부문 등 가장 고되고 힘든 생산현장에 뛰어들 것을 요구하였다. 이를 위해 민청지도부는 '민청돌격대운동'을 전개하였다. 그 결과 탄광 갱내 작업의 경우 청년들의 비중이 정전 당시 7%에서 1956년 9월에는 60% 이상으로 늘어나게 되었다.[91] 북

90) 황영, 앞의 글, 2000, 72-73쪽.
91) 이종석, 앞의 글, 1998, 35쪽.

한 지도부가 농업협동화와 개인상공업의 사회주의적 개조를 추구하던 시기에는 민청단체들이 농촌청년들과 농민들을 대상으로 강연과 해설담화 등 다양한 형식과 방법으로 당의 농업협동화 노선 및 당의 정책을 해설하였다. 민청단체들에서는 또한 개인 상공업을 하는 청년들과 개인 상공업에 종사하는 사람들의 자녀들에 대한 정치교양사업도 '진공적으로' 전개하였다.[92)]

청년동맹을 경제건설에 적극적으로 동원하는 관행은 현재에 있어서도 큰 차이 없이 진행되고 있다. 현재 북한에서 청년들은 군대와 함께 노력동원의 핵심이라고 할 수 있으며, 봄과 가을에 농촌으로 나가 농사일을 돕는 것은 기본으로 간주되고 있다. 그리고 건설현장이나 탄광 등에 노력동원을 가기도 하는데, 탄광의 경우는 월말 계획을 맞추기 위해 보통 월말에 나가게 된다. 대개는 2～3개월 동안 동원되지만 길게는 1년 동안 동원되는 경우도 있다. 그리고 일반적으로 동원되는 청년들은 조직적 통제가 강하지 않기 때문에 몸은 좀 고달프지만 편안한 마음으로 나간다고 한다. 그런데 전반적 경제위기에도 불구하고 밤낮 없이 가동되는 외화벌이 사업소에 근무하는 청년동맹원들의 경우처럼 노력동원을 면제받는 예외적 현상도 존재한다. 대신 외화벌이 사업소에 근무하는 청년동맹원들은 인민군대에 장갑, 토끼가죽, 칫솔, 비누 등 일용잡화 등을 모아 지원하는 등의 활동에 참여한다.[93)]

1998년 김정일의 국방위원장 재추대 이후 북한은 청년들을 특별히 '사회주의건설의 주력군'으로 내세우면서 청년동맹조직들과 청년들에게 사회주의강성대국 건설을 위한 제2의 천리마대진군에서 돌격대, 선봉대의 역할을 할 것을 요구하고 있다. 경제건설에서 청년들이 한 역할과 관련하여 북한은 "장군님께서 구상하시고 의도하시는 감자농사혁명을 실

92) 『위대한 수령 김일성동지의 불멸의 혁명업적 10: 주체형의 혁명적근로단체건설』, 271-272쪽.

93) 황영, 앞의 글, 2000, 71-73쪽.

현하기 위해 청년군인들과 평양, 개성을 비롯한 전국 각지의 수많은 녀성청년들이 북방의 머나먼 대홍단으로 달려가고 청년들이 평양-남포 고속도로 건설을 맡아 무비의 영웅성과 헌신성을 발휘하여 놀라운 기적과 혁신을 창조"했다고 소개하고 있다. 특히 평양으로부터 남포에 이르는 100여 리 구간의 대통로를 건설해야 하는 방대한 공사를 북한의 청년들은 거의 인력으로 해결했고, "자동차가 없으면 마대로 흙을 메날랐고 폭약이 부족하면 함마와 정대로 바위산을 까냈"으며, 춘하추동을 허허벌판의 임시숙소에서 보냈고, 그마저 시간이 아까워 노반 위에서 침식하며 "흙마대가 닳아 터지면 자기 옷을 벗어 구멍을 막고 달렸다"[94]고 지적하고 있다. 북한이 제시하고 있는 이 같은 사례들은 김정일 시대 청년동맹이 경제건설을 위해 어떻게 '투쟁'하고 있는가를 잘 보여주고 있다.

4) 당의 통일 및 대남 정책 지원

청년동맹은 당의 경제정책뿐만 아니라 통일 및 대남정책 관철을 위해서도 지속적으로 일정한 역할을 담당해왔다. 예를 들어 한국전쟁이 한창 치열했던 1951년 1월, 김일성은 민주청년동맹에게 "해방지구에서 선전선동사업을 강화하여 인민들로 하여금 적들은 반드시 망하고 우리는 반드시 승리한다는 신심을 굳게 가지게 하며 인민군대에 대한 인민들의 사랑과 신뢰를 더욱 두터이 하도록" 할 것, "적후방에 있는 민청단체들과 청년들이 인민군 부대들의 진격을 도우며 빨찌산들의 활동범위를 넓히도록 적극" 도울 것, "우수한 맹원들을 잘 교양하여 적후방에 들여보내며 그들로 하여금 여러 가지 방법을 리용하여 적군와해공작과 농촌선전공작을 하게하며 인민들을 강점자들을 반대하는" 폭동에 불러일으킬 것 등을 요구하였다.[95]

94) 김재호, 앞의 책, 2000, 77-79쪽.

95) 김일성, 「현정세와 민청단체들의 당면과업에 대하여」(남북조선민주청년동맹 중

한국전쟁이 끝나고 북한이 전후복구와 경제건설에 몰두하던 1956년 11월에 김일성은 "남반부 출신 청년들과의 사업을 강화하여 앞으로 남반부에 나가서 사업할 간부들을 미리 준비"할 것을 지시하였다. 만일 이러한 준비가 없이 가만히 있다가 남북왕래가 실현되는 때에 가서 함경도 지방 청년들을 전라도에 보내 민청을 조직하려고 하면 어려울 것이나, 전라도 출신 청년들을 잘 준비시켰다가 전라도에 보내면 그곳 사정도 잘 알 뿐 아니라 친척들과 친구들이 많기 때문에 민청을 쉽게 조직할 수 있을 것이라고 김일성은 주장하였다. 또한 북한에는 의용군에 참가했던 남한 출신 청년들만도 몇만 명이나 있으므로 이들을 김대(김일성종합대학)나 송도정치경제대학 등에 보내어 간부로 키우거나 도, 혹은 군 민청에 부위원장 편제를 두어 남한 출신 간부들을 배치하여 사업시킴으로써 '남반부 후비간부'로 키우는 방법도 있다고 지적하였다.[96]

당의 통일 및 대남정책 관철을 위해 청년동맹을 동원하고자 하는 입장은 김일성의 사후에도 이어져 김정일은 1996년에 청년들이 '조국통일을 위한 투쟁에서 선봉투사'가 되어야 한다고 주장하였다. 김정일은 특히 북한 청년들이 김일성이 제시한 "전민족대단결10대강령을 높이 받들고 남조선청년들, 해외동포청년들과의 단결을 강화하여 조국통일을 위한 그들의 의로운 애국투쟁을 적극 지지성원하여야" 한다고 지적하였다.[97] 이처럼 한반도의 공산화 통일을 위해 청년동맹을 활용하려는 북한 지도부의 입장에는 강한 지속성이 있으나, 북한의 국가역량 약화와 남한의 국가역량 증대로 인해 북한이 채택한 방법에는 중요한 변화가 발생하였다는 점을 확인할 수 있다. 한국전쟁 시기에만 해도 북한은 매우 공격적이

앙위원회 련합회의에서 한 연설, 1951년 1월 18일), 156-157쪽.

96) 김일성, 「민청단체들앞에 나서는 당면한 몇가지 과업에 대하여」(새로 선거된 민청중앙위원회 위원들 앞에서 한 연설, 1956년 11월 9일), 205-206쪽.

97) 김정일, 「김일성동지의 청년운동사상과 령도업적을 빛내여 나가자」(청년절 5돐에 즈음하여 김일성사회주의청년동맹 중앙위원회 기관지 ≪청년전위≫에 준 담화, 1996년 8월 24일), 『김정일선집』 제14권, 평양: 조선로동당출판사, 2000, 225쪽.

고 전투적인 투쟁을 호소하였으나, 전후 복구기간에는 남북한 자유왕래에 대비하여 '남반부 후비간부' 육성을 강조하였고, 탈냉전시대에는 남한청년들과의 단결 강화 및 그들의 애국투쟁에 대한 지지성원에 역점을 두고 있다. 적화통일에 유리한 환경 조성을 위해 남한에 직접적으로 개입하려는 경향이 점차 감소해오고, 간접적인 영향력 행사에 만족하는 방향으로의 변화를 보여온 것이다.

6. 결론

북한의 청년동맹은 초기에 구소련의 공산주의청년동맹을 모델로 하여 창설되어 사업내용에 있어서 구소련의 공청이 가지고 있었던 특징들의 상당 부분을 현재까지도 계승하고 있다. 그런데 북한의 청년동맹은 초기에는 당의 근로단체로 출발하였지만, 서서히 수령(김일성)의 청년동맹, 수령의 후계자(김정일)의 청년동맹으로 변모해옴으로써 당보다 수령에게 더욱 충성을 바치는 조직으로 변하였다. 물론 그렇다고 해서 청년동맹이 당과 대중을 연결하는 인전대로서의 기능, 당의 방조자 및 후비대로서의 기능을 소홀히 하고 있는 것은 분명히 아니다.

1990년대 초부터 북한이 당면하고 있는 대내외적 위기 상황은 북한사회에서 청년동맹의 위상을 높이는 결과를 가져왔다. 1980년대 말부터 동구 사회주의체제들이 붕괴하고 구소련이 해체되면서 북한은 국제적 고립과 경제상황의 악화를 경험하게 되었고, 특히 1990년대 중반에 심각한 기아 사태와 사회적 이완, 탈북자 증가 등에 직면하였다. 이처럼 북한의 대내외 상황이 전반적으로 악화되고 체제유지에 대한 불안감이 증대하면서 북한지도부는 변화에 민감한 청년들을 체제의 핵심적 지지세력으로 만들기 위해 특단의 조치를 취하지 않을 수 없게 되었다. 그것이

바로 당과 군대 및 청년의 3대 핵심세력을 중심으로 당면한 위기를 타파하겠다는 것이다. 북한이 김일성 사후 매년 신년공동사설을 당보, 군보, 청년보 공동 명의로 발표하고 있는 것은 바로 이러한 맥락에서 이해할 수 있다.

현재 북한은 당의 영도적 역할을 강조하면서, 군대를 '혁명의 주력군'으로 그리고 청년을 '사회주의건설의 주력군'으로 내세우고 있다. 김정일의 선군정치와 청년중시사상 모두 북한이 당면한 위기를 극복하는 차원에서 나오게 되었고, 현재 북한이 당면하고 있는 위기가 가까운 미래에 해결되기 어려운 만큼 김정일의 '청년중시정치'는 앞으로도 오랫동안 지속될 것으로 전망된다. 그런데 청년중시정치에도 불구하고 극심한 식량난과 2002년부터의 경제개혁 및 개방 조치에 의해 일반 청년들 사이에서 당원이 되는 것을 기피하고 돈 버는 것이 주요 관심사가 되는 현상이 확산되고 있어[98] 청년들 속에서 '핵심'을 키워내어 당 대열을 끊임없이 보충하는 것은 청년동맹과 조선로동당 모두에게 매우 어려운 과제가 되고 있는 것으로 보인다.

청년동맹이 변화에 민감한 청년들로 구성되어 있어 향후 북한의 정치적 변화에 어떠한 영향을 미칠 수 있는가 하는 것은 우리 측의 중요한 관심사 중의 하나라고 할 수 있다. 그런데 청년동맹의 경우 상층부가 당의 철저한 통제를 받는 당원들로 구성되어 있어 이 조직이 북한의 정치개혁, 민주화에 긍정적으로 기여할 가능성은 희박하다. 오히려 이 조직은 최근 북한에서 김정일이 아들을 후계자로 내세우기 위한 사전준비작업이 나타나면서[99] 가까운 장래에 또다시 봉건적 권력 이양을 뒷받침하

98) 북한에서 식량난이 극심했던 1996년 6월에 탈북한 전 평남 은산군 천연스레트 공장 청년동맹위원장 황영은 그가 북한에 있을 때 청년들이 가장 선호하는 직장은 외화벌이 사업소였다고 증언하고 있다. 그리고 외화벌이 사업소에 들어가고 싶어 하는 젊은이들이 너무 많다 보니 전에는 회피되었던 탄광일을 선호하는 경우가 발생하였는데, 그 이유는 탄광에서는 기본적 배급이 이루어졌기 때문이었다라고 지적하고 있다. 또한 청년들이 자재상사 등도 많이 선호하였고 장사를 많이 했다고 한다(황영, 앞의 글, 2000, 73쪽).

는 기구로 활용되는 전철을 밟을 가능성이 있다. 1970년대 초 북한에서 김정일이 '수령의 후계자'로 결정되기 전에 김일성이 사로청 간부에 대한 대폭적인 세대교체를 단행했던 사실을 상기한다면, 향후 김정일의 후계자에 대한 권력기반을 강화하려는 움직임도 청년동맹 간부에 대한 세대교체를 수반하게 될 것이라고 전망할 수 있다.

99) 북한은 2002년 8월에 조선인민군출판사에서 『존경하는 어머님은 경애하는 최고사령관 동지께 끝없이 충직한 충신중의 충신이시다』라는 강연자료를 발간한 데 이어 동년 9월에도 같은 출판사에서 『경애하는 최고사령관동지는 믿음의 정치로 력사의 온갖 시련을 이겨 내고 언제나 승리만을 떨치시는 절세의 위인이시다』라는 강연자료를 발간하여 김정일의 부인 고영희에 대한 개인숭배 작업을 계속하였다. 특히 2002년 9월의 강연자료는 "경애하는 최고사령관동지의 선군혁명령도를 총대로 충직하게 받드는 길에서 대를 이어 누려 가는 수령복, 어머님복을 더욱 빛내여 나가야 한다"라고 경우에 따라서는 김정일의 아들에 의한 권력 승계 가능성을 시사하는 것으로 해석될 수 있는 문구로 끝을 맺고 있다. 『경애하는 최고사령관동지는 믿음의 정치로 력사의 온갖 시련을 이겨 내고 언제나 승리만을 떨치시는 절세의 위인이시다』, 평양: 조선인민군출판사, 2002, 16쪽.

<참고문헌>

1. 북한 문헌 및 자료

1) 김일성, 김정일 저작

김일성. 1949, 「민주주의 조선건국에 있어서의 청년들의 임무」(각도민주청년동맹위원장 회의에서 진술한 연설, 1946년 5월 30일), 『조국의 통일독립과 민주화를 위하여』 제1권, 평양: 국립인민출판사.

_____. 1949, 「북조선 민주청년동맹 제3차 대회에서 진술한 김일성수상의 연설」(1948년 11월 14일), 『조국의 통일독립과 민주화를 위하여』 제2권, 평양: 국립인민출판사.

_____. 1954, 「학생 동맹을 유일한 청년 단체인 민주 청년 동맹에 합류시키는 문제에 대하여」(1945년 12월 30일), 『김일성선집』 제1권, 평양: 조선로동당출판사.

_____. 1967, 「사상사업에서 교조주의와 형식주의를 퇴치하고 주체를 확립할 데 대하여」(당선전선동일군들 앞에서 한 연설, 1955년 12월 28일), 『김일성저작선집』 제1권, 평양: 조선로동당출판사.

_____. 1968, 「사회주의로동청년동맹의 과업에 대하여」(조선민주청년동맹 제5차대회에서 한 연설, 1964년 5월 15일), 『김일성저작선집』 제4권, 평양: 조선로동당출판사.

_____. 1969, 「민청단체들 앞에 나서는 당면한 몇 가지 과업에 대하여」(새로 선거된 민청중앙위원회 위원들 앞에서 한 연설, 1956년 11월 9일), 『청소년사업과 사회주의로동청년동맹의 임무에 대하여』 제1권, 평양: 조선로동당출판사.

_____. 1969, 「조선민주청년동맹 북조선위원회 결성에 즈음하여」(북조선민주청년단체대표자회에서 한 연설, 1946년 1월 17일), 『청소년사업과 사회주의로동청년동맹의 임무에 대하여』 제1권, 평양: 조선로동당출판사.

_____. 1969, 「민주력량을 확대강화하기 위한 민청단체들의 과업」(북조선민주청년동맹 제2차대회에서 한 연설, 1946년 9월 29일), 『청소년사업과 사

회주의로동청년동맹의 임무에 대하여』 제1권, 평양: 조선로동당출판사.

_____. 1969, 「현정세와 민청단체들의 당면과업에 대하여」(남북조선민주청년동맹 중앙위원회 련합회의에서 한 연설, 1951년 1월 18일), 『청소년사업과 사회주의로동청년동맹의 임무에 대하여』 제1권, 평양: 조선로동당출판사.

_____. 1974, 「청년들의 특성에 맞게 사로청 사업을 더욱 적극화할데 대하여」(도, 시, 군, 공장, 기업소, 대학 당 위원회 청년사업부장 및 사로청위원장 협의회에서 한 연설, 1971년 2월 3일), 『김일성저작선집』 제6권, 평양: 조선로동당출판사.

_____. 1979, 「민주청년동맹을 조직할데 대하여」(민주청년열성자대회에서 한 결론, 1945년 10월 29일), 『김일성저작집』 제1권, 평양: 조선로동당출판사.

김정일. 1998, 「청년들과의 사업에 힘을 넣을데 대하여」(조선로동당 중앙위원회 책임일군들과 한 담화, 1993년 2월 26일), 『김정일선집』 제13권, 평양: 조선로동당출판사.

_____. 2000, 「김일성사회주의청년동맹의 사명과 임무에 대하여」(김일성사회주의청년동맹 중앙위원회 책임일군과 한 담화, 1996년 1월 20일), 『김정일선집』 제14권, 평양: 조선로동당출판사.

_____. 2000, 「김일성동지의 청년운동사상과 령도업적을 빛내여 나가자」(청년절 5돐에 즈음하여 김일성사회주의청년동맹 중앙위원회 기관지 ≪청년전위≫에 준 담화, 1996년 8월 24일), 『김정일선집』 제14권, 평양: 조선로동당출판사.

2) 단행본

김재호. 2000, 『김정일강성대국 건설전략』, 평양: 평양출판사.

김한길. 1983, 『현대조선력사』, 평양: 사회과학출판사.

사회과학출판사 편. 1985, 『령도체계』, 평양: 사회과학출판사; 1989, 지평.

_____. 1985, 『주체사상의 사회역사원리』, 평양: 사회과학출판사; 1989, 백산서당.

조선로동당 중앙위원회 당력사연구소. 1979, 『조선로동당략사』 제2권, 평양: 조선로동당출판사; 1989, 돌베개.
『위대한 수령 김일성동지의 불멸의 혁명업적 10: 주체형의 혁명적근로단체건설』, 평양: 조선로동당출판사, 1998.
『위대한 수령 김일성동지의 청년운동령도사』, 평양: 금성청년출판사, 1997.
『해방후 10년 일지: 1945~1955』, 평양: 조선중앙통신사, 1955.

3) 신문, 잡지 및 기타

『경애하는 최고사령관동지는 믿음의 정치로 력사의 온갖 시련을 이겨 내고 언제나 승리만을 떨치시는 절세의 위인이시다』, 평양: 조선인민군출판사, 2002(강연자료).
“당의 령도따라 위대한 김일성동지의 위업을 끝없이 빛내여 나가자”, ≪로동신문≫ 1996년 7월 8일자 사설.
『당의 유일사상체계확립의 10대원칙』, 평양: 조선로동당출판사, 1983.
≪로동신문≫ 1996년 1월 20일자, 2002년 10월 31일자, 3월 23일.
사회과학원 언어학연구소, 『조선문화어사전』, 평양: 사회과학출판사, 1973.
『조선말대사전』 제2권, 평양: 사회과학출판사, 1992.
『조선사회주의로동청년동맹규약(1981.10)』, 평양: 출판사 미상, 1981.
“조선청년운동발전에 특기할 력사적사변”, ≪로동신문≫ 1996년 1월 21일자 사설.
“‘존경하는 어머님은 경애하는 최고사령관 동지께 끝없이 충직한 충신중의 충신이시다’—강연자료(2002년 8월) 조선인민군 출판사(대외비 자료 전문)—”, ≪월간조선≫ 2003년 3월호.

2. 남한과 외국 문헌 및 자료

1) 단행본

이종석. 1995, 『조선로동당연구』, 역사비평사.

_____. 2000, 『새로 쓴 현대북한의 이해』, 역사비평사.

L'état du monde 2003, Paris: La Découverte, 2002.

2) 논문, 연설문

김근식. 2003, 「'북한식' 민간단체의 현황과 변화 전망」, ≪평화연구≫ 제11권 1호, 고려대학교 평화연구소.

김주환. 1989, 「해방 후 북한의 인민민주주의혁명과 사회주의 혁명」, 김남식 외, 『해방전후사의 인식』 제5권, 한길사.

남영진. 1995, 「'사로청', 그 실체를 밝힌다」, ≪새물결≫ 1995년 1월호.

V. I. 레닌. 1989, 「공산주의에 있어서의 '좌익' 소아병(발췌)」, 『프롤레타리아 독재에 대하여』, 앎과함.

_____. 1989, 「혁명적 청년의 임무」, 『레닌 저작집(1903. 9~1904. 9)』 제2권 2호(김탁 역), 전진.

J. V. 스탈린. 1990, 「레닌주의의 문제에 관하여(1926)」, 『스탈린 선집 (1905~1931)』 제1권(서중건 역), 전진.

이종석. 1998, 「김일성사회주의청년동맹 연구」, 이종석 편, 『북한의 근로단체 연구』, 세종연구소.

정성장. 2002, 「김정일의 후계문제에 대한 시론(試論)」, 『학인』 제4호, 경남대 북한대학원 총학생회.

_____. 2002, 「정치체제의 형성과 확립: 김일성정권 성립부터 1994년까지」,박호성·홍원표 외, 『북한사회의 이해』, 인간사랑.

정유진. 1999, 「북한 근로단체의 성격과 구성」, 『북한조사연구』 제2권 2호, 통일정책연구소.

현성일. 1999, 「북한노동당의 조직구조와 사회통제체계에 관한 연구: '당의 유일사상체계 확립의 10대 원칙'을 중심으로」, 한국외대 정책과학대학원 석사학위논문.

V. Lénine. 1968, "Les tâches des Unions de la jeunesse(Discours prononcé au IIIe Congrès de l'Union de la jeunesse communiste de Russie, 2 octobre 1920)," *Oeuvres choisies 3*, Moscou: Editions du Progrès.

3) 신문, 잡지 및 기타

개성 출신 북한이탈주민과의 면담(세종연구소 북한연구센터, 2002년 11월 7일).

김연광. "김정일 세습을 최초로 포착했던 정보부 북한국장 출신 강인덕 전 통일부 장관 분석", ≪월간조선≫ 2003년 3월호.

_____. "황장엽 전 노동당 사상·국제 담당 비서 확인 인터뷰", ≪월간조선≫ 2003년 3월호.

황영, "'김일성사회주의청년동맹'과 청년들의 생활", ≪통일한국≫ 2000년 4월호.

연합뉴스, 2001년 11월 13일자.

연합뉴스, 2002년 2월 1일자.

연합뉴스, 2002년 3월 22일자.

제2장 조선직업총동맹

정상돈

1. 서론

북한을 전문적으로 연구하는 사람들이 아닌 경우 북한의 문헌, 특히 1970년대 이후의 직업동맹에 관한 문헌들을 읽다 보면 어디서부터 어디까지가 진실이고, 허위인지를 알기 어렵다. 해방 이후 한국전쟁이 일어나기 전까지의 역사에 대한 서술에 있어서 적지않은 의혹들이 제기되기 때문이다. 해방 이후 초기의 직업동맹과 1960년대 초 이후의 직업동맹이 그 성격이나 위상과 관련하여 차이점을 갖고 있음에도 불구하고 1970년대 이후의 문헌들에서는 김일성이 직업동맹을 마치 창립할 당시부터 일관되게 수령과 당을 '옹휘'하는 동시에 유일사상체계를 노동대중에게 교육시키며 당 주위에 결집하는 '인전대(transmission belt)'로 만든 것처럼 서술하는 것이 문제다.[1] 창립 당시 수령과 유일사상체계란 것이 없었음에도 이런 식으로 역사서술을 하여 직업동맹이 변화해온 모습을 감지하기 어렵도록 만들고 독자들을 잘못된 인식으로 유도하고 있는 것이다.

---

1) 한 예로 조선직업총동맹 중앙위원회의『위대한 수령 김일성동지의 직업동맹에 관한 사상』(1975)을 들 수 있다.

이런 양상이 직업동맹과 관련해서만 나타나는 것은 아니다. 그러다 보니 북한에 대한 연구가 많은 경우 진실을 밝히는 작업일 수밖에 없는데, 노동자가 주인이라고 하는 사회주의체제에서 노동조합 혹은 직업동맹이 갖는 비중이 클 수밖에 없는 만큼 북한의 직업동맹에 대한 올바른 분석은 북한체제를 보다 깊이 이해하는 데 반드시 필요하다는 생각이 든다. 이것이 본 연구를 시도하게 된 배경을 이룬다.

연구를 시작함에 있어 필자가 가진 문제의식은 다음과 같다.

첫째, 사회주의체제하에서 노동조합은 묘한 위치에 처하게 된다. 노동조합의 존재 이유를 들자면 우선 노동자들의 권익 보호를 들 수 있는데, 사회주의체제하에서 노동자들의 권익을 보호하자면 국영기업소를 실질적으로 운영하는 행정기관, 즉 국가에 맞서야 하는 경우가 발생하기 때문이다. 사회주의체제하에서 국가를 상대해서라도 노동조합이 노동자들의 권익을 위해서 자기 주장을 할 수 있어야 한다고 보는 사람들은 노동조합의 자율성을 옹호하는 입장이라 할 수 있는데, 반면에 노동조합의 자율성을 부정하는 사람들도 있다. 노동자들이 주인인 사회주의체제에서 국가의 이익과 노동자의 이익이 일치하기에 노동조합이 국가를 상대로 투쟁한다는 것은 있을 수 없는 일이라 생각하기 때문이다. 그 결과 노동조합의 자율성을 옹호하는 세력과 부정하는 세력 사이에 대립과 갈등이 생기지 않을 수 없게 된다. 그런데, 이런 논쟁이 해방 이후 북한에서도 전개되었는가? 만약 이런 논쟁이 있었다면, 그것은 어떤 모습으로 전개되었는가? 그리고 소련의 노동조합에 대한 레닌의 이론과 스탈린의 입장은 노동조합의 자율성을 둘러싼 북한지도부 사이의 갈등에 영향을 미쳤는가? 만약 그랬다면 그 영향은 어떻게 나타났는가?

둘째, 1949년 11월 19일 김일성은 산업 부문 경제 및 직맹열성자대회에서 한 연설 "새 환경과 새 조건은 새로운 사업태도를 요구한다"에서[2)]

---

2) 김일성, 「새 환경과 새 조건은 새로운 사업태도를 요구한다」(산업 부문 경제 및 직맹열성자대회에서 한 연설, 1949년 11월 19), 『김일성저작집』 제5권, 평양: 조

한편으로는 직업동맹이 노동규율을 강화하며 공장·기업소에 생산협의회를 조직하여 증산경쟁을 확대해야 한다고 주장하였다. 그러나 다른 한편으로는 노동보호에 대한 규정이 잘 지켜지는지를 감독해야 한다고 말하였다.[3] 증산경쟁을 추진하다 보면 아무래도 표준치보다 더 많은 일을 하게 된다. 노동강도를 높이거나 노동시간을 늘리게 되기 때문이다. 이것은 결국 노동보호규정에 저촉되게 되는데, 김일성은 어떻게 직업동맹이 이렇듯 상호 모순된 기능을 수행하는 일을 할 수 있다고 보았는가?

셋째, 김일성은 1964년 6월 26일 조선로동당 중앙위원회 제4기 제9차 전원회의에서 "근로단체사업을 개선강화할데 대하여"라는 제목의 연설을 하고 직업동맹이 노동에 대한 관리·감독 기능을 가질 필요가 없다고 말하며 단체계약을 폐지해버렸다. 그리고는 노동자들에 대한 사상교양을 직업동맹이 수행해야 할 가장 중요한 사업으로 주장하였다. 이렇게 직업동맹의 성격과 역할이 변화하게 된 것을 김일성은 어떤 주장으로 합리화하였는가?

넷째, 대안의 사업체계가 도입된 이후 1960년대의 공장·기업소 내 당조직과 직업동맹의 관계는 현재에도 그대로 유지되고 있는가? 만약 변했다면 어떻게 변화하였는가? 1990년대 경제위기 이후에 노동자들이 공장·기업소에 출근하더라도 일감이 없어 월급을 받지 못하고, 결국 자기 힘으로 벌어먹고 살기 위해서 개인 장사를 하는 상황에서 직업동맹은 제대로 기능하고 있는가?

이런 문제들에 대한 답을 찾는 과정에서 직업동맹이 해방 이후 현재까

선로동당출판사, 1980.

3) 김일성은 이 연설에서 직업동맹 단체들이 인민경제의 발전을 위하여 군중동원사업을 강화하고 군중들에게 국가의 재산과 물자를 절약하는 교육을 실시하며, 노동규율을 강화하고 공장·기업소에 생산협의회를 조직하여 증산경쟁을 확대해야 한다고 주장하였다(앞의 글, 1980, 315-316쪽). 그러나 동시에 직업동맹 단체들이 노동자들의 문화생활수준을 향상시키기 위하여 관심을 기울이며 노동법령과 노동보호에 대한 규정이 잘 지켜지는지를 감독하고 노동자들이 직장에서 안전하게 일할 수 있도록 노동보호사업을 개선하며 이에 대한 통제를 강화해야 한다고 말하였다(앞의 글, 1980, 308-309쪽).

지 어떤 측면에서 지속성의 모습을 보여주고, 또 어떤 측면에서 변화의 모습을 보여주는지를 밝혀내며 직업동맹의 지속성과 변화가 북한체제의 지속성 및 변화와 어떤 상관관계를 갖는지를 추적하는 데 본 연구의 목적이 있다.

직업동맹에 대한 국내에서의 연구는 아직 미약한 실정이다. 김병로의 "조선직업총동맹 연구"[4]와 이주철의 "북한에서의 노동조합 독자성 논쟁", 그리고 김연철의 "1950년대 북한의 노동정책과 노동자" 등이 있을 뿐이다. 그 외에 서동만의 박사학위 논문『北朝鮮における社會主義体制の成立 1945~1961』이 있으나 일본어로 쓰여졌기 때문에 이해하는 데 언어상의 제약이 있다. 특히 해방 이후부터 현재까지의 역사적 흐름 속에서 직업동맹의 지속성과 변화를 추적한 연구는 절대적으로 부족한 상황이다.

그러나 현실적으로 남북교류·협력이 늘어나고—비록 우여곡절을 겪더라도—북한에 진출하는 남한기업들에 의한 북한 노동자의 고용이 증가하게 되는 경우 북한의 직업동맹에 대하여 정확하게 이해하는 것은 반드시 필요하다. 또한 남북노동자대회의 일환으로 남한의 민주노총이 북한의 직업동맹과 접촉하는 과정에서 상대 파트너인 북한의 직업동맹을 제대로 알아야 대회의 성과를 기대할 수 있다. 이와 관련하여 본 연구는 학문적으로 작은 기여를 할 수 있을 것이다.

연구내용의 구성과 관련해서는 우선 제2절에서 레닌의 이론을 통해 사회주의체제를 건설하는 과정에서 노동조합이 왜, 어떤 맥락에서 필요하다고 주장되었는지, 그리고 스탈린 치하에서 노동조합이 어떤 대우를 받았는지를 살펴볼 것이다. 이어서 레닌의 이론과 스탈린의 입장을 북한 지도부가 어떻게 받아들이며 노동조합 혹은 직업동맹의 성격과 위상을 규정했는지 분석할 것이다. 제3절에서는 직업동맹의 형성 및 변화과정을 해방 이후부터 현재까지 역사적으로 조망할 것이다. 제4절에서는 직업동

4) 김병로,「조선직업총동맹 연구」,『북한의 근로단체 연구』, 세종연구소, 1998.

맹이 어떻게 조직되어 왔는지, 그 운영방식은 어떠했는지를 분석할 것이다. 제5절에서는 직업동맹의 주요기능을 지속성과 변화의 관점에서 고찰할 것이다. 결론인 제7절에서는 논문 전체의 흐름을 간략히 정리하고 북한지도부의 시각을 통하여 직업동맹 관련 사업의 문제점이 무엇인지를 고찰하고자 한다.

연구내용의 구성을 위와 같이 잡은 것은 다음과 같은 이유에서이다. 우선 북한 직업동맹의 성격과 위상 규명을 통해 직업동맹이 어떤 것인지를 개괄적으로 이해하고 난 다음, 역사적으로 직업동맹이 어떻게 변화해 왔는지를 서술하는 것이 순서로 볼 때 바람직하기 때문에, 제2절에서 직업동맹의 성격과 위상을 다루고 제3절에서 직업동맹의 형성 및 발전과정을 서술하려고 한다. 이렇게 역사적인 고찰을 통해 직업동맹 변화과정의 흐름을 거시적인 측면에서 개괄한 다음, 직업동맹의 조직과 기능이 어떻게 변화해왔는지를 미시적인 측면에서 분석하는 것이 단계적으로 연구를 세부화·구체화시켜 나가는 수순이기 때문에 제3절에서 직업동맹의 형성 및 발전과정을 서술한 이후에 제4절에서 직업동맹의 조직, 그리고 제5절에서 직업동맹의 기능을 '지속과 변화'의 관점에서 분석하고자 한다.

연구방법으로는『김일성저작집』과『김정일선집』, ≪로동신문≫과 ≪근로자≫, 그리고 직업동맹의 기관지 ≪로동자≫ 등의 1차 자료와 조선직업총동맹 중앙위원회에서 발간한『위대한 수령 김일성동지의 직업동맹에 관한 사상』 등과 같은 2차 자료 등을 토대로 '문헌중심의 분석'을 시도하면서 직업동맹의 성격과 역할에 대한 언급이 어떻게 변화하고, 또 지속성을 띠어왔는지, 그리고 북한의 문헌에서 직업동맹과 관련한 주장이 어디서부터 어디까지 사실에 부합하거나 허구적인지를 살펴보고자 한다. 또한 1년에 2~3차례 개최되는 조선직업총동맹 중앙위원회의 '전원회의'와 '선전일군회의'에 대한 글을 찾아 분석할 것이다.

북한의 직업동맹이란 것이—북한의 공식 문헌에서 주장되고 있는 것과는 달리— 김일성의 독창적인 이론정립과 더불어 형성된 것이 아니라 소련의 노동조합을 본떠서 만들어졌기 때문에, 러시아 사회주의혁명 후 레닌과 스탈린의 노동조합에 대한 견해에서 북한 직업동맹의 존재 근거와 사회적 역할 등을 도출한 경향이 있다. 이런 점을 고려하여 사회주의체제하에서의 노동조합에 대한 레닌의 이론을 고찰하고 북한의 직업동맹 지도부와 당 지도부의 발언이나 논쟁 등을 비교하면서 레닌의 이론과 스탈린의 통치방식이 북한 직업동맹의 형성과 변천과정에 어떻게 투영되었는지를 '비교'하는 연구방법도 병행할 것이다. 아울러 역사적인 전개과정 속에서 북한의 직업동맹이 조직이나 기능이라는 측면에서 어떤 변화과정을 겪었는지를 북한사회의 전체적인 변화과정과의 상관관계 속에서 함께 고찰하는 연구방법도 사용할 것이다.

세계직업련맹의 구성원으로 조선직업총동맹이 국제무대에서 활동한 부분이나 남한 노동자와의 연대를 위한 노력 등은 연구범위에서 제외함을 미리 밝혀둔다. 직업동맹을 제대로 연구하기 위해서는 직업동맹의 기관지인 ≪로동자≫와 ≪로동자신문≫을 분석하는 것이 필수적이다. 그러나 현재 ≪로동자≫의 경우 1948부터 1965년까지 발간된 것은 부분적으로 자료 확보가 되지만 그 이후부터 현재까지 발간된 것은 전혀 구할 수 없다. 그리고 ≪로동자신문≫은 창간호부터 최근호까지 구할 수 없는 실정이다. ≪로동신문≫에도 직업동맹에 대해서는 아주 제한적으로 언급되기 때문에 1965년 이후 직업동맹에 관한 연구는 북한당국의 의해 선전·홍보용으로 발간된 자료에 근거하여 진행될 수밖에 없고, 심층적이며 체계적인 분석을 하기 어려운 한계를 안고 있다. 특히 1968년에 개정된 조선직업총동맹의 규약을 확보할 수 없어 동맹의 조직에 대하여 설명하는 데 어려움이 존재한다는 점을 미리 밝혀둔다.

2. 조선직업총동맹의 성격과 위상

1) 레닌의 이론과 스탈린 치하의 노동조합[5)]

레닌은 사회주의혁명 이후 새로운 체제를 건설하는 데 있어서 국가와 노동조합 사이에—자본주의체제에서와는 달리— 갈등이 생길 여지가 없다고 보았다. 노동자가 주인인 국가이자, 사적 소유를 철폐하고 주요 생산수단의 국유화를 통해 사회 전체의 이익을 실현하려는 국가와 노동자의 이익을 대변하는 노동조합 사이에 추구하는 바에 있어서 차이가 없다고 생각했기 때문이다.[6)] 이런 맥락에서 레닌은 혁명 이후 초기에 노동조합의 자율성이라는 것에 의미를 두지 않았다. 노동조합은 당에 충성하고 노동생산성을 향상시키면 그 역할을 다한다고 보았던 것이다.[7)]

그러나 제10차 전당대회를 계기로 노동조합에 대한 레닌의 이론에 변화가 생긴다. 당이 너무 앞서다 보면 대중으로부터 멀어질 수 있는 위험이 발생할 수 있다는 것을 인식하게 되었기 때문이다. 그리하여 레닌은 당과 대중 사이에서 노동조합이 '인전대' 역할을 수행해야 하며, 그렇지 않을 경우 사회주의체제 건설이 수포로 돌아갈 수 있다고 강조하였다.[8)] 그러나 사회주의체제하에서 노동조합의 역할과 관련한 레닌의 견해와 관련하여 생긴 변화 중 가장 큰 것은 노동조합이 국가에 저항해서라도

---

5) 이 부분은 정상돈, 「북한 노동조합의 '자율성' 논쟁: 해방 이후부터 한국전쟁 이전까지」, 『社會科學論集』, 한국외국어대학교 사회과학연구소, 제21권 제1호(2003. 8), 51-71쪽 중 II장에서 일부 내용을 인용하거나 발췌·요약하여 작성하였다.

6) Gill, Ulrich, "Der Freie Deutsche Gewerkschaftsbund(FDGB)," *Theorie-Geschichte-Organisation-Funktionen-Kritik*, Opladen: Leske+Budrich, 1989, p.31.

7) Lenin, Wladimir Iljitsch, "Die große Initiative," in *Ausgewählte Werke Bd V*, 1971, p.163.

8) Lenin, Wladimir Iljitsch, "Entwurf der Thesen über die Rolle und die Aufgaben der Gewerkschaften unter den Verhältnissen der Neuen Ökonomischen Politik," in *Ausgewählte Werke Bd. VI.*, 1971, p.492.

노동자들의 권익을 보호하는 것이 필요하다는 생각을 했다는 점이다. 이렇듯 노동조합의 역할에 대한 견해를 혁명초기와 달리 바꾸게 된 데에는 사회주의국가의 운영상 관료제로부터 비롯되는 문제점 때문에 노동자들의 권익을 보호해야 하는 경우가 발생하고, 이럴 때 노동조합이 아니고서는 그 역할을 담당할 기구가 없다는 인식을 하게 된 것이 중요하게 작용했다.[9] 즉 노동조합은 사회주의국가건설에 참여하여 국가를 발전시킬 임무도 지니지만, 필요한 경우 국가로부터 노동자를 보호하는 역할도 수행해야 한다는 생각을 하게 된 것이 노동조합에 대한 레닌의 견해에서 전환점을 이루었다는 것이다.

레닌이 노동조합의 역할에 대한 생각에 변화를 모색하게 된 데는 1921년부터 시행할 예정이던 신경제정책(NEP)에 대한 고려도 함께 작용하였다. 신경제정책의 기본축은 혁명 이후 사회주의체제를 건설해나가는 과정에서 국가의 통제를 받는 한 자유무역이나 사기업의 자본주의적 운영방식을 허용한다는 것과 국가에 소속된 기업들 역시 어느 정도 이윤을 추구하며 자본주의적 방식으로 운영하는 것을 허락한 것이었다.[10]

국영기업들도 자본주의논리에 따라 운영되는 사기업들과 경쟁을 하게 되었고, 이런 상황에서 보다 많은 이윤을 창출하며 살아남기 위해서 노동자들에게 많은 요구를 하게 되어 지배인 및 상부 행정기관과 노동자들 사이에 갈등이 초래될 수밖에 없었다. 때문에 레닌은 국영기업의 노동조합들이 사기업의 노동조합처럼 고용주인 국가에 맞서서라도 노동자들의 계급적 이해를 보호하는 것이 필요하다고 생각하게 되었다.[11]

여기서 국영기업의 노동조합이 국가 혹은 행정기관에 저항하는 것은

---

9) Lenin, Wladimir Iljitsch. "Über die Gewerkschaften, die gegenwärtige Lage und die Fehler des Gen. Trotzki," in *Ausgewählte Werke. Bd. IV,* Berlin: Ost, 1971, pp.55-56.

10) Lenin, Wladimir Iljitsch, "Entwurf der Thesen über die Rolle und die Aufgaben der Gewerkschaften unter den Verhältnissen der Neuen Ökonomischen Politik," in *Ausgewählte Werke Bd. VI*, 1971, p.485.

11) Ibid., p.486.

국가의 실책과 잘못된 관료제적 병폐를 바로잡고자 하는 것이기 때문에, 레닌은 이런 저항이 국가에 해로운 것이 아니라 오히려 국가를 견고하게 만들어가는 것으로 인식하였다. 즉 사회주의체제의 건설 과정에서 노동조합이 한편으로는 경제건설의 역군으로서 노동자들에게 노동생산성 향상을 위한 독려를 하고 필요하다면 압력도 행사해야 하지만, 다른 한편으로는 노동자들의 권익을 보호해야 하는 이중적 역할을 해야 하는 것으로 이해했던 것이다.[12] 때문에 노동조합의 임무수행과 관련하여 갈등상황이 초래되는데, 이럴 경우 당이 조정자역할을 해야 한다고 말했다.[13] 노동조합이 공산주의를 가르치는 학교역할을 하더라도 노동조합을 가르치는 것은 당이라고 생각했다는 점에서 노동조합과 당의 위계질서는 레닌에게 있어 확고한 것이었다.

하지만 레닌이 노동조합에 부여했던 최소한의 자율성을 스탈린은 완전히 제거해버렸다. 노동조합 지도자인 톰스키(Tomski)가 노동조합의 자율성을 위해서 저항했지만, 1929년에 숙청되었다. 그 외에도 대부분의 노동조합지도자들이 체포되거나 숙청되었는데, 스탈린은 1930년대에 노동조합기구의 ⅓을 축소시키고 중요한 기능도 없애버렸다.[14]

1922년 이래 당이나 국가에 의해 임명된 공장지도부와 노동조합 사이에 체결되었던 단체계약은 1934년과 1947년 사이에 완전히 소멸되었고, 1932년부터 1949년까지 17년 동안 노동자대회의 개최가 금지되었을 정도였다. 노동조합도 당의 결정을 충실히 따르는 조직에 불과하였고, 만약 갈등이 생기는 경우 탄압적인 방법으로 해결되었다. 스탈린은 당과 국가, 그리고 노동조합의 이해관계에 차이란 존재하지 않으며, 당만이 노동자들의 이익을 제대로 파악할 수 있다고 보았기 때문에 노동조합이 당의 지시를 따르는 데 이견을 제시하는 것을 용납하지 않았던 것이다.

---

12) Ibid., pp.487-493.

13) Ibid., p.494.

14) Gill, Ulrich, "Der Freie Deutsche Gewerkschaftsbund(FDGB)," *Theorie-Geschichte-Organisation-Funktionen-Kritik*, Opladen: Leske+Budrich, 1989.

2) 조선직업총동맹의 성격과 위상

1945년 10월 10일부터 13일 사이에 조선공산당 서북5도 책임자 및 열성자대회가 개최되었고, 여기서 조선공산당 북조선분국의 결성을 결정하면서 향후 분국이 나아가야 할 방향을 담은 "정치노선 확립 조직확대 강화에 관한 결정서"를 채택하였다. 이 결정서의 제18항에서 당의 보조조직을 결성하기로 하였는데,[15] 보조조직이란 사실상 당의 외곽단체를 뜻한다. 이에 따라 조선공산당 북조선분국이 주도하여 1945년 11월 30일 북한 최초의 노동조합인 조선노동조합전국평의회 북부조선총국을 결성하였다.[16]

창립대회에서 경제부흥이야말로 노동대중의 가장 중요한 임무라고 강조하고 '생산돌격대운동'을 보다 적극적으로 전개할 것을 주장하면서도, 노동대중의 이익보호와 복리증진을 위한 노동입법 제정과 단체계약권의 체결을 국가에 '요구'하였을 정도로[17] 노동조합의 자율성이 존중되었다. 즉 노동조합이 당을 대중적 지지를 받는 당으로 만드는 데 보조기관으로서의 기능을 수행하면서, 동시에 경제건설에 힘쓰고 노동자들의 권익을 보호해야 하는 역할도 수행해야 했던 것이다.[18]

1945년과 1946년 당시에는 노동조합과 직업동맹이라는 용어가 혼용

---

15) 민중신문사, 『옳은 路線』, 조선산업노동조사소, 1946, 52쪽.

16) 창립 당시 노동조합의 명칭은 ≪正路≫ 1945년 12월 5일자 1면 참고; 국사편찬위원회, "長成하는 北朝鮮의 社會團體들(二)", ≪旬刊北朝鮮通信≫ 1947년 11월 중순호 No. 12; 『北韓關係 史料集 27』 245쪽에도 수록되어 있다, 김일성은 1945년 12월 7일에 가진 담화 "북조선로동조합총련맹의 당면과업"에서 '북조선로동조합총련맹'이라는 명칭을 사용하였다. 『김일성전집』 제2권, 평양: 조선로동당출판사, 1992, 401쪽.

17) ≪正路≫ 1945년 12월 5일자 2면.

18) 대회에서 강조되었던 것 중 또 하나 주목할 만한 것은 노동대중이 경제부흥이라는 가장 중요한 임무를 달성하기 위하여 민족 자본가와도 협력할 것을 주장한 점과 노동대중의 이익을 보호하는 이외에도 이들의 정치적·문화적 교양 증진에 힘쓰며 민족통일전선결성에 적극 참가해야 한다고 주장한 점을 들 수 있다.

되었는데,[19] 조선노동조합전국평의회 북부조선총국은 1946년 5월 25일 북조선직업동맹으로,[20] 그리고 6월 26일에는 북조선직업총동맹(이하 직업동맹으로 표기)으로 바뀌었다.[21] 김일성은 1946년 2월 8일 북조선민주주의 정당, 사회단체, 행정국, 인민위원회 대표협의회에서 한 보고 "목전 조선정치정세와 북조선 림시인민위원회의 조직에 관하여"에서 노동조합이 노동자의 권익을 보호하는 단체인 동시에 "로동계급을 사회활동에 끌어들이는 대중적단체"라고 말하였다.[22]

여기서 대중적 단체는 사회단체로서 당에 협조하기 위하여 노동계급을 사회활동에 끌어들이는 역할을 해야 하는 조직을 의미한다. 즉 사실상 당의 외곽단체를 의미하지만, 공식적으로 이런 표현을 사용하지 않았을 뿐이었다. 김일성은 1946년 12월 23일 북조선직업총동맹 중앙위원회 책임일군들과 한 담화 "현계단에 있어서의 직업동맹의 기본 임무"에서 당시 직업동맹의 기본임무를 "인민정권을 옹호하며 우리 당과 인민정권이 내놓은 모든 정책들을 지지하고 그 관철에로 로동계급과 직맹원들을 조직동원하는것"이라고 규정했다.[23] 이것도 김일성이 1946년에 북조선직업총동맹을 북조선공산당의 외곽단체로 인식했다는

19) "우리는 로동조합을 강화하며 기업소들과 운수부문에 공장위원회들을 널리 조직함으로써 로동자들의 정치적열성을 비상히 높이게 될것이며 우리의 경제건설을 더욱 촉진하게 될것입니다"(김일성, 『김일성저작선집』 제1권, 평양: 조선로동당출판사, 1967). "빠른 시일내에 로동자들을 로동조합에 묶어세워 조직사상적으로 더욱 단련함으로써 로동계급으로 하여금 새 민주조선 건설에서 자기의 력사적 임무를 훌륭히 수행하도록 하여야 합니다"(조선직업총동맹 중앙위원회, 『위대한 수령 김일성동지의 직업동맹에 관한 사상』, 평양: 근로단체출판사, 1975, 11쪽에서 재인용).

20) 국사편찬위원회 편, 「長成하는 北朝鮮의 社會團體들(二)」(旬刊北朝鮮通信, 1947년 11월 중순호 No.12), 『北韓關係 史料集』 제27권, 국사편찬위원회, 1997, 245쪽.

21) 국사편찬위원회 편, 위의 책, 1997, 311쪽.

22) 김일성, 「목전 조선정치정세와 북조선 림시인민위원회의 조직에 관하여」(북조선민주주의 정당, 사회단체, 행정국, 인민위원회 대표협의회에서 한 보고 1946년 2월 8일), 『김일성저작선집』 제1권, 평양: 조선로동당출판사, 1967, 28쪽.

23) 김일성, 「현단계에 있어서의 직업동맹의 기본 임무」, 『김일성전집』 제4권, 평양: 조선로동당출판사, 1992, 463쪽.

것을 보여주는 대목이다.

1949년 10월 31일 조선로동당 중앙위원회 조직위원회에서 김일성이 한 연설 "직업동맹단체내 당조의 역할을 높이며 간부대렬을 튼튼히 꾸릴데 대하여"도 해방 이후 직업동맹이 실질적으로 당의 외곽단체로 조직되었음을 보여준다. 즉 당의 계획하에 인민정권기관과 사회단체들에 대한 당의 영향력을 강화하기 위하여 이들 기관과 단체에 당조를 조직하였는데, 직맹중앙위원회 당조가 자기의 사명과 임무를 제대로 수행하지 못하고 있다고 비판한 대목이 당과 직업동맹 간의 관계를 잘 보여준다는 것이다.[24)]

다시 말해서 북한의 노동조합인 직업동맹은 처음에 만들어질 당시부터 조선공산당 북조선분국이 당의 외곽단체로 활용할 목적으로 만들었으나,[25)] 당시 공산당의 지지기반이 취약하여 공식적으로는 당이 직접 직업동맹을 지도·감독하는 형태를 취하지 않고 비공식적으로 지도·감독했던 것이다. 그런데 이런 과도기의 상태에서 직업동맹이 노동자의 권익을 보호한다는 취지하에 동맹파업을 일으킨 데 대하여 김일성이 조합주의적 행태라고 비판하면서 노동조합의 자율성에 대한 논쟁이 벌어졌다. 이후 직업동맹의 자율성을 둘러싸고 김일성과 오기섭이 대립하게 되는데, 직업동맹은 이들의 논쟁 및 세력다툼 속에서 자율성을 상실하게 된다.

즉 북한의 노동조합 혹은 직업동맹은 처음 조선공산당 북조선분국의 의도에 의해 만들어질 때부터 당의 외곽단체 혹은 당과 대중을 연결하는 '인전대' 역할을 하도록 만들어졌다. 다만 공산당의 지지기반이 취약했던 상황에서 통일전선을[26)] 추진하며 보다 많은 대중의 지지를 확보하기

---

24) 김일성, 「직업동맹단체내 당조의 역할을 높이며 간부대렬을 튼튼히 꾸릴데 대하여」, 『김일성전집』 제10권, 평양: 조선로동당출판사, 1994, 299-300쪽.

25) 스칼라피노·이정식은 북한의 외곽단체 혹은 사회단체들이 창립 당시부터 조선공산당의 강력한 통제를 받았다고 서술하고 있다. 이들 단체들은 공산당 간부들에 의하여 지도되었으며, 공산당은 이들을 이용해서 북한 내 모든 단체들을 조종하였다고 한다. 스칼라피노·이정식, 『한국공산주의 운동사 2: 해방후 편(1945-53)』, 돌베개, 1986, 448쪽.

위하여 당과 대중을 연결하는 인전대라는 표현을 공식적으로 쓰지 않았을 뿐이었다. 때문에 북한의 노동조합이 처음에 만들어졌을 때는 그렇지 않다가, 직업동맹으로 명칭이 바뀌면서 당의 외곽단체로 전락하고 그 성격이 바뀌었다고 생각한다면, 그것은 옳지 않다. 북한의 노동조합이 —그 명칭이 직업동맹으로 바뀌는 것과는 상관없이— 처음에는 당의 외곽단체이자 노동자의 권익을 보호하는 단체로서 이중적 기능을 행사하도록 만들어졌지만, 권력투쟁에서 김일성이 오기섭을 이기게 됨에 따라 당의 외곽단체로서의 기능이 보다 강화된 반면 노동자들의 권익을 보호하는 기능을 점차 상실하게 된 것뿐이다. 김일성도 해방 직후인 1946년 2월에만 하더라도 노동조합이 노동자들의 권익보호 단체이자 당의 외곽단체로 보았으나, 이후 노동조합이 노동자들의 권익을 보호한다는 취지하에 국가 및 행정기관에 대립하여 파업을 선동하는 등의 양상을 보이자 직업동맹의 자율성에 부정적인 시각을 가졌던 것이다.

50년대에는 서휘가 직업동맹 위원장으로서 직업동맹의 자율성을 주장하다가 결국 56년의 종파사건으로 중국에 망명하게 되는데 1960년대 초 대안의 사업체계가 도입되면서부터 직업동맹은 노동감독·관리의 기능을 상실하고 사상교양사업과 증산경쟁운동 위주로 당과 대중을 연결하는 '인전대'의 역할만 하게 된다. 노동보호라는 목적의식을 갖고 관리·감독하는 대신 오히려 노동자들에게 생산증대를 적극적으로 독려하는 기관이 되어버린 것이다. 사회주의제도가 자리 잡고 개인기업이 없어졌으며 공장당 위원회가 기업활동을 감독·통제하였고, 또 이 "공장당 위원회가 로동자대중과 직접 련결되어 있고 로동자들의 집체적의사에 따라 모든

---

26) 스칼라피노·이정식은 공산당 혹은 북조선로동당이 "지방수준의 인민위원회를 정책결정기구로서가 아니라 정책집행의 방편으로 간주"하였다고 주장한다. 그리고 비당원들을 당의 지침에 따르게 하기 위해서 당이 직접 나서는 형태를 취하기보다는 민전이나 인민위원회의 결정을 따르라는 위장술을 사용했다고 말한다(앞의 책, 1986, 470쪽). 이종석도 북로당이 실질적으로는 맑스-레닌주의적 정당이었지만, 겉으로는 스스로를 계급정당이 아닌 대중정당으로 표현하며 통일전선을 추진하였다고 말한다. 이종석, 『조선로동당연구』, 역사비평사, 1995, 192-193쪽 참조.

기업관리사업을 조직지도하고 있는 조건에서 기업관리에 대한 직업동맹의 감독통제기능은 완전히 필요없게"[27] 되었기 때문이라는 것이다. 1964년에는 단체계약 체결권도 완전히 폐기되고, 1968년 12월 16일부터 19일까지 개최된 직업동맹 제4차 대회에서 제시된 규약 개정초안에는 인전대라는 표현이 명시된다. 그 규약 개정초안의 내용[28] 중 직업동맹을 당의 '방조자'이며 당과 노동계급을 연결하는 인전대라고 정의한 내용은 현재까지 그대로 적용된다.

1980년 10월 15일 제6차 당대회에서 개정된 조선로동당의 규약에도 "근로대중의 조직들은 광범한 대중의 사상교양조직이며, 당과 대중을 련결하는 인전대이며 당의 충실한 보조자"라고[29] 묘사되었다. 김정일도 1984년 5월 3일 전국직업동맹일군강습 참가자들에게 보낸 서한 "직업동맹사업을 더욱 강화할데 대하여"에서 "당과 수령에 대한 충실성은 로동계급의 가장 기본적인 품성"이라며 직업동맹 조직들이 노동계급과 직맹원들에게 충실성 교양을 강화해야 한다고 말하였다.[30]

---

27) 김일성, 「사회주의사회에서의 직업동맹의 성격과 임무에 대하여 1971년 12월 14일」, 『김일성저작집』 제26권, 평양: 조선로동당출판사, 1984, 528-529쪽.

28) 그 규약 개정초안의 내용을 간단히 요약하면 다음과 같다. ① 직업동맹은 김일성의 혁명사상을 유일한 지도사상으로 삼고 조선로동당의 영도 아래 모든 일을 조직 전개한다. ② 직업동맹은 항일무장투쟁시기에 이룩된 영광스러운 혁명전통을 계승한다. ③ 직업동맹은 당과 노동계급을 연결하는 인전대이며 당의 적극적인 방조자로서 공산교양의 학교이다. ④ 직업동맹은 프롤레타리아 독재와 계급투쟁을 강화하여 반혁명적 기도를 철저히 소탕하고 사회주의제도를 굳건히 고수하기 위하여 투쟁한다. ⑤ 직업동맹은 천리마운동과 천리마작업반운동을 적극 전개하여 경제건설과 국방건설을 병진시키는 문제와 관련한 당의 노선을 철저히 관철한다. ⑥ 직업동맹은 '우리 나라 사회주의 농촌문제에 관한 테제'가 제시한 길을 따라 농민에 대한 노동계급의 지도, 농업에 대한 공업의 방조, 농촌에 대한 도시의 지원을 강화한다. 등등……. "조선직업총동맹 제4차 대회에서 한 조선직업총동맹 규약개정에 대한 보고", ≪로동신문≫ 1968년 12월 18일자.

29) 스칼라피노·이정식, 『한국공산주의 운동사 3: 북한편』, 돌베개, 1987, 915쪽.

30) 김정일, 「직업동맹사업을 더욱 강화할데 대하여」, 『주체혁명위업의 완성을 위하여』 제5권, 평양: 조선로동당출판사, 1998, 135쪽.

3. 조선직업총동맹의 형성 및 변천 과정

1) 소련군정과 조선민주주의인민공화국 건설시기의 조선직업총동맹[31]

북한에서는 1945년 10월 10일부터 13일 사이에 조선공산당 서북5도 책임자 및 열성자대회가 개최되었다. 여기서 조선공산당 북조선분국을 결성하기로 하고 향후 분국이 나아가야 할 방향을 담은 "정치노선 확립 조직확대 강화에 관한 결정서"를 채택하였는데, 이 결정서의 제18항에서 당을 대중적 조직으로 만들기 위하여 노동조합이나 농민단체 등을 당의 보조조직으로 결성하기로 하였다.

> 北部朝鮮黨部는 대중적 당이 되기 위하야 노동조합, 농민단체, 청년단체, 학생단체, (……) 등, 광범한 補助組織을 가져야 할 것이다.[32]

이에 따라 1945년 11월 30일 북한 최초의 노동조합인 조선노동조합전국평의회 북부조선총국이 결성되었다. 조선노동조합전국평의회 결성 당시 간부의 상당수가 공산당원이 아닌 사람들로 채워져 있었으며 14개의 산별 노동조합을 갖고 있었고, 190,600여 명의 노동자와 사무원이 가입하였다. 창립대회에서 경제부흥이야말로 노동대중의 가장 중요한 임무라고 강조하고 '생산돌격대운동'을 보다 적극적으로 전개할 것을 주장하면서도, 동시에 노동대중의 이익보호와 복리증진을 위한 노동입법 제정과 단체계약권의 체결을 국가에 '요구'하였을 정도로[33] 노동조합의 자율성을 존중하였다. 즉 노동조합이 당의 외곽단체로서 당을 '대중적 당'으로 만드는 데 보조기관으로서의 기능을 수행하면서 경제건설에 힘쓰고,

---

31) 이 부분은 정상돈, 앞의 글, 2003, 58-68쪽의 일부 내용을 인용하거나 발췌·요약하여 작성하였다.

32) 민중신문사,『옳은 路線』, 조선산업노동조사소, 1946, 52쪽.

33) ≪正路≫ 1945년 12월 5일자 2면.

또한 노동자들의 권익을 보호해야 하는 역할도 함께 수행해야 했던 것이다. 1947년 9월 1일 당시에는 17개 산별 3,507개소의 직업동맹 초급단체에 385,000여 명의 맹원이 있었다.

1945년 12월 17일에 개최된 조선공산당 북부조선분국 중앙조직위원회 제3차 확대집행위원회에서 김일성은 당이야말로 노동계급의 최고형태의 조직이고 직업동맹은 당의 지도를 받아야 한다고 말하였다.[34] 그리고 1946년 2월 8일 북조선민주주의 정당, 사회단체, 행정국, 인민위원회 대표협의회에서 한 보고「목전 조선정치정세와 북조선 림시인민위원회의 조직에 관하여」에서는 노동조합이 노동자의 권익을 보호하는 단체인 동시에, 당에 협조하기 위하여 노동계급을 사회활동에 끌어들이는 대중단체로서의 역할도 함께 수행해야 한다고 말하였다. 즉 당의 외곽단체로서 활동해야 함을 공개적인 석상에서 간접적으로 암시하였던 것이다.[35]

노동조합의 명칭을 직업총동맹으로 바꾼 이후 김일성은 1946년 12월 23일 북조선직업총동맹 중앙위원회 책임일군들과 한 담화 "현 단계에 있어서의 직업동맹의 기본 임무"에서 당시 직업동맹의 기본임무를 "인민정권을 옹호하며 우리 당과 인민정권이 내놓은 모든 정책들을 지지하고 그 관철에로 로동계급과 직맹원들을 조직동원하는것"이라고 규정했다.[36] 이 말을 통해서도 김일성이 1946년에 북조선직업총동맹을 동맹의 간부들에게 북조선공산당의 외곽단체로 인식시키려 했음을 알 수 있다.

---

34)『김일성저작집』 제1권, 483쪽에 있는「북조선 공산당 각급 당단체들의 사업에 대하여」(북조선공산당 중앙조직위원회 제3차 확대집행위원회에서 한 보고, 1945년 12월 17일)에서는 조선공산당 북부조선분국 대신 북조선공산당이라는 용어가 사용되었다.

35) "로동조합과 공장위원회는 로동자의 리익을 대표하는 동시에 로동계급을 사회활동에 끌어들이는 대중적단체입니다." 김일성,「목전 조선정치정세와 북조선 림시인민위원회의 조직에 관하여」(북조선민주주의 정당, 사회단체, 행정국, 인민위원회 대표협의회에서 한 보고, 1946년 2월 8일),『김일성저작선집』 제1권, 평양: 조선로동당출판사, 1967, 28쪽.

36) 김일성,「현 단계에 있어서의 직업동맹의 기본 임무」,『김일성전집』 제4권, 평양: 조선로동당출판사, 1992, 463쪽.

1947년 북조선직업총동맹 제2차 대회에서 김일성은 직업동맹의 임무를 열거하는 가운데 직업총동맹이 인민위원회를 받들며, 인민위원회의 법령을 실천하는 데 모범적 역할을 해야 한다고 강조하였는데, 당을 받드는 대신 인민위원회를 받들라고 표현한 것은 당시 공산당의 지지기반이 취약한 상태에서 통일전선전략의 일환으로[37] 당이 직접 나서는 형태를 취하기보다는 인민위원회를 따르게 하면서 점진적으로 지지세력을 확장하려 했었기 때문인 것으로 추정된다.[38] 또한 김일성이 1947년 당시 인민위원회의 위원장으로서 행정부를 확고히 장악했던 반면, 당에서의 입지가 상대적으로 약했던 것도[39] 직업동맹으로 하여금 인민위원회를 받들라고 강조한 이유로 생각할 수 있다. 즉 북한의 노동조합인 직업동맹은 처음에 만들어질 당시부터 조선공산당 북조선분국이 당의 외곽단체로 활용할 목적으로 결성되었으나,[40] 당시 공산당의 지지기반이 취약하여 당이 공식적으로 직접 직업동맹을 지도·감독하는 대신 비공식적으로 지도·감독하는 형태를 취했던 것이다.

그런데 이런 과도기의 상태에서 직업동맹이 노동자의 권익을 보호한다는 취지하에 동맹파업[41]을 일으킨 데 대하여 김일성이 조합주의적 행

37) 통일전선을 추구했던 당시의 상황에서 당이 전면에 나서는 것을 전략적으로 피했기 때문에 직업동맹이 당의 인전대라는 표현도 전략적으로 사용하지 않았던 것으로 보인다. 스칼라피노·이정식, 앞의 책, 1986, 470쪽.

38) 1947년 초 22명의 인민위원회 위원 중 16명이 로동당 간부들이었고, 조선민주당과 천도교 청우당 소속이 각 2명, 그리고 무소속이 2명이었다고 한다. 스칼라피노·이정식, 앞의 책, 1986, 473쪽.

39) 1948년 당시 김일성의 권력은 "대중적 명망성과 최고의 직책(북조선인민위원회 위원장), 그리고 군 등 무력기관의 장악 등에 의해서 뒷받침되었으나 다른 한편 이 권력을 제도적으로 뒷받침할 만한 인적 토대와 대중조직화 문제에서 김일성은 커다란 취약점을 나타냈다. 특히 그의 권력을 재생산해내고 공고화시킬 수 있는 측근인력의 부족이 가장 큰 문제였다"(이종석, 앞의 책, 1995, 259쪽).

40) 스칼라피노·이정식은 북한의 외곽단체 혹은 사회단체들이 창립 당시부터 조선공산당의 강력한 통제를 받았다고 서술하고 있다. 이들 단체들은 공산당 간부들에 의하여 지도되었으며, 공산당은 이들을 이용해서 북한 내 모든 단체들을 조종하였다고 한다. 스칼라피노·이정식, 앞의 책, 1986, 473쪽.

41) 「북조선공산당 각급 당단체들의 사업에 대하여」라는 제목의 보고에서 김일성은 사동의 기업소 노동자들이 동맹파업을 조직한 것을 지목하면서 나라의 경제형편

태라고 비판하면서 노동조합의 자율성에 대한 논쟁이 벌어졌다. 조선노동조합전국평의회 북부조선총국 결성 직후인 1945년 12월 17일 김일성[42]은 북조선공산당 중앙조직위원회 제3차 확대집행위원회에서 노동조합 혹은 직업동맹이 인민경제발전의 중·장기적 이익을 고려하지 않고 노동자들의 당면 생활형편을 개선하는 문제에만 관심을 가지면서 불법적으로 동맹파업을 조직하는 등 조합주의적 정신으로 행정당국의 기업운영을 방해하였다고 비판하였다.

여기서 불법적인 동맹파업을 뒤에서 주동한 당원의 대표적인 인물로 김일성이 염두에 두었던 사람은 오기섭인데, 김일성은 이 확대집행위원회에서 오기섭을 다음과 같이 비판하였다고 한다.

> 우리 중에는 아직도 직업동맹 지도는 공산당의 사업이 아니며 직업동맹은 당지도 하에서 사업할 것이 아니라고 논증하는 자들이 있다.[43]

서용규도 오기섭이 "직맹은 당의 외곽단체도, 국가에 예속된 단체도 아니고 독자적인 노동자의 이익단체이기 때문에 노동자의 이익을 쟁취하기 위해 투쟁해야 한다는 식"으로 말했다고 증언하였다.[44]

그런데 제3차 확대집행위원회가 개최되기 한 달 전쯤 오기섭은 ≪正路≫에 기고한 「레닌의 공산당 조직원리 개요」라는 글에서 "당과 노동조합과의 관계도 명확히 인식하지 못하는 당원들도 있다. (……) 또 당은 노동계급의 모든 단체 중에 최고단체이며 노동계급의 모든 단체를 지도한다"고

이 노동자들의 임금을 올리도록 허락하지 않는다는 점을 이해해야 한다고 주장하였다. 또한 도 당위원회들과 시 당위원회들이 직업동맹에 대한 지도를 과소평가함으로써 직업동맹 내에 공산당원들이 아주 적은 수를 차지하였던 점도 지적하였다.

42) 김일성, 「북조선 공산당 각급 당 단체들의 사업에 대하여」(북조선공산당 중앙조직위원회 제3차 확대집행위원회에서 한 보고), 『김일성저작집』 제1권, 평양: 조선로동당출판사, 1979, 482-483쪽.

43) 태성수, 『당문헌집: 당의 정치노선 급 당사업 총결과 결정』 제1권, 평양: 정로사출판부, 1946, 5-6쪽.

44) 중앙일보 특별취재반, 『비록: 조선민주주의인민공화국』, 중앙일보사, 1994.

주장했다고 한다. 이 ≪正路≫에 실린 오기섭의 글은 제3차 확대집행위원회에서 김일성이 한 주장, 즉 "직업동맹이 당지도하에서 사업할 것이 아니라고 논증"했다는 주장과 모순된다.[45)]

위에서 보았듯이 1945년 10월 10일부터 13일 사이에 개최된 조선공산당 서북5도 책임자 및 열성자대회에서 채택된 "정치노선 확립 조직확대 강화에 관한 결정서"에서 노동조합이 당의 보조조직으로 규정되었는데, 이 대회의 주도세력이라 할 수 있는 국내파의 수장격인 오기섭 또한 노동조합을 당의 보조조직 즉 외곽단체로 규정하는 데 기본적으로 동의했을 것으로 생각된다. 그리고 오기섭이 철저한 레닌 신봉자로서 신문에 레닌의 이론을 해설하는 글을 기고했을 정도면 노동조합이 당의 지도를 받아야 한다는 레닌의 이론을 당연히 수용했을 것으로 보인다.

그렇기 때문에 1945년 12월 17일에 개최된 북조선공산당 중앙조직위원회 제3차 확대집행위원회에서 오기섭이 직업동맹에 대한 당의 지도를 거부했다는 주장은 쉽게 이해하기 어려운 것이다. 아마도 오기섭이 노동조합이 당의 지도를 받아야 한다는 점에 대해서 기본적으로는 동의하지만, 당시 김일성과 그가 장악하고 있던 당이 필요하다면 국가기관에 저항하면서라도 직업동맹이 노동자의 권익을 보호해야 한다는 점을 부정한 데 대하여 항의하며 비판하였는데 이것이 왜곡된 것으로 추정된다.[46)]

오기섭은 김일성과 그의 추종자들에게 반박하여 자기 주장을 굽히지 않고 1946년 9월 18일자 ≪로동신문≫에 "국가와 직업동맹에 대하여"라는 제목의 글을 기고하고 여기서도 다음과 같이 주장하였다.

> 직업동맹은 노동자들의 유일조직체이기 때문에 끝까지 노동자들의 이익을 대변하는 단체이어야 한다. 지금 북반부에서는 경제산업기관들이 국유화되었지만 그 기관에서 일하는 노동자들의 이익은 역시 직업동맹에 의하

---

45) ≪正路≫ 1945년 11월 14일(백학순, 「북한에서의 '단일적 지도력'의 확립과 당·국가 건설」, 『현대북한연구』 제2권 1호, 1999, 17쪽에서 재인용).

46) 보다 자세한 내용은 충분한 자료가 없어 현재로서는 확인하기 어렵다.

> 여 보호되어야 한다. 국유화된 산업경제기관이라는 관념에 사로잡혀 부질없이 노동자들의 이익을 무시하거나 침해하는 일이 있어서는 안 된다. 그런 일이 있으면 직업동맹은 그와 같은 직장과 투쟁하면서라도 노동자들의 권익을 옹호하여야 한다.[47]

그러자 1946년 11월 북로당중앙위 제4차 확대회의에서 "오기섭동지의 左右傾的 誤謬에 대하여"라는 제목의 안건이 상정되고, 당시 당(黨) 부위원장이던 주영하가 "吳는(오기섭은; 정상돈) 자본주의 사회의 노동조합이론을 사회주의적 소유로 전환된 북한의 공장·기업소에다가 적용시켜 북반부 노동자들의 투쟁 대상이 마치 국유화된 산업경제기관인 것처럼 주장함으로써 사리를 잘 모르는 노동자들을 고의적으로 선동하였다. 북반부노동자들에겐 그러한 투쟁대상이 없다. 그것은 자본가소유의 생산공장과 산업기관이 대체로 없어졌기 때문이다. 북반부노동자들은 국유화된 산업 경제 기관을 대상으로 투쟁할 수 없다"고 주장하였다.[48] 주영하가 이렇게 자기를 비판하자 오기섭은 "일어판 레닌선집을 안고 단상으로 올라가서" 다음과 같이 반박하였다고 한다.

> 자. 레닌도 이와 같이 썼다. 나도 그와 같이 썼다. 내가 어째서 좌우경향오류를 범했단 말인가. 내가 그런 잘못을 범했다면 레닌도 그런 잘못을 범했다는 말인가? 그러지를 말고 내가 정말 눈에 가시(眼中釘)라면 차라리 나를 조선의 트로츠키로 몰아라![49]

1947년 1월 10일에 발간된 ≪인민≫ 신년호(제2권 제1호)에서 오기섭은 다시 한번 직업동맹이 노동계급의 이익을 위하여 투쟁하는 단체이며 국가기관이 아니라는 점을 강조하면서 김일성과 그의 추종자들에게 맞서는 주장을 아래와 같이 전개하였다.

---

47) 김창순, 『북한십오년사』, 지문각, 1961, 109쪽.
48) 김창순, 앞의 책, 1961, 109쪽.
49) 김창순, 앞의 책, 1961, 110쪽.

직업동맹은 노동자와 사무원의 이익을 위하여 자기의(자기를; 정상돈) 관철하기까지 투쟁할 것이며 그것이 그의 의무이며 권리이지만 노동법령의 집행기관은 될 수 없는 것이다. (……) 직업동맹은 경제건설을 위한 투쟁에 모든 노동자를 끄어(끌어; 정상돈) 올려야 하며 민주국가 건설에 모든 노동자를 인입하는 데 재능을 가져야 한다. 그러기 때문에 현하 조선에 있어서 국가기관이 아니고 사회단체인 직업동맹은 노동법령의 실행을 방조하며 협력은 할언정(할지언정; 정상돈) 그의 집행기관은 될 수 없다.[50)]

또한 오기섭은 1947년 3월 13일자 ≪로동신문≫에 "북조선 인민정권 하의 북조선 직업동맹"이라는 제목의 글을 쓰고, 이 글에서 "당해 기업의 운영과 그곳에서 로동하는 로동자간에 마찰과 의견대립과 분쟁이 있을 것을 예견하여야" 하고 "북조선의 이와 같은 조건 하에서도 자본과 로동의 계급적 리익의 대립은 남아있는 것이며 직업동맹이 각 방면으로 로동대중의 리익을 옹호하는 것은 가장 중요한 과업의 하나"라고 주장하였다. 그리고 "각 기업소의 로동조건 문제에 있어서 로동대중과 경제운용기관과의 간에 리해가 대립되는 것은 은폐할 수 없는 사실이다"라고 말하였다.

이러한 오기섭의 주장도 문제가 되었는데, 오기섭이 인민정권과 노동대중 사이의 이해관계에 대립하는 부분이 있다고 보고 노동계급의 이익을 위하여 파업을 할 수 있다고 주장한 것은 북한 인민정권하 직업동맹의 역할을 남한 자본주의하의 직업동맹의 역할과 동일시하고, 인민정권에 기초한 국영기업소를 자본주의제도에 기초한 개인소유 기업들과 동일시하는 오류를 범한 것이라고 북조선로동당 중앙상무위원회는 제28차 회의 결정서(1947년 3월 19일)에서 비판하였다.[51)]

오기섭이 위의 글 "북조선 인민정권 하의 북조선 직업동맹"[52)]에서

---

50) 오기섭, 「북조선임시인민위원회 노동행정부의 사명」, ≪인민≫ 신년호(제2권 제1호, 1947. 1. 10), 국사편찬위원회, 『북한관계사료집』 제13권, 1992, 188-190쪽.

51) 국사편찬위원회, 「'북조선 인민정권하의 북조선 직업동맹'이라는 제목 하에서 오기섭 동무가 범한 엄중한 정치적 오류에 대하여」(북조선로동당 중앙상무위원회 제28차 회의 결정서 1947년 3월 19일), 『北韓關係 史料集』 제30권, 국사편찬위원회, 1998, 158-161쪽.

52) 오기섭, "북조선 인민정권 하의 북조선 직업동맹", ≪로동신문≫ 1947년 3월 13일.

"(……) 어떠한 경우에 우리 북조선에서 로동자의 일부가 식량부족 및 생활곤난 문제로 인하여 인민정권하의 개별적 기관과 마찰 및 분쟁사건을 당한다면 직업동맹은 로동자에게 최대한으로 유리하게 사업할 것이다"라고 주장한 것 또한 북조선로동당 상무위원회는 비판하면서 오기섭이 "북조선 인민정권의 본질을 철저히 인식하지 못하고 소부르죠아적 공포심과 의혹성과 동요성"53) 속에서 직업동맹을 인민정권과 대립시켰다고 지적하였다. 그리고는 오기섭으로부터 북조선노동당 중앙상무위원직을 박탈하였다.54)

레닌의 이론에 따르면 국영기업소에서 노동조합 혹은 직업동맹이 노동자들의 권익을 보호해야 하는데, 오기섭은 바로 이런 입장을 견지하며 직업동맹의 자율성을 강조하였다. 그러나 김일성은 스탈린과 같은 생각을 하였다. 당과 국가기관, 그리고 직업동맹의 이해관계가 일치하는 것으로 본 것이다. 그렇기 때문에 오기섭을 비판하며 직업동맹의 자율성을 부정하였다.

위에서 보았듯이 김일성도 해방 직후 초기인 1946년 2월 8일 북조선 민주주의 정당, 사회단체, 행정국, 인민위원회 대표협의회에서 한 보고 "목전 조선정치정세와 북조선 림시인민위원회의 조직에 관하여"에서는 노동조합이 노동자의 권익을 보호하는 단체인 동시에 당의 외곽단체라고 말하며 노동자 권익보호 단체로서의 성격을 인정하였었다. 그러나 노동조합이 사회주의체제에서 노동자들의 권익을 보호한다는 취지하에 국가와 행정기관에 대립하는 사태가 벌어지자, 이를 단호히 배격하면서 노

---

45) 국사편찬위원회, 앞의 글, 1998, 160쪽.

54) 1948년 3월 27일부터 30일에 걸친 북조선로동당 제2차 당대회에서 오기섭이 ≪로동신문≫에 기고한 논문으로 비판받았을 당시 직책은 북조선인민위원회 노동국장이었다. 이종석은 제2차 당대회에서 오기섭에게 행해진 비판이 단지 사업지도상의 문제점에 대한 비판이 아니라, 조선공산당 북조선분국 결성 당시부터 김일성 중심의 지도부에 부정적인 태도를 보였던 '함남그룹'에 대한 비판이자 동시에 이들과 밀접한 연대를 유지하고 있던 박헌영 등 남조선로동당 지도부에 대한 경고이기도 했다고 말한다. 이종석, 앞의 책, 1995, 200-202쪽.

동조합의 자율성에 부정적인 생각을 굳히게 된 것으로 판단된다.

산업국유화법령에 의하여 일제와 친일파들이 가지고 있던 공장과 광산 및 철도를 비롯한 주요산업들이 국가소유로 되었을 때 그것들을 직접 관리해 본 경험이 없는 노동자들 대신 기존의 기술자와 전문가들이 공장과 기업소들을 관리·운영했기 때문에 이들이 당과 정부의 요구대로 관리했는지를 감독·통제하는 것이 필요하다고 김일성이 인정하였고 그 역할을 직업동맹이 담당해야 한다고 주장하는 부분이 있기는 하다(김일성, 1984: 527-528). 그러나 이런 경우 기술자나 전문가 혹은 지배인 개개인들의 잘못된 운영방식을 감독하거나 통제하는 것이 필요하다는 것이지 행정기관이나 국가기관을 상대로 투쟁하며 노동자들의 권익을 보호해야 한다는 의미는 결코 아니었다.[55] 그리고 국영기업소에서 직업동맹이 노동보호를 해야 한다는 것도, 노동자들이 안전규칙을 잘 모르거나 또는 지키지 않아서 사고가 날 수 있는 가능성을 미리 예방하고 방지한다는 차원의 노동보호이지 행정기관이 정해놓은 임금을 올리거나 노동시간의 단축을 통해 노동조건을 개선하며 노동보호를 해야 한다는 의미는 아니었다.

김일성은 당시의 인민민주주의 혁명단계에서 국영기업소의 직업동맹과 개인기업소의 직업동맹은 그 역할에 있어서 차이가 있다고 보았는데, 국영기업소의 직업동맹은 무조건 당에 충성하고 열심히 노동할 것을 권유한 반면에 개인기업소의 직업동맹은 기업주와 단체계약을 체결하고 기업주가 당과 인민정권의 요구대로 노동법령을 지키고 노동보호사업을 전개하는지 관리·감독해야 할 필요성이 있다고 보았다.[56] 즉 국영기업소

---

55) 김일성은 유일관리제하의 공장·기업소에서 지배인이 운영을 잘못할 때 직업동맹이 지배인을 비판하는 것이 옳다고 권장하며 다음과 같이 말하였다. “그러나 지도일군이 일단 결정을 내린 다음에는 그 결정은 아무런 시비도 없이 그대로 실행하여야 하겠습니다. 그렇다고 해서 결코 유일관리제를 옳지 못하게 리용하여 그릇된 명령, 비법적행동을 망탕 하는 것을 그냥두라는 것은 아닙니다”(김일성, 「새 환경과 새 조건은 새로운 사업태도를 요구한다」, 『김일성저작집』 제5권, 평양: 조선로동당출판사, 1980, 309-310쪽).

56) 국사편찬위원회, 앞의 글, 1998, 463-466쪽.

의 직업동맹이 해야 할 역할과 민간기업의 직업동맹이 해야 할 역할을 다르게 규정하였던 것이다. 그에 따라 단체계약의 이중성이 나타났으며 직업동맹의 역할도 이중성을 띠게 되었다. 그러나 직업동맹은 어떠한 경우라도 당과 국가의 지시에 무조건 복종해야 한다는 것이 김일성의 생각이었다.

그리하여 직업동맹의 자율성을 둘러싸고 김일성과 오기섭이 대립하지 않을 수 없었는데, 직업동맹은 이들의 논쟁 및 세력다툼 속에서 김일성이 주도권을 잡으며 자율성을 상실하게 된다. 다음 절에서는 50년대에 한국전쟁 이후 서휘가 직업동맹의 위원장으로서 당의 입장에 반하는 논리를 전개하였다는 비판을 받고, 결국 56년의 종파사건으로 중국에 망명하게 되는 과정을 간략히 살펴보자.

2) 한국전쟁과 조선직업총동맹

일부 문헌에 따르면 한국전쟁 중인 1950년 12월에 노동당 중앙위원회가 제3차 정기회의를 개최하고, 남북한 근로단체들의 통합에 관한 결정을 내렸다고 한다. 그리고 1951년 1월 20일 남북조선직업총동맹 연합중앙위원회를 소집하여 이 자리에서 북조선직업총동맹과 남한의 조선노동자전국평의회를 통합하여 조선직업총동맹(이하 직업동맹으로 표기)으로 만들었다고 한다.[57] 그러나 한국전쟁 직후인 1950년 7월 15일 조선직업동맹 전국평의회(이하 전평) 중앙 상임집행위원회 부위원장 현훈의 이름으로 발표된 지시서[58]를 보면 '전평'을 ① 산별중앙위원회, ② 산별 도·

57) 김창순, 『북한십오년사』, 자문각, 1961, 166-167쪽.

58) "영용한 인민군대에 의하여 완전해방의 날이 목전에 있는 남반부의 전체 공장, 광산, 철도, 기업소, 직장에 영웅적 투쟁과 피로써 기록된 우리 전평의 각급기관 간판을 내거는 기쁨과 감격은 비할 수 없이 크다. 여기에 각급기관의 간판은 「전평의 명칭변경 및 기구개편」에 관한 전평중앙상임집행위원회 결정서에 의거하여 다음과 같이 할 것을 지시한다"(「전국직업동맹전국평의회문건(지시서·보고서) 제6호」, 『北韓關係 史料集』 제10권, 국사편찬위원회, 1990, 324쪽).

시·군 위원회, ③ 직장위원회, 그리고 ④ 도(서울시) 평의회로 조직하고, 남한의 노동자들을 직맹원으로 포섭 교육하려 했음을 알 수 있다. 북조선이나 남조선이라는 용어를 뺀 채로 통합된 형태로 조선직업동맹 전국평의회(전평)라는 용어를 사용하였던 것이다.

전평은 전쟁기간 중 문화부일꾼과 민주선전책 일꾼의 교양 및 선전사업을 통해 노동자들이 공장을 사수하고 생산활동을 장려하는 데 역점을 두었으며,[59] 북한의 발전상과 남한의 상대적 '후진성'을 부각시키고자 하였다. 예컨대 북한의 토지개혁이 남한의 농지개혁보다 우월함을 가르치고자 하였고, 미군에 대한 적개심 고취에도 주력하였다.

전평중앙선전지도위원회의 사업보고(1950년 7월에 작성된 것으로 추정)를 보면 사업목표로 미군축출과 노동자의용군편성을 설정하고 선전활동을 했음을 알 수 있다. 이를 위해 특별히 선전돌격대와 선전기동대를 만들고 문화공작대를 선전공작대에 합류시키기도 하였는데,[60] 선전활동이 간부부족과 기구 및 조직이 미비한 이유로 소기의 목적을 달성하지 못했다.[61] 아울러 미점령지역에 선전공작대를 파견하여 후방에서 폭동을 조직하는 공작도 추진하였다.[62]

그러나 1950년 7월 13일에 작성된 전평 문화부 사업보고서를 보면 미군개입으로 인하여 직맹원들이 전쟁의 승리에 대하여 자신감을 갖지 못했던 것과 단지 쌀 배급을 타기 위해서 10시에 출근하고 2시~3시경에 퇴근하는 경향이 있었던 것이 문제점으로 나타난다.[63]

김일성은 1950년 11월 13일 북조선직업총동맹 중앙위원회 부위원장

---

59) "문화부 사업보고서(이하 문화부는 전평 문화부) 사업보고서 7월 15일-7월 28일"(앞의 책, 1990, 363-364쪽).

60) 전평중앙선전지도위원회 산하 전평선전돌격대는 ① 선전기동대, 별동대(인민유격대), 문화응원대, 보급대와 조사검열대로 구성되었다. 선전돌격을 원조하기 위하여 인민유격대 25명이 차출되었다(앞의 책, 1990, 480-481쪽).

61) 앞의 책, 1990, 420쪽.

62) 앞의 책, 1990, 423쪽.

63) 앞의 책, 1990, 405-406쪽.

과 한 담화 "직업동맹원들을 전쟁승리를 위한 투쟁에 힘 있게 조직동원하자"에서 직업동맹이 후방에서 '모든 것을 전쟁승리를 위하여!'라는 당의 구호 아래 전선작업반운동과 전선돌격대운동 등 여러 가지 증산경쟁운동을 전개하여 전시 생산을 성공적으로 수행하였지만, 앞으로 보다 적극적으로 전시생산투쟁을 전개해야 한다고 말하였다.

1952년 5월 5일 발표된(혹은 작성된) 당 중앙정치위원회 제11차 회의 결정서 중 직업동맹에 대한 부분을 보면 전쟁과정에서 직업동맹은 '모든 것을 전선에로', 그리고 '모든 것을 전쟁의 승리를 위하여'라는 당의 지침을 수행하기 위하여 노동대중 속에서 조직 및 교양사업을 전개하고, 파괴된 산업 및 운수시설을 복구하며 전선에로의 물자공급과 후방 인민생활의 안전을 위하여 인민경제계획 실행에 전력투구하였으나, 다음과 같은 문제점을 극복하지 못했던 것으로 나타난다.

첫째, 인민경제계획을 실행 또는 초과실행하기 위한 증산경쟁운동을 구체적이며 실제적으로 조직·지도하지 못했다고 비판하였다. 예컨대 '깜빠니야적 방법'을 퇴치하지 못했으며 생산협의회 사업을 광범하게 전개하지 못했다는 문제점을 지적하였다. 둘째, 노동자 가족들의 물질 문화생활을 향상시키는 데 있어서 맡은 바 직분을 제대로 수행하지 못했다고 지적하였다. 또한 노동자들의 법적으로 정당한 요구를 실천하는 데 거의 노력하지 않았으며 노동자들의 주택·합숙 및 재해방지에 대한 노동보호사업을 개선하기 위한 사업을 진행하지 않았다고 비판하였다.

셋째, 군중문화사업을 미약하게 전개한 결과 노동자와 사무원들에게 당에 대한 무한한 충성심을 심는 데 성과를 거두지 못했다고 비판하였다. 그리고 선동원들을 위한 세미나 및 강연 자료의 공급에 미흡했으며 민주선전실과 직장 써클에 대한 지도사업도 형식적으로 진행하였다고 비판하였다. 특히 생산현장에 새로 투입된 노동자들에게 노동규율을 강화하지 못하고 노동자들의 이동을 제대로 통제하지 못했다고 비판하였다. 넷째, 상급단체가 하급단체를 대함에 있어서 현장에 맞는 구체적인 지침 대신 추상적인 지침으로 지도하는 등 형식적이고 관료주의적 경향을 퇴치하지 못했다고 비판하였다. 때문에 노동자대중과의 연계를 강화하기 위하여 지도사업의 중점을 공장·기업소 내 초급단체에 두고, 노동자 대중을 광범하게 포섭하는 가운데 그들 중 열성맹원들을 간부로 등용할 것을 제안하였다.

다섯째, 직업동맹은 당의 정책과 결정을 집행하는 대중단체로서 당이 제기하는 정책과 방침에 근거하여 자체 사업을 전개해야 하는데, 이 점에 있어서 부족하다고 지적하였다. 여섯째, 직맹 간부을 기능과 소질에 따라 적재적소에 배치하지 못하고, 무원칙하게 인사관리를 하고 있다고 비판했다. 여성간부의 양성과 채용에도 적극적이지 못하고 마르크스-레닌주의 이론으로 교육시키는 데도 부족하다고 비판하였다.[64]

1954년 3월 조선로동당 중앙위원회 제3차 회의에서 김일성은 기업소에서 당 정치사업과 생산증대를 위한 노력이 형식적으로 진행되고 있으며, 군중문화사업은 방치된 채로 있고 직업동맹 단체들의 역할은 거의 없는 것이나 마찬가지라고 비판했다.[65] 서휘도 이 말을 인정하며 직맹일꾼들이 대중의 창발성을 제대로 조직하지 못하고, 형식주의와 관료주의에 젖어서 되는 대로 사업을 하고 있다고 지적했다.[66] 예를 들어 상급동맹의 지시를 하급동맹이 제대로 이행하지 않고, 그러다 보니 사업의 진행상황을 하급동맹단체가 상급동맹단체에 제대로 보고하지 않는 사태가 발생하였다고 말했다. 뿐만 아니라 하급동맹단체가 상급동맹단체에게 설령 사업 보고를 하더라도 상급동맹단체가 이 보고를 제대로 보지도 않는 경우가 많았으며, 예컨대 교통산별 중앙위원회는 1954년 4월 당시에

---

64) 「직업동맹 사업에 대하여」(당 중앙정치위원회 제121차 회의 결정서 1952년 5월 5일), 『北韓關係 史料集』 제29권, 국사편찬위원회, 1998, 177-183쪽.

65) 서휘, 「조선로동당 중앙위원회 3월 전원회의에서 수령이 제시한 전투적 과업 실천을 위한 각급 동맹단체들과 그 지도일꾼들의 임무」, ≪로동자≫ 1954년 4월호, 41쪽.

66) 서휘, 앞의 글, 1954, 42쪽.

하부로부터 80여 건의 통보를 받았으나, 그 중 50%는 보지도 않고 책상 서랍에 파묻어 두었다고 비판하였다.[67)]

하지만 서휘가 직업동맹 위원장이 되면서 직업동맹의 권한을 보다 강화시키기 위해 노력하였고, 1956년 4월 10일에 개최된 조선직업총동맹 중앙위원회 제5차 회의에서는 직업동맹에 부여된 노동보호와 노동규율 관계 사업에 대한 관리 기능을 어떻게 효과적으로 수행해나갈 것인지에 대하여 토의하면서, 노동행정에 관한 직업동맹의 사업을 하부조직에 보다 잘 전달하기 위하여 종래의 지역별 지도체계를 산업별 지도체계로 개편하기로 하였다.[68)]

서휘는 1956년 6월 21자 ≪로동신문≫에 기고한 글 "제3차 당 대회 결정 실행을 위한 직업동맹단체들의 과업"에서 그 당시 전후 복구를 위하여 증산경쟁운동을 적극 장려하였던 분위기에 반하여 증산경쟁운동의 문제점을 다음과 같이 지적하였다.

> 필요이상의 로동 강도의 증강은 반드시 삼가야 할 것이며 이러 저러한 구실하에 종종 실행하고 있는 부정당한 시간의 로동과 로력 랑비를 반드시 조절하도록 직맹 단체들은 강력히 투쟁하여야 할 것이다. (…중략…) 오늘 우리 나라에서 증산 경쟁 운동은 공화국의 전체 로동자, 지술자들의 전반을 포괄하고 있으며 그의 78%는 경쟁의 기본 형태인 개인 및 브리가다 경쟁에 망라하고 있는 대중적 운동으로 발전되고 있다. 그러나 이 사업에는 아직도 적지 않은 결함들이 있는바 우선 우리의 일부 일군들은 일정한 생산 지표와 생산 조직과 작업 조건의 보장 없이 덮어놓고 증산 경쟁을 조직하며 경쟁 의무를 우로부터 내려 먹이는 관료주의 방법과 어데서나 일률적으로 진행하는 형식주의를 범하고 있다. (…중략…) 앞으로 직맹 단체들은 증산 경쟁 운동을 더욱 유력하고 규모 있는 대중 운동으로 발전시키기 위하여 행정 관리 측에서의 생산 조건 보장과 생산자측의 로동 생산 능률 제고를 위한 목표를 호상 합의 계약하고 그를 법적 보장하에 의무적으로 책임지게 하는 단체 계약을 실시하도록 하는 방향에서 이 사업을 조직 추진할 것이다.[69)]

67) 박효빈, 「동맹 통보 사업의 개선 강화를 위하여」, ≪로동자≫ 1954년 7월호, 43-44쪽.

68) ≪로동신문≫ 1956년 4월 13일자.

여기서 서휘가 단체계약의 체결을 주장한 것은 전쟁 전의 노동관계로 복귀할 것을 요구하는 것이었고, 전시체제의 연장선상에 있었던 노동관계를 평시상태로 이행할 것을 촉구한 것으로 볼 수 있다.70) 그러나 약 두 달 후인 1956년 8월 당전원회의에서 반김일성운동을 전개하던 사람들이 종파분자로 공격에 몰리면서 결국 당시 직업동맹위원장이었던 서휘를 비롯하여 윤공흠과 리필규 등이 중국으로 망명하였다.

3) 8월 종파사건과 조선직업총동맹

1956년의 8월 종파사건으로 서휘가 위원장으로 있던 직업동맹은 서휘의 반당적 사상의 독소를 제거한다는 명분하에 대대적인 정비사업에 들어가게 되고, 이 과정에서 서휘를 추종하던 간부들은 모두 제거되었다. 직업동맹의 자율성을 옹호하던 사람들이 모두 숙청되었는데,71) 이때 오기섭도 숙청되었다.

≪로동신문≫ 1957년 2월 25일자에는 서휘와 그의 추종자들을 비판하는 글 "당성을 옹호하며 당적 원칙으로부터의 리탈을 반대하여"가 실렸는데, 이 글에서 서휘는 '시집살이에서 벗어나자'는 구호 아래 '당과 직맹 동격론', '직맹, 당, 행정의 3각 동맹설'이라는 해괴한 '직업동맹설'을 유포시켰다고 비판받는 대목이 나온다. 당의 방조자 혹은 당정책의 충실한 집행자이어야 하는 직업동맹의 위치를 서휘가 '시집살이' 당하는 처지로 생각하면서 직업동맹이 '자치적 조직체'로 거듭나야 한다고 주장했다는 것이다. 인민주권하에서 국가의 이익과 개별 노동자들의 이익은 일치하기 때문에 인민경제계획을 원활하게 수행하기 위해서 증산경쟁운동을 적극 추진하는 것이 직업동맹의 가장 중요한 임무임에도 불구하

69) ≪로동신문≫ 1956년 6월 21일자 2면.
70) 徐東晚, 『北朝鮮における社會主義体制の成立 1945-1961』, 東京大學博士學位論文, 1995.
71) 스칼라피노·이정식, 앞의 책, 1986, 655쪽.

고 서휘는 '무조건적인 증산 경쟁은 하지 말라'며 당의 정책에 거스르는 행동을 했다고 비난받았다.72)

그리고 위의 신문에서 서휘의 영향하에 전 경공업 산별 중앙위원회 위원장 서갑준이 '50분 작업과 10분 휴식'을 취하라고 명령하여 공장에서 혼란을 조성했다고 비판받았다. 즉 서휘와 그 일파가 자기들만이 노동계급의 이익을 옹호하는 듯이 하면서 노동자들을 당과 정부에 맞서게 하고 직맹을 당 및 행정과 대립하도록 선동하며 직업동맹을 '종파의 온상'으로 만들려고 시도했다는 것이다. 서휘와 그의 지지자들은 노동보호사업이라는 명분을 이용하여 당과 노동계급을 분리하고 직업동맹을 권력화하려 했다고 지적받기도 했다.

함경북도 당 위원회 전원회의에서는 1957년 6월 14일에 개최된 당 중앙위원회 상무위원회의 결정 "직업 동맹 사업에 대하여"를 어떻게 구체적으로 실천해야 하는가의 문제에 대하여 토의하였고, 여기서 서휘 등의 반당종파분자들이 직업동맹 내에 끼친 사상적 악영향을 제거하기 위해서 직맹 단체 내에서 당적 사상체계를 확립해야 함에도 불구하고, 이런 노력이 보다 심도 있게 진행되지 못하고 있다고 지적하였다.73)

1958년 3월 3일부터 6일까지 개최된 조선로동당 제1차 대표자회에서 박금철(조선로동당 중앙위원회 부위원장)은 최창익 등이 "(…중략…) 사회주의혁명과 사회주의건설을 위한 제1과업을 해결함에 있어서 당의 령도적 역할을 부인하였으며 당이 프롤레타리아트의 계급적 조직의 최고 형태라고 한 마르크스-레닌주의 원칙을 거부하면서 직맹을 당의 우에 올려

72) 김병로에 의하면 1956년 8월 종파사건 당시 직맹위원장이었던 서휘는 1956년 6월에 직업동맹의 단체계약 체결권을 주장하면서 노동관계를 전시체제에서 평시체제로 이행할 것을 요구하였다고 한다. 그리고 직업동맹의 자율성 신장을 주장하며 직업동맹에 대한 당의 지도적 역할을 거부하는 논리를 폈다고 한다. 김병로, 「조선직업동맹연구」, 이종석 편, 『북한의 근로단체연구』, 세종연구소, 1998, 93쪽. 서휘의 논문은 ≪근로자≫ 1953년 10월호에 실려 있고, 박상홍이 「직업동맹 사업에서 제기되는 몇 가지 문제」라는 제목의 글로 서휘를 비판하였다고 한다. ≪근로자≫ 1957년 제7호(140), 39-45쪽 참고; 김병로, 앞의 글, 1998, 93쪽.

73) ≪로동신문≫ 1958년 7월 11일자.

세우려" 하였다고 비판하였다.[74] 이 대회에서 "오기섭 역시 '당에 대한 불충과 출세주의, 명예욕'에 사로잡혀 '개인 영웅주의'에 빠져 있다고 비난" 받았고, 서휘는 직업동맹을 당의 통제로부터 벗어나게 했다는 비판을 받았다.

1958년 3월 10일부터 12일에 개최된 직업동맹 중앙위원회 제9차 확대 전원회의에서는 근로대중을 기업관리에 적극 참가시킨다는 명분하에 단체계약의 체결을 시도하기로 하였다. 우선 중요한 기업소들에서부터 경험적으로 단체계약을 체결한 이후 경험을 쌓고, 그 기초 위에 1~2년 동안 기업소 전반에 걸쳐 단체계약을 확대하기로 하였다. 그러나 이 단체계약에서 특이한 것은 노동자들의 권리는 거론되지 않고, 의무와 책임만 강조되었다는 것이다. 때문에 노동자들의 권익을 보호한다는 취지는 담겨 있지 않고, 명칭만 단체계약이지 사실은 증산경쟁운동을 독려하기 위한 의무이행규약 수준에 머무르고 있었던 것이다.[75] 이런 맥락에서 직업동맹 중앙위원회 기관지 ≪로동자≫ 1958년 제7호에서 "(……) 로동자들은 자기들(기업소) 앞에 부과된 인민 경제 계획을 지표별로 무조건적으로 완수 및 초과 완수하여야 하는바 이를 위하여 로동 생산 능률을 일층 제고하며 원가를 저하하며 설비 리용률를 제고시키기 위하여 투쟁해야 한다. (……)"고 해설하였다.[76]

1958년부터 실시되었던 단체계약의 목적은 "(……) 국가 생산 계획의 실행 및 초과 실행을 보장하고 로동자, 기술자, 사무원들의 생활을 향상시킬데 대한 기업소 또는 사무 기관의 관리측과 직업 동맹 단체의 책임성을 일층 제고하는"[77] 데 있는데, 이것은 서휘가 1956년에 노동자들의

---

74) "당의 통일과 단결을 더욱 강화할데 대한 조선로동당 중앙위원회 부위원장 박금철 동지의 보고", ≪로동신문≫ 1958년 3월 6일자, 2-3면.

75) 김연철, 「1950년대 북한의 노동정책과 노동자」, 『1950년대 남북한의 선택과 굴절』, 역사문제연구소 편, 역사비평사, 1998, 407쪽.

76) 김천근, 「단체계약에 대하여」, ≪로동자≫ 1958년 제7호, 19쪽.

77) 김천근, 앞의 글, 1958.

권익을 보호하는 차원에서 복구하자고 주장했던 단체계약과는 질적으로 다른 것이다. 허울 좋은 단체계약이었던 것이다.

4) 대안의 사업체계와 조선직업총동맹

김일성은 1964년 6월 26일 조선로동당 중앙위원회 제4기 제9차 전원회의에서 「근로단체사업을 개선강화할데 대하여」라는 연설을[78] 하고 직업동맹이 현실의 변화를 따라가지 못하며 당이 요구하는 수준으로 사업을 진행하지 못한다고 지적하고 단체계약의 불필요성을 역설하면서 다음과 같이 말하였다.

우선 직맹사업의 가장 중요한 결함이 사회단체로서의 자기 임무를 충실히 수행하지 못하는 데 있다고 비판하였다. 즉 직업동맹은 행정기관이나 노동감독기관이 아니라 사상교양단체인데, 마치 '제2의 노동성'처럼 행정사업을 하고 있다고 지적하며 직맹조직들이 자기의 임무와 역할을 제대로 깨닫지 못하고 있다고 비판하였다.[79] 예컨대 자본가가 더 이상 없는 사회주의사회인 북한에서는 직업동맹의 이해와 공장·기업소를 관리하는 행정기관의 이해가 동일하기 때문에 직업동맹이 지배인과 계약을 맺을 필요가 없는데, 자본주의 사회에서나 필요한 이런 계약행위가 북한에서 행해지고 있는 것이 문제라고 지적하였다.[80] 이런 취지에서 단체계약은 아예 폐기되어버렸다.

직업동맹의 조직체계와 관련해서는 북한 같은 작은 나라에서 산별조직이 필요하지 않은데, 산하에 불과 서너 개의 공장만 가진 산별직맹조

78) 김일성, 「근로단체사업을 개선 강화할데 대하여」(조선로동당 중앙위원회 제4기 제9차 전원회의에서 한 연설, 1964년 6월 26일), 『김일성저작집』 제18권, 평양: 조선로동당출판사, 1982.

79) 이 말은 당시까지 직업동맹이 '제2의 노동성'처럼 행동하였다는 것을 의미한다. 즉 당의 외곽단체이면서 동시에 노동감독기관으로 행동했다는 것이다.

80) 김일성, 앞의 글, 1982, 380-381쪽.

직이 있다고 하면서 이런 것은 남의 것을 기계적으로 모방한 '교조주의의 산물'이라고 김일성은 비판하였다. 이렇게 되기까지 당조직들이 직업동맹의 사업체계를 개선하거나, 또는 개선하기 위한 방법을 가르쳐주지 못한 것 또한 잘못된 것이라고 지적하였다.[81)]

김일성은 사회주의사회에서 기업소의 주인은 노동자들 자신이고, 그렇기 때문에 사회주의사회에서의 직업동맹은 자본주의사회에서의 노동조합과 달리 지배인을 상대로 투쟁할 것이 아니라, 오히려 자기 자신과 국가, 그리고 인민을 위하여 더욱 많이 생산에 참여하는 투쟁을 적극적으로 해야 한다고 말하였다. 그리고 직맹간부들 중에 노임이나 노동시간 등의 문제에 관심을 갖는 것이 마치 노동자들의 이익을 보호하는 것처럼 생각하는 경향이 있는데, 이것은 마치 공장·기업소 내에 노동자들의 이익을 침해하는 사람이 있는 것처럼 생각하는 잘못된 발상이라고 지적하였다. 그러면서 노임이나 노동시간 등의 문제에 대하여 직업동맹이 지배인과 다툴 것이 아니라, 직업동맹은 노동자들의 의견을 종합하여 행정부서에 제기하면 그것으로 족하고 직업동맹 안에 따로 이 문제를 전담하는 부서를 만들 필요가 없다고 주장하였다.[82)]

직업동맹 간부들이 스스로 노동자들에게 사고예방을 위한 교육을 하거나, 노동보호 물자를 절약하든지 노동조건의 개선을 위한 대책마련은 하지 않고, 노동보호문제를 행정기관에 요구하는 것만 생각하는 경향도 문제라고 지적했다. 생산증대를 하기 위해서나 노동보호사업을 하기 위해서는 노동자들에게 기술교양사업을 하는 것이 필요하고, 또 노동자의 기술수준 향상을 통해 생산증대가 이루어지면 결국 노동자들의 수입도 증가하게 되는데 직맹간부들 중에 기술교양사업은 제대로 하지 않고 기술도 없는 사람에게 기능급수만 높여주려고 하며 국가를 기만하는 행동을 하는 사람이 있다고 비판하였다. 또한 노동자들의 문화수준을 향상시

81) 김일성, 앞의 글, 1982, 381-382쪽.
82) 김일성, 앞의 글, 1982, 383-384쪽.

키는 문화혁명을 하지 않고서는 사상혁명과 기술혁명도 성과를 거둘 수 없기 때문에 문화사업을 강화해야 하는데, 일부 직맹간부들이 시간이 없다는 핑계로 문화사업을 적극적으로 하지 않고 있다고 공격하였다.[83)]

김일성은 사회주의제도가 자리 잡고 대안의 사업체계가 나온 다음 직업동맹이 공장, 기업소의 관리운영에 대하여 감독·통제할 필요가 없게 되었기 때문에 직업동맹의 성격과 임무도 달라지게 되었다고 말했다. 개인기업이 완전히 없어지고 자본주의적 기업관리방법인 지배인 유일관리제도 없어지면서 공장당 위원회가 기업활동을 감독·통제하게 되었으며, 이 "공장당 위원회가 로동자대중과 직접 련결되어있고 로동자들의 집체적의사에 따라 모든 기업관리사업을 조직지도하고 있는 조건에서 기업관리에 대한 직업동맹의 감독통제기능은 완전히 필요없게"[84)] 되었기 때문이라는 것이다. 당은 근로대중의 모든 조직 중에서 최고형태의 조직이고, 직맹을 비롯한 모든 대중단체들은 당의 지도를 받아야 하는데, 직업동맹이 공장당 위원회를 감독한다는 것은 직맹을 당 위에 올려놓는 것이 되기 때문에 잘못된 것이라고 지적했다.

때문에 직업동맹이 공장측과 단체계약을 맺는 제도라거나 기업운영에 대하여 감독했던 권한을 취소시켰다. 그리고 "직업동맹을 반사상교양단체, 반행정식조직으로부터 로동계급과 직맹원들을 혁명적으로 교양하여 당의 두리에 튼튼히 묶어세우며 그들을 당이 내세운 정치, 경제적 과업수행에로 조직동원하는 완전한 사상교양단체로 전환"시켰다고 한다.[85)]

김정일은 1985년 4월 30일에 전국 당 근로단체사업부 일군강습회 참가자들에게 보낸 서한 "근로단체사업에 대한 당적 지도를 강화할데 대하여"에서[86)] 동맹을 관리·운영해 나가는 데 있어서 가장 중요한 것이 간

83) 김일성, 앞의 글, 1982, 385-388쪽.
84) 김일성, 「사회주의사회에서의 직업동맹의 성격과 임무에 대하여」(조선직업총동맹 제5차대회에서 한 연설 1971년 12월 14일), 『김일성저작집』 제26권, 평양: 조선로동당출판사, 1984, 528-529쪽.
85) 김일성, 앞의 글, 1984, 529-530쪽.

부대열을 튼튼히 조직해나가는 것이라고 주장했다. 근로단체간부들은 당의 핵심역량으로서 군중과의 사업을 직접 맡아 담당하며 군중 속에서 당의 영향력을 강화하고, 당의 노선과 정책을 관철하기 위한 사업을 지도하는 지도층이다. 간부대열을 잘 조직하기 위하여 후비간부양성사업을 강화해야 하고, 근로단체 일꾼들을 교양하는 방법으로서 개별교양뿐만 아니라 집체교양도 강화해야 하는 것으로 보았다. 집체교양이 맹원들에게 혁명투쟁과 건설사업에서 제기되는 이론적·실체적 문제를 원리적으로 깊이 인식시키며 맹원들을 혁명적으로 교양하는 데 좋은 방법이기 때문이라는 것이다.[87]

근로단체조직들은 동맹원들에 대한 사상교양사업을 반드시 당 사상사업방침에 따라 조직·진행해야 한다고 주장했다. 특히 80년대에는 모든 근로단체의 동맹원들에게 유일사상교양과 충실성교양을 기본으로 하면서 혁명전통교양, 계급교양, 사회주의적 애국주의교양, 공산주의도덕 교양 등을 강화하여 그들을 혁명가로 키워야 한다고 주장하였다. 그리고 동맹원들에 대한 사상교양사업에서 형식주의를 없애야 한다고 주장하였다.[88] 또한 근로단체 조직들에서 동맹 조직생활을 정규화하고 생활총화를 혁명과업 수행과 밀접하게 연관지어 높은 정치사상적 수준에서 진행해야 한다고 하였다. 초급단체의 기능과 역할을 높여야 한다고 주장한 것도 1984년 5월 3일 전국직업동맹일군강습 참가자들에게 보낸 서한 "직업동맹사업을 더욱 강화할데 대하여"[89]에서 이미 나온 말이다. 사회주의건설을 힘차게 추진하기 위해서 여러 가지 대중운동을 추진해야 한다는 말도 마찬가지로 앞의 서한에서 주장된 것을 반복한 것이다.

---

86) 김정일, 「근로단체사업에 대한 당적 지도를 강화할데 대하여」(전국 당 근로단체사업부 일군강습회 참가자들에게 보낸 서한, 1985년 4월 30일), 『주체혁명위업의 완성을 위하여』 제5권, 평양: 조선로동당출판사, 1998.

87) 김정일, 앞의 글, 1998, 283-284쪽.

88) 김정일, 앞의 글, 1998.

89) 김정일, 앞의 글, 1998.

5) 1990년대 경제위기 이후의 조선직업총동맹

1990년 2월 12일과 13일에 개최된 직업총동맹 중앙위원회 제19차 전원회의에서는 "90년대 속도"라는 새로운 대중운동을 적극적으로 전개하여 혁명적 대고조를 일으켜야 한다고 주장하였다. 그리고 '3대혁명 붉은기 쟁취운동'과 숨은 영웅들의 모범을 따라 배우는 운동에 직맹원들을 적극 동원하여 영웅적인 투쟁을 전개해야 한다고 주장하였다.[90)]

1990년 11월 6일과 7일에 개최된 직업총동맹 제20차 전원회의에서는 주체사상의 기치와 사회주의의 기치를 받들고 1990년대의 대진군운동을 적극 추진하기 위하여 사상혁명을 근로자들 속에서 더욱 강화해야 한다고 주장하였다. 또한 선전선동사업의 효과를 보기 위해서 교양과 강연, 그리고 선동체계를 어떻게 운영할 것인지에 대하여 토의한 결과 기동예술선동대 활동과 '직관선동'을 강화하고 군중문화사업을 개선하기 위하여 노동자문화회관 운영을 잘 해나가야 한다고 결의하였다. 직업동맹 조직들이 항일유격대식으로 군중 속에 들어가 사상사업을 해야 한다는 주장도 하였다.[91)]

1992년 2월 23일에 개최된 직업총동맹 제23차 전원회의에서는 1990년을 전후해서 동구권 사회주의국가들이 붕괴하고 자본주의가 복귀하게 된 당시의 흐름을 경계하기 위하여 김정일의 글 "사회주의건설의 력사적 교훈과 우리당의 총로선"을 철저히 학습하도록 결의하였다. 특히 직업동맹 조직들이 맹원들에게 연구토론회와 문답식 학습강연, 그리고 명제해설모임 등 여러 가지 형식과 방법으로 사상교양사업을 전개하고 우리민족제일주의와 사회주의애국주의, 그리고 주체사상교양을 통해 '우리 식 사회주의제도'를 추구하도록 해야 한다고 강조하였다.[92)]

---

90) "직총중앙위원회 제19차전원회의진행", ≪로동신문≫ 1990년 2월 14일자.
91) "직총중앙위원회 제20차전원회의진행", ≪로동신문≫ 1990년 11월 8일자.
92) "직총중앙위원회 제23차전원회의진행", ≪로동신문≫ 1992년 2월 25일자.

그러나 김일성이 사망한 1994년 이후 식량난이 극심해지면서 식량을 구하기 위하여 공장과 기업소에 결근하는 노동자가 증가하였고, 공장의 물품을 빼돌려 식량과 바꾸는 불법행위도 횡행하였다.[93] 이런 가운데 집단주의정신이 약화되고 개인주의적 경향과 물질주의가 강하게 나타나며 주민들의 의식에 변화가 초래되기 시작했다. 북한의 직업동맹은 기존에도 원칙적으로 사상교양사업을 제1의 과업으로 수행하여왔으나, 식량난으로 인하여 외국의 원조가 증가하면서 "제국주의자들의 원조에는 독약이 들어 있다. 그들의 원조는 하나를 주고 열백을 빼앗아 내는 침략과 약탈, 지배와 예속의 올가미"라고 경고하면서 "사회주의를 건설하는 나라들에 있어서 원자탄보다 더 위험한 것이 제국주의자들이 퍼트리는 황색바람"[94]이라는 주장 속에 사상교양사업을 보다 강화하고 있는 것으로 보인다.

1998년 4월 21일에 조선직업총동맹 중앙위원회 제36차 전원회의가 개최되어 직맹조직들이 동맹원들에게 향토애와 공장애를 심어주기 위한 교양사업을 강화하여 맹원들이 자기 공장과 자기 일터를 사랑하고 기계설비를 애호관리해야 한다고 주장한 것은 현실적으로 식량을 구하기 위하여 공장과 기업소에 결근하고 공장·기업소의 물품을 빼돌려 식량과 바꾸는 불법행위가 나타난 데 대한 사후 대응책이라고 판단된다. 그리고 1998년 6월 29일에 개최된 조선직업총동맹 중앙위원회 제37차 전원회의와 1999년 2월 26일부터 27일까지 개최된 제39차 전원회의에서는 제2의 천리마 대진군 운동을 적극 추진하여 인민경제의 모든 부문에서 생산을 정상화하고 강성대국건설에 앞장서 나가자고 결의하였다.

1998년 9월 최고인민회의 제10기 1차 회의에서 사회주의헌법이 개정되면서 나진·선봉 등 경제특구에서 개인기업의 창설과 운영을 보장하기

---

93) 연합뉴스, 『2001 북한연감』, 연합뉴스, 2000, 685쪽.

94) 연합뉴스, 앞의 책, 2000, 690쪽; 1999년 6월 ≪로동신문≫과 ≪근로자≫의 공동논설 중 일부.

로 하였고 향후 남한의 자본을 비롯한 외국자본들이 특구에 투자하여 기업을 운영할 경우 이 기업들에서나마 제한적으로 북한의 직업동맹은 과거에 가졌던 노동관리감독의 기능을 회복하게 될 것으로 보인다.

2000년에는 식량의 배급을 부분적으로 정상화하면서 여행증명서의 단속과 직장 이탈자에 대한 식량배급 중단 등으로 주민들의 이동에 대한 통제를 강화하며 사상교양사업을 진행하였다. 1999년 11월 3일부터 4일까지 제2의 천리마대진군 선구자대회를 개최한 직후 북한 전역의 공장과 기업소에서 궐기대회를 개최하며 영웅 따라 배우기 운동을 확산하고 집단적 생산문화를 강화하는 것으로 보인다.

2000년 8월 3일에 개최된 조선직업총동맹 중앙위원회 제42차 전원회의에서는 직맹조직들이 사상사업을 모든 사업보다 중시하며, 사상교양사업에서 형식주의와 요령주의를 없애야 한다고 논의하고 강성대국건설 투쟁에 적극 참여하자고 결의하였다.[95] 2000년 11월 29일에 개최된 직업동맹 창립 55년 기념보고회에서는 김정일의 선군혁명 영도에 따라 직업동맹의 '정치사상적 위력'은 더욱 강화되고 고난의 행군이 극복될 수 있었다고 말하며 사상중시, 총대중시, 과학기술중시노선을 철저히 관철시켜나가자고 결의하였다. 그리고 사회주의경쟁과 여러 가지 대중운동을 전개하면서 강성대국건설의 '핵심부대'인 노동계급이 맡겨진 혁명과업을 훌륭히 수행해나가자고 결의하였다.[96] 2001년 1월 21일에 개최된 조선직업총동맹 중앙위원회 제43차 전원회의에서도 직업동맹이 동맹원들에게 혁명전통교양, 계급교양, 사회주의신념 교양을 강화하여 '우리의 이념', '우리 식의 정치체제', '우리 식의 혁명방식'이 제일이라는 생각을 갖도록 유도하였다. 또한 당의 '총대중시사상'을 받들고 인민군대를 성심껏 도와주는 원군기풍을 세우자고 하였다.

---

95) "조선직업총동맹 중앙위원회 제42차전원회의진행", ≪로동신문≫ 2000년 8월 5일자.

96) "조선직업총동맹 창립 55돐기념보고회진행", ≪로동신문≫ 2000년 11월 30일자.

2001년 2월 27일에 개최된 전국직맹선전일군회의에서도 온 사회의 주체사상화를 동맹사상사업의 기본임무로 계속 수행하며 사회주의붉은기 진군을 적극 추진하기 위한 선전선동사업을 강화하자고 결의하였다. '우리 식 사회주의'를 튼튼히 옹호 고수하자는 결의도 하였다.[97]

1990년대 경제위기 이후에는 김일성이 "사회주의사회에서의 직업동맹의 성격과 임무에 대하여"에서 제시한 길과 김정일이 "직업동맹사업을 더욱 강화할데 대하여"에서 제시한 길을 따라 3대혁명을 추진하며 직업동맹의 사업을 실천하자는 내용이 직업동맹의 중앙위원회 전원회의에서 반복적으로 나타난다.[98] 새로운 것이 있다면 동구 사회주의권의 몰락 이후 '우리 식 사회주의'와 '우리 식 혁명방식' 등을 더욱 강조하며 직업동맹의 임무를 수행하자는 것이다. 하지만 전기와 원자재 부족으로 공장과 기업소가 잘 돌아가지 않고, 식량을 구하러 무단결근하는 주민들이 많아지면서 직업동맹이 과거처럼 기능하지 못하는 것으로 추정된다.

2002년 7월 25일에 KOTRA가 발표한 바에 따르면 북한의 공장 가동률이 30% 이하라고 한다.[99] 그러나 2003년에 남한으로 온 북한이탈주민들과 면담하면 공장가동률이 10% 미만이라고 말하는 경우도 있어[100] 정확히 파악하기 어렵다. 그러나 한 가지 확실한 것은 10명 중 7~8명이 공장에 나가도 일감이 없고, 월급도 받을 수 없어 공장에 나가지 않는다는 사실이다. 2002년 7·1 경제개선조치를 통해 북한 당국이 의도했던 것 중의 하나가 노동자들의 생산 현장 복귀였다. 그러나 조치를 취한 직후인 2002년 7월과 8월 정도에만 임금이 지불되었을 뿐, 공장·기업소에

97) "전국직맹선전일군회의 진행", ≪로동신문≫ 2001년 3월 1일자.
98) "전국직맹초급 열성자회의진행", ≪로동신문≫ 2001년 5월 4일자.
99) http://nk.chosun.com/news/NewsPrint.html?res_id=20710
"북 생산·공급 정상화 시급", ≪NK조선≫, 검색일: 2002년 7월 25일.
100) 북한에서 공장자재지도원으로 활동하던 이탈주민 황인국 씨와의 면담에 근거한다(2003년 7월 11일 면담 실시).

출근하여도 전기와 원자재의 부족으로 일을 할 수 없게 되어 9월, 10월부터는 임금이 거의 지급되지 않고 있다고 한다. 그리고 '8·3 제품비'라는 명목으로 월 1,000원을 납부하고 공장에 나가는 대신 개인장사를 하는 사람들이 늘어나고 있다고 한다.[101)]

노동자들이 개인 장사를 하고 그 대신 직맹위원장에게 돈을 주면 서류로 참석한 것처럼 작성해서 상부에 보고한다고 한다. 때문에 직업동맹의 공장·기업소 내 총화도 제대로 이루어질 수 없다. 공장가동률이 지역마다 다르고 평양을 중심으로 한 평안도 지역은 함경도 지역보다 사상교육의 효과가 더 강하여 직업동맹의 하부조직도 다른 지역보다 활동적인 것으로 알려져 있으나, 전체적으로 보면 직업동맹의 하부조직인 초급단체는 있으나 마나인 정도로 제 기능을 못하는 것으로 판단된다.

특히 7·1 경제개선조치 이후 국가에 의존하기보다 각자 열심히 일해서 번 돈으로 먹고 살라는 분위기가 만연하고 있으며, 공장과 기업소가 가동되어 직업동맹의 총화가 이루어지는 경우에도 총화시간에 '숨은 영웅 따라 배우기'의 일환으로 영화를 보여주면 한편으로 감동을 받으면서도, 다른 한편으로는 '영웅이라는 저 사람 따라 해야 한다는 것 때문에 내가 이토록 힘들게 일해야 하는가'라고 하며 짜증스럽게 받아들인다고도 한다.[102)] 1990년 중반 이후 상부의 지침을 따르는 고지식한 사람들이 많이 굶어 죽은 상태에서 '고지식해봐야 나만 손해다'라고 생각하는 분위기와 개인주의가 많이 확산되어 왔는데, 7·1 경제개선조치는 의도하지 않게 이런 분위기를 더욱 강화시킨 경향이 있고 이것은 직업동맹의 주요한 기능인 사상교양사업에는 반(反)하는 것이라 할 수 있다.

---

101) 신지호, 「7·1조치 이후의 북한경제」, ≪KDI 북한경제리뷰≫ 2003년 7월호, 8쪽.
102) 2003년 6월 27일에 실시한 북한이탈주민 김서연과의 면담에 근거한다.

4. 조선직업총동맹의 조직

조선직업총동맹에는 당원, 농근맹원, 여맹원이 아닌 30세 이상의 모든 노동자와 기술자, 그리고 사무원들이 맹원으로 가입하게 되어 있다. 2000년 당시 약 160만 명의 맹원이 가입하고 있었던 것으로 알려져 있다.[103)]

직업동맹의 형식적인 최고 지도기관은 대회이며 대회와 대회 사이의 기간에는 대회에서 선출된 중앙위원회가 상설업무를 담당한다. 정기대회는 4년에 1회 중앙위원회가 소집·개최하는 것을 원칙으로 한다. 각급회의는 동맹원 총수의 ⅔ 이상의 참석으로 성립되며 결정은 참석인원 과반수 이상의 찬성으로 채택된다. 대회에서는 중앙위원회와 중앙재정검사위원회의 사업결산을 보고·토의하며, 동맹의 강령과 규약을 채택하거나 수정한다. 그리고 동맹이 추진해야 할 주요 과제를 토의하고, 중앙위원회와 중앙재정 검사위원회 임원을 선출한다.

중앙조직으로는 중앙위원회와 중앙검사위원회가 있고 중앙위원회 산하에는 조직부, 선전부, 군중문화부, 국제부, 재정경리부, 그리고 3대혁명 붉은기쟁취운동 본부 등의 부서가 조직되어 있다. 중앙위원회는 상무위원회와 조직위원회를 설치·운영하고 있다. 상무위원회는 전원회의와 전원회의 사이에 중앙위원회의 명의로 사업을 지도하는 실무기관이다. 조직위원회는 중앙위원회의 내부사업과 당면 현안으로 제기된 사업을 토의하고 집행한다.[104)]

그 외에 직업동맹 간부 양성을 위한 중앙학교를 개설하고 있고 직업동맹사업에 관한 각종 서적을 출판하는 동맹출판사, 직업동맹 기관지인 ≪로동자신문≫을 발간하는 로동자신문사, 그리고 체육강습소 등을 운영하고 있다. 중앙검사위원회는 직업동맹의 재정 및 경리 집행을 감사한다. 조직부는 직업동맹 조직사업, 특히 간부사업을 주로 하며, 선전부는 동맹원

103) 연합뉴스, 『2001 북한연감』, 연합뉴스, 2000, 697쪽.
104) 김병로, 앞의 글, 1998, 75-76쪽 참조.

들에게 당정책과 직맹과업을 가르치고 이들을 주체사상으로 교양하는 사업을 담당한다. 국제부는 사회주의국가 및 제3세계 국가의 노동자들과 연대활동 사업을 추진한다.[105)]

중앙위원회는 동맹조직 내에 필요한 기관과 부서를 설치하며 동맹사업 및 재정을 관리·운영하는 핵심기관으로 모든 활동에서 직업동맹을 대표한다. 중앙위원회는 직업동맹의 역할을 원만하게 수행하기 위해 통상 1년에 3차례의 전원회의를 개최하는 것을 원칙으로 하고, 선전일군회의 등 관련회의를 수시로 소집해 주요 현안을 토의한다. 전원회의는 직업동맹의 당면 현안을 집행하며 중앙위원회가 소집하는 직업동맹 대표자회에서 채택한 중앙위원회 위원과 후보위원을 소환하거나 선출하는 권한을 갖고, 상무위원회 위원장과 부위원장도 선출한다.[106)]

그러나 이러한 형식적 규정과는 달리 실제로 직업동맹 위원장을 비롯한 간부들을 내정하고 운영방침을 결정하는 곳은 조선로동당이고, 직업동맹의 모든 활동은 당의 원칙과 지도에 엄격히 따라야 한다. 따라서 조선직업총동맹 대회나 중앙위원회 전원회의는 당대회 및 당 전원회의에서 결정된 사항을 어떻게 구체적으로 실천할지 토의하는 수준에서 운영되고 있다.[107)]

동맹의 기층조직인 (분)초급단체는 생산 및 사업 단위를 기본으로 하여 조직된다. 그리하여 공장·기업소에서 작업반 또는 종합 작업반 산하에 조직된 작업조, 채취 공업 부문에서는 소대 혹은 중대, 수산 부문에서는 선박, 큰 상점 산하에 있는 분점, 교육 부문에서는 학과와 학급, 사무 분야에서는 부서 및 과 등 해당 부문의 생산 및 사업단위들에 (분)초급단체를 조직한다.[108)] 그리고 (분)초급단체를 조직하고 해체하는 사업은 공장

105) 김병로, 앞의 글, 1998.
106) 김병로, 앞의 글, 1998, 80-81쪽
107) 김병로, 앞의 글, 1998.
108) 「직업동맹 분초급단체 조직에서 제기되는 몇 가지 문제」, ≪로동자≫ 7월호, 43-44쪽.

직맹위원회의 통제하에 이루어진다고 한다. 도, 시(구역)·군 직업동맹 위원회와 공장·기업소·리의 직업동맹 유급위원장은 모두 로동당원들이며 초급단체 위원장들만 비당원 열성자들로 기용하고 있다.

직업동맹의 하부조직인 작업반의 위원회와 위원장, 그리고 부위원장들은 맹원들의 업무 이행상태를 수시로 검열하여 논공행상을 하며, 사업을 잘못하는 맹원들에게는 집체적 또는 개별적인 방법으로 지도하고 업무가 끝난 경우 반드시 총화를 한다고 한다.[109]

직업동맹 초급조직의 가장 중요한 임무는 동맹원들을 수령께 무한히 충직하도록 교양하는 것이다. 또한 직업동맹 초급조직들은 각계각층의 군중들을 교양 개조하여 당과 수령의 주위에 결집해야 한다. 직업동맹 초급조직들은 3대혁명 붉은기쟁취운동을 끊임없이 심화 발전시키면서 사람과의 사업, 설비 및 자재와의 사업, 그리고 책과의 사업을 잘하여 사상혁명, 기술혁명, 문화혁명을 적극 추진하고 사회주의경쟁운동을 활발히 전개하여 인민경제계획을 완수해야 한다. 대안의 사업체계가 요구하는 것을 철저히 관철하여 동맹원들을 기업관리에 적극 참가시키며 생산보장, 노동보호, 그리고 복지후생에도 깊은 관심을 가져야 한다고 한다.[110]

직업동맹 (분)초급단체 위원회는 해당 시기에 제기된 당의 정책과 김일성 혹은 김정일의 교시, 그리고 그것들을 실행하기 위한 상급동맹의 결정 지시들을 자체 위원회의 구체적 실정과 관련지어 사업계획서를 작성한다고 한다. 그리고 (분)초급단체 위원장은 이 계획서 초안을 위원 및 맹원들과 협의하고, 그것을 수정·보완하여 직맹 분초급 단체 총회에서 비준을 받는다고 한다.[111]

---

109) 홍신옥, 「직업 동맹 반 위원회들에서의 사업 분공」, ≪로동자≫ 1954년 12월호, 8쪽.

110) "조선직업총동맹 제4차 대회에서 한 조선직업총동맹 규약개정에 대한 보고", ≪로동신문≫ 1968년 12월 18일자.

111) 「직맹 분초급 단체들에서 월간 사업계획서를 어떻게 수립할 것인가」, ≪로동

<그림 2-1> 조선직업총동맹의 조직체계

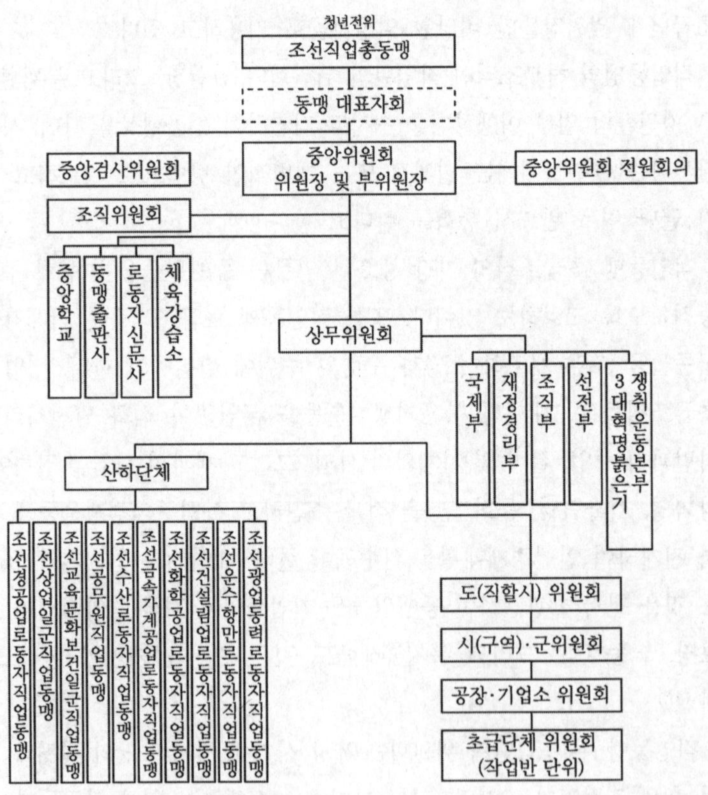

출처: 국토통일원, 『조선로동당 주요외곽단체의 조직 및 활동』, 1979, 48쪽의 표를 재구성하고 2003년 9월 4일에 실시한 김정길과의 면담을 토대로 수정·보완하였음.

조선직업총동맹의 조직을 표로 그리면 <그림 2-1>과 같다. <그림 2-1>에서는 1979년 당시에 천리마운동부가 상무위원회의 산하에 있었으나, 현재는 천리마운동부가 없어지고 대신 3대혁명붉은기쟁취운동본부가 있다고 한다. 현재 조선직업총동맹의 위원장은 렴순길이다.

자≫ 1964년 1월호, 50-51쪽.

동맹일꾼들은 행정식 사업방법 대신 모든 사업에서 정치사업을 선행하며 사람과의 사업을 잘해야 한다고 한다. 이것을 위하여 일꾼들은 대중 속에 들어가 당의 정책을 인식시키며 동맹 위원들과 맹원들 각자의 임무대로 분공을 주고 자기 힘으로 사업을 해나갈 수 있도록 해야 한다고 한다. 그 다음 검열을 하고 총화를 하며 모범사례를 발견하여 그것을 다른 맹원들이 따라 배우게 하는 작업이 필요하다고 한다.[112]

조선직업총동맹은 민주주의중앙집권제 원칙에 의하여 조직된다고 한다. 그리고 각급 직맹위원회 활동의 기본이 집체적 지도라고 한다. 집체적 지도를 해야 간부들이 동맹의 사업을 주관적 의사에 의하여 단독으로 처리하는 병폐를 막을 수 있기 때문이라고 한다. 하지만 일부 직맹 간부들 중에는 집체적 지도원칙을 악용하여 충분히 개별적으로 해결할 수 있는 사소한 문제까지도 회의를 통해서 해결하려 하면서 사업의 결과에 대하여 책임을 회피하려는 경향도 있다고 한다. 때문에 이 양극단의 병폐를 해소시켜야 직업동맹의 조직적 기능을 제고시킬 수 있다는 주장이 제기된다.[113]

조직상의 문제점으로 직업동맹위원회가 당의 노선과 정책을 추진하는 과정에서 스스로 방법을 찾지 않고, 대신 당조직이 하나에서 열까지 모든 것을 지시하고 가르쳐주기를 기다리거나, 하급동맹이 상급동맹만을 쳐다보는 경향이 있기 때문에, 이것을 시정하는 것이 필요하다는 주장도 줄곧 제기되어왔다.[114] 또한 사회주의경쟁운동을 전개하더라도, 한 작업반이 자기의 맡은 공정만 생각하고 자기만 앞서나가면서 다른 작업반의 공정이 뒤떨어진 것을 생각하지 않는 것은 바람직하지 못하다는 점도 지적되어왔다.

112) 전성근, 「동맹 사업에서 청산리 방법을 더욱 철저히 관철하자」, ≪로동자≫ 1964년 2월호, 30-32쪽.

113) 손우선, 「동맹 위원회들의 조직적 기능 제고를 위하여」, ≪로동자≫ 1954년 9월호, 12-13쪽.

114) "직맹조직들의 자립성을 더욱 높이도록", ≪로동신문≫ 1970년 11월 30일자.

<그림 2-2> 공장·기업소 내 당조직과 직업동맹 조직 사이의 관계

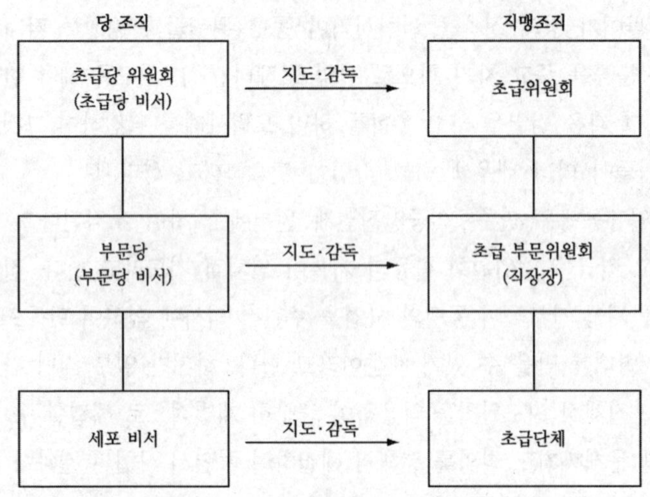

출처: 북한이탈주민들과의 면담을 토대로 작성- 2003년 6월 20일에 실시한 북한이탈주민 김한국과의 면담, 2003년 6월 27일에 실시한 김서연과의 면담과 2003년 7월 24일에 실시한 채규익과 면담, 그리고 2003년 9월 4일에 실시한 김정길과의 면담을 토대로 작성하였다. 이 조직표는 조선농업근로자동맹과 협동조합 및 농촌기업소 내의 당조직 사이의 관계에도 그대로 적용된다.

<그림 2-2>는 공장·기업소 내 당조직과 직업동맹 조직 사이의 관계를 보여준다.

초급당비서는 유급직이고, 부문당비서는 노동자출신으로 월급의 반은 당사업의 대가로 받으며 나머지 절반은 노동을 해서 버는 반유급직이다. 그리고 당세포비서는 당사업을 하더라도 노동으로만 수입을 충당한다.

공장·기업소 내 당조직을 보다 세부화시켜 그린 <그림 2-3>에서 연합기업소에는 초급당 위원회 산하에 근로단체부가 있지만, 1급 이하의 기업소에서는 근로단체부 대신 연구실장이 있다고 한다.

<그림 2-4>는 공장·기업소 내의 생산체계와 당조직, 그리고 직업동맹 사이의 관계를 기층조직의 관점에서 나타낸 것이다.

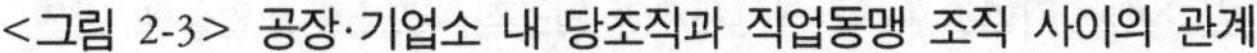
<그림 2-3> 공장·기업소 내 당조직과 직업동맹 조직 사이의 관계

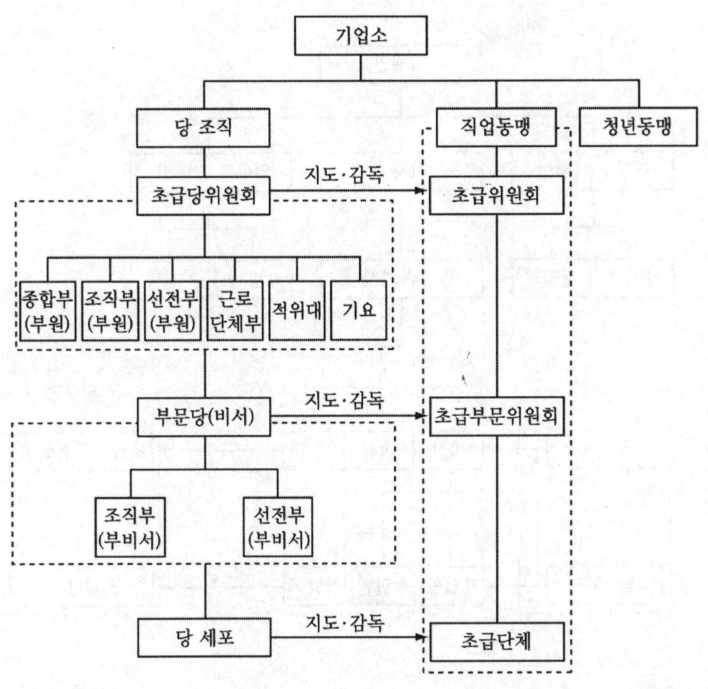

출처: 북한이탈주민들과의 면담을 토대로 작성. 2003년 5월 2일에 실시한 북한이탈주민 김병욱과의 면담 및 2003년 9월 4일에 실시한 김정길과의 면담을 토대로 작성하였다.

<그림 2-5>는 1960년대 초 대안의 사업체계가 도입되었을 당시 공장·기업소 내 당조직과 근로단체 및 생산체계 사이의 관계를 나타낸 것이다. <그림 2-5>에서는 근로단체가 당의 하부조직으로 편입되어 있다. 그러나 <그림 2-3>에서는 당조직과 근로단체가 조직체계에서 상·하관계에 있는 것이 아니라, 병렬관계에 있다. 실제로는 근로단체가 당의 지도와 감독을 받지만 공식적 및 형식적으로는 당조직과 근로단체가 병렬관계에 있다는 것이다. <그림 2-3>은 현재의 상태를 묘사하는 것이고, <그림 2-5>는 1960년대의 상태를 묘사하는 것이므로, 공장·기

<그림 2-4> 기업소 내의 생산체계와 당조직, 그리고 직업동맹 간의 관계

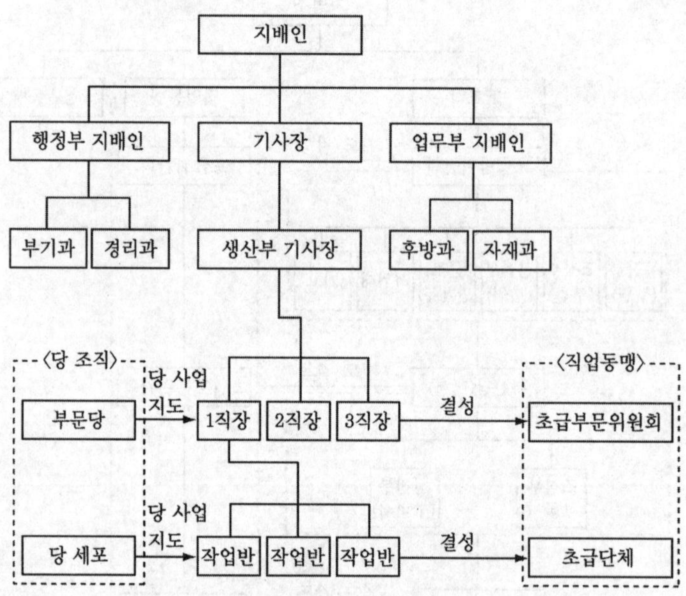

출처: 2003년 6월 20일에 실시한 북한 이탈주민 김한국 및 2003년 9월 4일에 실시한 김정길과의 면담을 토대로 작성.

업소 내 당조직과 근로단체 사이의 관계가 1960년대에서 현재로 넘어오면서 어떻게 변화했는지를 알 수 있다.

<그림 2-5> 1960년대 초 '대안의 사업체계'의 조직구조

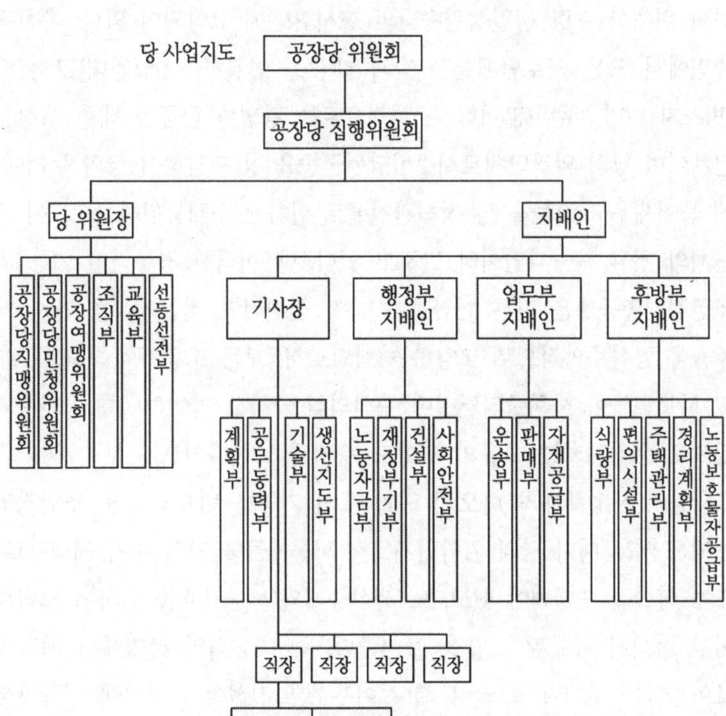

출처 : 『경제지식』(공업, 농업, 상업), 조선로동당출판사, 1963, 4쪽, 윤여령, 『북한의 공업관리 체계에 관한 연구』, 서울대학교 사회과학대학원 석사학위논문, 1994, 45쪽.

5. 직업동맹의 기능

조선직업총동맹도 근로단체의 하나이기 때문에 모든 근로단체들이 공통적으로 수행해야 하는 기능을 완수하는 측면이 있다. 하지만 다른 근로단체들과는 달리 공장·기업소에서 생산증대를 독려하고 노동보호를 해야 하는 기능도 동시에 존재한다.

모든 근로단체들이 공통적으로 수행해야 하는 기능은 『혁명과 건설에 관한 위대한 수령 김일성원수님의 교시』[115]에 요약되어 있다. 총론적인 측면에서 모든 근로단체들은 당과 대중을 연결하는 '인전대'로서 당의 '방조자'이며 '후비대'이다. 구체적으로는 광범한 군중에 대한 사상교양 단체이며 당의 외곽단체로서 "비당원군중을 잘 교양하여 당의 두리에 굳게 묶어세우고 그들을 당 정책관철에로 힘차게 조직동원하는 것"이 근로단체의 첫째가는 과업이라 말하고 있다.[116] 이러한 공통적인 기능 외에 조선직업총동맹은 다른 계급보다 가장 선진적인 계급의식을 가진 노동자들을 공산주의적으로 교양하는 학교로서, 모든 노동자와 기술자, 그리고 사무원들이 사회주의건설에 주인의식을 갖고 참여하도록 공산주의사상으로 무장시키는 고유의 역할도 수행해야 한다.[117]

대안의 사업체계가 나오기 전과 후의 기능을 비교하자면, 조선직업총동맹은 어느 때나 당의 외곽단체로서 노동자들을 당의 지지 세력으로 만드는 역할을 수행해야 했고, 또 생산증대와 노동보호를 위하여 노력해야 했던 점에서 공통된 모습을 보여준다. 즉 기능적인 측면에서 지속성을 보여준다는 것이다. 그러나 해방 이후 통일전선의 기치하에 민족자본가들이 개인 기업소를 운영하는 것이 허락되었을 때에는 이러한 기업소의 직업동맹들은 노동규율이 제대로 지켜지고 노동자들이 착취되지 않도록 보호하는 기능도 수행해야 했었다. 반면에 사회주의제도가 1960년대에 정착하고 대안의 사업체계가 나온 이후에는 직업동맹이 기업소의 지배인을 상대로 노동자들의 권익을 보호해야 하는 기능이 사라졌다. 실제로 이때부터 직업동맹은 당의 '방조자'이며 '후비대'로서 사상교양사업과 증산경쟁운동을 적극 추진하는 임무만을 수행하게 되는데, 이것은 구체적으로 3대혁명의 실천으로 나타난다. 이런 맥락에서 1960년대 이후의

115) 『혁명과 건설에 관한 위대한 수령 김일성원수님의 교시』, 평양: 조선로동당출판사, 1972.

116) 앞의 책, 1972, 66-67쪽.

117) 앞의 책, 1972, 68쪽; 『김일성저작선집』 제4권, 133쪽 참조.

근로단체에 대한 일반적인 규정을 개별 근로단체의 성격 묘사, 특히 직업동맹의 성격 묘사에 기계적으로 적용하는 것은 —농민조직의 경우에서와 비슷하게— 부적절한 측면이 있다고 하겠다.

1960년대 이후 북한에서 직업동맹이 추진해온 3대혁명 중 가장 중요하게 생각하는 사상혁명은 모든 동맹원들을 노동계급화하고 혁명화하는 것이라고 한다. 직맹원들 중에는 노동계급만 있는 것이 아니라, 사무원과 교원, 그리고 그 밖의 다른 직업에 종사하는 사람들도 있기 때문에 직맹은 노동계급이 아닌 모든 사람들을 노동계급화하는 사업을 해야 한다고 한다. 그리고 노동자들 스스로는 혁명화와 공산주의화를 이루기 위하여 노력해야 한다. 그런데 직맹원들을 노동계급화, 혁명화하는 데 중요한 것은 맹원들을 당의 유일사상, 주체사상으로 강력히 무장시키는 것이라고 한다.118) 조선농업근로자동맹도 사상혁명을 추진하지만 그 내용면에서 계급의식이 농민들보다 높은 노동자들을 대상으로 한 직업동맹의 사상교육이 한 단계 높은 것으로 평가된다.

직업동맹에 특유한 사상교양사업은 직맹조직들이 직맹원들에게 노동에 대한 공산주의적 태도를 갖도록 함으로써 "언제나 로동을 사랑하고 로동규율을 자각적으로 지키며 사회주의건설을 위해 있는 힘과 지혜를 다 바쳐 일하도록" 하는 것이다.119) 직맹조직들은 동맹원들이 "착취제도를 미워하고 사회주의제도를 열렬히 사랑하도록 교양"해야 한다고 주장한다.120) 직업동맹 조직들은 노동계급과 직맹원들이 모든 것을 노동계급적 관심에서 보고 판단하며 어려운 환경 속에서도 혁명적 원칙을 철저히 지켜나가도록 해야 한다고 주장한다.121) 또한 직업동맹조직들은 노동계급

118) 김일성, 「사회주의사회에서의 직업동맹의 성격과 임무에 대하여」(조선직업총동맹 제5차대회에서 한 연설, 1971년 12월 14일), 『김일성저작집』 제26권, 평양: 조선로동당출판사, 1984, 531-533쪽.

119) 김일성, 앞의 글, 1984, 540쪽.

120) 김일성, 앞의 글, 1984, 542쪽.

121) 김정일, 「직업동맹사업을 더욱 강화할데 대하여」, 『주체혁명 위업의 완성을 위하여』 제5권, 평양: 조선로동당출판사, 1998.

과 동맹원들이 노동을 가장 "영예로운 것으로, 신성한 의무로 느끼고 국가와 사회를 위한 공동로동에 성실히 참가하도록" 해야 한다고 주장한다.[122)]

아울러 기술혁명도 함께 수행해야 하는데, 그것은 기술혁명을 해야 중노동과 경노동의 차이, 농업노동과 공업노동의 차이, 그리고 정신노동과 육체노동의 차이를 없애고 공산주의의 물질적 요새를 점령할 수 있기 때문이라고 한다.[123)] 기술혁명을 효과적으로 수행하기 위해서는 노동자들로 하여금 높은 기술문화지식을 가질 수 있게끔 당 정책학습과 함께 기술학습을 잘 해야 한다고 주장된다. 그리고 기술혁명에서 중요한 것은 생산현장에서 일하는 로동자들의 풍부한 경험과 과학자, 기술자들의 과학기술지식을 잘 결합하여 창조적인 협동과정을 통해 해결하지 못한 과학기술적 문제를 풀어나가는 것이라고 한다.[124)] 노동계급이 기술혁명을 성공적으로 수행하기 위해서는 높은 기술문화지식을 가져야 하기 때문에, 직업동맹은 노동자들이 일상적으로 학습을 잘 할 수 있도록 여건을 마련해주는 것이 필요하다고 한다.[125)]

3대혁명 외에는 사회주의경제건설에 노동자들을 적극 조직동원하는 것이 직업동맹의 주요한 업무이다.[126)] 1981년 11월 30일에 개최된 조선직업총동맹 제6차 대회에서도 김일성은 "로동계급은 온 사회를 주체사상화하는 투쟁에서 핵심부대가 되자"는 연설을[127)] 통해 사상과 기술, 그리고 문화의 3대혁명을 수행하는 것이 직업동맹의 기본과업이라고 말하였다. 직업동맹의 기능과 관련하여 지속성의 측면을 보여주는 것이다. 여기서도 1971년에 조선직업총동맹 제5차대회에서 한 연설 "사회주의

122) 김정일, 앞의 글, 1998, 138쪽.
123) 김일성, 앞의 글, 1984, 537-543쪽.
124) 김정일, 앞의 글, 1998.
125) 김일성, 앞의 글, 1984, 545쪽.
126) 김정일, 앞의 글, 1998, 141쪽.
127) 김일성, 「로동계급은 온 사회를 주체사상화하는 투쟁에서 핵심부대가 되자」, 『김일성저작집』 제36권, 평양: 조선로동당출판사, 1990, 336쪽.

사회에서의 직업동맹의 성격과 임무에 대하여"의 내용을 거의 그대로 반복하였다. 다만 문화혁명에 대한 부분을 보다 강조한 것이 차이라면 차이라고 할 수 있다. 노동계급과 직맹원들이 "학습을 첫째가는 혁명임무로 내세우고 (……) 과학기술지식보급사업과 기능전습사업을 강화하여 기술기능수준을 더욱 높이며" 온 사회를 인테리화하는 데 앞장서야 한다는 주장이 그것이다.[128)]

김정일 또한 1984년 5월 3일 전국직업동맹일군강습 참가자들에게 보낸 서한「직업동맹사업을 더욱 강화할데 대하여」[129)]에서 직업동맹이 해야 할 가장 중요한 과업이 사상, 기술, 문화의 3대혁명을 힘차게 추진하는 것이라고 주장하였다. 그 중에서 사상혁명에 가장 역점을 두어 강조하였고, 사상혁명을 제대로 추진하기 위해서 "로동계급의 혁명적 세계관이며 사회주의, 공산주의 건설을 위한 유일한 지도적 지침"인 주체사상으로 튼튼히 무장시켜야 한다고 주장하였다. 또한 "당과 수령에 대한 충실성은 로동계급의 가장 기본적인 품성"이라며 직업동맹 조직들이 노동계급과 직맹원들에게 충실성 교양을 강화해야 한다고 말하였다. 혁명전통교양도 심도 있게 진행하여 노동계급과 직맹원들이 당의 혁명전통으로 무장하고, 대를 이어 계승 발전시켜나가야 한다고 주장하였다.[130)]

혁명교양, 계급교양에서 중요한 것은 반수정주의교양을 강화하는 것이라고 하면서 수정주의의 반동적 본질과 해독성을 제대로 알고 그것을 반대하여 투쟁해야 한다고 강조하고, 아울러 부르주아 사상과 사대주의, 교조주의를 반대하는 투쟁도 적극적으로 해야 한다고 주장하였다. 기술혁명을 달성하기 위해서 보수주의와 경험주의, 그리고 기술신비주의에 대한 투쟁도 전개하고, 문화혁명을 통해 낡은 사회가 남긴 문화적 낙후

---

128) 김일성, 앞의 글. 1990.

129) 김정일,「직업동맹사업을 더욱 강화할데 대하여」(전국직업동맹일군강습 참가자들에게 보낸 서한, 1984년 5월 3일),『주체혁명 위업의 완성을 위하여』제5권, 평양: 조선로동당출판사, 1988.

130) 김정일, 앞의 글, 1988.

성을 극복하고 선진문화를 창조해야 한다고 주장하였다.[131] 문화혁명에서 중요한 것은 노동자들의 일반지식수준을 높이는 것이라고 한다. 그래야 낡은 사회가 남겨놓은 문화적 낙후성을 극복하고 공산주의적 문화를 창조할 수 있으며 사상혁명과 기술혁명도 성과적으로 수행할 수 있기 때문이라는 것이다.[132]

그런데 당의 경제정책을 모르고는 사회주의경제건설을 제대로 할 수 없기 때문에 직맹조직들은 노동계급과 직맹원들에게 매 시기마다 제시되는 당의 경제정책을 잘 가르쳐야 한다고 하였다. 노동계급과 직맹원들이 생산과 건설현장에서 혁명적 열의와 창조적 적극성을 높이 발휘하도록 하기 위하여 경제선동을 강화해야 되는데, 경제선동을 잘 하기 위하여 '구도선동'과 '직관선동', 그리고 '예술선동'을 비롯한 여러 가지 선동방법을 모색하며 특히 직총로동자예술선전대를 잘 조직·운영해야 한다고 주장하였다.[133]

직업동맹 대열을 잘 조직관리하기 위하여 개별교양과 집체교양을 비롯한 여러 가지 형식과 방법 중 무엇보다 직맹 간부들에 대한 교양사업을 잘해나가야 한다고 강조했다. 직맹원들과의 사업을 잘하여 핵심, 열성 맹원들을 계속 늘려 나가고, 가정주위 환경과 사회정치생활 경위가 복잡한 직맹원들에게도 깊은 관심을 갖고 교양 개조하여 모든 성원들을 당 주위에 결집해야 한다고 주장하였다. 또한 기층조직인 직맹초급단체들의 역할을 높여야 한다고 주장했다. 그러기 위해서 모범초급단체와 충성의 2중 모범초급단체 창조운동을 적극 추진하는 것이 필요하다는 주장이 제기되어 왔다.[134]

---

131) 김정일, 앞의 글, 1988, 137-140쪽.
132) 김정일, 앞의 글, 1988, 140쪽.
133) 김정일, 앞의 글, 1988, 141-142쪽.
134) 김정일, 앞의 글, 1988, 144-148쪽.

6. 결론

1945년 11월 창립 당시 조선노동조합전국평의회 북부조선총국으로 출범하여 후일 조선직업총동맹으로 개칭한 북한의 노동조합은 해방 이후부터 1950년대 말 혹은 1960년대 초까지 우여곡절을 겪으면서 노동자들의 권익을 보호하는 단체이자 동시에 조선공산당 북조선분국(북조선로동당-조선로동당)의 외곽단체로서 기능하였다. 특히 한국전쟁이 발발하기 이전까지는 북한에서 민족자본가들이 개인기업소를 운영하는 것이 허용되었기 때문에, 이들 기업소에서 직업동맹은 자본가들이 노동법령을 잘 준수하고 노동자들의 권익을 침해하지 않는지를 감독하는 기능을 수행하였다.

그러나 1956년 8월 종파사건으로 직업동맹이 노동자들의 권익을 보호하는 역할을 해야 한다고 주장하던 동맹의 간부들이 모두 숙청되고, 1950년대 후반부터 더 이상 개인자본가가 운영하는 기업소 없이 모든 공장과 기업소가 국영으로 운영되며 1960년대 초 대안의 사업체계가 도입되자 직업동맹은 기존에 가졌던 노동관리·감독의 기능을 완전히 상실하였다. 노동자들에게 당의 정책과 노선을 전달하며 사상교양사업으로 이들을 당의 주위에 결집시키는 외곽단체로서의 기능만 수행하게 된 것이다. 당위원회와 공장과 기업소를 직접 운영하는 상태에서 당위원회와 직업동맹의 이해관계가 일치한다고 생각했을 뿐만 아니라, 직업동맹이 당위원회의 운영을 노동보호의 차원에서 감독한다는 것이 북한지도부에게 있을 수 없는 일로 받아들여졌기 때문이다.

직업동맹이 출범 이후부터 오늘까지 당의 외곽단체로서 노동자대중을 당의 지지세력으로 만들고 이들을 당 주위에 결집시키는 역할을 해왔다는 점에서 기능적 차원의 지속성을 발견할 수 있다. 그러나 1960년대 초 대안의 사업체계가 도입되기 전까지 당의 '방조자'이자 '후비대'로서뿐만 아니라 일정 부분 노동관리·감독의 기능을 수행하면서 노동자들의 권익을 보호하는 역할을 수행하다가, 대안의 사업체계가 도입된 이후에는 노동관리·감독의 기능을 상실하고 사상교양사업과 증산경쟁운동 등을 추진하면서 당의 '방조자'이자 '후비대'로서만 기능하고 있다는 점에서 변화의 측면도 볼 수 있다.

1960년대 이후 직업동맹이 조선로동당의 외곽단체로서 중점적으로 추진하고자 했던 사업은 사상혁명과 기술혁명, 그리고 문화혁명이라는 3대혁명의 완수인데, 사상혁명은 모든 동맹원들을 노동계급화하고 혁명화하는 것이다. 직맹원들 중에는 노동계급만 있는 것이 아니라, 사무원과 교원, 그리고 그 밖의 다른 직업에 종사하는 사람들도 있기 때문이었다. 그리고 기술혁명을 수행하여 중노동과 경노동의 차이, 농업노동과 공업노동의 차이 및 정신노동과 육체노동의 차이를 없애고 공산주의의 물질적 요새를 점령해야 한다는 주장이 제기되어 왔다. 또한 기술혁명을 성공적으로 수행하기 위해서는 높은 기술문화지식을 가져야 하기 때문에 직업동맹은 문화혁명도 함께 수행해야 하는 것으로 되어 있다.

직업동맹의 사업과 관련하여 김일성이 무엇을 문제로 삼고 있었는지는 그가 직접 근로단체에 대하여 언급한 글을 통하여 쉽게 알아낼 수 있다. 1968년 10월 11일 직맹, 농근맹, 사로청, 녀맹 중앙위원회일꾼들 앞에서 한 연설「근로단체들의 역할을 더욱 높일데 대하여」에서 지적한 문제점은 모든 근로단체에 관한 것이지만[135] 직업동맹에도 해당되는 비판이기에 연설문에 수록된 두 가지 지적사항을 아래에서 보기로 하자.

첫째, 김일성은 각급 당조직들이 직업동맹을 포함한 모든 근로단체들을 제대로 지도하지 못한다고 비판하였다. 예컨대 지방당위원회책임비서나 조직부 관리들뿐만 아니라, 중앙당부서도 근로단체의 간부들을 비준하는 것 외에는 근로단체에 대한 지도사업을 제대로 하지 못한다고 지적

135) 이 책「제3장 조선농업근로자동맹」의 5절 참조.

하였다. 그리고 비당원군중들에게 교양사업을 전개할 때, 근로단체조직들을 통하여 당의 노선과 정책을 전달해야 하는데 근로단체를 통하지 않고 당조직들이 모든 일을 혼자서 다 하려 하기 때문에 근로단체 간부들과 맹원들은 별로 하는 일 없이 지낼 수밖에 없고, 결국 자기 조직에 대한 긍지를 느끼지 못하게 된다고 비판하였다.[136)]

둘째, 근로단체 일꾼들이 당정책에 따라 자기 사업을 독자적으로 하지 못하고, 적극적으로 하지도 않는다고 지적하였다. 또한 근로단체중앙위원회들이 당의 노선과 정책을 깊이 연구하지 않고, 자발적으로 일을 찾아서 하지도 않기 때문에 자기 역할을 제대로 수행하지 못하는 일이 발생한다고 말하였다. 특히 간부교양사업과 간부양성사업을 잘하여 좋은 간부들을 당원으로 만들어야 하는데 그렇게 못할 뿐만 아니라, 군중과의 사업도 잘 못한다고 비판하였다. 농업근로자동맹과 마찬가지로 직업동맹도 예외가 아니어서 기구와 사람은 많이 갖고 있지만 군중과의 사업을 잘하지 못하고 있다고 지적하였다.[137)]

그리고 당에서는 근로단체의 간부들을 통하여 모든 근로자들을 혁명화하려고 하는데, 근로단체의 간부들이 혁명화가 무엇인지 모르고 있기 때문에 혁명화사업이 제대로 진행되지 못하고 있다고 비판하였다.[138)] 직업동맹에는 당시까지 좋은 간부들이 지도해본 적이 없다고 하면서, "그러다 보니 그놈들이 당을 내놓고 반대하지는 못하였지만 쏠라닥거리면서 쥐가 이불을 쏠듯이 조금씩 조금씩 쏠면서 혁명사업에 많은 해독을 끼쳤"다고 주장했다.(85쪽) 이런 맥락에서 직맹간부들의 사상개조와 사상단련을 더욱 강화해야 한다고 말했다.[139)]

---

136) 김일성, 「근로단체들의 역할을 더욱 높일데 대하여」(직맹, 농근맹, 사로청, 녀맹 중앙위원회일꾼들 앞에서 한 연설 1968년 10월 11일), 『김일성저작집』 제23권, 평양: 조선로동당출판사, 1983, 32-35쪽.
137) 김일성, 앞의 글, 1983, 35-41쪽.
138) 김일성, 앞의 글, 1983, 44-46쪽.
139) 김일성, 앞의 글, 1983, 85쪽.

김일성은 1975년 2월 17일 조선로동당 중앙위원회 제5기 제10차 전원회의에서 한 연설「당, 정권기관, 인민군대를 더욱 강화하며 사회주의 대건설을 더 잘하여 혁명적대사변을 승리적으로 맞이하자」에서도 마찬가지로 당조직들이 근로단체들에 업무를 위임하고 근로단체들을 통하여 비당원군중들과의 사업을 해야 하는데, 그렇지 않고 근로단체들이 할 사업까지 도맡아 하기 때문에 근로단체들이 자기 역할을 제대로 하지 못하는 일이 발생하고 있다고 지적하였다. "당조직들이 근로단체들을 깔고앉아 독판치면서 근로단체들의 사업을 대행하기때문"이라는 것이다. 그리고 근로단체들의 사업에서 "내리먹이는 사업방법"을 없애야 한다고 지적하였는데, 이것은 농업근로자동맹[140)]뿐만 아니라 직업동맹과 관련한 사업에도 해당되는 비판이라 할 수 있다. 그런데 문제는 최근 몇 년간 개최된 조선직업총동맹 중앙위원회 전원회의에서도 계속해서 형식주의를 극복하자는 주장이 나오는 것처럼 북한사회의 구조적인 병폐가 쉽게 개선되지 못하는 것이다.

1990년을 전후해서 동구 사회주의체제가 붕괴하고 자본주의가 복귀하게 된 당시의 흐름을 경계하기 위하여 직업동맹은 보다 철저하게 사상교양사업을 할 것을 결의하고, 우리민족제일주의와 '우리 식 사회주의제도'를 추구하면서 '우리의 이념'과 '우리 식의 혁명방식'이 제일이라는 신념을 갖도록 유도하고 있다. 그러나 전기와 원자재 부족으로 공장과 기업소의 70% 이상이 가동되지 않아 개인장사를 하거나 식량을 구하러 무단결근하는 노동자들이 많아졌을 뿐만 아니라, 공장의 물품을 빼돌려 식량과 바꾸는 불법행위도 횡행하는 등 집단주의정신이 약화되고 개인주의 경향과 물질주의가 강하게 대두되는 가운데 직업동맹의 하부조직은 제 기능을 하지 못하는 것으로 추정된다. 북한경제의 회복과 더불어

140) 김일성,「당, 정권기관, 인민군대를 더욱 강화하며 사회주의대건설을 더 잘하여 혁명적대사변을 승리적으로 맞이하자」(조선로동당 중앙위원회 제5기 제10차 전원회의에서 한 결론, 1975년 2월 17일),『김일성저작집』제30권, 평양: 조선로동당출판사, 1985, 66-69쪽; 이 책「제3장 조선농업근로자동맹」의 5절 참조.

공장과 기업소가 정상적으로 가동되기 전에는 이런 현상이 지속될 것으로 전망된다.

<참고문헌>

1. 북한 문헌 및 자료

1) 김일성, 김정일 저작

김일성. 1967, 「목전 조선정치정세와 북조선 림시인민위원회의 조직에 관하여」 (북조선민주주의 정당, 사회단체, 행정국, 인민위원회 대표협의회에서 한 보고, 1946년 2월 8일), 『김일성저작선집』 제1권, 평양: 조선로동당출판사.

_____. 1979, 「북조선공산당 각급 당단체들의 사업에 대하여」, 『김일성저작집』 제1권, 평양: 조선로동당출판사.

_____. 1979, 「북조선 직업 총동맹의 당면과업에 대하여」, 『김일성저작집』 제3권, 평양: 조선로동당출판사.

_____. 1980, 「새 환경과 새 조건은 새로운 사업태도를 요구한다」, 『김일성저작집』 제5권, 평양: 조선로동당출판사.

_____. 1982, 「근로단체사업을 개선강화할데 대하여」, 『김일성저작집』 제18권, 평양: 조선로동당출판사.

_____. 1983, 「근로단체들의 역할을 더욱 높일데 대하여」, 『김일성저작집』 제23권, 평양: 조선로동당출판사.

_____. 1984, 「사회주의사회에서의 직업동맹의 성격과 임무에 대하여」, 『김일성저작집』 제26권, 평양: 조선로동당출판사.

_____. 1985, 「당, 정권기관, 인민군대를 더욱 강화하며 사회주의 대건설을 더 잘하여 혁명적 대사변을 승리적으로 맞이하자」, 『김일성저작집』 제30권, 평양: 조선로동당출판사.

_____. 1990, 「로동계급은 온 사회를 주체사상화하는 투쟁에서 핵심부대가 되자」, 『김일성저작집』 제36권, 평양: 조선로동당출판사.

_____. 1992, 「북조선로동조합 총련맹의 당면과업」, 『김일성전집』 제2권, 평양: 조선로동당출판사.

_____. 1992, 「현단계에 있어서의 직업동맹의 기본 임무」, 『김일성전집』 제4권, 평양: 조선로동당출판사.

_____. 1994, 「직업동맹단체내 당조의 역할을 높이며 간부대렬을 튼튼히 꾸릴데 대하여」, 『김일성전집』 제10권, 평양: 조선로동당출판사.

김정일. 1988, 「근로단체사업에 대한 당적지도를 강화할데 대하여」, 『주체혁명위업의 완성을 위하여』 제5권, 평양: 조선로동당출판사.

_____. 1988, 「직업동맹사업을 더욱 강화할데 대하여」, 『주체혁명 위업의 완성을 위하여』 제5권, 평양: 조선로동당출판사.

_____. 1998, 「주체혁명위업의 완성을 위하여』 제5권, 평양: 조선로동당출판사.

2) 단행본

조선직업총동맹 중앙위원회 편. 1975, 『위대한 수령 김일성 동지의 직업동맹에 관한 사상』, 평양: 근로단체출판사.

태성수 편. 1946, 『당문헌집: 당의 정치노선 급 당사업 총결과 결정』 제1권, 평양: 정로사출판부.

『혁명과 건설에 관한 위대한 수령 김일성원수님의 교시』, 평양: 조선로동당출판사, 1972.

3) 논문, 연설문, 담화문, 결정서

국사편찬위원회 편. 1998, 「'북조선 인민정권 하의 북조선 직업동맹'이라는 제목하에서 오기섭 동무가 범한 엄중한 정치적 오류에 대하여」(북조선로동당 중앙상무위원회 제28차 회의결정서, 1947년 3월 19일), 『北韓關係史料集』 제30권, 국사편찬위원회.

_____. 1998, 「단체계약 체결에 대하여」(조선로동당 중앙조직위원회 제9차 회의 결정서, 1950년 3월 24일), 『北韓關係 史料集』 제29권, 국사편찬위원회.

_____. 1990, 「문화부 사업보고서」(7월 15일~7월 28일), 『北韓關係 史料集 』 제10권, 국사편찬위원회.

_____. 1990,「문화부 사업보고서」(7월 25일~7월 29일),『北韓關係 史料集』 제10권, 국사편찬위원회.

_____. 1990,「전국직업동맹전국평의회문건 제8호」,『北韓關係史料集』 제10권, 국사편찬위원회.

_____. 1990,「전국직업동맹전국평의회문건(지시서·보고서) 제6호」,『北韓關係史料集』 제10권, 국사편찬위원회.

_____. 1990,「조선직업동맹전국평의회 중앙상임위원회 지시서 제십호」(조직정비 강화를 위한 당면과업에 관하여 1950년 7월 29일),『北韓關係 史料集』 제10권, 국사편찬위원회.

_____. 1998,「직업동맹 사업에 대하여」(당 중앙정치위원회 제121차 회의 결정서, 1952년 5월 5일),『北韓關係 史料集』 제29권, 국사편찬위원회.

_____. 1998,「직업동맹 지도기관 선거 및 조직개편에 관하여」(북조선로동당 중앙상무위원회 제36차 회의 결정서, 1947년 5월 29일),『北韓關係 史料集』 제30권, 국사편찬위원회.

박상홍. 1957,「직업동맹사업에서 제기되는 몇가지 문제」, ≪근로자≫ 140호.

4) 신문, 잡지 및 기타

국사편찬위원회 편. 1997『旬刊北朝鮮通信』1947년 11월 중순호, 12호;「長成하는 北朝鮮의 社會團體들(二)」,『北韓關係 史料集』 제27권, 국사편찬위원회.

_____. 1997,『旬刊北朝鮮通信』1947년 12월 하순호, 16호;「北朝鮮 職業總同盟의 組織改編과 職場委員 選擧總結」,『北韓關係 史料集』 제27권, 국사편찬위원회.

김천근. 1958,「단체계약에 대하여」, ≪로동자≫ 1958년 제7호.

박효빈. 1954,「동맹 통보 사업의 개선 강화를 위하여」, ≪로동자≫ 1954년 7월호.

서휘. 1954,「조선로동당 중앙위원회 3월 전원회의에서 수령이 제시한 전투적 과업 실천을 위한 각급 동맹단체들과 그 지도일꾼들의 임무」, ≪로동자≫ 1954년 4월호.

손우선. 1954, 「동맹 위원회들의 조직적 기능 제고를 위하여」, ≪로동자≫ 1954년 9월호.

오기섭. 1947, "북조선 인민정권 하의 북조선 직업동맹", ≪로동신문≫ 1947년 3월 13일.

_____. 1947, 「북조선임시인민위원회 노동행정부의 사명」, ≪인민≫ 신년호(제2권 제1호, 1947. 1. 10); 국사편찬위원회, 『북한관계사료집』 제13권, 국사편찬위원회, 1992.

전성근. 1964, 「동맹 사업에서 청산리 방법을 더욱 철저히 관철하자」, ≪로동자≫ 1964년 2월호.

홍신옥. 1954, 「직업동맹 반 위원들에서의 사업 분공」, ≪로동자≫ 1954년 12월호.

『경제지식(공업, 농업, 상업)』, 평양: 조선로동당출판사, 1963.

"근로단체들에 대한 당적 지도를 더욱 강화하여", ≪로동신문≫ 1988년 10월 11일자.

"당의 통일과 단결을 더욱 강화할 데 대한 조선로동당 중앙위원회 부위원장 박금철 동지의 보고", ≪로동신문≫ 1958년 3월 6일자.

≪로동신문≫ 1946년 9월 18일자.

"전국직맹선전일군회의 진행", ≪로동신문≫ 2001년, 3월 1일자.

"전국직맹초급 열성자회의진행", ≪로동신문≫ 2001년, 5월 4일자.

≪正路≫ 1945년 12월 5일자 1면.

"조선직업총동맹 중앙위원회 제42차전원회의진행", ≪로동신문≫ 2000년 8월 5일자.

"조선직업총동맹 제4차 대회에서 한 노전직업총동맹 규약개정에 대한 보고", ≪로동신문≫ 1968년 12월 18일자.

"조선직업총동맹 창립 55돐기념보고회진행", ≪로동신문≫ 2000년 11월 30일자.

"제3차 당대회 결정실행을 위한 직업동맹단체들의 과업", ≪로동신문≫ 1956년 6월 21일자.

「직맹 분초급 단체들에서 월간 사업계획서를 어떻게 수립할 것인가」, ≪로동자≫ 1964년 1월호.

"직맹사업에 대한 당적 지도를 강화하자", ≪로동신문≫ 1958년 7월 11일자.
"직맹조직들의 자립성을 더욱 높이도록", ≪로동신문≫ 1970년 11월 30일자.

「직업동맹 분초급단체 조직에서 제기되는 몇 가지 문제」, ≪로동자≫ 7월호.
"직업총동맹 중앙위원회 제5차회의", ≪로동신문≫ 1956년 4월 13일자.
"직총중앙위원회 제19차전원회의진행", ≪로동신문≫ 1990년 2월 14일자.
"직총중앙위원회 제20차전원회의진행", ≪로동신문≫ 1990년 11월 8일자.
"직총중앙위원회 제23차전원회의진행", ≪로동신문≫ 1992년 2월 25일자.
"직총중앙위원회 제26차전원회의진행", ≪로동신문≫ 1993년 11월 16일자.

2. 남한과 외국 문헌 및 자료

1) 단행본

민중신문사. 1946, 『옳은 路線』, 조선산업노동조사소.
국토통일원. 1979, 『조선로동당 주요외곽단체의 조직 및 활동』, 국토통일원.
김창순. 1961, 『북한십오년사』, 지문각.
스칼라피노·이정식. 1986, 『한국공산주의 운동사 2: 해방후 편(1945~53)』, 돌베개.
_____. 1987, 『한국공산주의 운동사 3: 북한편』, 돌베개.
연합뉴스. 2000, 『2001 북한연감』, 연합뉴스.
이종석. 1995, 『조선로동당연구』, 역사비평사.
중앙일보 특별취재반. 1994, 『비록: 조선민주주의인민공화국』, 중앙일보사.
Gill, Ulrich. 1989, *Der Freie Deutsche Gewerkschaftsbund(FDGB). Theorie -Geschichte-Organisation-Funktionen-Kritik*, Leske+Budrich. Opladen.
Lenin, Wladimir Iljitsch. 1971, "Die große Initiative," in: *Ausgewählte Werke Bd V*.
_____. 1971, "Entwurf der Thesen über die Rolle und die Aufgaben der Gewerkschaften unter den Verhältnissen der Neuen Ökonomischen Politik," in: *Ausgewählte Werke Bd. VI*.

_____. 1971, "Rede auf dem III. Gesamtrussischen Gewerkschaftskongreß. 7. April 1920," in: *Ausgewählte Werke Bd. V*.

_____. 1971, "Über die Gewerkschaften, die gegenwärtige Lage und die Fehler des Gen. Trotzki," in: *Ausgewählte Werke. Bd. IV*. Berlin(Ost).

2) 논문

권태진. 2003, 「북한의 농정 변화와 전망」, ≪KDI 북한경제리뷰≫ 6월호, 한국개발연구원.

김병로. 1998, 「조선직업동맹연구」, 이종석 편, 『북한의 근로단체연구소』, 세종연구소.

김연철. 1998, 「1950년대 북한의 노동정책과 노동자」, 『1950년대 남북한의 선택과 굴절』, 역사비평사.

백학순. 「북한에서의 '단일적 지도력'의 확립과 당·국가 건설」, ≪현대북한연구≫ 제2권 1호.

徐東晩. 1995, 「北朝鮮における社會主義体制の成立 1945~1961」, 東京大學博士學位論文.

신지호. 2003, 「7·1조치 이후의 북한경제」, ≪KDI 북한경제리뷰≫ 7월호, 한국개발연구원.

윤여령. 1994, 「북한의 공업관리체계에 관한 연구」, 서울대학교 사회과학대학원 석사학위논문.

이주철. 2000, 「북한에서의 노동조합 독자성 논쟁」, 『논쟁으로 본 한국사회 100년』, 역사비평사.

정상돈. 2003, 「북한 노동조합의 '자율성' 논쟁: 해방 이후부터 한국전쟁 이전까지」, ≪社會科學論集≫ 제21권 제1호, 한국외국어대학교 사회과학연구소.

제3장 조선농업근로자동맹

정상돈

1. 서론

1946년 3월 6일 발표된 「북조선 토지개혁법령에 대한 공동성명서」에는 북한 최초 농민조직의 명칭이 '조선농민조합 북조선농민련맹'으로 되어 있다.[1] 그런데 「북조선농민련맹대회 결정서」(1946년 3월 3일)에는 '북조선농민련맹'이라고 되어 있다.[2] 원래의 명칭을 다 기록하면 「조선농민조합 북조선농민련맹」이 맞으나, 이것을 줄여서 앞부분은 생략하고 「북조선농민련맹」이라고 사용한 것으로 추정된다. 이하 본 논문에서는 북한 최초 농민조직의 명칭으로 북조선농민련맹을 사용한다.

1946년 1월 31일에 북조선농민련맹[3]으로 창립되어 1947년에 북조선농민동맹으로 개칭되고 1965년에 조선농업근로자동맹으로 탈바꿈하기 전까지 존재했던 농민조직은 1946년 3월 5일의 토지개혁에 기초한 소규

1) 국사편찬위원회, 『북한관계사료집』 제1권, 국사편찬위원회, 1982, 41쪽.
2) 국사편찬위원회, 『북한관계사료집』 제7권, 국사편찬위원회, 1989, 341쪽.
3) 백학순(1998)은 『조선해방년보, 1946』(175쪽)에 근거하여 북한 최초 농민조직의 명칭을 북조선농민연맹이라고 말한다(백학순, 141쪽). 그러나 『위대한 수령 김일성동지의 불멸의 혁명업적 10: 주체형의 혁명적근로단체건설』(1998)에는 북조선농민조합련맹으로 기술되어 있는데, 이것은 훗날의 임의적 서술이라고 판단된다.

모 개인농 중심 혹은 협동적 토지사유제를 바탕으로 하였으며 농민들의 이익을 대변하고 옹호하는 이익단체로 스스로를 규정하였다. 창립 당시의 강령이나 1948년에 수정되고 1949년에 재차 수정된 강령에서도 북조선농민동맹이 당의 '방조자'라거나 당과 농민대중을 연결하는 '인전대'라고 표현한 대목은 찾아볼 수 없다. 이 북조선농민동맹이 1965년에 발전적으로 해체되고 조선농업근로자동맹이 만들어졌을 때 비로소 그 규약에 조선농업근로자동맹이 당의 '방조자'이며 당과 대중을 연결하는 '인전대'라고 명시되었던 것이다.

그러나 훗날 저술된 『위대한 수령 김일성동지의 불멸의 혁명업적 10: 주체형의 혁명적근로단체건설』[4]에서는 북조선농민련맹이 창립 초기부터 당과 농민대중을 연결하는 '인전대'이었던 것처럼 서술하고 있다. 이러한 서술상의 차이를 어떻게 해석해야 할 것인가? 이러한 이중적 서술 형태는 1965년 이전의 북조선농민동맹이 농민들의 이익단체로서만 활동하고 북조선공산당 혹은 조선로동당의 외곽단체로는 활동하지 않았던 것을 의미하는가? 아니면 북조선농민동맹의 창립을 주도한 공산주의자들이 이 조직을 실질적으로는 당의 외곽단체, 즉 당과 농민대중을 연결하는 '인전대'로 활용하였으나, 당시의 시대상황적 배경을 고려하여 전략적으로 이런 표현의 사용을 자제하였던 것인가?

만약 북조선농민동맹이 처음부터 당의 외곽단체로 기능하였을 경우, 이것을 1965년에 해체하고 조선농업근로자동맹을 새롭게 만든 이유는 무엇인가? 조선농업근로자동맹은 그것의 전신인 북조선농민동맹과 기능적인 측면에서 어떤 공통점과 차이점을 보여주는가?

북한의 근로단체에 대한 일반적인 규정(1960년대 이후)을 개별 근로단체의 성격 묘사, 특히 북한체제 초기 형성과정의 근로단체에 대한 성격 묘사에 그대로 적용하는 것은 농민조직의 경우 다소 부적절하게 보인다.

---

4) 조선로동당출판사, 『위대한 수령 김일성동지의 불멸의 혁명업적 10: 주체형의 혁명적근로단체건설』, 평양: 조선로동당출판사, 1998.

훗날에 정의된 근로단체에 관한 규약(규정)이 전날의 현실을 반영하지 못하는 부분들이 있기 때문이다. 그럼에도 북한연구를 하는 과정에서 근로단체에 대하여 훗날 서술된 일반적인 규정을 전날의 현실분석에 기계적으로 적용하는 예가 적지 않은데, 본 연구는 이런 문제점을 극복하는 데 다소나마 기여할 것이다.

조선농업근로자동맹에 대한 국내의 연구는 지극히 부족한 실정이다. 백학순의 "조선농업근로자동맹 연구"[5])가 거의 유일한 것이다. 하지만 남북교류·협력이 늘어나고—비록 우여곡절을 겪더라도— 북한의 식량난 해소를 위한 남북한농민단체의 접촉이 증가할 것으로 예상되는 상황에서 남한 농민단체의 파트너인 북한의 조선농업근로자동맹을 제대로 알아야 할 필요성이 제기된다. 그래야 교류·협력의 효과를 보다 증대할 수 있기 때문이다. 이와 관련하여 본 연구는 학문적으로 작은 기여를 할 수 있을 것이다.

북한의 농민조직을 체계적으로 분석할 수 있기 위해서는 농근맹의 기관지 ≪농업근로자≫나 기관잡지 ≪농근맹생활≫을 검토하는 것이 필수적이지만, 현재까지 이 자료들을 전혀 확보할 수 없는 형편이다. 때문에 『김일성저작집』과 『김일성저작선집』, 그리고 김정일의 『주체혁명위업의 완성을 위하여』 및 ≪로동신문≫과 『북한관계사료집』 등의 1차 자료를 분석하더라도 심층적인 연구를 하기 어려운 한계가 존재한다.

연구내용의 구성과 관련해서 우선 2절에서 옛 동독 공산당의 지도부가 농민조직의 건설에 대하여 어떤 구상을 갖고 있었는지를 간략히 살펴보고, 이어서 북한 지도부가 조선로동당과 북조선농민동맹 및 조선농업근로자동맹과의 관계를 어떻게 설정하였고, 농민조직의 성격과 위상을 어떻게 규정했는지를 분석하고자 한다. 동독과 북한 농민조직의 형성과정을 비교하는 가운데 북한 농민조직의 성격과 위상을 좀더 명확하게 파

---

5) 백학순, 「조선농업근로자동맹 연구」, 이종석(편), 『북한의 근로단체 연구』, 세종연구소, 1998.

악할 수 있을 것이다.

3절에서는 북조선농민동맹과 조선농업근로자동맹의 형성 및 변화과정을 역사적으로 고찰할 것이다. 제절에서는 조선농업근로자동맹의 전체조직과 개별조직 및 중앙조직과 산하조직의 관계를 분석하면서 조선농업근로자동맹이 어떻게 조직되어 왔는지를 살펴볼 것이다. 5절에서는 조선농업근로자동맹의 창립 이전과 이후에 농민조직의 기능이 어떤 측면에서 변화하고, 또 어떤 측면에서 지속성을 띠었는지를 밝혀볼 것이다. 마지막으로 결론인 제7절에서는 논문 전체를 요약하고, 그동안의 연구과정에서 밝히지 못한 점, 즉 향후 조선농업근로자동맹 관련 자료가 확보되는 대로 어떤 연구가 진행되어야 하는지를 간략히 짚어보고자 한다.

이렇게 목차의 순서를 잡은 것은, 우선 2절에서 북한농민조직의 성격과 위상을 추상수준에서 개괄적으로 살핀 다음, 3절에서 역사적인 고찰을 통해 농민조직 변화과정의 흐름을 거시적인 측면에서 개괄하고, 이어서 4절과 5절에서 미시적인 측면에서 직업동맹의 조직과 기능이 어떻게 변화해왔는지를 분석하는 것이 단계적으로 연구를 세부화·구체화시켜나가는 수순이라고 보기 때문이다.

2. 조선농업근로자동맹의 성격과 위상

1) 옛 동독 농민조직의 성격과 위상: 형성과정을 중심으로

제2차세계대전 중 소련에 망명해 있던 독일의 공산당(KPD) 지도부는 전쟁이 끝나면 소련군 점령지역에서 농민들을 동맹세력으로 만들 필요가 있다고 생각했다. 노동자계급 외에 수적으로 가장 강력한 계급인 농민들을 지지세력으로 만들면 공산당의 권력기반이 강화될 것으로 생각했기 때문이다. 그러나 나치가 지배했던 기간 농민들이 사회주의를 부정적으로 인식하도록 교육받았기 때문에, 전후 복구과정의 초기단계에서 공산당과 농민계급의 동맹관계를 만드는 것이 현실적으로 어렵다고 보았다. 레닌의 이론에서는 빈농과 중농을 노동계급의 동맹세력이라고 주장했지만, 제2차세계대전 중 소련에 망명해 있던 독일 공산당의 지도부는 독일의 농민들이 오랜 세월 동안 융커의 지배하에 보수적인 생각과 개인적인 성향을 가져왔으며 또한 자기 소유에 집착해왔기 때문에 우선 반파쇼-민주주의 통일전선의 단계를 거치면서 점진적으로 농민들을 지지세력으로 만들어가는 것이 필요하다고 보았던 것이다.[6]

그렇다고 해서 독일 공산당 지도부가 사회주의체제를 건설하겠다는 원래의 목표를 포기한 것은 결코 아니었다. 코민테른이 1935년 이후 주장했던 것처럼[7] 파시즘의 위협이 워낙 강력하여 전략적인 측면에서 볼 때 우선 파시즘과 투쟁한 다음 (시민)민주주의 단계를 거치고 점진적으로 대중들을 지지세력으로 만들면서 사회주의체제를 건설하는 것이 현실적인 대안이라고 생각했을 뿐이었다.[8] 반파쇼-민주주의 통일전선 구축은 사회주의건설로 가는 중간단계에 불과했던 것이다. 그리고 파시즘체제를 무너뜨린 후 파시즘과 군국주의의 잔재를 해소하면서 민주주의를 실현하는 반파쇼-민주주의 단계에서 개별 계급 내지 계층들을 지지세력으로 만들기 위하여 공산당과 대중 사이에서 '인전대' 역할을 하는 다양한 조

---

6) Kurek, Wolfgang, "Die VdgB in der bündnis-und agrapolitischen Konzeption der SED(1945 bis 1952)," *Entstehung und Konsolidierung des Verbandes als Konsequenz der SED-Politik*, Berlin: Inaugural-Dissertation am Fachbereich Politische Wissenschaft der Freien Universität Berlin, 1995, pp.56-57.

7) Erler, Peter and Laude, Horst and Wilke, Manfred(hg.), *"Nach Hitler kommen wir," Dokumente zur Programmatik der Moskauer KPD-Führung 1944-1945 für Nachkriegsdeutschland*, Berlin, 1994, p.24, p.28, p.40, p.61.

8) Staritz, Dietrich, *Sozialismus in einem halben Lande: Zur Programmatik und Politik der KPD/SED in der Phase der antifaschistisch-demokratischen Umwälzung in der DDR*, Berlin, 1976, pp.42-57. 참고할 책으로는 Hümmler, Heinz, *Bündnispolitik*, Berlin(Ost), 1978, pp.17-20.

직들이 필요하다고 보았다.[9)]

즉 전략적인 측면에서 우선은 광범한 계급 및 계층과 통일전선을 구축하여 반파쇼-민주주의 운동을 전개하는 것이 필요하다고 생각하였는데, 그렇기 때문에 마르크스-레닌주의적 입장을 당분간 노골적으로 드러내지 않으면서 인전대 역할을 하는 공산당의 외곽단체로 대중들을 포섭하려고 했던 것이다. 특히 공개적인 말이나 글에서 공산당 지도부는 반파쇼-민주주의 통일전선이 사회주의혁명을 이루기 위한 전 단계이자 과도기라는 표현을 일절 삼가고, 공산주의자가 아닌 광범한 대중을 자극하지 않으려 했다.[10)]

그래서 전쟁이 끝나면 독일에서 반파쇼-민주주의 통일전선 운동을 전개하면서 토지개혁을 실시하여 대지주의 토지를 몰수하고 빈농들에게 분배하며 이들의 호응을 받고자 계획했다. 이 외에도 농민들을 다양한 방법으로 지원하는 정책을 실시하여 이들의 호응을 얻으려 했는데, 이를 위하여 우선 이러한 농업정책, 예컨대 토지개혁 등의 정책을 농민들에게 선전하며 광범위한 대중운동 혹은 반파쇼-민주주의 운동을 전개하고, 또한 점진적으로 사회주의에 대한 선전과 교육을 실시하는 등 두 가지의 기능을 동시에 수행하는 농민조직이 필요하다고 보았다. 즉 공산당과 농민대중을 연결하는 인전대로서의 농민조직이 필요하다고 본 것인데, 이런 것은 코민테른의 통일전선으로부터 영향을 받은 것이다.[11)]

---

9) Wilhelmus, Wolfgang, Zur Kontinuität der Bündnispolitik der KPD/SED 1945-1949, p.381; Badstübner, Rolf. Probleme der Bündnispolitik, p.116.

10) Staritz, Dietrich, *Sozialismus in einem halben Lande: Zur Programmatik und Politik der KPD/SED in der Phase der antifaschistisch-demokratischen Umwälzung in der DDR*, Berlin, 1976, p.18, p.56; derselbe, *Die Gründung der DDR. Von der sowjetischen Besatzungsherrschaft zum sozialistischen Staat*, München, 1988, p.69, p.77.

11) Staritz, Dietrich, *Die Gründung der DDR, Von der sowjetischen Besatzungsherrschaft zum sozialistischen Staat*, München, 1988; Kurek, Wolfgang, *Die VdgB in der bündnis-und agrapolitischen Konzeption der SED(1945 bis 1952)*, Entstehung und Konsolidierung des Verbandes als Konsequenz der SED-Politik, 1995, p.50, p.56, pp.58-59.

그 외에도 대지주로부터 토지를 비롯한 농기구 등의 소유물들을 몰수하면, 이것들을 관리하고 전후 생산수단 부족으로 허덕이는 농민들에게 대여해주는 기관 혹은 조직이 필요하다고 생각했다. 또한 전쟁 후 황폐화된 농촌에서 농민들이 서로 돕지 않고서는 산적한 문제를 해결해나갈 수 없었지만, 개인주의적 성향이 강한 농민들 스스로 서로 돕는다는 것이 어려웠기 때문에도 서로 돕는 분위기를 선도해나갈 수 있는 조직이 필요했다.

공산당원들은 농민조직을 결국 공산당의 지지세력으로 만들기 위해서 농민조직에 공산당원들이 침투해 들어가야 한다는 생각을 했고, 이를 위해서 반파쇼운동을 철저하게 관철했던 사람들이 농민조직의 주요한 직책을 차지해야 한다고 주장했다. 스스로가 반파쇼운동을 가장 철저하게 실천해왔다고 생각했기 때문이다.

전후 독일 공산당 지도부는 망명시 계획했던 것을 소련에 의해 점령된 동부독일 지역에서 점진적으로 실행하였다. 공산당은 광범한 대중의 지지를 받기 위하여 이들이 이해할 만한 보편적인 정책을 제시하였다. 예컨대 나치의 잔재를 철저히 청산하는 정책과 전후 시민들의 굶주림, 고통 및 결핍을 해소하기 위하여 신속히 경제발전을 이룩하려는 정책을 제시하였다. 그리고 개별 계급과 계층의 지지를 받기 위해서 그들의 이익을 대변하는 정책을 제시하였는데, 농민들의 지지를 받기 위해서 농업과 산림업을 담당하는 부처를(Deutsche Verwaltung für Land-und Forstwirtschaft, 이하 DVLF) 통하여 가축사료와 농기구 등을 지원하는 등 여러 종류의 혜택을 주고자 시도하였다. 이렇게 하면서 반파쇼-민주주의 통일전선을 구축하려 했고, 실제로 1945년 7월 14일에 동부독일 지역에서 통일전선의 중앙협의체와 각 지역별 위원회를 구성하였다.[12] 동시에 노동조합과

---

12) Kurek, Wolfgang, *Die VdgB in der bündnis-und agrapolitischen Konzeption der SED(1945 bis 1952)*, Entstehung und Konsolidierung des Verbandes als Konsequenz der SED-Politik, 1995, pp.72-74.

청년동맹, 농민동맹, 그리고 여성동맹 등의 대중조직을 조직하였다.

1945년 8월 16일 독일 공산당 중앙위원회는 농촌에서 지역별로 상호협조를 실현할 수 있는 위원회를 선출하기 위하여 빈농들의 집회를 개최할 것을 결정하였다. 이 농민상호협조위원회는 토지개혁을 준비하고 몰수된 대지주의 농기구들을 모아서 농민들에게 대여해줄 수 있도록 농기구대여기구(Maschinenausleihstellen)로서의 역할을 해야 했다. 공산당은 이 위원회가 조속히 만들어질 것을 농업 및 산림업 담당 부처(DVLF)에게 요구했고, 1945년 10월 20일을 전후해서 주(州)정부는 이 위원회를 만들라는 지시를 내렸다. 이와 함께 동부독일지역에서 농민동맹의 조직건설을 위한 기초작업이 이루어졌다. 1946년 5월에는 소련의 점령하에 있던 동부독일의 지역별 위원회들을 총괄해서 관리할 수 있는 중앙조직의 건설이 결정되었고, 이 중앙조직에는 각 주 위원회당 2명씩 참여할 수 있었다.

농민조직에서 공산당이 주도적인 역할을 했던 것은 한 예로 튀링엔주(州) 농민조직에서 정치적 성향과 관련하여 구성원들이 차지했던 비율을 비교하면 잘 드러난다. 1946년 가을에 위원회 구성원들의 정치적 성향을 비교하면 63.7%가 아무 정당에도 속하지 않았으며, 공상당(KPD)원은 21.9%로서 13%를 차지했던 사민당(SPD)원과 1.5%만을 차지했던 기민당(CDU)및 자민당(LDPD)과 비교하여 압도적 우위를 차지했었다. 농민조직에 공산당원을 침투시켜 주도권을 장악하려고 했던 계획이 성공했던 것인데, 농민조직 중앙위원회는 조직건설 이후 지속적으로 공산당 지도부와 긴밀한 관계를 유지하였다.[13)]

---

13) Kurek, Wolfgang, *Die VdgB in der bündnis-und agrapolitischen Konzeption der SED(1945 bis 1952), Entstehung und Konsolidierung des Verbandes als Konsequenz der SED-Politik*, 1995, pp.80-82.

2) 조선농업근로자동맹의 성격과 위상

규약을 통해서 북조선농민동맹과 조선농업근로자동맹의 성격과 위상을 살펴보면 다음과 같다.[14] 1946년의 창립대회에서 채택된 강령에 나타난 북조선농민련맹의 목적은 "정치적, 경제적, 문화적 융성과 농민들에 경제생활과 물질상태를 향상하기 위하여 농민들을 단결"시키는 것이었다. 이 북조선농민련맹의 과제에는 ① 농민을 단결시키며 민주주의적 자주조선국가를 건설하는 것, ② 토지사용권을 신속히 해결하며 농촌에서 봉건적 착취관계를 해소하는 것, ③ 사회·정치·경제 문제에 대하여 농민들에게 군중교양사업과 해석사업을 실시하고 농촌에 초등학교를 설치하며 군중독서실 등 문화기관을 설치할 것, ④ 농촌경리를 향상시키기 위하여 임시인민위원회을 적극 도우며 병원시설 등을 확충하고 농업노동자와 고용청년의 임금문제 등을 개선할 것, ⑤ 일본제국주의의 잔재를 청산하고 노동자와 농민의 동맹을 견고하게 구축할 것 등이 포함되었다.

1948년 9월에 개정된 강령도 북조선농민동맹이 "농민들의 정치적 경제적 문화적 발전과 향상을 위하여 농민들을 단결시킴을 목적으로 삼으며 농민의 일절이익을 위하여 투쟁한다"는 것을 기본노선으로 표방하였는데, 이러한 점은 1946년 창립대회에서 채택된 강령과 공통된다. 보충된 사항이 있다면 농촌에 소비조합을 설립하고 농촌과 도시의 관계를 개선시킬 것과 농촌에서의 일반 계몽사업 이외에도 이동가극단이나 진보적 영화 등으로 '신문화적 교육'을 적극적으로 추진하며 농촌문화의 발전을 향상시킬 것 등이다.

1949년 3월 8일 개정된 북조선농민동맹의 강령 또한 북조선농민동맹이 "광범한 근로농민을 자기대열에 집결하고 그들의 이익을 대표하며 옹호하는 대중적 단체"라고 표현한 점에서 기본적으로는 이전의 강령과 맥

---

14) 1946년 창립대회에서 채택된 강령과 1948년 9월에 개정된 강령, 그리고 1949년 3월 8일 재차 개정된 강령은 백학순, 앞의 글, 1998, 191-193쪽에서 인용하였다.

을 같이하되 다음과 같은 사항들이 강조되거나 추가되었다. ① 조국을 재식민지화하려는 제국주의 침략세력에 대항하여 투쟁하고 조국의 민주주의독립과 통일을 달성한다. ② 북조선에서 실시한 제반 민주개혁 특히 토지개혁의 성과를 더욱 공고히 발전시키며 이를 조선 전체에 실시하기 위하여 투쟁한다. ③ 노동계급과의 동맹을 더욱 견고히 하며 민주주의민족통일전선을 강화한다. ④ 인민의 소유로 된 국가 및 사회재산을 애호하는 정신으로 동맹원들을 교양한다. ⑤ 조선민주주의인민공화국의 자립경제토대를 더욱 튼튼히 구축한다. ⑥ 전반적 초등의무교육제의 실현을 위해 노력한다.

북조선농민동맹의 발전적 해체와 동시에 1965년 3월 25일부터 27일까지 개최된 대회에서 창립된 조선농업근로자동맹은 동 대회에서 채택된 규약을 통해 처음으로 조선농업근로자동맹이 조선로동당의 '방조자'이며 '인전대'라는 표현을 사용하였다. 그리고 다음과 같은 내용을 강조하였다. ① 사회주의의 농촌건설을 촉진하고, 사회주의의 완전한 승리를 보장하며 전국적 범위에서 반제·반봉건적 민주주의 혁명과업을 실현한다. ② 조선농업근로자동맹은 "주체를 세우며 수정주의와 교조주의를 반대하고 맑스-레닌주의의 순결성을 고수하기 위하여 투쟁한다". ③ "우리 나라 사회주의 농촌문제에 관한 테제"의 실천자로서 농촌에서 사상혁명과 기술혁명 및 문화혁명을 적극 추진하고 도시와 농촌 간의 차이, 노동계급과 농민 간의 계급적 차이를 점차 없애기 위하여 투쟁한다.[15)]

이상의 강령과 규약을 비교하면 1946년 및 1948년과 1949년의 규약에 북조선농민련맹 혹은 북조선농민동맹이 농민의 이익을 대표하거나 옹호한다는 표현이 있었던 반면에 1965년의 규약에는 이런 표현이 없고, 대신 조선농업근로자동맹이 당의 외곽단체로서 인전대로 기능한다는 측면이 부각되고 있을 뿐임을 발견하게 된다.

그렇다고 해서 북조선농민동맹이 해체되기 전 농민의 이익단체로만

15) "조선농업근로자동맹 규약", ≪로동신문≫ 1965년 3월 27일자.

활동하다가, 조선농업근로자동맹이 새로 만들어지면서 당의 외곽단체로만 기능하며 농민조직의 성격과 위상이 근본적으로 바뀐 것을 의미하지는 않는다. 1965년 이전의 북조선농민동맹이 농민들의 생활수준을 향상시키는 등 농민들의 이익을 대변하는 단체인 것처럼 활동한 측면이 있지만, 이것은 어디까지나 전략적인 고려에서 비롯된 것이기 때문이다. 북조선농민동맹의 지도부와 창립 주도세력인 공산주의자들은 근본적으로 사회주의사회건설이라는 궁극적인 목표를 위해 이 농민조직을 활용한다는 의도를 갖고 있었지만, 시대상황적 분위기에 따라 부합하는 활동을 했을 뿐이었다.

다시 말해서 농민들의 이익을 대변하는 단체로서보다는 오히려 보이지 않게 당의 '방조자'로서 기능한 측면이 많았지만 공산당에 대한 지지가 취약했던 당시의 여건이나 이에 기초한 혁명전략 때문에 동독의 농민조직이 형성될 때처럼 '인전대'적 성격 혹은 당의 '방조자'적 성격을 전면에 내세우지 않았던 것이다. 그리고 북한의 공산당 지도부도 동독의 공산당 지도부와 마찬가지로 '통일전선'을 추구하였기 때문에 가급적 농민조직과 같은 단체들을 자기들이 주도해서 만들고, 또 운영해나가되 농민조직의 성격을 급진적인 것으로 보이지 않게 하려 했던 것이다. 개인의 토지소유를 인정하는 대신 협동화를 추진하는 것은 분명 사회주의혁명을 수행하기 위한 중요한 과제였지만, 해방 후 자기 땅에서 농사짓는 것이 평생소원이었던 농민들을 지지자로 확보하기 위해서 당시에 농업협동화의 시도를 하지 않고 개인농민경리를 실현하는 토지개혁을 실시했던 것이다.[16)]

북조선농민련맹이 창립되었을 때부터 최소한[17)] 1961년까지 중앙위원회 위원장에 북조선로동당(훗날; 조선로동당)의 중앙위원이며 김일성의 측

16) 김일성, 「우리 나라에서의 농촌문제해결의 몇가지 경험에 대하여」(국가, 경제기관 일군들과 한 담화, 1978년 7월 28일), 『김일성저작집』 제33권, 평양: 조선로동당출판사, 1987, 352-353쪽.

17) 이런 설명은 1961년에 출간된 김창순의 저작 『북한십오년사』에 기초한다.

근인 강진건(姜鎭乾)이 있었고, 부위원장 자리 역시 공산주의자인 현칠종이 차지했던 것을 보면 북조선농민련맹이 창립 초기부터 당의 지도를 받았음을 미루어 짐작할 수 있다.[18] 1946년 7월 22일에 북한의 모든 정당과 사회단체를 총괄하는 북조선민주주의민족통일전선 중앙위원회가 창립되었고 각 사회단체의 정책과 활동이 조선공산당 북조선분국 혹은 북조선공산당의 지도하에 조정되었으며 공산당원들이 사회단체의 장을 맡았던 것도 북조선농민동맹이 처음부터 북조선로동당에 의하여 조종되었음을 말해준다.[19] 북조선로동당 지도부는 북조선농민동맹을 사회주의건설 방식에 맞는 형태로 운영하고 싶었지만, 당장 식량증산을 해내기 위해서 집단주의가 아닌 다른 방식, 예컨대 개인농을 만들어 개별농가의 식량증산 의욕을 북돋는 작업이 필요했다. 그리고 계급의식이 낙후한 농민들을 점차 지지기반으로 확보하기 위해서 우선은 그들의 이익을 구현하는 단체인 것처럼 보일 필요도 있었다.

1946년 12월 12일 제14차 북조선농민동맹 중앙상무위원회는 북조선임시인민위원회 제3차 확대위원회에서 김일성위원장이 행한 「북조선 민주선거 총결과 인민위원회의 당면과제에 대한 보고」를 접수하고 북조선임시인민위원회에서 발표한 제 법령을 충실히 이행하기 위하여 노력할 것을 결의하였다. 그리고 김일성의 '호소'에 따라 건국사상동원운동에 적극 참가하기 위하여 각급 농민위원회에서 12월 중 11시간 연구·토론하며 1월 15일까지 각 부락마다 학습회를 조직하여 전체 맹원들에게 선전할 것을 결정하였다.[20] 이것은 농민동맹이 당의 외곽단체로 활동했음을 보여주는 구체적인 사례라고 하겠다.

---

18) 김창순, 『북한십오년사』, 1961, 169쪽.

19) 백학순, 앞의 글, 1998, 142쪽; 북조선민주주의민족통일전선의 규칙과 과업은 최영의, 『조국의 독립과 발전을 위한 북조선민주주의민족통일전선의 업적』, 15-17쪽 참조.

20) 「자료 58-건국사상동원운동에 관한 북조선농민총동맹 제14차 중앙상무위원회 결성서」, 『북한관계사료집』 제34권, 국사편찬위원회, 2000, 275-278쪽.

백학순도 농민조직이 "당과 국가가 추구하는 전반적인 목표들을 추구하도록 되어 있던 바, 시간이 흐르면서 당과 국가의 목표가 변함에 따라 농민조직들의 목표도 변해 왔"다고 말한다.[21] 그리고 "북조선 임시인민위원회가 창립된 1946년 2월부터는 사회단체들이 공산당과 정권기관의 통제하에 들어가게 되어 당과 국가의 지시와 정책을 충실히 따르고 시행하며, 당과 국가에게 필요한 자원을 공급하는 역할을 하게 되었다"고 말한다.[22] 즉 농민조직이었던 북조선농민련맹 혹은 북조선농민동맹이 농민들의 이익단체로서만 활동하지 않았다는 것이다.

북조선로동당 중앙상무위원회 제21차 회의 결정서(1947년 1월 18일)는 농민동맹이 토지개혁 등의 사업을 추진하는 가운데 양적으로 발전하였으나, 질적인 발전을 병행시키지 못하고 정치적 교양사업의 측면에서 미흡했다는 점을 보여준다. 그 원인으로는 농민동맹 내에서 활동하는 공산당원들이 당의 정책을 제대로 실천하지 못하고 각급 당단체들이 농민동맹을 정확하게 지도하지 못했던 점을 거론한다. 이것 또한 북조선농민동맹이 당의 외곽단체로 만들어졌다는 사실을 보여주는 것이다.[23]

1949년 9월 19일 채택된 조선로동당 중앙조직위원회 제6차 회의 결정서에서 북조선농민동맹 중앙위원회 당조는 아래의 인용문에서 보이는 것처럼 농민동맹이 농민을 조직적으로 지도하지 못하고, 당과 정부의 정책을 농민들에게 전달하는 데 있어 제구실을 못했다고 비판했다. 이것 또한 농민동맹이 당의 외곽단체로서 활동을 해야 했음을 명백하게 보여주는 대목이다.

---

21) 백학순, 앞의 글, 1998, 131쪽.

22) 백학순, 앞의 글, 1998, 142-143쪽; 백학순은 '해방 후의 평화적 건설기(1947-1950년)' 동안 북조선농민동맹이 "해방 후의 경제복구와 국가형성에 대해 당과 국가의 정책을 충실히 시행하면서 당과 정권기관을 정당화시키고 농업부문에서 더 많은 자원을 생산하고 더 많은 자원을 추출하여 국가에게 넘기는 역할을 하"였다고 말한다(백학순, 앞의 글, 1998, 144쪽).

23) 「자료 63-농민동맹 사업보고에 대하여」, 『북한관계사료집』 제30권, 국사편찬위원회, 1998, 113쪽.

> 농민동맹 중앙위원회는 각급 농맹단체들을 조직적으로 지도하며 농민들 속에서 당과 국가의 정책에 대한 해석사업과 농촌에서의 봉건적 유습과 일제 잔재를 청산하며 국내반동과 그 앞자비 토지 몰수당한 지주들과 투쟁을 전개하는 사업이 아주 미약하였다.[24)]

즉 북조선농민동맹이나 조선농업근로자동맹 모두 당의 외곽단체로서 당의 주위에 농민대중을 결집시키며 당과 농민대중을 연결하는 '인전대'로 기능해왔다는 점에서 그 성격과 위상과 관련하여 지속성의 측면을 발견할 수 있다. 하지만 시대상황의 변화에 맞게 기존의 조직을 해체하고 새로운 조직을 건설하여 보다 직접적으로 사회주의건설을 위한 역군으로 활동했다는 점에서 변화의 측면도 보게 된다.

3. 조선농업근로자동맹의 형성 및 변천 과정

1) 소련군정과 조선민주주의인민공화국 건설시기의 북조선농민동맹

북한의 농민조직은 처음에 조선농민조합 북조선농민련맹이라는 이름으로 창립되었다. 그러나 이것을 줄여서 통상 북조선농민련맹으로 칭하였다.『위대한 수령 김일성동지의 불멸의 혁명업적 10, 주체형의 혁명적 근로단체건설』에 의하면 해방 이후 각 지방마다 '농민조합', '농민위원회'와 '농민회' 등 상이한 명칭을 가진 농민조직들이 제각기 산만하게 활동하였다고 한다. 그리고 종파분자들이 농민단체들을 자기 파의 세력 확장을 위해 접수하려고 노력하다 보니 농민운동이 통일되지 못한 채 분열되었다고 한다. 이런 상황에서 문제를 해결하기 위하여 김일성이 1945

---

24)「자료 25-북조선농민동맹 당조사업에 대하여: 조선로동당 중앙조직위원회 제6차 회의 결정서 1949년 9월 19일」,『북한관계사료집』 제29권, 국사편찬위원회, 1998, 337쪽.

년 10월 행정구역단위로 농민조합련맹결성준비위원회를 조직하고 이 준비위원회를 통해 농민조직들을 개편·정비하도록 하였다고 한다. 그리하여 1945년 말 북한의 모든 지역에서 '농민조합련맹'이 결성되고 중앙조직을 만들 수 있는 조직적 토대가 마련되었다고 한다. 그러나 농민조직의 중앙기관을 만드는 문제가 대두되자 "종파분자, 지방할거주의자들은 ≪서울중앙≫이요, ≪전국적인 농민조직≫이요 하면서 북반부에 농민조합의 중앙기관을 창설하는 것을 집요하게 반대"하였다고 한다. 하지만 김일성은 '북조선농민조합련맹결성준비위원회'를 만들고 중앙조직결성사업을 추진했으며, 그 결과 1946년 1월 31일 북조선농민조합련맹결성대회에서 '북조선농민조합련맹'을 창립했다고 한다.[25)]

그러나 『위대한 수령 김일성동지의 불멸의 혁명업적 10: 주체형의 혁명적근로단체건설』에서 주장되고 있는 것과는 달리 필자는 「북조선농민련맹대회 결정서」에 의거하여 북한 최초의 농민조직의 명칭으로 북조선농민조합련맹이 아니라 북조선농민련맹이 맞다고 생각한다. 북조선농민련맹은 1946년 2월 28일부터 3월 3일까지 북조선 농민대회를 개최하고 "토지는 밭가리하는 농민에게로"라는 구호 아래 토지요구의 진정서를 인민정권에 제출하였다. 그리고 토지개혁에 관한 법령이 공표되기 불과 이틀 전인 1946년 3월 3일 북조선임시인민위원회에 몇 가지 사항을 요구하였다. 그것들을 정리하면 다음과 같다. 첫째, 해방 이전 일본인과 일본통치기관 및 친일매국노에게 속했던 전체 토지를 몰수할 것. 둘째, 조선지주에게 속한 토지와 사원 및 종교단체에 속한 토지도 몰수할 것. 셋

25) 조선로동당출판사, 『위대한 수령 김일성동지의 불멸의 혁명업적 10: 주체형의 혁명적근로단체건설』, 1998, 170-180쪽. 백학순은 북조선농민련맹의 창립 과정에 대하여 다음과 같이 말하고 있다. "농맹에 관해서만 보더라도 박헌영은 이미 1945년 12월 8일, 서울에서 전국농민조합총연맹(이하 전농) 제1차회의를 개최하고 28개항의 행동강령을 채택했던 것이다. 서울에 있는 민전 사무국이 편찬한 『조선해방년보, 1946』에 따르면, 전농결성대회에서 북한 5도에는 '전농 북조선농민동맹'을 두기로 결정하였고, 이에 따라 1946년 1월 31일, 평안남도 인민위원회 회의실에서 북(조)선5도 대의원 84명이 모여서 결성회의를 하였다"(백학순, 앞의 글, 141쪽).

째, 위와 같이 몰수한 토지를 무상으로 농민들에게 넘겨줄 것. 넷째, 이전에 농민들이 지주들에게 진 부채를 없었던 것으로 할 것 등.[26] 또한 3월 6일에는 이미 하루 전에 공표된 「토지개혁의 법령」에 대하여 지지 성명서를 다른 사회단체 및 정당들과 공동으로 내면서 농민들에게 토지개혁의 혜택이 얼마나 큰지를 알려주는 군중문화사업을 개최하였으며, 식량문제를 해결하는 농업현물세법령의 실시에 큰 역할을 하였다.

그러다가 1946년 7월 21일 제3차 북조선농민대표자대회에서 북조선농민련맹을 북조선농민동맹으로 개칭하였는데, 농민동맹은 북조선의 선거과정에서도 큰 역할을 하였다. 1946년 11월 3일의 선거 당시만 하더라도 농민들은 선거선전위원회 위원수 80,470명 중에서 57%를 차지하였고, 당선된 인민위원 총수 3,459명 중에서 36.4%인 1,200여 명이 농민이었을 정도였다.[27] 뿐만 아니라 북조선농민동맹은 1947년 3월 14일 인민위원회의 농산계획을 100% 완수하기 위하여 중앙확대집행위원회를 소집하고 ① 경지면적확장 수리시설정비문제와 ② 비료문제, ③ 노력조직 및 축력조직, ④ 종자문제, ⑤ 농구문제, ⑥ 식량문제, 그리고 ⑦ 모자리관리 파종 중경 제초 해충구제문제 등에 대한 결정을 맹원들에게 발표하고 실천에 옮기도록 하였다.[28]

1946년 12월 12일의 제14차 북조선 농민동맹중앙상무위원회 결정서를 보면 북조선농민동맹이 북조선임시인민위원회의 결정을 충실히 이행하기 위하여 노력하며 각급 인민위원회 내에 잔존하던 관료주의적·형식주의적 경향을 타파하려고 했음을 알 수 있다. 그리고 '민주건설'을 방해하는 밀주양조자, 도살자를 단속하며 미신등의 행위를 타파하고 민주선거사업과 농업현물세납부사업을 통하여 불성실한 맹원들을 축출하는 동

26) 국사편찬위원회, 『북한관계사료집』 제7권, 국사편찬위원회, 1989, 341쪽.
27) ≪旬刊北朝鮮通信≫ 1947년 11월 상순호, 11호; 『북한관계사료집』 제27권, 국사편찬위원회, 1997, 223쪽.
28) 강진건, 「1947년도 농업증산과 농민동맹」, 『북한관계사료집』 제8권, 국사편찬위원회, 1992, 314쪽.

시에 열성적인 맹원들을 간부로 등용할 것을 결정하였다. 또한 농업생산물은 반드시 소비조합에 팔며 농민은행주권을 보다 많이 구매할 것을 독려하였다. 농민동맹 경비를 충당한다는 명목하에 농민동맹 명의로 상업행위 하는 것을 금지하고 꼭 이런 상업행위가 필요할 경우에는 별개의 기업소를 가질 것을 촉구하였다.[29)]

북조선로동당 중앙상무위원회는 1947년 1월 28일 제21차 회의에서 농민동맹사업의 문제점을 지적하였는데, 그것들을 정리하면 다음과 같다. 첫째, 토지개혁 사업의 결과 토지를 무상으로 제공받은 농민들의 계급적 각성 효과가 부족하고, 농민동맹 조직 내에 부농이 약 9%나 되며 심지어는 간부 중에도 지주성분이 포함되어 있다는 점, 그리고 면 이하의 농민동맹 조직이 서류상으로는 있지만 사실상 없는 것이나 마찬가지라는 점, 때문에 북조선농민동맹 중앙위원회의 결정과 지시가 겨우 군이나 면동맹까지 전달되고 그 아래의 하부조직이 없어 농민기층에 제대로 전달되지 못한다는 점 등을 지적하였다. 둘째, 농민동맹 내에서 활동하는 로동당원들이 동맹의 기본과업인 농민경리 개선과 농민의 계급의식 고양을 제대로 실천하지 못하고 있다는 점을 비판하였다. 셋째, 농민동맹 단체 내의 당세포들이 농민동맹의 사업을 제대로 돕지 못하고, 형식적인 교양사업만 하고 있으며 북조선농민동맹 중앙위원회 당세포가 당중앙상무위원회의 결정과 지시를 구체적으로 집행할 방침들을 제시하지 못하고 있다는 점도 거론하였다.[30)]

이와 같은 문제점들을 개선하기 위하여 북조선로동당 중앙상무위원회는 다음과 같은 결정을 내렸다. 첫째, 농민들을 단결시키며 그들의 정치적·경제적·문화적 발전을 위하여 노력하고, 농민들을 북조선임시인민위원회의 주위에 결집시키는 등 농민동맹의 기본임무를 완수한다. 농민동맹이 이러한 사업을 강력히 추진할 수 있도록 농촌의 당단체들이 농민동

29) 국사편찬위원회 편, 『북한관계사료집』 제34권, 국사편찬위원회, 2000, 276-278쪽.
30) 국사편찬위원회 편, 『북한관계사료집』 제30권, 국사편찬위원회, 1998, 113-114쪽.

맹에 협조하며 그 실행여부를 검열하고 조직 내의 불순분자와 '태공분자'를 숙청하며 능력 있는 당원들을 파견한다. 둘째, 농민동맹 내에서 공작하는 당원들은 동맹 내에서 당의 강령과 정책을 알기 쉽게 가르치고 집행한다. 동시에 빈농들을 교육하여 당원이 될 수 있도록 인도하고, 당원과 비당원을 연결하며 농민동맹을 통하여 당외의 군중을 동원하며 당 주위에 결집한다. 셋째, 각종 문화단체와 연락하여 군·면·리 인민위원회의 위원선거를 통하여 농민들에게 교육을 시키고 농민들이 인민위원회 위원으로 당선될 수 있도록 돕는다. 넷째, 각급 농민동맹이 농민자위대에 대하여 가졌던 지도체계를 폐지하고, 농민자위대로 하여금 인민보안기관의 직접 지도를 받도록 하며, 농민자위대의 강화를 통해 반동분자들이 침입하는 것을 막는다. 다섯째, 농민동맹의 조직체계를 확립하여 상부의 지시가 대중에게 전달되는 데 문제가 없도록 면 이하의 농민동맹을 재조직할 것을 북조선 농민동맹 중앙위원인 로동당원들에게 위임한다.[31]

그러나 1949년 9월 19일 채택된 조선로동당 중앙조직위원회 제6차 회의 결정서를 보면 북조선농민동맹에 대한 당의 지적에도 불구하고 농민동맹이 동맹 재정을 맹원들의 맹비로 충당하며 그것을 중앙조직에서 관리해야 하는 규율을 위반하고 장사 행위를 하여 그 이익금으로 농맹경비를 충당하려 한 점을 비판한 것을 보게 된다. 즉, 농맹 중앙으로부터 도·시·군에 이르기까지 농맹단체 내의 재정규율이 문란해지고 농맹의 지도부가 부패되었으며 조직규율이 해이해져 농민동맹의 위신이 추락한 점을 지적한 것이다. 이런 문제의 원인으로 첫째, 농민동맹 지도부가 책임의식 없이 관료주의적 방식으로 조직을 운영하였다는 점과 둘째, 사업상의 검열이 형식적으로 진행되고 통일적인 지도체계 없이 농민동맹을 운영했다는 것 등이 거론되었다.[32]

---

31) 「자료 63-농민동맹 사업보고에 대하여: 북조선로동당 중앙상무위원회 제21차 회의 결정서 1947년 1월 28일」, 국사편찬위원회, 1998, 114-116쪽.

32) 국사편찬위원회 편, 『북한관계사료집』 제29권, 국사편찬위원회, 1998, 338쪽.

조선로동당 중앙위원회는 문제의 근본원인이 북조선농민동맹 내 당조가 자기 임무를 제대로 자각하고 실행하지 못한 데 있다고 판단하고, 그 개선책으로 각급 당단체들이 농민동맹 당조를 정확히 지도하고 동맹사업 내 자기 임무를 제대로 완수해야 한다고 강조하며 다음 사항들을 건의하였다. 첫째, 농민동맹 당조는 당의 결정과 지시를 토의하고 농민들에게 전달하며 농민들이 인민정권의 강화와 농촌경리 발전을 위한 투쟁에 적극 나설 수 있도록 노력한다. 둘째, 농민동맹 당조원들은 농맹 지도부 사업과 전반적 농맹사업을 자기 책임하에 조직 지도할 것이며, 중앙조직 내에 통일적인 지도적 방법원칙과 민주주의적 사업방식이 뿌리내리도록 한다. 그리고 당조 내에 존재하는 안일성과 자기 결점을 상호간에 은폐하는 가족주의적 경향을 없애기 위하여 비판과 자기비판을 강화한다. 셋째, 농맹당조는 농민동맹 내에 존재하는 관료주의적 경향을 근절하고 하급농맹단체가 자각적으로 활동하도록 조직 운영을 개선한다. 넷째, 농민동맹 내 재정규율을 강화시킨다. 다섯째, 중앙조직의 당조 책임자인 강진건과 현칠종에게 당적 책임을 추궁하고 검열위원장에게 회부한다.[33]

이와 같이 당은 농민동맹을 지도하고, 또 농민동맹은 당의 정책을 실천하는 데 앞장섰는데, 한국전쟁을 겪으면서 농촌경리가 현저하게 파괴되고 농민동맹의 조직이 유명무실하게 되는 상황이 초래된다.

2) 한국전쟁과 북조선농민동맹

1950년 12월 21일부터 23일까지 조선로동당 중앙위원회 제3차 회의가 열리고 여기서 남북근로단체들의 통일에 대한 결정서가 채택되었다.[34] 그리고 이 결정서에 의거하여 남북조선농민동맹중앙위원회연합회의에서 남북한의 농민동맹의 통합이 선언되고, 1951년 2월 11일 북조선

33) 국사편찬위원회, 앞의 책, 1998, 339-340쪽.
34) 국사편찬위원회, 앞의 책, 1998, 117-118쪽.

농민동맹과 남조선농민동맹이 합하여 조선농민동맹으로 되었다.35)

1952년 8월 3일 조선로동당 중앙정치위원회 제128차 회의에서 「농촌에서의 당 정치교양사업 및 군중문화사업 정형과 그의 개선방침에 대하여」라는 결정서가 채택되었는데, 여기서 농업동맹이 자기의 기본사업인 문화교양사업을 전혀 망각하고 지방행정사업에 보조역할만 하고 있다는 지적이 제기되었다. 구체적으로 농촌의 군중문화사업인 이동영화관람이 계획에 의한 것이 아니라, 우연히 진행되며 출판물들이 제때에 정상적으로 농촌에 보급되지 못하고 있는 것을 비판하였다. 또한 당 지도기관들이 사회단체 문화교양부의 사업을 높은 사상·정치적 수준에서 통솔 지도하지 못하고 있다는 것도 문제점으로 지적하였다.36)

전쟁 기간 중에 농가부업 생산이 현저히 감소되어 특히 빈농민들의 경제적 형편이 어려워지자, 각급 농민동맹 중 리(里)농민동맹 사업을 강화하여 농민들 간의 협조정신을 제고시키며 빈농가에 대한 가축사양과 농가부업을 장려하도록 권장하였다.37) 그러나 3년의 전쟁 기간 중 전체 농민의 40%가 영세농민이 되었을 정도로 북한의 농촌경리는 현저히 파괴되었다. 그리하여 농민들이 서로 힘을 합하여 협조하지 않고서는 농사를 지을 수 없는 처지에 있었고, 개인농민경리를 협동화해야 할 필요성이 절실하게 제기되었다. 전쟁 후에는 땅이 있어도 농기구와 인력이 부족하여 농사를 제대로 지을 수 없는 형편이었기 때문에 토지소유에 대한 애착이 해방 이후 토지개혁을 실시했을 때처럼 강하지 않아서 농업협동화를 추진하기에도 여건이 유리하였다. 이런 상황 속에서 1953년 8월 5일 조선로동당 중앙위원회 제6차 전원회의는 인민경제복구발전 3개년 계획을 세우고 농업협동화 방침을 제시하며, 당과 정부의 적극적인 선전하에 농업협동화운동을 대중운동으로 발전시키고자 하였다.

35) 김창순, 앞의 책, 1961, 169쪽.
36) 국사편찬위원회, 앞의 책, 1998, 207쪽.
37) 국사편찬위원회, 앞의 책, 1998, 240쪽.

그러나 농업협동조합을 정치사상적으로 무장시키지 않고서는 '소소유자적' 성향을 가진 중농들이 협동조합에 대거 참여하면서 부정적인 영향력을 행사할 수 있었기 때문에 당이 중심이 되어 조합원들에게 계급교양과 사회주의교양을 강화하였다. 또한 협동조합의 도입 초기에 집단노동과 공동재산관리의 측면에서 무질서한 현상이 적지 않게 나타났기 때문에 협동조합의 관리운영사업을 원만하게 진행하기 위해서 관리할 수 있는 간부들을 양성하는 것이 필요하였다. 이러한 작업도 당과 정부가 주도하여 전개하였는데, 북조선농민동맹이 이 작업을 적극적으로 지원하였다는 기록은 발견되지 않는다. 심지어 1964년의 조선중앙년감에 다른 사회단체, 예컨대 직업동맹과 청년동맹, 그리고 여성동맹에 대한 기록은 있어도, 북조선농민동맹에 대한 기록은 없을 정도이다.

그것은 당시 노동자와 사무원들은 모두 직업동맹에 조직되어 있었던데 비해서 농민동맹의 경우는 조직이 있어도 상부조직만 있었으며, 농촌에서 당조직이나 청년동맹조직에 들어 있지 않은 많은 농민들이 아무 조직에도 속하지 않았을 만큼 농민동맹이 농민들을 제대로 조직하지 못하는 등 제구실을 못했기 때문이다. 이런 상황에서 김일성은 1964년 2월 25일 조선노동당 중앙위원회 제4기 제8차 전원회의에서 '우리나라 사회주의 농촌문제에 관한 테제'를[38] 주창하였다. 그리고 1964년 6월 26일 조선로동당 중앙위원회 제4기 제9차 전원회의에서 "근로단체사업을 개선강화할데 대하여"라는 연설을 통해 북조선농민동맹의 해체와 조선농업근로자동맹이라는 새로운 조직의 건설이 필요함을 역설하였다.

---

38) '우리 나라 사회주의 농촌문제에 관한 테제'는 사회주의하에서의 농민문제와 농업문제를 해결하기 위하여 농촌사업에서 이룩해야 할 세개의 기본원칙 내지 기본과업을 제시하였다. 첫째, 농촌에서 기술혁명과 문화혁명 그리고 사상혁명을 철저히 수행한다. 둘째, 농민에 대한 노동계급의 지도와 농업에 대한 공업의 방조 그리고 농촌에 대한 도시의 지원을 강화한다. 셋째, 농촌경리에 대한 지도와 관리를 공업의 선진적인 기업관리수준에 접근시키며 전 인민적 소유와 협동적 소유의 연계를 강화하고 협동적 소유를 전 인민적 소유에 부단히 접근시킨다(김일성, 「우리나라 사회주의 농촌문제에 관한 테제」, 『김일성저작선집』 제4권, 1968, 평양: 조선로동당출판사, 33-34쪽).

토지소유제도의 변화시점인 1959년과 조선농업근로자동맹의 결성 시점인 1965년 사이의 시간적 공백이 너무 크기 때문에 토지소유제도의 변화만을 통해서 농민동맹의 발전적 해체와 조선농업근로자동맹의 결성을 설명하는 것은 곤란하다는 주장이 제기될 수 있다. 그리하여 혹자는 토지소유제도의 변화와 더불어 '배천바람'[39] 같은 농민저항을 함께 고려해야 조선농업근로자동맹의 결성이 토지소유제도의 변화를 토대로 성립되었으되, 조선농업근로자동맹이 토지소유제도의 변화가 완료된 1959년이 아닌 1965년에 가서야 뒤늦게 결성된 시대상황적 배경을 이해할 수 있다고 주장할지도 모른다. 그러나 바로 '배천바람'과 같은 저항을 근본적으로 차단하기 위해서 사적 토지소유제도를 폐기하였기 때문에 '배천바람'과 같은 유형의 저항은 1959년 이후에 발생할 수 없게 되었고, 따라서 이런 유형의 저항이 1959년 이후 몇 년이 지난 1965년에 가서야 비로소 조선농업근로자동맹이 결성되도록 만든 요인이 되지는 않는다.

김성보는 "협동조합에 대한 강한 저항 형태가 조직적이고 공개적이기보다는 이처럼 산발적이고 비공개적인 적대행동으로 표출되었다는 것은, 전쟁 후 우익의 기반이 매우 취약하며 농민 일반에 기반을 두지 못하였음을 보여주는 반증"[40]이라고 말하는데, 이런 점을 고려할 때도 농민들의 저항이 조선농업근로자동맹의 결성을 늦추게 한 요인이 되지 못한다고 생각할 수 있다.

오히려 전쟁 후 농민동맹의 조직이 거의 와해되었고 로동당과 정부가 농민동맹이 할 일까지 맡아 할 정도의 상황에서 농민조직의 재건 필요성을 당장 필요하다고 느끼지 않았던 것으로 판단함이 적절하다.[41] 또한

39) 북한 정권의 지지기반이 취약했던 황해도 일대에서 과거의 지주들과 그의 자식들 그리고 농업협동화정책에 거부감을 갖고 있던 부농과 중농들이 "조합 규약상 탈퇴의 자유가 보장되어 있었고 조합 탈퇴시 출자 토지를 반환받을 수 있는 규정을 이용하여" 조합에 가입하였다가 무리를 지어 탈퇴하였던 사건을 말한다(김성보, 『남북한 경제구조의 기원과 전개: 북한 농업체제의 형성을 중심으로』, 역사비평사, 2000, 334쪽).

40) 김성보, 앞의 책, 2000, 333쪽.

협동조합화 작업이 완료되면서 기존의 촌락 질서가 개편되고 농촌경영이 협동조합 중심으로 이루어지던 전환기의 상태에서 협동조합의 작업반장과 같은 간부들이 실질적으로 농업경영을 해왔기 때문에 농민동맹이나 조선농업근로자동맹과 같은 조직을 급하게 재건하거나 혹은 새로 만들 경우 오히려 혼선이 초래되었을 가능성도 배제할 수 없다.

전쟁 후 부족한 남성 노동력을 대신하여 여성들이 조합 운영에 적극 참여하면서, 종래의 남성 중심적 가부장 질서가 해체되었고 평안남도 같은 지역에서는 도내 작업반장의 42%를 여성들이 차지하여 많은 남성들이 여성작업반장의 지시에 따라 농사일을 했을 정도로 촌락질서가 큰 폭으로 변화하는 과정에 있었다.[42] 그리고 농업협동화는 부농과 중농, 그리고 가문의 연장자 등의 농촌 유지들로부터 빈농, '애국열사가족', '인민군 후방가족', 그리고 제대군인 등에게로 농촌에서의 주도권이 이전되도록 하는 과정을 수반하였는데, 이렇듯 촌락 질서가 재편되는 과정에서 로동당과 북한정부는 좀더 시간을 갖고 농민동맹의 재건을 근본적으로 다른 차원에서 도모하려고 했을 것으로 판단된다.

또한 1950년대 후반 김일성이 종파사건의 후유증을 처리하고 1960년대 초 소련파와 연안파를 제거하며 권력을 강화하는 데 집중하기 위하여

41) 김성보는 전쟁 후 "북한 정부는 농기계 임경소를 통해 협동조합 자업을 지원하였으며, 농기구, 화학 비료 등을 공급하여주었고 영농 자금, 식량, 종곡 등을 제공하였다"고 말하는데(334쪽), 농민동맹이 아니라 북한 정부가 이렇듯 —동독 같으면— 농민동맹이 해야 할 일을 한 것을 볼 때, 농민조직이 제대로 기능하지 않았음을 미루어 생각할 수 있다. 농업협동화에 대하여 농민들이 저항했던 사례를 농업협동조합 관리위원장들과 도·시·군 인민위원장들이 집필한 농업협동화 경험 사례집인 『농업협동화운동의 승리』(조선로동당출판사, 1959) 등에 기초하여 김성보가 정리한 것을 보면 다음과 같다. ① 부농과 중농의 조합참여 거부와 회피, ② 조합 출자 회피, ③ 일탈 행동, ④ 조합탈퇴, ⑤ 적대 행동(김성보, 앞의 책, 2000, 328-333쪽). 이와 같은 농민들의 저항에 대하여 농민동맹이 어떤 일을 했는지 김성보는 전혀 언급하지 않는다. 농민들이 협동화에 적극적으로 참여하도록 유도하기 위해서 농민동맹이 무엇을 했다는 언급도 없다. 농민동맹이 제 기능을 못하는 상태에 있었기 때문으로 사료된다.

42) 김성보, 앞의 책, 2000, 344쪽.

미처 근로단체의 재건과 발전에 힘을 쏟을 여력이 없었던 것도 조선농업근로자동맹이 토지소유제도의 변화 이후 어느 정도 시간이 경과한 후에 만들어진 배경이라 말할 수 있다.

3) 토지소유제도의 변화와 조선농업근로자동맹

해방 이후 북조선농민동맹은 빈농이 중심이 되어 지주와 부농을 반대하여 투쟁하는 농민조직이었다. 하지만 전후 농촌에서 사회주의적 협동화작업이 많이 진척되어 농민들의 처지가 과거의 개인농들과는 근본적으로 달라져 근로자라는 측면에서 노동계급과 큰 차이가 없게 되었다. 그러므로 개인농 중심의 농민조직은 더 이상 사회주의적 협동화가 진척된 후의 상황에는 어울리지 않게 되었다. 즉 '전 인민적 소유'에 속하는 방대한 물적·기술적 수단들과 그것을 다루는 노동자와 기술자들이 농촌에 있었으며 농촌에 대한 도시의 지원이 강화됨에 따라 그 숫자가 증가추세에 있었던 상황에서 농촌에 새로운 환경이 조성되었는데, 변화된 농민의 처지 및 농민운동의 발전이 사회주의 농촌건설과 더불어 농민들을 '혁명적'으로 교양 육성할 것을 요구하였다. 그리고 협동농장의 농민들과 국영농목장 및 농촌 기업소에 복무하는 모든 근로자들을 하나의 조직체에 망라하는 대중적 조직 창설의 필요성을 제기하였다.[43)]

그러나 농민들은 공업 생산 부문 기업소의 노동자들보다 사상적인 측면에서뿐만 아니라, 기술적 그리고 문화적인 측면에서 뒤떨어져 계급의식적 차이가 존재했기 때문에 농촌의 근로자인 농민들을 노동자들과 같은 조직에 포함시킨다는 것은 적절치 않다고 생각했다. 그래서 농촌의 근로자들이 자체적인 조직을 가지는 것이 필요하다는 인식하에 조선농업근로자동맹을 새롭게 만든 것이다. 특히 이 조직이 농촌에서 사상혁명

---

43) 황원보, "조선농업근로자동맹 창립과 금후 과업에 대하여", ≪로동신문≫ 1965년 3월 26일자.

과 기술혁명, 그리고 문화혁명을 추진하는 과정에서 점차 '노동자화' 되어가는 사회주의적 농촌근로자들의 조직이어야 한다는 취지하에 농민동맹이라는 용어 대신 농업근로자동맹이라는 명칭을 부여하였다.[44)]

조선농업근로자동맹은 사업대상과 활동범위를 협동농장뿐만 아니라, 국영농목장과 농촌경리에 직접 근무하는 공장, 기업소, 기관과 직장들까지 포함시키고 그곳에서 일하는 모든 농업 부문 근로자들을 망라하였다. 이것은 농민들에 대한 노동계급의 정치사상적 영향을 조직적으로 더욱 강화하고 노농단결을 이룩하며, 공업에서 이룩한 과학 기술의 성과와 선진적인 기업관리 방식, 그리고 생산문화를 농촌에 보다 효율적으로 보급할 것으로 기대되었다. 그 결과 농촌에서 사상혁명과 기술혁명, 그리고 문화혁명의 3대혁명을 강력히 추진하게 할 것이라고 생각했는데, 이런 맥락에서 조선농업근로자동맹은 '우리 나라 사회주의 농촌문제에 관한 테제'의 적극적인 실천자여야 한다는 주장이 제기되었다.

그리하여 1964년 10월 15일 조선농업근로자동맹 중앙조직위원회의 발족을 하고 1965년 2월 말까지 230만 명의 농업 부문 근로자를 망라하였다. 1965년 3월 20일에는 농업근로자동맹 함경북도대표회가 조직됨으로써 각도의 조직결성이 끝나고 동년 3월 25일부터 27일까지 창립대회가 개최되어 조선농업근로자동맹 규약을 채택하며 중앙지도기관을 조직하였다.[45)] 대회에서는 중앙위원회 위원 125명과 후보위원 55명, 그리고 중앙검사위원회 위원 7명을 선출하였다. 뒤이어 조선농업근로자동맹 중앙위원회 제1기 제1차 회의가 진행되었는데, 여기서 위원장과 부위원장을 선출하고 중앙위원회 상무위원회와 조직위원회를 만들었으며 검사위원회에서도 위원장과 부위원장을 선출하였다. 당시 위원장은 황원보였다.

조선로동당 중앙위원회는 1965년 3월 25일 조선농업근로자동맹의 창

---

44) 김일성, 「근로단체사업을 개선강화할데 대하여」(조선로동당 중앙위원회 제4기 제9차 전원회의에서 한 결론, 1964년 6월 26일), 『김일성저작집』 제18권, 평양: 조선로동당출판사, 1982, 375-377쪽.

45) 조선중앙통신사, 『조선중앙년감 1966-67』, 1967, 167-168쪽.

립대회에 축하문을 보내며, 농업근로자동맹의 창립 의의를 사회주의 농촌진지를 더욱 튼튼히 하며 노농동맹을 공고히 하고 북한의 혁명역량을 강화하며 전반적 사회주의 건설의 촉진에 기여하는 데서 찾았다.[46] 농업근로자동맹의 당면과제로서는 농촌에서 혁명을 계속 강력히 추진함으로써 사회주의적 농촌경리제도를 공고히 발전시키고 지난날의 유산인 도시와 농촌 간의 차이, 그리고 노동계급과 농민 간의 계급적 차이를 점차 해소하는 것을 들었다.

조선농업근로자동맹의 기본임무로는 농촌에서 사상혁명과 기술혁명, 그리고 문화혁명을 강력히 추진할 것을 들었는데, 농촌에서의 사상혁명은 농민들의 낡은 사상적 잔재를 극복하고 선진적 노동계급의 사상 즉 공산주의 사상으로 무장시키는 것을 의미하였다. 사상혁명이 중요한 것은 농민들의 계급적 각성과 의식수준의 제고가 이루어지지 않고서는 농촌에서 사회주의제도의 공고화 작업 및 기술혁명과 문화혁명을 급속히 해나갈 수 없기 때문이었다고 한다. 그래서 각급 농업근로자동맹 단체들은 1차적 과업으로 농촌근로자들에게 정치사상교양사업을 해야 했고, 정치사상교양사업에서 가장 중요한 것은 다름 아닌 농촌근로자들로 하여금 당에 대한 충성심을 갖도록 하는 것이었다. 동맹원들에 대한 공산주의교양에서 중요한 것은 그들에게 남아 있는 개인이기주의와 '소소유자적' 근성을 청산하고 집단주의 사상으로 무장시키는 것이었다. 사회주의 경쟁과 집단적 혁신운동을 조직 전개하고, 특히 천리마작업반 운동을 확대 강화함으로써 식량증산투쟁을 강력히 전개하는 것도 강조되었다. 동맹 내에 혁명적인 사업체계와 사업방법을 확립하는 데 있어서 기본 되는 것은 항일무장투쟁 시기에 형성된 혁명적 군중노선을 사회주의 농촌경리 지도에 구현한 청산리정신과 청산리방법을 철저히 관철하는 것이라고 주장하였다.

1972년 2월 16일에 개최된 조선농업근로자동맹 제2차 대회에서 김일

46) "조선농업근로자동맹 창립대회에 보내는 축하문", ≪로동신문≫ 1965년 3월 25일.

성은 「농업근로자동맹의 중심과업에 대하여」라는 제목으로 연설을 하였다. 연설에서 김일성은 '우리 나라 사회주의 농촌문제에 관한 테제'를 실천해야 할 조선농업근로자동맹의 구체적인 과업 중 첫째가 농업근로자들에 대한 조직정치사업이고, 이들로 하여금 당이 제시하는 농촌기술혁명을 성공적으로 수행하도록 하며 농업 부문 지도일꾼들과 농업근로자들에게 기술학습을 강화하고 기술기능수준을 높이는 것인데 이 사업이 제대로 진행되지 못하고 있다고 비판하였다. 그리고 농업근로자동맹은 사회주의농업경영학에 대한 연구도 많이 해야 하는데, 일부 농촌경리 부문 지도일꾼들이 경험주의에 사로잡혀 선진영농방법을 적극 받아들이지 않고 있는 현상을 개선하지 못하고 있다고 지적하였다. 또한 적지 않은 농업 부문 지도일꾼들과 농업근로자들이 '우리나라 사회주의농촌문제에 관한 테제'에 대한 학습을 제대로 하지 않으며 당의 농업정책에 대한 학습도 잘 하지 않는다고 지적하며 농업근로자동맹이 이런 학습을 강화해야 한다고 주장하였다.[47]

농업근로자동맹의 두번째 과업으로 김일성은 농업근로자들에게 사상혁명을 강화하는 것을 들면서, 이들을 당의 혁명사상과 주체사상으로 철저히 무장하고 당 주위에 튼튼히 결집해야 한다고 말하였다. 또한 농민들의 의식 속에 남아 있는 자본주의사상을 뿌리 뽑고 이들을 공산주의사상으로 무장시켜야 한다고 주장하였다. 그러기 위해서 땅을 사랑하고, 농기계와 농업생산시설을 사랑하며 산림을 애호하는 운동을 널리 벌여 농민들이 국가와 사회의 공동재산을 아끼고 사랑하는 공산주의사상을 갖도록 교육시켜야 한다고 강조하였다. 농업근로자동맹의 세번째 과업으로는 농촌문화혁명을 더욱 강화하여 농민들의 비문화적이고 뒤떨어진 생활양식과 관습을 없애고 식량생산을 비롯하여 보관·관리하는 것과 농산작업을 알뜰하게 하도록 이끄는 것을 들었다. 또한 농촌 탁아소와 유

47) 김일성, 「농업근로자동맹의 중심과업에 대하여」, 『김일성저작선집』 제6권, 평양: 조선로동당출판사, 1974, 233-235쪽.

치원들과 학교 및 농촌진료소들을 만들어야 한다고 역설하였다.[48)]

김정일은 1985년 12월 14일자 전국농업근로자동맹일군강습회 참가자들에게 보낸 서한「농업근로자동맹사업을 더욱 강화할데 대하여」에서 인민경제의 2대 부문의 하나인 농업전선에서 대중을 망라한 농업근로자동맹이 차지하는 역할은 큰 데 비해서, 그 사업이 발전하는 현실에 따라가지 못하고 있다고 지적하였다. 그리고 농업근로자동맹이 당과 농업근로자들을 연결하는 인전대로서 농촌에서 사상, 기술, 문화의 3대혁명을 적극 추진하며 도시와 농촌의 차이, 노동계급과 농민의 계급적 차이를 없애는 방향으로 노력해야 한다는 등 김일성이「농업근로자동맹의 중심과업에 대하여」에서 말한 부분을 대부분 반복하여 주장하였다.

각급 농업근로자동맹위원회를 잘 조직하고 농촌사업과 지방의 전반적 사업을 직접 지도하는 '말단지도단위'이며 농촌과 도시를 연결하는 거점인 군(郡)의 농근맹위원회를 조직하여 당의 노선과 방침이 적시에 농촌에 전달될 수 있도록 해야 한다고 말한 것도 기존에 김일성이 농업근로자동맹과 관련하여 주장한 점을 반복한 것이다. 개인들 상호간, 작업조들 상호간, 분조들 상호간, 그리고 작업반들 상호간에 내부경쟁을 잘 조직하도록 하자는 것도 계속 추진되어 오던 것이었다. 추가된 것이 있다면 주체농법을 관철하자는 것과 3대혁명 붉은기쟁취운동 및 숨은 영웅들의 모범을 따라 배우는 운동을 진행하도록 정치사업을 추진해야 한다는 점을 들 수 있다. 그리고 모범초급단체, 2중모범초급단체, 모범초급위원회 등을 만들어 모범단위의 대열을 늘려나가자는 것 또한 새로운 것이라 할 수 있다.[49)] 그러나 전체적으로 보면 조선농업근로자동맹의 기본노선은 창립 이후부터 계속 유지되어왔다고 보아야 할 것이다.

---

48) 김일성, 앞의 글, 1974, 236-248쪽.

49) 김정일,「농업근로자동맹사업을 더욱 강화할데 대하여」(전국농업근로자동맹일군강습회 참가자들에게 보낸 서한, 1985년 12월 14일),『주체혁명위업의 완성을 위하여(1983-1986)』 제5권, 평양: 조선로동당출판사, 1988.

4) 1990년대 경제위기 이후의 조선농업근로자동맹

1990년대에 들어서도 조선농업근로자동맹이 이전과 마찬가지로 '사회주의 농촌문제에 관한 테제'를 철저히 관철하고 농업근로자들의 사상교양사업을 개선 강화해야 한다고 결의해온 것은 전원회의에 대한 기록을 통해 쉽게 발견할 수 있다.[50] 예컨대 각종 농민대회를[51] 통해 전체 농근맹원들을 당과 수령에게 충직한 '참다운 충신', '지극한 효자'로 키우기 위한 노력을 강화해야 한다고 결의해왔다. 사상, 기술, 문화의 3대혁명과 사회주의농촌테제가 잘 실현되어 성과를 거두고 있다는 선전도 꾸준히 전개하고 김정일에게 바치는 맹세문도 채택해왔다.[52]

1994년 2월 25일부터 28일까지 개최된 전국농업대회에서는 '사회주의 농촌테제' 관철을 위한 노력을 통하여 농촌기술혁명의 4대과업인 수리화, 전기화, 기계화, 그리고 화학화가 실현되었다고 주장하였다. 또한 농촌테제 관철을 위한 노력을 통하여 농촌에서 '인간개조', '자연개조'와 '사회개조' 사업이 성공적으로 추진되고 농사제일주의방침과 주체농법이 관철되어 농업생산이 발전하고 있다고 선전하였다. 이러한 발전상을 증명하기 위하여 30년 전 '우리 나라 사회주의 농촌문제에 관한 테제'가 발표되었을 때보다 알곡생산량이 1.9배로 증가하고, 그 중 논벼는 1.8배, 그리고 강냉이는 2.2배로 증산되었다고 선전하는 수법을 상투적으로 사용해왔다.[53]

이렇게 겉으로는 사회주의 농촌테제가 잘 실현되어 성과를 거두고 있다고 선전하지만, 현실적으로는 오히려 개인 텃밭을 허용하여 토지의 개인소유화경향이 하나의 반(反)흐름으로 형성되고 있는 실정이다.[54] 북한

---

50) 조선중앙통신사, 『조선중앙년감 1991』, 1991, 98쪽.

51) 예컨대 1992년 12월 25일과 26일에 개최된 전국농근맹초급단체위원장대회에서 이런 주장이 제기되고 선전되었다.

52) 조선중앙통신사, 『조선중앙년감 1993』, 1993, 248쪽.

53) 조선중앙통신사, 『조선중앙년감 1995』, 1995, 121-122쪽.

정부가 주도하여 식량난을 해결하지 못하는 구조적인 문제 때문에 그런 것이다. 이런 상황에서 조선농업근로자동맹은 정치사상교육을 더욱 강화할 필요성을 느끼고 각종 농민대회나 농업근로자동맹의 전원회의에서 사회주의강행군의 요구에 맞추어 동맹원들을 '사상의 강자, 신념의 강자'로 만들고 수령결사옹위정신과 총폭탄정신으로 무장시키며 사회주의를 옹호고수하자고 주장해왔지만, 그것이 잘 받아들여지지 않는 이율배반적인 현상에 봉착하고 있다. 1998년 3월 8일에 개최된 제32차 전원회의에서 한편으로는 위에서 언급한 것처럼 '사상의 강자' 혹은 '신념의 강자'가 되자고 주장하면서도, 다른 한편으로는 사상교양사업을 원만히 수행하기 위하여 선전선동체계 운영을 보다 정규화하거나 규범화하고 형식주의를 철저히 극복하자고 결의하였는데, 이것은 사상교양사업이 제대로 진행되지 않고 있음을 반증하는 것이다.[55)]

특히 김대중 정부 출범 이후 남북간 교류·협력이 이전과 달리 활성화되고, 농업 부문 대북지원이 증가하면서 남북한주민들의 접촉이 늘어났으며 이것이 북한사회에 적지 않은 파장을 미치자 1999년 12월 4일에 개최된 조선농업근로자동맹 제36차 전원회의에서는 동맹원들에게 사상교양사업을 강화하여 제국주의자들의 사상문화적 침투를 막고 농근맹안에 사회주의 생활양식을 철저히 확립하며 당의 붉은기사상으로 무장시키기 위한 교양사업을 추진해야 한다고 강조하였다. 특히 미·일제국주의자들과 '남조선괴뢰', 지주와 자본가들을 끝없이 미워하며 이들이 퍼뜨리는 반동적인 사상과 부패한 생활풍조를 반대하여 비타협적으로 투쟁해야 한다고 주장하였다.[56)] 이날 회의에서는 조선농업근로자동맹을 '자본주의 사상요소와 투쟁하는 전투조직'으로 만들자는 결정서가 채택되었다.[57)]

---

54) 리민복, 「북한 주민들의 개인화와 체제변화 가능성」, ≪북한≫ 1996년 7월호.
55) 조선중앙통신사, 『조선중앙년감 1999』, 조선중앙통신사, 1999, 145쪽.
56) 조선중앙통신사, 『조선중앙년감 2000』, 조선중앙통신사, 2000, 145-146쪽.
57) 연합뉴스, 『2001 북한연감』, 연합뉴스, 2000, 707쪽.

조선농업근로자동맹은 2000년 1월 10일에는 남포시 강서구역 청산리에서 신년 공동사설에 제기된 과업을 완수하기 위한 궐기모임을 갖고 승상섭 위원장은 "농업생산을 늘리는 것은 강성대국 건설에서 농근맹 일꾼들과 농근맹원들 앞에 나서는 기본 혁명과업"이라고 지적하였다.[58] 2000년 3월 23일부터 24일까지 개최된 조선농업근로자동맹 중앙위원회 제7기 37차 전원회의에서도 맹원들의 사상교육과 수령·당·대중의 일심단결을 강화하는 데 더욱 힘을 쏟고 종자혁명, 감자농사혁명, 그리고 두벌농사 등을 추진해 농업생산을 늘려나갈 것을 결의하였다. 그리고 2000년 9월 11일부터 6일간 전국규모의 '경제선동경연'을 개최하였다. 이 경연에 각 도 예선을 거친 19개 협동농장의 경제선동대가 참가하여 '농업근로자의 사기를 고취해 농업증산을 하자'고 강조하였다.[59]

2002년 7·1 경제관리개선조치 이후 농민시장을 통해 농산물을 판매할 수 있게 됨에 따라 농민들이 텃밭을 가능한 많이 확보하고자 노력하고 있다. 규정으로는 개인 텃밭의 규모가 30평까지 허락된다는데,[60] 세계식량계획(WFP)의 조사에 의하면 농민들이 소유한 텃밭의 면적이 10평에서부터 50평까지 다양하다고 한다.[61] 낮에는 협동농장에서 일하고 퇴근 후 개인 텃밭에서 채소 등을 가꾸는데, 협동농장에서 사용해야 할 비료를 몰래 집으로 가져가 자기 텃밭에 사용하는 사례도 많을 뿐 아니라, 아무래도 개인 텃밭에 더 많은 관심올 갖게 되어 '내 밭처럼 농장을 가꾸자'는 구호도 주장되는 실정이라 한다.[62]

그러나 농촌에서 2002년 7·1 경제관리개선조치는 큰 틀에서 집단주의를 지향하는 가운데 '평균주의'를 배격하고 일한 만큼 번다는 취지 아

58) 연합뉴스, 앞의 책, 2000, 707쪽.
59) 연합뉴스, 앞의 책, 2000, 706쪽.
60) 2003년 7월 25일에 실시한 북한이탈주민 김미경과의 면담에 근거한다.
61) 권태진, 「북한의 농정 변화와 전망」, ≪KDI 북한경제리뷰≫ 2003년 6월호, 18쪽(각주 19에서 인용).
62) 2003년 7월 25일에 실시한 북한이탈주민 김미경과의 면담에 근거한다.

래 하부조직의 '창발성'을 증가시키자는 방향으로 강조되고 있다. 즉 종래의 사회주의 경쟁운동을 실리위주의 새로운 방식으로 전환한 것으로서 협동농장의 수익증대를 통하여 개인소득의 증대를 도모할 것이 장려되고 있는 것이다. 이런 맥락에서 ≪조선신보≫에 게재된 아래의 글을 읽을 수 있다.

> "일한 것만큼 분배를 받게 되자 안악군에서도 가족단위로 30만원 이상의 돈을 받는 농장원이 나오게 되었다"[63] "청산리를 비롯한 협동농장들에서도 정보당 67톤의 벼를 생산하던 논에서 100톤 이상을 생산……농민들이 10만원 수준의 분배수입을 실현한 사례도 있다"[64]

극심한 경제위기에도 불구하고 조선농업근로자동맹은 조선직업총동맹 조직과는 달리 큰 영향을 받지 않고 이전과 같이 기능하고 있는데, 조선농업근로자동맹의 맹원들이 조선직업총동맹의 맹원들과 달리 배급을 받아왔기 때문인 것으로 생각된다.

4. 조선농업근로자동맹의 조직

조선농업근로자동맹은 30세 이상의 농민은 물론 농업 부문의 사무원을 포함해 각급 농업기관에 종사하는 노동자·사무원까지 망라하고 있다. 조선농업근로자동맹의 전신인 북조선농민동맹은 1947년 11월 당시 2,572,000여 명의 맹원을 가진 북조선 최대의 사회단체였으며 사회단체 중 가장 중요한 위치를 차지하였다. 당시 산하에 859개소의 농촌구락부와 8,071개의 독서회, 그리고 4,984개의 체육회, 2,503개의 예술써클, 5,357개의 오락동호회가 조직되어 농민 문화생활의 향상을 위하여 노력

63) ≪조선신보≫ 2003년 4월 22일자.
64) ≪조선신보≫ 2003년 3월 14일자.

<표 3-1> 북조선농민동맹 구성원의 비율(1947년 4월 8일 당시)

성별		성분별				정당별			
남자	여자	고농	빈농	중농	부농	로동당원	청우당원	민주당원	무소속
90.4%	9.6%	0.17%	79.41%	19.91%	0.51%	56.21%	5.4%	8.71%	29.68%

출처: 국사편찬위원회 편, 『북한관계사료집』 제30권, 1998, 175쪽을 재구성.

하였다. 군중문화사업의 일환으로 문맹퇴치사업을 진행하였고, 농촌구락부를 토대로 한 농촌 문화공작의 행동부대로서 농촌 문화공작대도 조직하였다.[65] 1947년 4월 8일 당시 농민동맹의 맹원총수는 2,570,316명이었으며 그 중에서 선거에 참가하여 당선된 위원들의 성별, 성분별, 정당별 비율은 <표 3-1>과 같다.

1965년에 창립된 조선농업근로자동맹은 '민주주의 중앙 집권제 원칙'에 의하여 조직되었다고 주장된다. 전체 동맹조직은 동맹 중앙위원회에 복종하였으며, 동맹조직은 지역적 또는 생산적 단위에 따라 만들어졌다. 어느 한 지역을 담당한 동맹 조직은 그 지역의 일부를 담당한 모든 동맹 조직들에 대하여 상급 동맹조직이 되며, 한 부문의 전체 사업을 담당한 동맹조직은 그 부문의 일부 사업을 담당한 모든 동맹 조직들에 대하여 상급 동맹 조직이 된다.

조선농업근로자동맹의 명목상 최고 지도기관은 동맹 대회이며, 대회와 대회 사이에는 대회에서 선출한 중앙위원회가 그 역할을 한다. 창립대회에서 채택된 조선농업근로자동맹의 규약을[66] 보면 정기대회는 4년에 1회 중앙위원회가 소집하는 것을 원칙으로 하였다. 동맹 대회에서는 중앙위원회와 중앙검사위원회를 선출하고, 또 중앙위원회는 중앙위원회 전원

65) 『旬刊北朝鮮通信』 1947년 11월 상순호, 『북한관계사료집』 제27권, 국사편찬위원회, 1997, 225쪽.

66) "조선농업근로자동맹 규약", ≪로동신문≫ 1965년 3월 27일자.

회의를 1년에 2회 이상 소집하는 것으로 되어 있다. 중앙위원회는 필요에 따라 대회와 대회 사이에 대표자회를 소집할 수 있으며, 중앙위원회 전원회의에서는 중앙위원회 상무위원회와 위원장 및 부위원장을 선출한다. 동맹 대표자회에서 채택한 동맹 중앙위원회 위원과 후보위원의 소환, 보선 또는 선거에 대한 사항 이외의 모든 결정은 중앙위원회 전원회의의 비준을 받아야 하며 전체 동맹 조직들은 그 결정을 의무적으로 집행하여야 한다.

상무위원회는 전원회의와 전원회의 사이에 중앙위원회의 명의로 모든 사업을 지도한다. 중앙위원회는 동맹 내부사업과 제기되는 당면사업을 토의하고 집행하기 위하여 조직위원회를 선출한다.

도(직할시), 시(구역), 군 동맹조직의 최고 지도기관은 해당 대표회이며 대표회와 대표회 사이에는 대표회가 선출한 해당 동맹 위원회가 그 역할을 한다. 초급동맹조직의 최고 지도기관은 총회 또는 대표회이며, 총회와 총회, 대표회와 대표회 사이에는 총회 또는 대표회가 선출한 해당 동맹위원회가 그 역할을 한다. 도, 시, 군 동맹위원회와 초급동맹위원회는 당의 지시와 결정을 실천하기 위한 대책을 상급 동맹이 전달하는 경우 그 대책을 토의하기 위하여 열성자회의를 소집할 수 있다. 필요에 따라 상급동맹 위원회는 하급 동맹위원회의 위원장 또는 부위원장들을 임명하여 파견할 수 있다.

도 동맹조직의 최고기관은 도 대표회이다. 도 임시대표회는 도 위원회 산하 전체 동맹원의 ⅓ 이상의 요구와 도 위원회의 제의 또는 중앙위원회의 필요에 따라 소집한다. 도 대표회는 도 위원회 전원회의를 1년에 2회 이상 소집한다. 도 위원회 전원회의에서는 도 위원회 집행위원회와 위원장 및 부위원장을 선출한다. 도 위원회 집행위원회는 전원회의와 전원회의 사이에 도 위원회의 명의로 동맹사업을 지도하며 집행한다.

시, 군 동맹조직의 최고 기관은 시, 군 동맹대표회이다. 시, 군 대표회는 2년에 1회 시, 군 위원회가 소집하는 것을 원칙으로 한다. 시, 군 동맹 임시 대표회는 시, 군 위원회 산하 전체 동맹원의 ⅓ 이상의 요구와 시, 군 위원회의 제의 또는 상급 위원회의 필요에 따라 소집한다. 시, 군 위원회는 시, 군 위원회 전원회의를 1년에 3회 이상 소집하는 것을 원칙으로 한다.

김일성은 1964년 6월 26일 조선로동당 중앙위원회 제4기 제9차 전원회의에서 "근로단체사업을 개선강화할데 대하여"라는 연설을 하고, 여기에서 농근맹의 중심은 군 단위에 두어야 한다고 말하였다. 농촌경리에 대한 생산적 지도의 중심지는 군이기 때문에 군농업근로자동맹을 꾸리는 데 역점을 두어야 한다는 것이다. 예컨대 도 동맹의 사업을 위해서는 도 당 위원회의 한 부서에 한 개의 기구를 만들고 이것이 도 동맹위원회의 사업을 담당하도록 하며, 필요한 교양자료는 당 조직부와 선전부에서 만들어 내려 보내는 것으로 충분하다고 말하였다. 하지만 군 동맹위원회에는 조직사업부와 선전사업부, 그리고 기술교양사업부 등의 부서들을 두고 사람들도 많이 배치해야 한다고 주장하였다.[67)]

동맹의 기층조직은 초급단체이다. 초급단체는 동맹원들의 생활 거점이며 당정책과 상급 동맹의 결정을 직접 집행하는 전투단위이다. 초급단체는 동맹원이 3명 이상 100명 이하로 있는 협동농장과 국영 농목장 및 농촌경리에 직접 복무하는 공장, 기업소, 기관, 직장, 농촌 리에 있는 학교, 진료소, 유치원, 탁아소, 상점 및 편의봉사 부문에 조직한다. 동맹원 3명이 되지 않는 단위에는 동맹조직을 두지 않고, 그 동맹원들을 가까운 동맹조직에서 활동하게 한다.

동맹원 100명 이상의 단위에는 초급동맹위원회를 조직한다. 초급동맹위원회 내에는 집행위원회를 조직할 수 있다. 초급동맹위원회의 규모가 크거나 지역적으로 널리 분산되어 있는 경우에는 산하의 부문별 단위 마

---

67) 김일성, 「근로단체사업을 개선강화할데 대하여: 조선로동당 중앙위원회 제4기 제9차 전원회의에서 한 결론, 1964년 6월 26일」, 『김일성저작집』 제18권, 평양: 조선로동당출판사, 1982, 379쪽.

<그림 3-1> 조선농업근로자동맹의 조직체계

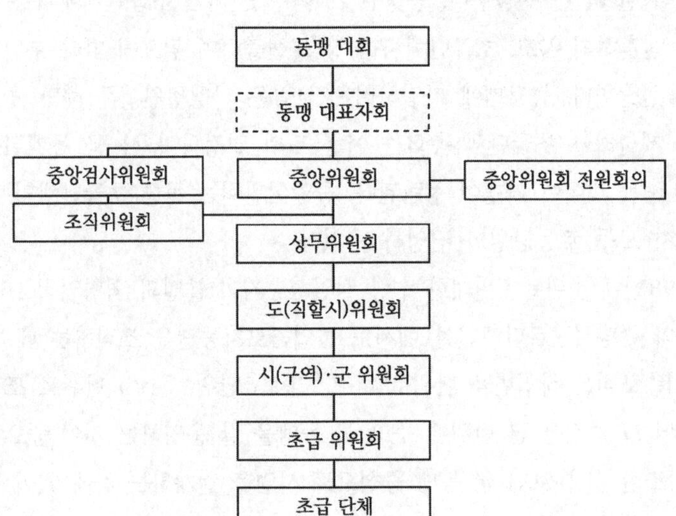

출처: "조선농업근로자동맹 규약"(≪로동신문≫ 1965년 3월 27일)을 토대로 작성.

다 필요에 따라 부문 동맹위원회를 조직할 수 있다. 초급동맹위원회와 부문동맹위원회 밑에는 부문 별로 초급단체와 같은 권한을 가지는 분초급단체를 조직할 수 있다. 초급단체(분초급단체) 밑에는 동맹분조를 조직할 수 있다. 동맹분조는 초급단체의 결정에 의하여 조직하거나 해체하며 초급단체, 초급동맹위원회, 부문동맹위원회를 조직하거나 해체하기 위해서는 시, 군 위원회 또는 그와 동등한 권한을 가진 위원회의 비준을 받아야 한다. 일반적으로 작업반의 규모가 작아서 30~40명 정도 되는 경우에는 작업반에 초급단체를 만들고, 작업반의 규모가 큰 경우에는 그 하부조직인 분조 2~3개를 합해서 초급단체를 만든다.[68]

초급동맹조직에서는 1년 임기의 집행기관을 선출한다. 동맹원 15명

68) 2003년 7월 24일에 실시한 북한이탈주민 채규익과의 면담에 근거한다.

이상이 있는 초급단체에서는 위원회를 선출하고 그 위원회에서 위원장과 부위원장들을 선출한다. 동맹원 15명이 못 되는 초급단체에서는 위원회를 선출하지 않고, 초급단체 위원장을 선출하며 필요에 따라 부위원장들을 선출한다. 농근맹에 가입하려는 사람은 가맹청원서를 해당 초급단체에 제출하고 초급단체 총회는 이를 토의 결정하며 시·군 동맹위원회의 비준을 받아야 가맹이 성립된다. 중앙위원회는 물론 초급단체의 간부들까지 모두 로동당원이 겸임하고 있다.

1998년에 출판된『위대한 수령 김일성동지의 불멸의 혁명업적 10: 주체형의 혁명적근로단체건설』에서도 농업근로자동맹을 조직하는 데 있어서 기층조직은 작업반을 단위로 하고, 리(里) 단위, 군(郡) 단위로 조직을 만들되 그 중심은 군 단위에 두고 군 동맹을 잘 운영하는 것이 중요하다고 강조한 것을 보면 군 동맹 중심으로 사업을 전개하는 점에 있어서 조선농업근로자동맹 창립 이후 현재까지 변화가 없다는 사실을 알 수 있다.[69] 각 군마다 협동농장경영위원회가 1개 있고, 이것이 리에 있는 협동농장들을 지도·감독한다.

현재 조선농업근로자동맹의 위원장은 승상섭이며, <그림 3-1>은 중앙조직과 산하조직의 관계를 중심으로 조선농업근로자동맹의 조직체계를 보여준다.

<그림 3-2>는 도·시·군 위원회와 대표회 그리고 전원회의 및 중앙검사위원회의 관계를 보여준다.

69) 조선로동당출판사,『위대한 수령 김일성동지의 불멸의 혁명업적 10: 주체형의 혁명적근로단체건설』, 평양: 조선로동당출판사, 1998, 299쪽.

<그림 3-2> 도(직할시) · 시(구역) · 군 동맹

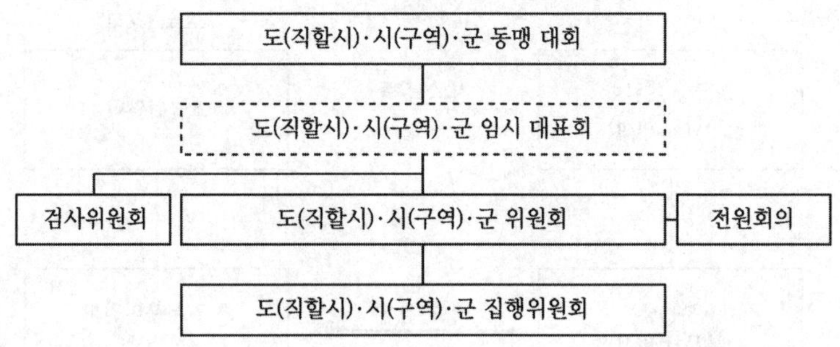

출처: "조선농업근로자동맹 규약"(≪로동신문≫ 1965년 3월 27일)을 토대로 작성.

<그림 3-3> 조선농업근로자동맹의 기층 조직

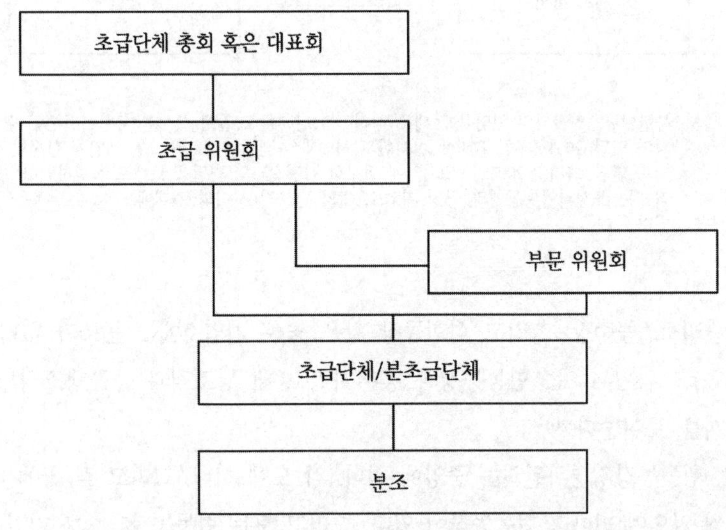

출처: "조선농업근로자동맹 규약"(≪로동신문≫ 1965년 3월 27일)을 토대로 작성.

<그림 3-3>은 초급단체총회와 초급위원회, 그리고 초급단체의 관계를 보여준다. 협동농장에는 분조가 있지만, 농기계작업소, 관개관리소, 종자

<그림 3-4> 협동농장과 농촌기업소 내 당조직과 농근맹조직의 관계

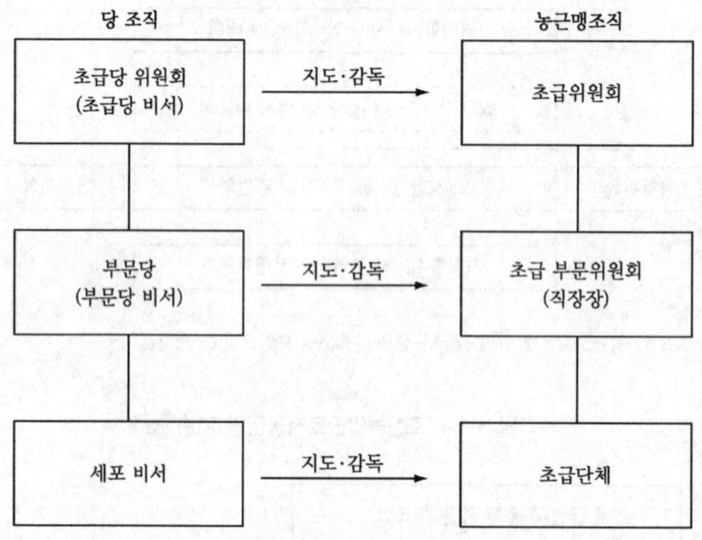

출처: 북한이탈주민들과의 면담을 토대로 작성-2003년 6월 20일에 실시한 북한이탈주민 김한국과의 면담, 2003년 6월 27일에 실시한 김서연과의 면담과 2003년 7월 24일에 실시한 채규익과 면담, 그리고 2003년 9월 4일에 실시한 김정길과의 면담을 토대로 작성하였다. 이 조직표는 조선직업총동맹과 공장·기업소 내의 당조직 사이의 관계에도 그대로 적용될 수 있다.

관리소, 종축장, 그리고 석회공장 같은 농촌 기업소에는 분조가 없다.

<그림 3-4>는 협동농장과 농촌기업소 내 당조직과 농근맹조직의 관계를 보여준다.70)

협동농장경영위원회는 중앙에 하나, 각 도에 하나, 그리고 각 군에 하나씩 있으며 리마다 협동농장이 있다. 그리고 모든 협동농장과 농촌기업소에는 당조직과 농업근로자동맹의 조직이 위의 표에 보이는 바와 같이 있다고 한다. 초급당 위원회는 50명 이상의 조직원으로 구성되며, 초급당 부분위원회는 약 30명 정도, 그리고 당세포는 약 10명의 조직원으로 구성된다고 한

70) 2003년 7월 25일에 실시한 북한이탈주민 김미경과의 면담에 근거한다.

다. 따라서 초급당 위원회는 2개 이상의 초급당 부문위원회로 구성되며, 초급당 부문위원회는 약 3개 정도의 당세포로 구성된다고 한다.

5. 조선농업근로자동맹의 기능

조선농업근로자동맹도 근로단체의 하나이기 때문에 모든 근로단체들이 공통적으로 수행해야 하는 기능을 완수해야 한다. 하지만 다른 근로단체들과는 달리 농촌경리의 개선을 위하여 수행해야 하는 기능도 동시에 갖고 있다.

모든 근로단체들이 공통적으로 수행해야 하는 기능은 『혁명과 건설에 관한 위대한 수령 김일성원수님의 교시』[71]에 요약되어 있다. 총론적인 측면에서 모든 근로단체들은 당과 대중을 연결하는 '인전대'로서 당의 '방조자'이며 '후비대'이다. 구체적으로는 광범한 군중에 대한 사상교양단체이며 당의 외곽단체로서 "비당원군중을 잘 교양하여 당의 두리에 굳게 묶어세우고 그들을 당 정책관철에로 힘차게 조직동원하는 것"이 근로단체의 첫째가는 과업이라 말하고 있다.[72] 그리고 농업근로자동맹의 기본임무는 "농촌에서 사상혁명, 기술혁명, 문화혁명을 성과적으로 밀고나가기 위하여 농민대중들속에서 교양사업을 진행하며 그들의 혁명적열의를 적극 조직동원하는 것"이라 규정하고 있다. 또한 농촌사업을 담당하는 당의 외곽단체로서 "사회주의농촌문제에 관한 테제가 내놓은 과업을 실현하기 위하여 투쟁"해야 한다고 주장한다.[73] 김정일 또한 같은 내용

---

71) 『혁명과 건설에 관한 위대한 수령 김일성원수님의 교시』, 평양: 조선로동당출판사, 1972.

72) 앞의 책, 1972, 66-67쪽.

73) 앞의 책, 1972, 69쪽; 김일성, 「근로단체사업을 개선강화할데 대하여」, 『김일성저작선집』 제4권, 평양: 조선로동당출판사, 1979, 128쪽; 조선로동당출판사, 『위대한 수령 김일성동지의 불멸의 혁명업적 10: 주체형의 혁명적근로단체건설』, 평

으로 근로단체 일반의 임무와[74] 조선농업근로자동맹의 임무를 규정하고 있으며, 그 내용은 현재까지 적용되고 있다.

다른 근로단체들과 달리 조선농업근로자동맹이 수행해야 하는 기능으로는 식량증산과 토지정리사업을 통한 보다 많은 경작지 확보 등을 들 수 있다.

구체적으로 조선농업근로자동맹 세부 조직들의 기능을 살펴보면, 최고 상급조직인 중앙위원회로부터 기층조직인 초급동맹조직에 이르기까지 모두 당의 외곽단체로서 당과 대중을 연결하는 인전대 역할을 하며 정치사상교육을 주요 임무로 설정하고 있다는 점에서 공통된다.

중앙위원회는 모든 활동에서 동맹을 대표하며 대회와 대회 사이에 동맹 내의 당적 사상체계를 철저히 확립한다. 간부들을 선발 배치하고 교양·육성하며 동맹조직을 매 시기마다 혁명전략에 부합하도록 꾸려나가고 사업방법을 부단히 개선하며 재정을 관리·운영한다. 또한 중앙위원회는 당에 무한히 충성하고 동맹원들과 농업 부문 근로자들을 당 주위에 결집시키며 동맹의 모든 문제를 당정책과 김일성의 교시에 입각하여 집행하고 조직 지도한다. 그리고 맹원들에게 주체사상을 확립하며 수정주의와 교조주의를 배격하고 마르크스-레닌주의의 순결성을 고수하기 위하여 투쟁한다. '우리 나라 사회주의 농촌문제에 관한 테제'에 근거하여 사상혁명을 선행시키면서 기술혁명과 문화혁명을 병행하여 추진하고 농업 부문에서 사회주의 경쟁과 천리마작업반 운동을 지도한다. 그 외에 농업생산을 보장하기 위한 방법을 제시하며 이것들이 성공적으로 실행될 수 있도록 동맹단체들과 동맹원들을 조직 동원한다.[75]

초급동맹조직은 상급동맹의 결정 집행을 조직하고 관철하며, 동맹원들

양: 조선로동당출판사, 1998, 298쪽.

74) 김정일, "근로단체사업에 대한 당적 지도를 강화할데 대하여: 전국당근로단체사업부일군강습회 참가자들에게 보낸 서한 1985년 4월 30일", 『주체혁명위업의 완성을 위하여 5(1983-1986)』, 평양: 조선로동당출판사 1988, 100-107쪽.

75) "조선농업근로자동맹 규약", ≪로동신문≫ 1965년 3월 27일자.

에게 당적 사상체계를 확립하고 당에 충성하도록 교육시킨다. 동맹원들에게 공산주의 교양을 실시하고 그들로 하여금 제국주의와 지주, 자본가 계급을 증오하고 사회주의 제도를 옹호하도록 교육하며 노동계급의 혁명정신을 갖도록 한다. 그리고 동맹원들에게 개인이기주의와 '소소유자적' 근성을 청산하고 집단과 조직을 사랑하며 보수주의를 극복하고 혁명적 낙관주의를 갖도록 한다. 또한 동맹원들로 하여금 농촌의 '수리화, 기계화, 전기화, 그리고 화학화'를 촉진시키는 데 적극 참가시키며 선진 과학기술을 도입하고 집약적 영농방법을 계속 발전시키며 농업 부문 근로자들의 생활을 나아지도록 한다. 농촌을 문화·위생적으로 만들며, 낡은 생활양식과 인습을 청산하도록 하고 군중문화사업과 체육사업을 광범하게 조직 진행하는 동시에 동맹원들에게 사회주의 경쟁과 천리마 작업반운동을 광범하게 조직 전개하여 집단적 혁신을 일으킨다. 그 외에 농업부문에서 사회주의적 분배원칙이 정확히 실시되도록 하며 노동보호 안전사업에 주인의식을 갖고 참여하여 농업 부문 근로자들의 노동조건과 생활조건을 부단히 개선시킨다. 동맹원들이 국토와 자원을 소중히 여기고 국가 및 협동재산을 애호 절약하며 나라와 협동농장의 살림살이를 알뜰히 꾸려나가도록 이끄는 작업도 한다.[76)]

시기별로 북조선농민동맹의 기능과 조선농업근로자동맹의 기능을 비교하면 우선 두 조직 모두 당의 외곽단체로서 농민대중을 당의 지지 세력으로 만드는 역할을 수행해야 했고, 또 농촌경리의 발전과 식량증산을 위하여 노력해야 했던 점에서 공통된다는 것을 발견할 수 있다. 즉 기능적인 측면에서 지속성을 보여준다는 것이다. 그러나 북조선농민동맹의 경우는 빈농을 중심으로 지주와 부농을 반대로 투쟁하는 역할을 하면서 북조선민주주의민족통일전선에 속한 하나의 단체로서 인민민주주의혁명에 기여하기 위하여 그 당시 시대상황적 분위기에 맞추어 활동하였다. 반면에 조선농업근로자동맹은 농촌 토지소유관계의 변화를 토대로 개인

---

76) 앞의 글, 1965.

농에서 농업 부문 근로자로 변화한 농민들의 계급의식을 노동자수준으로 끌어올리며 사회주의혁명의 지속적인 발전을 도모하기 위하여 구체적으로 사상혁명과 기술혁명, 그리고 문화혁명을[77] 추진했다는 점에서 차이점을 보여준다. 이런 맥락에서 1960년대 이후의 근로단체에 대한 일반적인 규정들을 개별 근로단체의 성격 묘사, 특히 초기 농민조직의 성격 묘사에 기계적으로 적용하는 것은 부적절한 측면이 있다고 하겠다.

북한의 농민조직인 조선농업근로자동맹이 제 기능을 얼마나 달성했는지는 김일성이 직접 근로단체에 대하여 언급한 글을 통하여 쉽게 알아낼 수 있는데, 1968년 10월 11일 직맹, 농근맹, 사로청, 녀맹 중앙위원회일꾼들 앞에서 한 연설 "근로단체들의 역할을 더욱 높일데 대하여"에서 지적한 두 가지 문제점을 보자.

첫째, 각급 당조직들이 근로단체들을 제대로 지도하지 못한다고 비판하였다. 예컨대 지방당 위원회책임비서나 조직부 관리들뿐만 아니라, 중앙당부서에서도 근로단체의 간부들을 비준하는 것 외에는 근로단체에 대한 지도사업을 제대로 하지 못한다고 지적하였다. 그리고 비당원군중들에게 교양사업을 전개할 때, 근로단체조직들을 통하여 당의 노선과 정책을 전달해야 하는데 근로단체를 움직이지 않고 당조직들이 이런 일을 혼자서 다 하려 하기 때문에 근로단체 간부들과 맹원들은 별로 하는 일 없이 지내며 자기 조직에 대한 긍지를 느끼지 못하는 문제가 생긴다고 비판하였다. 이런 지적은 다른 근로단체뿐만 아니라 농업근로자동맹에도 해당하는 것이다.[78]

---

77) 3대혁명 중 사상혁명의 핵심은 농업근로자들로 하여금 소농경리의 관습에서 비롯된 개인이기주의를 극복하고 공산주의사상으로 무장하도록 교양하는 것이고, 기술혁명은 농업근로들에게 기술학습과 경영학학습, 그리고 당 정책학습을 강화하여 그들의 정치리론수준과 기술실무수준, 관리운영수준을 더욱 높이도록 하는 것이며, 문화혁명은 농촌에서 생산문화와 생활문화, 그리고 공중문화를 확립하는 것이다(김일성, 「농업근로자동맹의 중심과업에 대하여」, 『김일성저작집』 제27권, 평양: 조선로동당출판사, 1984, 69-78쪽).

78) 김일성, 「근로단체들의 역할을 더욱 높일데 대하여」(직맹, 농근맹, 사로청, 녀맹 중앙위원회일꾼들 앞에서 한 연설 1968년 10월 11일), 『김일성저작집』 제23권,

둘째, 근로단체 일꾼들이 당정책에 따라 자기 사업을 독자적으로도, 적극적으로도 하지 못한다고 지적하였다. 근로단체중앙위원회들이 당의 노선과 정책을 깊이 연구하지 않고, 또 자발적으로 일을 찾아서 하지도 않기 때문에 근로단체들이 자기 역할을 제대로 하지 못한다는 것이다. 그 결과 근로단체신문에 각 단체들이 이룩해 놓은 사업관련 기사를 발견할 수 없다고 지적하였다. 특히 간부교양사업과 간부양성사업을 잘하여 좋은 간부들을 당원으로 만들어야 하는데 그렇게 하지 못할 뿐만 아니라, 군중과의 사업도 잘하지 못한다고 비판하였다. 농업근로자동맹도 예외가 아니어서 이런 문제점을 보이고 있으며, 있으나 마나한 존재라고 지적하였다.[79)]

당에서는 근로단체의 간부들을 통하여 모든 근로자들을 '혁명화'하려고 하는데, 근로단체의 간부들 스스로 혁명화가 무엇인지 모르고 있기 때문에 근로자들을 혁명화하는 사업이 제대로 진행되지 못하고 있다고 비판하였다. 이와 관련하여 농근맹이 농민들을 어떻게 혁명화하겠다는 안을 제시하지 못한다는 지적도 하였다. 그리고 사상혁명과 문화혁명을 문화기관이나 예술단체에만 맡길 것이 아니라, 근로단체들이 직접 나서서 추진하고 구체적으로 근로자들로 하여금 책을 읽게 하는 방법, 발표모임을 갖게 하는 방법, 연극을 만들어 공연하도록 하는 방법, 노래를 보급하는 방법, 강연회, 학습회, 그리고 담화를 하는 방법 등 다양한 정치사업을 전개해야 한다고 말하였다. 그리하여 근로자들을 정치사상적으로 무장시키고 노동에 대한 정치도덕적 자극을 강화시켜 이들이 노동에 성실히 참가하며 힘든 일에 앞장서도록 해야 한다고 주장하였다.[80)]

김일성은 1975년 2월 17일 조선로동당 중앙위원회 제5기 제10차 전원회의에서 한 연설 "당, 정권기관, 인민군대를 더욱 강화하며 사회주의

평양: 조선로동당출판사, 1983, 32-35쪽.

79) 김일성, 앞의 글, 1983, 35-41쪽.

80) 김일성, 앞의 글, 1983, 44-71쪽.

대건설을 더 잘하여 혁명적대사변을 승리적으로 맞이하자"에서도 당조직들은 근로단체들에 업무를 위임하고 근로단체들을 통하여 비당원군중들과의 사업을 해야 하는데, 그렇지 않고 근로단체들이 할 사업까지 도맡아하기 때문에 근로단체들이 자기 역할을 제대로 하지 못하고 있다고 지적하였다. "당조직들이 근로단체들을 깔고앉아 독판치면서 근로단체들의 사업을 대행하기때문이"라는 것이다. 그리고 근로단체들의 사업에서 "내리먹이는 사업방법"을 없애야 한다고 지적하였다.[81] 이런 현상은 북조선농민동맹이 활동하던 시절부터 조선농업근로자동맹으로 바뀐 후 1990년대 이전까지 지속적으로 나타났던 것으로 보인다. 북한사회의 구조적인 문제라 하겠다. 그러나 1990년대 중반 이후 극심한 식량난 속에서 전 사회체제가 제대로 작동하지 못하게 되면서 이런 문제점이 어떻게 나타나고 있는지에 대하여는 확보된 구체적 자료가 없어 판단하기 어렵다.

6. 결론

북한의 농민조직은 1965년을 전후로 하여 질적인 변화를 겪는다. 1965년 이전의 농민조직이었던 북조선농민련맹(1946년 7월 이후 북조선농민동맹으로 개칭)은 토지의 개인소유에 기반을 둔 개인농 중심으로 만들어졌다. 그러나 1965년 이후에 북조선농민동맹의 발전적 해체와 동시에 출범된 조선농업근로자동맹은 토지의 협동적 소유 혹은 사회주의적 소유에 토대를 두었다는 점에서 차이가 있다.

이러한 조직기반의 차이점 때문에 1965년의 농민조직이었던 북조선농민련맹 혹은 북조선농민동맹의 강령에는 이 조직들이 농민들의 이익을

---

81) 김일성, 「당, 정권기관, 인민군대를 더욱 강화하며 사회주의대건설을 더 잘하여 혁명적대사변을 승리적으로 맞이하자」(조선로동당 중앙위원회 제5기 제10차 전원회의에서 한 결론, 1975년 2월 17일), 『김일성저작집』 제30권, 1985, 66-69쪽.

대표하며 옹호한다는 표현이 있었던 반면에, 1965년에 출범한 조선농업근로자동맹의 강령에는 농민들의 이익을 대표하며 옹호한다는 표현이 사라지고 이 조직이 조선로동당의 '방조자'이며 당과 농민대중을 연결하는 '인전대'라는 측면만 부각되었다. 그렇다고 해서 1965년 이전의 북조선농민동맹이 농민들의 이익단체로서만 활동하고 농민대중을 당 주위에 결속시키는 외곽단체로서의 역할을 하지 않았던 것은 아니다. 이 두 가지의 역할을 수행하는 가운데 오히려 보이지 않게 당의 '방조자'로서 기능한 측면이 많았지만 당시의 여건이나 이에 기초한 혁명전략 때문에 이런 성격을 전면에 내세우지 않았었다.

북한의 농민조직이 해방 이후 북조선농민동맹으로 활동할 때나, 1965년 이후 오늘까지 조선농업근로자동맹으로 활동하는 동안 모두 기능적인 측면에서 당의 외곽단체로서 농민대중에게 당의 정책을 전달하고 이들을 당의 지지세력으로 만드는 역할을 수행해왔던 점과 농촌경리의 발전 및 식량증산을 위하여 노력했다는 점에서 지속성의 측면을 발견할 수 있다. 그러나 1965년 이전의 북조선농민동맹이 당의 '방조자'와 '후비대'로서, 뿐만 아니라 농민들의 이익을 대변하여 이익단체로서의 기능을 동시에 수행하다가, 1965년 이후 이익단체로서의 기능을 완전히 상실하고 사상교양사업 위주로 당의 외곽단체로서만 활동해왔다는 점에서 변화의 측면을 보게 된다.

또한 북조선농민동맹은 빈농을 중심으로 지주와 부농을 반대로 투쟁하는 역할을 하면서 북조선민주주의민족통일전선에 속한 하나의 단체로서 인민민주주의혁명에 기여하기 위하여 그 당시 시대상황적 분위기에 맞추어 활동했다. 반면에 조선농업근로자동맹은 농촌 토지소유관계의 변화를 토대로 개인농에서 농업 부문 근로자로 변화한 농민들의 계급의식을 노동자수준으로 끌어올리며 사회주의혁명의 지속적인 발전을 도모하기 위해서 구체적으로 사상혁명과 기술혁명, 그리고 문화혁명이라는 3대혁명을 추진했다는 점에서 차이점을 보여준다. 변화의 측면이라 하겠다.

1990년대에 들어서 경제위기에도 조선농업근로자동맹은 조선직업총동맹조직과는 달리 큰 영향을 받지 않고, 이전과 같이 기능하고 있다. 조선농업근로자동맹의 맹원들은 조선직업총동맹의 맹원들과 달리 배급을 받아왔기 때문이다. 물론 11월에 지급되는 식량이 부족하여 다음 해 5월이면 배급받은 것들이 바닥나고 농민들은 굶주림과 싸워야 한다. 그렇기 때문에 개인 텃밭을 북한정부가 허용하는 사태가 벌어지고 있기는 하나, 이런 상황에도 불구하고 조선농업근로자동맹은 조직이 건재하여 과거에 해오던 사상교양사업과 식량증산운동 등을 전개하고 있다는 것이다. 그리하여 1990년대 중반 이후 '고난의 행군' 속에서도 사회주의 강행군의 요구에 맞추어 동맹원들을 '사상의 강자, 신념의 강자'로 만들고 '수령결사옹위정신'과 '총폭탄정신'으로 무장시키며 사회주의를 옹호·고수하자는 주장을 하고 있다.

이 외에도 조선농업근로자동맹은 토지정리사업과 대규모 용수개발 사업을 통해 농업기반을 확충하고 홍수피해를 입은 농경지 등에 대한 복구사업도 추진하고 있는데, 이렇게 하는 것은 실업상태에 있는 농업근로자들에게 일거리를 줄 수 있고, 동시에 정치적인 선전 효과를 기대할 수 있기 때문이다.

김대중정부 출범 이후 남북간 교류·협력이 활성화되고 농업 부문 대북지원이 증가하면서 남북한주민들의 접촉이 늘어나고 이것이 북한사회에 적지 않은 파장을 미치자, 조선농업근로자동맹은 맹원들에게 사상교양사업을 강화하여 제국주의자들의 사상문화적 침투를 막고 농근맹 안에 사회주의 생활양식을 철저히 확립하자며 1999년 12월 4일에 개최된 조선농업근로자동맹 제36차 전원회의에서는 조선농업근로자동맹을 '자본주의 사상요소와 투쟁하는 전투조직'으로 만들자는 결정서를 채택하기도 하였다. 2002년 7·1경제관리개선조치 이후에는 큰 틀에서 집단주의를 지향하는 가운데 '평균주의'를 배격하고 일한 만큼 번다는 취지 아래 농업근로자동맹은 하부조직의 '창발성'을 증가시키고자 협동농장의 수익증대를 통하여 개인소득의 증대를 도모하는 방향으로 장려하고 있다. 종래의 사회주의 경쟁운동을 실리위주의 새로운 방식으로 전환한 형태라고 하겠다.

당조직과 조선농업근로자동맹 사이에 과거부터 지속적으로 나타났던 문제점, 즉 당조직이 조선농업근로자동맹의 할 일까지 도맡아 하는 과정에서 조선농업근로자동맹이 소극적으로, 그리고 형식적으로 사업을 전개해왔던 병폐가 1990년대 중반 이후 극심한 식량난 속에서 전 사회체제가 제대로 작동하지 못하게 되는 가운데 어떻게 나타나고 있는지는 향후 관련 자료가 확보되는 대로 연구하여 보충하고자 한다. 농민들은 개인 텃밭이라도 가꾸어 먹을거리를 스스로 만들어가고 있지만, 협동농장과 농촌기업소의 당조직 간부들과 농업근로자동맹의 간부들은 그러지도 않는 상황에서 조직 활동이 얼마나 효과적으로 이루어지고 있는지도 의문점으로 남는데, 관련 자료를 확보하는 대로 이런 연구에 대한 공백도 메울 것이다.

<참고문헌>

1. 북한 문헌 및 자료

1) 김일성, 김정일의 저작

김일성. 1974, 「농업근로자동맹의 중심과업에 대하여」, 『김일성저작선집』 제6권, 평양: 조선로동당출판사.

_____. 1982, 「근로단체사업을 개선강화할데 대하여: 조선로동당 중앙위원회 제4기 제9차 전원회의에서 한 결론 1964년 6월 26일」, 『김일성저작집』 제18권, 평양: 조선로동당출판사.

_____. 1983, 「근로단체들의 역할을 더욱 높일데 대하여」(직맹, 농근맹, 사로청, 녀맹 중앙위원회일꾼들 앞에서 한 연설, 1968년 10월 11일), 『김일성저작집』 제23권, 평양: 조선로동당출판사.

_____. 1984, 「농업근로자동맹의 중심과업에 대하여」, 『김일성저작집』 제27권, 평양: 조선로동당출판사.

_____. 1985, 「당, 정권기관, 인민군대를 더욱 강화하며 사회주의대건설을 더 잘하여 혁명적대사변을 승리적으로 맞이하자」(조선로동당 중앙위원회 제5기 제10차 전원회의에서 한 결론, 1975년 2월 17일), 『김일성저작집』 제30권, 평양: 조선로동당출판사.

_____. 1987, 「우리 나라에서의 농촌문제해결의 몇가지 경험에 대하여」(국가, 경제기관 일군들과 한 담화, 1978년 7월 28일), 『김일성저작집』 제33권, 평양: 조선로동당출판사.

김정일. 1988, 「근로단체사업에 대한 당적 지도를 강화할데 대하여」(전국당근로단체사업부일군강습회 참가자들에게 보낸 서한, 1985년 4월 30일), 『주체혁명위업의 완성을 위하여(1983-1986)』 제5권, 평양: 조선로동당출판사.

_____. 1988, 「농업근로자동맹사업을 더욱 강화할데 대하여」(전국농업근로자동맹일군강습회 참가자들에게 보낸 서한, 1985년 12월 14일) 『주체혁명위업의 완성을 위하여(1983-1986)』 제5권, 평양: 조선로동당출판사.

2) 단행본

1972, 『혁명과 건설에 관한 위대한 수령 김일성원수님의 교시』, 평양: 조선로동당출판사.

조선로동당출판사. 1959, 『농업협동화운동의 승리』, 평양: 조선로동당출판사.

_____. 1998, 『위대한 수령 김일성동지의 불멸의 혁명업적 10: 주체형의 혁명적근로단체건설』, 평양: 조선로동당출판사.

_____. 1972, 『혁명과 건설에 관한 위대한 수령 김일성원수님의 교시』, 평양: 조선로동당출판사.

_____. 『조선중앙년감 1966-67』, 1967, 『조선중앙년감 1991』, 1991, 『조선중앙년감 1993』, 1993, 『조선중앙년감 1995』, 1995, 『조선중앙년감 1999』, 1999, 『조선중앙년감 2000』, 2000.

최영의. 『조국의 독립과 발전을 위한 북조선민주주의민족통일전선의 업적』.

3) 논문, 연설문, 담화문, 결정서

강진건. 1992, 「1947년도 농업증산과 농민동맹」, 『북한관계사료집』 제13권, 국사편찬위원회, 1992.

국사편찬위원회. 1998, 「자료 58. 건국사상동원운동에 관한 북조선농민총동맹 제14차 중앙상무위원회 결정서 1949년 9월 19일」, 『북한관계사료집』 제29권, 국사편찬위원회.

_____. 1998, 「자료 63. 농민동맹 사업보고에 대하여」, 『북한관계사료집』 제30권, 국사편찬위원회.

4) 신문, 잡지 및 기타

황원보. 1965, "조선농업근로자동맹 창립과 금후과업에 대하여", ≪로동신문≫ 1965년 3월 26일.

"조선농업근로자동맹 규약", ≪로동신문≫ 1965년 3월 27일.

"조선농업근로자동맹 창립대회에 보내는 축하문", ≪로동신문≫ 1965년 3월 25일.

≪旬刊北朝鮮通信≫(1947년 11월 상순호, 11호); 『북한관계사료집』 제27권,

국사편찬위원회, 1997, 223쪽.

2. 남한과 외국 문헌 및 자료

1) 단행본

김성보. 2000,『남북한 경제구조의 기원과 전개: 북한 농업체제의 형성을 중심으로』, 역사비평사.

김창순. 1961,『북한십오년사』, 지문각.

민전사무국 편. 1946,『조선해방년보』, 경성: 문우인서관.

연합뉴스. 2000,『2001 북한연감』, 연합뉴스.

연합뉴스. 2002,『2003 북한연감』, 연합뉴스.

Erler, Peter and Laude, Horst and Wilke, Manfred(hg.). 1994, "*Nach Hitler kommen wir,*" *Dokumente zur Programmatik der Moskauer KPD-Führung 1944/45 für Nachkriegsdeutschland*, Berlin.

Hümmler, Heinz. 1978, *Bündnispolitik*, Berlin(Ost).

Staritz, Dietrich. 1976, *Sozialismus in einem halben Lande; Zur Programmatik und Politik der KPD/SED in der Phase der antifaschistisch-demokratischen Umwälzung in der DDR*, Berlin.

Staritz, Dietrich. 1988, *Die Gründung der DDR, Von der sowjetischen Besatzungsherrschaft zum sozialistischen Staat*, München.

2) 논문

권태진. 2003,「북한의 농정 변화와 전망」, ≪KDI 북한경제리뷰≫ 6월호.

리민복. 1996,「북한 주민들의 개인화와 체제변화 가능성」, ≪북한≫ 7월호.

백학순. 1998,「조선농업근로자동맹 연구」,『북한의 근로단체 연구』, 세종연구소.

Badstübner, Rolf. 1964, "Probleme der Bündnispolitik der SED," in: *Einheit Zeitschrift für Theorie und Praxis des Wissenschaftlichen Sozialismus*, Heft 4.

Kurek, Wolfgang. 1995, *Die VdgB in der bündnis-und agrapolitischen Konzeption der*

SED(1945 bis 1952), Entstehung und Konsolidierung des Verbandes als Konsequenz der SED-Politik, Berlin: Inaugural-Dissertation am Fachbereich Politische Wissenschaft der Freien Universität Berlin.

Wilhelmus, Wolfgang. 1965, "Zur Kontinuität der Bündnispolitik der KPD/SED 1945~1949," in: Wissenschaftliche Zeitschrift der Ernst-Moritz-Arndt Universität Greifswald, Gesellschafts-und Sprachwissenschaftliche Reihe Heft Nr. 2/3.

제4장 조선민주녀성동맹

정성임

1. 서론

사회주의국가에서의 '여성문제' 인식과 해소방식에는 민주주의국가들과는 다른 특성이 있다. 레닌에 따르면, 여성들의 불평등과 억압은 여성들이 가사노동에만 종사할 뿐 생산현장에서 소외된 데 그 근본원인이 있다. 따라서 여성들이 남성들과 마찬가지로 생산노동에 참여한다면 '여성문제'는 해결되고 남녀평등은 실현되며, 이를 보장하는 체제가 다름 아닌 그들의 사회주의체제라고 주장하였다.

그러나 현실은 이와 다르다. 불평등의 해소방법이 오히려 이중의 불평등을 만들어낸 것이다. 사회주의국가에서 여성들은 '가정생활'과 '노동생활'을 병행하는 이중고에 시달려왔다. 여성조직 또한 마찬가지이다. 그들의 활동은 여성들의 인권과 권리 신장에 역점을 두기보다는 당과 국가정책의 수행을 위해 여성들을 의식화하고 노력동원하는 데 머무른 것이다. 이러한 특징이 단적으로 나타난 곳이 바로 북한사회이다.

1945년 11월 등장한 북조선 민주녀성동맹(1951년 1월 조선민주녀성동맹으로 통합, 개편)은 남녀평등의 법적·제도적 기반을 마련하는 등 '여성문제' 해결에 일부 긍정적인 모습을 보였다. 그러나 북한의 정치·경제적 변화에 따라 여맹은 부침을 거듭해왔다. 체제의 성격 및 지도이념의 변화와 경제적 위기를 겪으면서 여맹은 조선로동당의 '인전대'이자 '방조자'로 그 역할을 제한시켜온 것이다.

이 연구는 조선로동당의 외곽단체인 조선민주녀성동맹(이하 여맹)의 위상과 역할이 무엇인지를 지속성과 변화의 측면에서 분석하는 데 목적이 있다. 이를 위해 1945년 이후 현재까지 여맹의 역사적 변천과정을 살펴보는 한편, 여맹의 조직체계와 운영방식, 그리고 활동내용을 분석할 것이다. 여맹의 지속성과 변화에 대한 연구는 근로단체의 성격과 역사적 변천 동인을 이해할 뿐 아니라 북한사회에서 대중조직과 여성조직이 갖는 의미와 한계를 밝혀준다는 점에서 의의가 있다. 자료는 김일성, 김정일의 관련연설, 여맹관련 회의 및 기관지 ≪조선녀성≫(1986~2000년), ≪로동신문≫, ≪근로자≫ 등 1차 자료 중심의 문헌연구방법을 활용하였다.

2. 여맹의 성격과 역할

조선민주녀성동맹은 북한에만 있는 여성대중조직이 아니다. 사회주의 국가들에도 유사한 성격의 조직이 있었다. 따라서 여맹의 일반성과 특수성을 이해하려면 먼저 이들 국가에서 여성조직에 대한 이론과 실제를 살펴보는 것이 필요하다.

1) 사회주의국가에서 여성대중조직

사회주의국가에서 '여성'과 '여성문제'는 왜 의미를 가지는가? 한마디로 말하면, 여성들에 대한 불평등과 억압, 즉 '여성문제'는 자본주의와 밀접한 연관이 있기 때문이다. '여성문제'의 근본 원인이 자본주의체제에 있으며, '여성문제'의 해결은 곧 그들의 목표인 자본주의의 타도와 직결된다는 주장이다. 마르크스와 엥겔스의 논리를 보자.[1)]

인간의 본질은 노동의 사회적 형태에 의해 결정되고, 남녀 성의 차이도 그들이 각각 담당하는 노동의 종류, 그리고 이로 인한 사회관계의 차이에서 비롯된다. 자본주의 사회에서 여성들은 구조적으로 억압받고 불평등한 대우를 받을 수밖에 없다. 남성들은 사회적 생산노동에 종사하는 반면, 여성들은 사적인 가사노동만을 담당한다. 그 결과 남성들의 활동은 '중요'하게 대우받는 반면, 여성들의 활동은 '보조적'으로 폄하되면서 불평등 구조를 낳기 때문이다. 따라서 그들 논리에 따르면, 자본주의만 폐지되면 여성은 억압과 불평등의 구조로부터 해방될 수 있다.

이러한 논리는 레닌에게도 볼 수 있다.[2)] 그는 자본주의하에서 여성 억압의 현실을 지적하고, 해결방식으로 사적소유 폐지와 여성의 경제적 활동을 제시하였다. 그리고 두 조건을 만족시키는 유일한 제도가 바로 공산주의이며, 공산주의체제하에서만 여성의 자연적 기능(어머니)과 사회적 의무(근로자)가 결합될 수 있다고 주장한 것이다.

그의 언급에서 주목할 부분은 여성들의 투쟁방식이다. 여러 계급의 여성들이 노력한다고 공산주의가 실현되지 않는다. 남녀 프롤레타리아 계

---

1) 조금안 역, 『마르크스·엥겔스·레닌·스탈린 여성해방론』, 동녘, 1988, 15-17쪽, 47-70쪽.

2) 「공산주의여성운동을 위한 지침」(코민테른 제2차 대회, 1920년 11월), 「여성 속에서의 공산당활동의 방법과 형태에 관한 테제」(코민테른 제3차 대회, 1921년 7월), 「근로여성 속에서의 공산당활동에 관한 테제」(제3회 국제공산주의 여성대회, 1924년 7월), 「코민테른 집행위원회 여성부의 보고와 여성 속에서의 활동이 당면한 임무(테제)」(제4회 국제여성활동대회, 1926년 6월), 「당외 대중조직 속에서의 활동(테제)」(제4회 국제여성활동회의, 1926년 6월 10일), 「코민테른과 국제여성운동, 공산당들에게 보내는 서한(초안)」(코민테른 제7차 대회, 1936년 8월), 편집부 편역, 『코민테른 자료선집: 대중운동, 농민문제』 제2권, 동녘, 1989, 128-136쪽, 299-375쪽.

급이 '자본주의 타도'라는 목표하에 공동의 계급투쟁을 벌일 때 비로소 공산주의가 가능해진다. 즉 공산주의 실현을 위해서는 프롤레타리아의 통일전선 형성과 계급투쟁이 중요하며, 여성운동은 전체 계급투쟁에 종속된 형태로 자리 잡은 것이다. 이러한 인식은 여성조직에 대한 설명을 보면 좀더 분명하게 알 수 있다.

여성들을 계급투쟁에 참여시키려면 의식화와 조직화가 필요하다. 그런데 처음부터 그들이 여성들만의 조직을 허용한 것은 아니었다. 여성들을 각국 공산당 지구당에 당원으로 가입시키거나 기존 조직(노동조합, 협동조합, 공장위원회 등)에 끌어들여 계급투쟁에 나설 것을 주장하였다. 이러한 입장에 변화가 생긴 것은 1930년대 중반이었다. 1936년 코민테른 자료를 보면, '광범위한 대중적 여성운동'의 창설 필요성을 인정하고 있다. 그 이유는 여성 자신의 요구에서 비롯된 것이 아니라 코민테른의 노선변화 때문이었다. 당시 코민테른은 파시즘에 대항하는 부르주아 민주주의 혁명 및 통일전선전술을 강조하고, 이를 위해 세력 규합에 총력을 기울이고 있었다. 이런 맥락에서 그들과 같이 전쟁과 파시즘에 반대만 한다면, 별도로 여성단체를 조직하는 데 반대할 이유가 없었던 것이다.

그렇다고 이것이 공산당으로부터 독립을 의미한다고 보기는 어렵다. 공산당 밖에 존재하더라도 여성조직의 활동은 공산당의 지도하에 있어야 한다는 점을 분명히 하였다. 이렇게 본다면, 사회주의이론에서 '여성운동'은 계급운동의 하위에 위치하고 있으며, 독립된 여성조직의 등장도 공산당의 정책 수행과 밀접히 연관되어 있다고 할 수 있다.

그러면 실제 사회주의국가들에서 여성대중조직의 형성 및 활동내용은 어떠한가? 여성대중조직들은 크게 노동조합 내의 여성조직, 그리고 여성동맹이나 여성위원회 등 독자적인 여성조직으로 나누어진다. 여기에서는 소련의 경우를 살펴보도록 한다.[3)]

---

3) G. K. 브라우닝, 『소련의 여성과 정치』(손봉숙 역), 한국여성정치연구소, 1992; 한정숙, 「혁명, 그리고 여성해방: 혁명기 러시아 여성운동에 대한 史的 眺望」, 여

소련의 여성조직으로는 노동조합 여성위원회,[4] 전국적 규모의 소련여성위원회,[5] 여성소비에트(ЖЕНСОВЕТ) 등이 있었다. 그 중 직장별, 지역별로 구성된 여성소비에트의 탄생은 흐루시초프의 정책과 밀접한 관계에 있다.

혁명 직후인 1919년 소련은 공산당 중앙위원회 서기국에 여성국(ЖЕНОТДЕЛ)을 설치하여 당과 여성대중을 연결하는 역할을 부여하였다. 그러나 1930년 그 기구는 폐지되고 소련공산당 선전·선동부 산하에 여성분과(Женсекторы)가 임무를 대신하였다. 소련사회에서는 이미 여성이 남성과 동등한 권리와 지위를 누리기 때문에 더 이상 여성국이 필요 없다는 이유에서였다. 그러나 실제 이유는 당조직개편 과정에서 여성국이 선전·선동부의 업무와 중복되면서 밀렸던 것이다. 여성국의 임무는 주로 여성의 생산력 동원에 있었고 선전·선동부와 업무가 중첩되자 선전·선동부로 업무를 통합했던 것이다.

그런데 1950년대 말 등장한 흐루시초프는 사회주의건설과정에서 인민들의 참여방식에 주목하였다. 스탈린시대처럼 인민들을 '강압적'으로 동원하는 것이 아니라 '광범위하고 자발적'으로 끌어들이기 위해 '사회조직'을 활용하는 방식이 그것이다. 여성소비에트의 탄생은 이러한 지도부의 교체와 정책의 전환과정에서 이루어졌다. 생산활동에 아직 참여하지 않는 여성들의 노동력을 활용하고 그들의 정치·사회적 의식을 고양시키기 위해 여성단체가 절실히 필요했던 것이다. 그 후 1960년대 초 여성소비에트는 소련 전역에 걸쳐 조직되었다.

성사연구회 편, 『여성』 제2권, 창작사, 1988, 23-65쪽; 「러시아의 여성조직: 1850년대에서 1930년까지」, 한국여성연구회 편, 『여성과 사회』, 창작과 비평, 1990, 82-110쪽.

4) 여성위원회는 여성노동자 비율이 높은 분야, 예를 들면 섬유, 경공업, 교육, 소매, 보건 부문 등의 노동조합 중앙위원회 내에 설치되었다.

5) 소련여성위원회는 1940년대에 반파시스트단체로 출범하였으며, 그 후 세계 130개국 350여 개의 국가기관, 30개의 국제 및 지역 여성단체, 유엔 특별기구와 교류하는 등 대외 활동에 주력하였다.

그렇다고 여성소비에트가 중앙의 지시하에 일사불란하게 조직된 것은 아니었다. 산발적으로 조직이 형성되었다든지, 일부 지역조직은 당조직보다 지역여성들의 이니셔티브에 의해 수립되고 활동계획을 추후에 공산당에 승인받는 등 여성소비에트의 독자성을 주장할 수 있는 여지가 있었다. 그러나 여성소비에트가 여성들의 요구가 아닌 국가정책의 변화 속에서 조직되었다는 점, 그리고 조직의 활동지침이 여성대회 공산당 간부의 연설을 통해 제시되었다는 점을 고려한다면, 여성소비에트는 처음부터 공산당의 지원과 연계 속에서 등장한 조직이며, 향후 활동에도 공산당의 영향을 받을 수밖에 없다.

실제 여성소비에트는 공산당의 지도하에 '새로운 공산주의여성'을 만들기 위한 활동을 벌여왔다. 활동은 크게 세 가지, 즉 경제활동(생산현장에 여성 동원), 정치활동(정치계몽, 반종교활동), 사회·문화활동(환경보호, 문화계몽, 육아, 복지, 교육) 등으로 나누어진다. 이와 관련, 관심을 끄는 부분은 여성소비에트가 경제 부문에서 여성의 노동조건 향상을 위해 어떤 일을 했는가와 정치 부문에서 여성 권익신장을 위해 활동을 벌였는가 하는 점이다.

소련이 여성 노동력에 주목한 이유는 경제계획 달성에 여성들을 적절히 동원하여 사회주의건설을 지원하는 데 있었다. 따라서 여성소비에트의 활동도 주로 동원과 생산성 향상에 초점이 맞추어졌다. 예를 들어, 여성들의 생산성 향상을 위해 노동조합과 공동으로 강의를 개설하거나 연수 프로그램을 마련하는가 하면, 노동력 조직을 위해 '돌격대' 참여를 이끌기도 하였다. 그 과정에서 여성소비에트는 작업장에서 여성들의 노동조건 향상에 일부 역할을 하였다. 관련 자료를 보면, 일부 지역에서는 이들이 여성들의 작업을 기계화하는 데 적극 나선 것으로 알려져 있다. 그러나 대체적으로 그 활동은 탁아소나 휴식 및 여가시설 마련 등 여성의 사회적 진출기반 마련에 그쳤다.

또한 정치 부문에서 여성소비에트는 여성들의 정치적 의식화를 위한 활동을 전개하였다. 그런데 그 내용을 보면 공산당의 이론과 실천에 대한 교육이 주류를 이룬다. 여성들의 정치의식 고양은 당이나 국가 정책에 여성들을 성공적으로 동원하기 위한 방편에 지나지 않았던 것이다. 더욱이 여성소비에트는 투표장에서 지원하거나, 후보자모임을 주선하고, 특정이슈에 참여하는 등 정치활동을 벌였지만 이런 활동도 역시 국가정책에 대한 지원에 지나지 않았다. 1960년대 베트남 원조사업, 1970년대 소련평화기금모금 참여 등이 대표적인 예이다.

이렇게 본다면, 여성소비에트는 전반적으로 여성의 권익신장보다는 여성 노동력의 동원과 이를 위한 의식화와 사회적 기반마련에 주력해온 조직이다. 사회주의국가에서 여성대중조직은 여성보다는 국가와 당정책의 수행을 위한 여성들의 사회단체였던 것이다.

2) 북한사회에서 여맹의 역할

북한사회에는 성별, 연령별, 계층별, 직업별로 4개 근로단체가 구성되어 있다. 여맹도 그 중 하나의 근로단체로 다른 단체와는 달리 여성을 대상으로 하는 대중조직이라는 점에 특성을 갖는다. 따라서 여맹의 역할을 이해하기 위해서는 대중조직과 여성조직으로서의 성격 및 한계를 살펴볼 필요가 있다. 전자는 조선로동당과 근로단체의 관계를 살펴봄으로 제시할 수 있다면, 후자는 '여성문제'에 대한 북한의 인식을 분석함으로 파악할 수 있다.

(1) 조선로동당과 여맹의 관계

조선로동당 규약 제9장(당과 근로대중의 조직)을 보면, 근로단체의 정의와 역할이 다음과 같이 제시되어 있다. 근로단체란 '근로대중의 정치조직이자 당의 외곽단체로 당과 대중을 연결하는 인전대이자 당의 방조자'이며, 그 역할은 '당의 지도하에 대중들에 대한 사상교양사업을 수행하는 한편, 사회주의건설에 조직동원하는 것'이다. 『령도체계』 중 '령도체계와 근로단체와의 관계' 부분에는 그 역할이 보다 구체적으로 표현되어 있다.[6] 근로단체는 수령과 당의 노선 및 정책을 관철시키는 데 최고의 목적이 있으며, 이를 위해 대중들을 조직화·의식화하는 역할을 수행하는 것이다.

여기에서 나타난 공통점은 근로단체는 당의 '지도'를 받는다는 점, 그리고 수령과 당을 위한 대중조직이라는 점이다. 물론 그들은 근로단체들에 대한 '당적 지도'를 강조하면서도 근로단체들이 '능동적으로' 사업을 조직·진행해야 한다고 언급하고 있다. 그러나 근로단체는 자발적인 대중조직이 아니며, 인민들이 당의 노선과 정책을 실현하도록 '지도'하는 조선로동당의 외곽단체이다. 이는 다음 세 가지로 설명할 수 있다.

첫째, 근로단체의 조직과 활동은 '수령에 의해서만' 이루어진다. 해방 이후 김일성이 공개적으로 대중단체 조직을 언급한 것은 1945년 8월 20일 "해방된 조국에서의 당, 국가 및 무력 건설에 대하여"라는 연설에서 이다.[7] 여기에서 김일성은 새 조국 건설을 위해 당의 창건을 역설하면서 당과 인민을 연결하는 고리로 대중조직 정치사업을 주장했던 것이다. 이를 위해 청년단체, 노동조합, 농민조직 등과 함께 여성동맹의 필요성이 거론되었다.

여성조직이 필요한 이유는 여성들이 사회성원의 과반수를 차지하고, 또 식민통치와 봉건제로부터 이중의 고통을 받았기 때문에 혁명의식이 강하다고 보았기 때문이다. 여성 스스로 필요성을 인식하고 조직한 것이 아니라, 김일성의 지시와 국가건설을 위해 만들어진 조직인 것이다. 공식적으로 북한은 여맹을 '김일성의 직접적인 발기와 지도하에 창건된 대

---

6) 김민·한봉서, 『령도체계』(위대한 주체사상총서 9), 평양: 사회과학출판사, 1985, 193-226쪽.

7) 김일성, 「해방된 조국에서의 당, 국가 및 무력 건설에 대하여」(군사정치간부들앞에서 한 연설, 1945년 8월 20일), 『김일성저작집』 제1권, 평양: 조선로동당출판사, 1979.

중적 정치조직'으로 규정하고 있다.[8)]

그 후 여맹의 활동은 당의 끊임없는 '지도'를 받아왔다.[9)] 창설 이후 여맹에 대한 '당적 지도'를 제시한 이래, 1950년대는 '당 단체들과 여맹 단체들'이 여성들 속에서 정치사상사업을 하도록 직접적으로 명시되는가 하면, 1960년대 여맹사업에 대한 '당의 지도' 역할 강화, 1970년대 '당의 지도와 방조' 역할, 1980년대 이후 '당의 영도' 역할 등이 끊임없이 제기되고 있다. 이미 1960년 ≪로동신문≫에서는 여맹을 '당과 여성 군중을 연결하는 인전대'로 규정하고 있다. 현재 여맹을 포함하여 근로단체를 담당하는 부서는 조선로동당 비서국(근로단체비서 김중린)이며, 각급 당 위원회는 근로단체들로부터 사업보고를 받고 있다.

둘째, 근로단체의 지도사상은 '수령의 혁명사상'이며, 활동의 최고원칙도 '수령에게 충실하며 수령의 사상과 영도를 높이 받드는 것'이다. 여맹이 조직된 이후 현재까지 사상교양사업은 가장 중요한 조직 활동 중 하나이며, 여맹대회나 창건일을 맞이해서 여맹의 주요과제로 제시된 것도 여성들을 수령의 사상, 주체사상으로 무장시키는 것이었다.[10)] 김정일의 등장과 함께 그들은 '김정일의 사상과 령도가 조선여성운동의 생명선'[11)]이라고 하고 있다.

셋째, 근로단체의 활동원칙은 '수령의 명령과 지시, 당의 노선과 정책을 무조건 접수하고 끝까지 관철'함으로써 실현된다. 그들은 여맹의 임무와 과업을 네 단계로 제시하고 있다. 정권획득 이전의 여맹은 여성들을 조직적으로 결속시켜 '정권전취 투쟁'에 조직 동원해야 한다. 반제반

---

8) 사회과학출판사 편, 『력사사전』 제2권, 평양: 사회과학출판사, 1971, 474쪽.
9) 김일성, 「유일당중수여사업을 바로하며 녀성동맹에 대한 당적지도를 강화할데 대하여」(북조선로동당 중앙위원회 상무위원회에서 한 결론, 1946년 12월 27일), 『김일성전집』 제4권, 평양: 조선로동당출판사, 1992; ≪로동신문≫ 1956년 7월 30일자, 1958년 7월 30일자, 1960년 7월 30일자, 1961년 7월 30일자, 1976년 7월 30일자, 1996년 3월 8일자; 「우리나라에서 녀성문제의 빛나는 해결」, ≪근로자≫ 1972년 제11호.
10) ≪로동신문≫ 1971년 10월 5일자, 1983년 6월 28일자.
11) ≪로동신문≫ 1998년 3월 8일자.

봉건민주주의혁명단계에서는 교양사업을 강화하여 새 사회 건설과 여성들의 사회적 해방을 위한 투쟁에 조직을 동원해야 한다. 그리고 사회주의 혁명단계에서는 여성들을 혁명사상으로 무장시켜 사회주의 혁명과업 수행에 나서게 해야 한다. 마지막으로 사회주의 혁명 승리 후에는 여성들을 조직적으로 혁명화, 노동계급화해야 한다. 어느 단계이건 여맹의 역할은 국가의 혁명전략에 종속되어 있으며, '당과 여성군중들을 연결하는 인전대'[12]로서 활동하는 것이다. 여기에 나타난 여성조직의 특성은 여성의 혁명화가 가정의 혁명화와 관련된다는 점에 있을 뿐이다.

여맹 창립일에 ≪로동신문≫에는 조선로동당 중앙위원회 명의로 축하문이 게재되곤 한다. 여맹의 활동이 활발하게 이루어지던 1970년대 당은 축하문을 통해 여맹의 역할을 이렇게 규정하였다. '수령을 옹호보위하였으며 수령이 내놓은 노선, 정책을 적극적으로 지지하고 그 관철을 위한 투쟁에 모든 여맹원들과 여성들을 조직동원'[13]하였다는 것이다. 여맹이 대중조직으로 존재하는 이유는 바로 수령과 당을 위한 조직이라는 데 있는 것이다. 이러한 여맹의 위상은 '조선녀성운동은 주체의 여성운동'이라는 2000년 3월 천연옥 여맹 위원장의 언급[14]에 잘 집약되어 있다.

(2) 여성조직으로서의 한계

여맹이 당과 수령을 위한 대중조직이라는 것은 '여성'조직으로도 마찬가지 한계가 있음을 의미한다. 여맹은 수령과 당을 위한 단체로 규정되어 있기 때문에 '여성조직'의 특성을 발휘하기 어려운 구조인 것이다. 여성에 대한 인식, 그리고 '여성문제'에 대한 인식과 해결방식을 통해 설명하도록 한다.

---

12) ≪로동신문≫ 1960년 7월 30일자.
13) ≪로동신문≫ 1971년 10월 6일자.
14) ≪로동신문≫ 2000년 3월 8일자.

첫째, 여성의 불평등과 억압을 해소하려면 무엇보다 여성에 대한 올바른 사회인식이 필요하다. 그런데 북한사회에서 여성의 대표적인 이미지는 '꽃' 과 '충신·효녀'이다. 이 두 이미지는 지도자를 중심으로 밀접하게 결합되어 있다.15)

'꽃'의 이미지에는 복합적인 성격이 들어 있다. 여성은 '나라의 꽃'으로 국가의 부강발전에 이바지하고, '혁명의 꽃'으로 당의 영도에 따라 사회주의혁명에 앞장서며, '충성의 꽃'으로 김일성·김정일을 충성으로 모셔야 하며, 그럴 때 여성은 비로소 '사회의 꽃'으로 피어날 수 있다. 그런데 '자연의 꽃'이 생명력을 유지하기 위해 햇빛이 필요하듯이 '사회의 꽃'도 그 생명력을 유지하려면 사회의 햇빛이 필요하다. 그 햇빛이 바로 김일성·김정일이다. 그리고 이들이 여성들의 삶을 유지시켜주는 존재라면 그들에게 '충신·효녀'가 되는 것은 당연하다는 논리를 전개한다. 여성과 김일성·김정일의 관계가 충성을 바쳐야 하는 관계라면 여성들의 대중조직인 여맹 또한 그 이상이 되기 힘들다. 이러한 특성은 '여성문제'에 대한 인식과 그 해결방식에도 그대로 투영된다.

둘째, 여맹은 여성조직으로 '여성문제'의 해결을 시도해야 한다. 그러나 북한사회에서 '여성문제'는 정치적으로 인식되고, 그 결과 '여성문제'의 해결도 국가과제와 동일시되는 양태를 볼 수 있다.16)

북한은 공식적으로 '여성문제'란 온갖 형태의 압박과 불평등에서 해방하여 '사회정치적 해방과 자주성을 실현하는 문제'라고 주장한다. 그리고 여성해방운동은 항일무장투쟁시기에 김일성의 여성해방 강령17)이 역

---

15) ≪로동신문≫ 1995년 7월 30일자, 1996년 3월 8일자, 1997년 3월 8일자, 1998년 3월 8일자.

16) ≪로동신문≫ 1975년 11월 18일자, 1975년 7월 30일자, 1991년 7월 30일자, 1995년 3월 8일자, 1997년 7월 30일자.

17) 「인민혁명정부 정강」 제2항: "……인민혁명정부 통제구역내의 모든……가족은 남녀, 종족, 종교, 신앙의 차별 없이 다같이 혁명정부의 공민으로서 평등권을 가지며……"; 「조국광복회 10대 정강」 제7항: "남녀, 민족, 종교 등 차별 없는 일률적 평등과 부녀의 사회상 대우를 제고하고 여자의 인격을 존중할 것."

사적 근간이 되어 그 후 해방 이후 시기, 김정일시기로 이어왔다고 설명하고 있다. '여성문제'의 해결이 어떠한 식으로 제시되었는가를 구체적으로 살펴보자.

우선 반제반봉건 민주주의혁명단계에서 '여성문제'의 해결은 식민지적·봉건적 압박과 예속에서 해방하는 것이었다. 실제 남녀평등권법령 등 여러 '민주'조치들을 통해 사회생활에서 여성들은 남성들과 동등한 지위와 권리를 갖게 되었다. 그러나 법적으로 사회적 평등과 권리가 보장(사회적 해방)되었다고 '여성문제'가 모두 해결되는 것은 아니다. 여성들이 평등과 권리를 제대로 누리고 남성들과 똑같은 역할을 하기 위해서는 다음 사회주의혁명단계에서 두 가지가 요구된다. 하나는 여성을 혁명화·노동계급화하는 것이고, 다른 하나는 기술혁명을 통해 여성들을 어렵고 힘든 노동에서 해방하는 한편, 사상·문화혁명을 통해 여성들이 법적으로 보장된 사회적 평등과 권리를 제대로 누리도록 하는 것이다.

여기에서 주목할 점은 각 단계에서 제시된 '여성문제' 해결방식이 당시 국가과업과 밀접히 연관되어 있다는 점이다. 특히 1970년대 북한은 3대 기술혁명(사상, 기술, 문화혁명)에 총력을 기울이던 시기이다. 그것이 반영되어 나타난 것이 사상, 기술, 문화 부문에서 여성의 혁명화, 노동계급화이다. 이런 방식은 1990년대 이후 경제적 위기와 함께 보다 직접적으로 드러난다.[18)]

1995년 ≪로동신문≫사설에 나타난 여성운동은 '당의 영도를 받들어 여성들을 주체형의 혁명가로 준비시켜나가는 충성의 운동이며 내 나라, 내 조국을 더욱 부강하게 하여 여성문제를 종국적으로 해결하기 위한 보람찬 투쟁'이다. 1996년에는 여성운동이 수령의 유훈과도 연관된다. 수령의 유훈교시를 관철하여 여성운동이 '수령을 삶의 은인으로 받들고 수령의 위업을 끝까지 실천해나가는 충성의 운동'이 되게 해야 한다고 한

18) ≪로동신문≫ 1995년 7월 30일자, 1996년 3월 8일자, 1997년 3월 8일자, 2000년 3월 8일자.

것이다. 유사한 표현은 2000년에도 지속된다. 여성들에게 '강성대국건설에서 전진을 이룩하며 새 시대의 요구에 맞게 여성운동발전에서 전환을 가져올 과업이 있음'을 지적한 것이다.

이러한 언급에서 여성의 '자주권'은 더 이상 남녀평등 실현의 문제가 아니다. '여성문제'는 조국의 부강을 위한 '충성의 문제'로 성격이 변질된 것이다. 국가의 행복이 곧 여성의 행복이며, 북한이 '강성대국'이 되지 못한다면 '여성문제'는 해결될 수 없다. 여맹과 여성들이 국가과업에 적극 참여해야 하는 이유가 바로 여기에 있다. 여맹에는 여성조직의 과제가 아니라 당과 국가를 위한 과제만이 중요하게 부각되는 것이다. 이러한 특성 때문에 여맹은 당정책의 노선과 변화에 따라 역사적 변천과정을 겪게 된다.

3. 여맹의 역사적 변천

조선민주녀성동맹은 역사적으로 크게 세 시기, 즉 1940~1950년대 사회주의 건설과 여맹의 형성기, 1960~1970년대 유일체제 수립과 여맹의 변화기, 1980년대 이후 정치·경제적 변화와 여맹의 부침기 등을 거치며 변천의 과정을 겪어왔다. 여기에서는 시기구분을 여맹 대회를 중심으로 시도하였다. 각 단계별로 변화의 동인과 여맹의 지속성과 변화를 살펴보도록 하자.

1) 사회주의 건설과 여맹의 형성: 1945~1964

이 단계는 최초로 여성대중조직이 등장하고 조직의 모습을 갖추어 나가는 한편, 여성의 생산활동 참여를 위해 법적·제도적 기반 조성에 주력한 시기이다. 1940년대, 전시, 전후 등 세 시기로 나누어 여맹의 형성과 활동을 살펴보도록 한다.

해방 이후 북한사회에서 우선적인 목표는 '민주주의사회'의 건설이었다. 각계각층의 참여가 그 어느 때보다도 절실하였고 이런 노력의 일환으로 1945년 11월 18일 북조선민주녀성동맹(위원장: 박정애, 이하 민주여맹)이 창립되고, 1946년 9월 6일 기관지로 ≪조선녀성≫(월간)이 창간되었다. 그리고 그 직후인 1946년 10월 16일 민주여맹은 국제민주여성연맹에 가입하였다.

민주여맹의 강령[19] 및 김일성의 관련연설[20]을 종합하면, 당시 민주여맹의 목표는 두 가지, 즉 여성들의 봉건의식 타파와 국가사업 참여에 있었다. 민주여맹이 계급의식 고양보다 봉건의식 타파를 내세운 것은 당시 북한상황을 반영한다. 자본주의적 발달단계에 있던 국가들은 사회주의 건설을 위해 부르주아적 경향의 배제가 중요했다면, 봉건체제하의 북한에게는 새로운 정치·경제질서의 수립에 앞서 봉건잔재의 해소가 요구되었던 것이다.

실제 1940년대 여성의 법적·경제적 지위를 향상시키는 여러 조치들이 법제화되었다. 그러나 이는 여맹활동의 결과가 아니라 체제전환을 위해

19) ① 우리는 민주주의적 녀성과 대동 단결하여 김일성 장군이 발표한 20개조 정강을 그 기초로 한 조선민주주의정권 수립을 위해 총역량을 집중함. ② 녀성에서 평등한 선거권과 피선거권을 준 북조선 인민위원회의 정강을 지지하며 이 영예를 전 조선녀성들에게 드리기 위하여 분투함. ③ 우리는 민주건설을 파괴하는 일제 팟쇼분자, 친일분자, 민족반역자를 전멸하기 위해 분투함. ④ 조선문화의 향상과 정치 경제의 건전한 발전을 위해 분투함. ⑤ 녀성의 문맹퇴치와 생활개선을 위해 각 문화운동과 산업부흥에 적극 참가함. ⑥ 녀성의 국가적 옹호를 요구함. ⑦ 봉건적 도덕인습과 미신타파를 위해 노력함.

20) 김일성, 「녀성동맹의 금후과업에 대하여」(북조선민주녀성동맹 제1차대표자회에 참가할 공산당원인 녀맹일군들앞에서 한 연설, 1946년 5월 9일), 『김일성저작집』 제2권, 평양: 조선로동당출판사, 1979; 「유일당증수여사업을 바로하며 녀성동맹에 대한 당적지도를 강화할데 대하여」; 「녀성동맹사업에 대한 지도를 강화할데 대하여」(북조선로동당 중앙위원회 상무위원회에서 한 결론, 1947년 10월 20일), 『김일성저작집』 제3권, 평양: 조선로동당출판사, 1979.

국가차원에서 이루어진 것이다. 봉건잔재 유습을 타파하기 위한 법령(1947년 1월), 축첩 등의 처벌을 규정한 형법(1950년 3월, 최고인민회의 상임위 정령 제253, 256조)에 이어 여성의 생산활동 참여를 보장하기 위해 『로동법령』(1946년 6월),[21] 『남녀평등권법령』(1946년 7월),[22] 『탁아소규칙』(1947년 6월), 『탁아소에 관한 규정』(1949년 2월)이 제정되었다.

여맹은 한국전쟁 동안 조직상 큰 변화를 겪었다. 1951년 1월 19~20일 남북 조선민주여성동맹 합동 중앙위원회에서 조선로동당 중앙위원회 제3차 정기회의 결정에 따라 북조선민주녀성동맹과 남한의 남조선민주여성동맹[23](위원장: 류영준)은 조선민주여성동맹(위원장: 박정애)으로 통합·개편된 것이다. 그리고 여맹은 전선지원 돌격대운동에 나서는 한편, 국가사업에 동원되어 농업현물세 징수사업이나 원호활동, '생산혁신운동'에 적극 도움을 주었다.[24]

한국전쟁 이후는 복구기 및 사회주의건설기로 여맹은 여성의 노동력 동원과 조직 확대에 초점을 맞추어 활동을 전개하였다. 우선 여맹은 여성의 노동력 확보를 위해 두 가지 차원에서 활동을 벌였다.[25] 먼저 여성들이 스스로 노동을 '신성한 의무'로 여기고 자발적으로 참가하도록 사상교양사업을 강화하였다. 그리고 교육·문화·보건·상업·유통 부문 등에 여성들을 진출시키기 위한 활동을 강화하는가 하면, 여성의 사회진출을 사회적으로 보장하기 위한 사업에도 나섰다. 공장 및 기업소에 위생시설을 개선하는 한편, 탁아소, 유치원 등의 확대를 위해 노력한 것이다.

---

21) 동일노동 동일임금(제7조) 보장, 모성보호 규정(제14-18조) 등을 두어 여성의 노동참여를 유인하였다.

22) 국가, 정치, 경제, 사회, 문화 모든 부문에서 동등한 권리(11조)를 명시하는 등 여성의 평등권을 처음으로 법제화하였다.

23) 1945년 8월 17일 주로 공산주의자들을 중심으로 건국부녀동맹이 구성되었으나 대중성을 얻지 못하자 조선공산당은 1945년 12월 조선부녀총동맹을 창립하였고, 1947년 2월 남조선민주여성동맹으로 개칭하였다.

24) ≪로동신문≫ 1975년 11월 8일자.

25) ≪로동신문≫ 1956년 7월 30일자, 1958년 7월 30일자, 1960년 7월 30일자, 1961년 7월 30일자, 1964년 7월 30일자.

또한 여맹은 조직 확대 및 정비에도 나섰다.[26] 1945년 40만에 불과하던 맹원수는 1960년 220만 명으로 늘어났으며, 조직 강화를 위해 초급단체를 강화하는 한편, 캠페인 위주의 사업방식도 정치·교양·문화사업 위주로 바꾸었다. 여맹은 대외적인 활동의 범위도 넓혔다. 1958년 11개 사회주의국가, 57개 자본주의국가의 500여 개 단체들과 교류하고, 31종의 출판물을 62개국 100여 개 단체에 보내고 있었다. 그리고 1958년 제4차 국제여성대회(오스트리아 비엔나)에는 여맹 부위원장(김영수)이 직접 참가하기도 하였다. 이런 대외활동의 목적은 '한반도문제'에 대한 북한측 주장을 알리는 데 목적이 있었다. 그 내용을 보면, 1958년 북한정부 성명 내용을 알리거나 통일과 사회주의건설에서 여성의 투쟁을 주로 담고 있었다.

1940~1950년대 여맹은 소기의 성과를 거둔 것으로 평가된다. 여맹의 평가는 긍정적인 것만은 아니었다. 그들 스스로 여맹이 '자기의 기능을 옳게 수행하지 못한다'는 평가를 내렸다.[27] 이름만 있을 뿐 별로 하는 일이 없는 '유야무야한 상태'라는 것이다. 조직체계적으로 상부기관만 형식적으로 있고, 하부조직들은 '다른 사회조직에 융해되어 복무'하는가 하면, 지도일꾼들은 국제대회나 다니고 '수정주의, 사대주의'에 젖어 당의 노선과 정책을 충실히 집행하지 못한다는 것이었다.

그럼에도 여맹은 여성의 생산현장 참여와 사회활동을 위한 기반마련 측면에서 일정 성과를 거두었다. 무엇보다 여성들의 실질적인 생산활동 참여가 급증하였다. 특히 1958년 7월 내각결정 제84호『인민경제 각 부분에 녀성들을 더욱 인입시킬데 대하여』 발표에 이어, 9월 김일성이 당·국가·경제기관·사회단체 책임일군 협의회에서 여성일군의 비중을 높일 것을 강조하면서 그 증가세는 급등했다.[28] 1961년 경공업 부문에서 여

26) ≪로동신문≫ 1971년 10월 10일자; 조선중앙통신사,『조선중앙년감』, 1959년, 1961년.

27) ≪로동신문≫ 1971년 10월 6일자.

28) 김일성,「사회주의건설의 새로운 앙양을 위하여 나서는 몇가지 문제」(당, 국가,

성노동자수는 절반을 넘었고(1956년 41.4%), 상업 및 유통 부문에서는 90% 이상(1959년 말 60%)이 여성노동자였다. 1964년 전체 노동자 중 여성이 차지하는 비율은 49%로 절반에 이르는 성과를 올렸다.

또한 여성들이 사회활동에 참여할 수 있는 여건도 호전되었다. 1949년 12개(620명 수용)에 불과하던 탁아소가 1956년 224개(6,538명), 1960년 7,624개(394,489명)에 이어, 1964년 6,700여 개로 증가했으며, 유치원도 5,800여 개에 이르렀다. 또한 세탁소, 재봉소, 가족식당 등 편의시설도 마련하였다.

이렇게 본다면, 1945년 창립 이후 1964년까지 여맹은 여성의 의식전환과 생산활동 참여를 위해 활동을 벌였고, 일부 성과를 바탕으로 향후 여맹의 발전을 도모할 수 있는 기반을 조성했다고 평가할 수 있다.

2) 유일체제 수립과 여맹의 변화: 1965~1982

이 단계는 북한의 정치적 상황 변화에 따라 여맹이 당의 '인전대'로서 사상교양단체와 노력동원단체로의 성격을 본격적으로 드러내는 시기이다. 여맹은 제3차 대회(1965년 9월 1~4일, 위원장 김옥순)에서 규약을 개정하였고, 제4차 대회(1971년 10월 5~10일, 위원장 김성애)에서 여성들의 '혁명화, 로동계급화'를 과업으로 내세우며 조직을 재정비하는 한편, 적극적인 활동을 벌여나갔다.[29)]

먼저 여맹은 조직의 재정비에 나섰다. 1964년 김일성은 근로단체 중 조선농업근로자동맹과 조선직업총동맹의 재정비 필요성을 제기[30)]한 데

경제기관, 사회단체책임일군협의회에서 한 연설, 1958년 9월 25일), 『김일성저작집』 제12권, 평양: 조선로동당출판사, 1981.

29) 김일성, 「녀맹조직들앞에 나서는 몇가지 과업에 대하여」(조선민주녀성동맹 제3차대회에서 한 연설, 1965년 9월 2일), 『김일성저작집』 제19권, 평양: 조선로동당출판사, 1982; 『조선민주녀성동맹 제3차대회 문헌집』, 평양: 근로단체출판사, 1966; ≪로동신문≫ 1971년 10월 7일자.

30) 김일성, 「근로단체사업을 개선강화할데 대하여」(조선로동당 중앙위원회 제4기

이어, 1968년 다시 근로단체들이 당의 외곽단체로 제 역할을 하지 못한다고 비판하고 공통된 문제점으로 조직생활 미비, 그리고 당정책 관철 미비 등을 거론하였다.[31] 여맹은 1965년 제3차 대회 이후 조직 강화를 위한 여러 조치를 취해나갔다.

우선 여맹은 '정치조직'의 모습을 갖추는 데 주력하였다. 여맹의 기본 구호, 깃발, 휘장을 새롭게 제정하였고, 중앙위원회부터 초급단체에 이르는 조직체계를 정비하고 여맹회의, 생활총화 등을 엄격히 수행하였다. 이전까지 여맹이 주로 근로여성들 위주로 움직였다면, 이후 여맹은 가내작업반 소속 여성들도 사업대상에 넣는 등 그 활동범위를 확대하였다.

또한 여맹은 간부 정비에도 노력을 기울였다. 이는 두 가지 방향에서 진행되었는데, 하나는 기존 간부들에 대한 교육 강화이다. 모든 여맹일꾼들을 전당적으로 진행되는 1개월 강습에 모두 참가시키는 한편, 여맹 자체적으로 강습과 방식상학, 토요학습과 강연회를 마련하였다. 다른 한편 여맹은 새로운 일꾼양성제도를 마련하였다. 중앙당학교, 근로단체중앙학교, 공산대학 등에 여맹일꾼 양성반을 꾸리는 한편, 연구기관들과 대학들에서도 여맹일꾼들을 교육시켰다. 이와 관련, 김일성의 지시에 따라 간부대상에 일부 변화가 나타났다. 기존의 여맹 간부들은 주로 대학이나 전문학교를 나온 인텔리 여성들이었다면, 공장이나 농촌에서 직접 일하던 근로여성들을 일정 교육을 통해 간부로 영입하려는 시도가 있었던 것이다.

한편, 1960~1970년대 여맹의 주요 활동은 크게 세 가지, 여성의 사상교양 강화, 아이들 교양 강화, 그리고 사회주의건설에의 동원을 중심으로 이루어졌다.[32] 그 중 여성들의 사상교양과 아이들 교양은 밀접한

제9차전원회의에서 한 결론, 1964년 6월 26일),『김일성저작선집』제4권, 평양: 조선로동당출판사, 1968.

31) 김일성,「근로단체들의역할을 더욱 높일데 대하여」(직맹, 농근맹, 사로청, 녀맹 중앙위원회일군들앞에서 한 연설, 1968년 10월 11일),『김일성저작집』제23권, 평양: 조선로동당출판사, 1983.

관련 속에서 진행되었다. 특히 아이들 교양자로서의 여성의 역할 제고는 이미 1961년 11월 16일 전국어머니대회에서 확인할 수 있다. 이 대회에서 김일성은 여맹의 과업으로 여성들을 '공산주의 어머니'와 사회주의건설 참여자로 만들 것을 제시했던 것이다. 그 후 어머니학교(1962년 3만 5천 3백 6개, 1968년 11만 2천 개, 217만 명)에서 여성들에 대한 사상교양이 강조되었다.

여성들의 노동력 동원 또한 여맹의 주요 활동 중 하나였다. 여맹은 가정부인들을 공장으로 끌어내기 위해 적극적으로 활동을 벌였다.[33] 자녀수가 많은 여성들의 노동시간을 하루 6시간으로 줄이는 한편, 어머니와 아이들의 모성휴양소도 마련하였다. 그러나 당시 김일성은 만족스럽지 못하다는 평가를 내렸다. 여성들을 꺼리는 사회적 인습,[34] 불충분한 사회적 조건이 문제였다. 이에 따라 여맹은 특히 사회적 조건 마련에 적극 나섰다.

이를 바탕으로 1970년대 여맹은 국가정책에 따라 자신의 활동을 벌여 나갔다. '온 사회의 혁명화, 로동계급화'를 위해 여성의 '혁명화, 로동계급화'를 모토로 내세우고, '사상혁명'을 위해 주체사상을 교양하고, '기술혁명'을 위해 고중졸업 수준의 기술 습득과 1개 이상의 현대적 기술

32) 김일성, 「녀맹조직들앞에 나서는 몇가지 과업에 대하여」; 「어린이들을 공산주의적으로 교양육성하는 것은 보육원, 교양원들의 영예로운 혁명임무」(전국보육원, 교양원대회에서 한 연설, 1966년 10월 20일), 『김일성저작선집』 제4권, 평양: 조선로동당출판사, 1968; 김일성, 「녀성들을 혁명화, 로동계급화할데 대하여」(조선민주녀성동맹 제4차대회에서 한 연설, 1971년 10월 7일), 『김일성저작선집』 제6권, 평양: 조선로동당출판사, 1974; ≪로동신문≫ 1969년 7월 30일자, 1971년 10월 6일자, 1973년 7월 30일자, 1976년 7월 30일자, 1978년 7월 30일자, 1980년 11월 18일자.

33) 예를 들어, 1965년 신의주시에서는 8천여 명의 가정부인들이 공장과 상업, 유통부문, 1만 2천여 명의 가정부인들이 분공장으로 각각 편입되었으며, 나머지 가정부인들도 가내 작업반에 배치되었다. ≪로동신문≫ 1965년 7월 30일자.

34) 김일성, 「현시기 국가경제기관들의 사업을 개선강화하기 위한 몇가지 문제에 대하여」(당, 정 지도일군들과 최고인민회의 대의원들 앞에서 한 연설, 1965년 5월 25일), 『김일성저작집』 제20권, 평양: 조선로동당출판사, 1982; ≪로동신문≫ 1965년 7월 30일자.

소유를 관철하고, '문화혁명'을 위해 어머니학교를 통한 아이들의 교양 사업 등에 주력한 것이다. 또한 여맹은 대외적으로도 상당히 활발한 활동을 벌였다.[35] 국제민주여성연맹대회 및 이사회(1963년 모스크바, 1968년 프라하, 1970년 헬싱키)에 참가하였으며, 1970년 제6차 대회에서는 국제민주여성동맹 이사회와 뷰로 성원으로 선출되었다. 그러나 여기에서 여맹은 '여성문제'의 논의보다는 한반도 정세, 미군철수, 통일의 외세간섭 배제 등 주로 정치적인 문제를 토의하고 결의문을 채택하는 데 주력했다.

1960~1970년대 여맹은 조직 재정비 및 여성의 노력동원과 사회적 기반 조성에 여러 성과를 거둔 것으로 보인다.[36] 여성노동력은 1971년 공업 부문에서 45.5%, 농촌경리 부문에서 60%를 차지한 이래 지속되었으며, 1976년 4월 29일 최고인민회의 제5기 제6차 회의에서 김일성은 여성들이 '물질적 요새'의 한 축을 담당하면서 '혁명의 한쪽 수레바퀴를 떠밀고 있다'는 평가를 내렸다.[37] 그리고 여성의 사회진출을 보장하기 위해 주 탁아소(1961년)에 이어 월 탁아소(1965년), 『모성 노동자들의 노동시간에 관한 규정』(1966년 9월 내각결정 제23호), 유치원 지도국 신설(1967년), 전국 보육원, 교양원대회(1966년 10월), 『어린이 보육교양법』(1976년 4월 최고인민회의 제5기 제6차회의)의 강화(1979년 3월 최고인민회의 제6기 제3차회의) 등의 조치가 이어졌다. 그 결과 1978년에는 탁아소와 유치원이 6만여 개에 달했고, 밥공장, 반찬공장, 식료품공장, 피복공장, 일용품공장 등 편의봉사시설의 확충과 함께 농촌수도화도 이루어졌다.

그런데 여기에서 우리는 한 가지 미묘한 변화에 주목할 필요가 있다. 김일성의 연설 가운데 여성과 여맹의 과제에서 '가정' 부문이 점차 강조

35) 위의 연감, 1963, 1968, 1970.
36) ≪로동신문≫ 1971년 10월 7일자, 1975년 11월 8일자.
37) 김일성, 「어린이보육교양사업을 더욱 발전시킬데 대하여」(최고인민회의 제5기 제6차 회의에서 한 연설, 1976년 4월 29일), 『김일성저작집』 제31권, 평양: 조선로동당출판사, 1986.

된다는 점이다. 여성들의 사회적 역할을 위해서는 무엇보다 육아 및 가사노동의 사회화가 중요하다. 이런 측면에서 여맹 활동은 탁아소, 유아원의 확대나 보육원의 교양문제, 그리고 밥공장, 반찬공장 등의 확대에 주력하지 않을 수 없다. 이를 두고 여맹 활동이 '가정' 부문에 치우쳤다고 평가할 수는 없다.

또한 여성들의 사회생활 필요성은 1960~1970년대에도 꾸준히 제기된다.[38] 예를 들어 1968년 김옥순 위원장은 여성들의 당 조직생활이나 사회단체 생활 참여를 격려하였다. 그럴 때 여성들은 남성처럼 혁명사업에 이바지할 수 있고, 그 과정에서 자신을 발전시킬 수 있다는 논리였다. 또한 1971년 ≪로동신문≫에서도 여성들의 노동 참여 이유를 온갖 구속에서의 해방, 그리고 실질적으로 평등한 사회적 지위 보장으로 제시하고 있었다.

그러나 이런 표면적 언급과 달리 김일성이 여성들의 산업현장 참여 이유를 설명하는 데에는 일부 변화가 나타난다. 관련 자료로는 1958년 9월 25일, 1965년 9월 2일, 1971년 10월 7일, 1976년 4월 29일자 연설이 있다.

1958년 김일성이 여성들의 사회생활 참여 이유로 제시한 것은 노동력 제공, 그리고 여성의 정치적 후진성을 막기 위해서였다. 그런데 1965년 김일성의 연설내용을 보면 일부 변화가 나타난다. '사회주의경제건설에 노동력을 제공하고', '현실에 뒤떨어지지 않으며', '건강유지에도 좋기' 때문이며, 그 외에 또 하나의 이유가 있었다. 여성들은 미래 공산주의건설자인 자녀들에게 노동을 사랑하는 정신을 교양시켜야 하는데, 이를 위해 여성들이 먼저 노동에 참가하여 노동계급의 사상으로 무장할 필요가 있다는 것이다. 여성의 노동참여를 여성의 아동교육과 연계시키고 있는 것이다.

1971년 김일성의 표현은 더욱 직접적이다. 그가 제시한 이유는 두 가

38) ≪로동신문≫ 1968년 7월 3일자, 1973년 7월 30일자.

지, 이기주의 사상과 가족들의 교양문제 때문이었다. 여성들이 사회와 동떨어진 생활을 하면 현실을 몰라 나라와 사회를 좀먹는 '식충이'가 되고 이기주의사상이 자라나며, 다른 한편으로는 여성이 혁명화되지 못하면 자신뿐 아니라 가족들에게 영향을 미쳐 이들을 '망치는' 결과를 가져온다는 것이다. 특히 1976년 김일성은 국가차원에서 어린이보육교양사업의 발전을 강조하면서도 '할머니나 부모들이 집에서 키우겠다고 하는 어린이들까지 억지로 탁아소에 넣을 필요는 없다'고 하였다. 이러한 논리라면 여성들은 '노동계급화'를 통해 가정에서 제대로 된 아이들 교육을 통해 '사상적 요새'의 구축에 이바지할 때 비로소 '혁명화' 임무를 완수할 수 있다. '여성의 노동계급화'는 '여성의 혁명화'를 통해 '가정의 혁명화'를 구축하기 위한 전제조건인 것이다.

그렇다면 왜 1970년대에는 가정 내 여성의 역할이 한층 부각되었을까? 한마디로 여맹이 당의 외곽단체이기 때문에 당정책 변화에 영향을 받았기 때문이다. 1960년대 김일성은 대내외적인 도전에 직면하였다.[39] 국제공산주의 내 갈등(중·소 갈등)과 함께 김일성의 개인숭배에 대항하는 세력들이 등장한 것이다. 김일성은 1967년 두 가지 조치, 즉 사상·문화담당 간부의 숙청과 주체사상의 공식화(조선로동당 제4기 16차 전원회의)를 시도하였다. 그 과정에서 김일성에 대한 충성과 사상을 강화하기 위해 주체사상과 김일성의 항일혁명전통에 대한 대중학습, 교양사업이 이루어졌다. 교양사업에는 무엇보다 어렸을 때부터의 교육이 중요하며, 1차 교육은 가정에서 이루어진다. 따라서 가정교육을 담당할 여성들과 여맹의 교양역할을 강조할 필요가 대두했던 것이다.

더욱이 1970년대는 김일성, 김정일 부자세습이 이루어지던 시기였다. 김정일 후계체제가 인민들에게 무리없이 받아들여지려면 남편, 아들 중심의 가족질서가 정당화될 필요가 있다. 그 과정에서 여성은 생산현장에서 '위력한 노동자'보다는 가정에서 '훌륭한 어머니', '순종하는 아내'로

39) 이종석, 『새로 쓴 현대북한의 이해』, 역사비평사, 2000, 424-435쪽.

부각되는 한편, 여맹의 과제도 여성교양과 자녀교양을 연결시키는 데 주력하게 된 것이다.

이렇게 본다면, 1960년대와 1970년대 여맹은 200여만 명의 맹원 확보와 조직 정비를 통해 '대중조직'으로서의 면모를 갖추는 한편, 북한의 정치적 변화에 따라 한계를 노정하게 되었다고 할 수 있다.

3) 정치·경제적 변화와 여맹의 변모: 1983～현재

1980년대 이후 시기는 두 단계로 나누어진다. 1980년대 여맹이 김정일 후계체제의 공식출범과 함께 위축되었다면, 1990년대 경제위기 속에서 여맹은 활동의 내용이 변화하는 등 부침의 과정을 겪어왔다.

1983년 제5차 대회(6월 27～29일, 위원장 김성애)[40]는 여맹의 위상과 관련 중요한 의미를 지닌다. 그 후 후속 대회는 아직까지 열리지 않고 있으며, 중앙위원회 전원회의에서 여맹의 과업을 토의 및 결정하고 있다. 제5차 대회에서 큰 변화는 여맹원의 가입대상이 바뀌었다는 것이다.[41] 1965년 규약에 따르면, 여맹에는 '조선공민인 만 18세 이상의 여성으로 여맹의 강령과 규약을 승인하고 그것을 실천하기 위하여 적극 노력하며 여맹의 일정한 조직 내에서 열성적으로 사업하며 규정된 맹비를 바치는 모든 여성'이 가입할 수 있다. 그러나 1983년 개정 규약에서는 다른 근로단체에 가입하지 않은 여성으로 그 대상을 제한하였다. 1977년 2백 60만, 1984년 2백 50만에 달하던 여맹원수는 1980년대 중반 이후 백 20만 명[42]으로 감소되었다.

---

40) ≪로동신문≫ 1983년 6월 27자, 1983년 6월 29일자.

41) 손봉숙, 「조선민주여성동맹 연구」, 이종석 편, 『북한의 근로단체연구』(연구총서 98-02), 세종연구소, 1998, 225쪽.

42) 지금까지 1980년대 중반 이후 여맹원수는 20만 명으로 알려졌으나, 2002년 9월 여맹 관계자는 여맹원수가 20만 명인 적은 없으며 120만 명의 오기라고 주장하였다. 2002년 9월 15-17일, <통일뉴스> 박희진과 여맹 관련자의 인터뷰.

맹원 감소는 곧바로 여맹의 활동위축을 가져왔다. 여맹원들이 가정여성, 그리고 요양 및 정양 등의 이유로 노동활동을 못하는 여성들인 점을 고려한다면, 여맹의 사업 또한 이들에 맞는 내용, 예를 들면 가정 유지 및 자녀관련 활동으로 제한될 수밖에 없다. 실제 중앙위원회 사업총화보고에서 여맹 과업으로 제시된 것은 주체사상과 충실성 교양, 절약과 모범 따라 배우기, 예술소조활동 등 군중문화사업으로 요약된다. 그 후 여맹의 임무는 사상교양사업 강화, 어린이 교양 육성, 조직체계와 규율 강화, 조직동원 등 기존의 과제가 되풀이 되었다.

여맹의 약화는 신문기사로도 확인할 수 있다. 1980년대 중반 이후 ≪로동신문≫에 실린 여맹대회나 여맹 관련기사도 현저히 줄어들었다. 예를 들어, 제4차 대회는 6일(10월 5~10일)에 걸쳐 진행되며 관련소식이 매일 3~6면에 걸쳐 대대적으로 게재되었다면, 제5차 대회는 3일(6월 27~29일)간 진행되며 4일에 걸쳐 1~3면에 상당히 적은 양으로 다루었던 것이다.

그러면 왜 1980년대에 여맹은 위축되었을까? 당시 다른 근로단체에 특이한 변화를 볼 수 없다는 점에서 우리는 여맹 내부에 관심을 돌릴 필요가 있다. 한 가지 가능성은 김성애의 위상 변화와의 관련성이다. 김성애의 영향력을 꺼려했던 김정일이 공식적으로 후계자가 되자 그에 대한 제거작업에 나섰을 가능성이다.

1971년 여맹 제4차 대회나 1970년대 초반만 해도 김성애 위원장의 영향력이 상당하였다. 관련 자료를 보면, 김일성 교시를 실현하기 위해 김성애가 여맹사업을 직접적으로 지도하고, 성과를 거두었다는 표현을 볼 수 있다.[43] 그러나 1980년대에 접어들면 여기저기서 김성애의 후퇴를 감지할 수 있는 현상들이 목도되고 있다.

한 예로, 1980년대에는 '강반석따라배우기'에 이어 '김정숙따라배우기'가 본격화되며, 여맹과 관련 김정숙의 역할이 부각되고 있다. 예를 들어, 김정숙은 여맹 기관지를 직접 지도하는 한편, 여성들 가운데 군중정

43) ≪로동신문≫ 1971년 10월 6일자, 1973년 7월 30일자.

치사업을 전개하였고, 여성들의 문맹 퇴치와 탁아소사업에 매진했다는 것이다. 여기에서 그들이 강조하는 것은 두 가지이다. 김정숙과 여맹과의 밀접한 관계, 그리고 김정숙의 여맹사업 지도는 김일성의 뜻이었다는 점이다. 즉 여맹의 탄생과 발전에는 김정숙(과 김일성)이 있으며, 여맹 활동의 참여는 김일성의 뜻을 따르는 길이라는 것이다.

또한 여맹관련 사업에서 김성애의 퇴조가 눈에 띈다.[44] 여맹 전원회의 보고는 위원장인 김성애가 담당하였으나 1983년 12월 여맹 제5기 제2차 회의 이후 김성애가 아닌 부위원장이나 서기장이 대신하거나 때로는 여맹관련 회의에서 김성애의 보고발언이 생략되기도 하였다.

더욱이 김성애 가족에 대해 김정일은 '곁가지 무리'로 비난[45])한 데 이어 김정숙에 대한 우상화 작업은 더욱 박차가 가해졌다. 1981년 8월 중앙인민위원회는 정령을 발표하고 김정숙의 고향인 양강도 신포군과 신포읍은 각각 김정숙군과 김정숙읍, 신포여자고등중학교는 김정숙여자고등중학교, 혜산 제2사범대는 김정숙사범대로 개칭하였다. 그리고 '김정숙어머님 따라배우기' 사업에 따라 해설강의, 연구발표, 노래보급사업이 있었다. 그 후 김성애는 공식활동에 나서지 않았고 1990년에는 김일성의 외빈접견시 가끔 모습을 드러내다 1998년 여맹 위원장은 천연옥[46]으로 교체되었다.

한편, 1990년대 이후 여맹은 또 다른 변화를 겪었다. 그 변화에 가장 큰 영향력을 미친 변수는 경제위기였다. 1998년 김정일은 여맹의 위상과 관련 다음과 같이 언급하였다.[47] 여맹은 사회정치조직 가운데 중요한 조직 중의 하나이며 여성들도 사회의 중요한 구성부문을 이룬다. 그런데

---

44) ≪내외통신≫ 417호(1985. 1. 11), 보4824호(1986. 11. 19), 525호(1987. 2. 20).
45) ≪내외통신≫ 463호(1985. 11. 29).
46) 이때 교체는 김성애와 김정일과의 관계이라기보다는 경제위기 속에서 여맹의 역할 제고를 위한 것으로 보인다. 1998년에는 조선직업총동맹을 제외한 3개 근로단체의 위원장이 모두 교체되었다. ≪내외통신≫ 보1108호(1998. 5. 7).
47) 「녀성동맹사업을 활력있게 벌려나가도록 이끄시여」, ≪조선녀성≫ 2000년 2호.

사회에서 여맹의 존재 자체를 부정하거나 여성들의 역할을 무시하는 것은 그릇된 사고방식이며, 여맹을 강화하고 역할을 높이는 것이 매우 중요하다고 한 것이다.

이러한 언급은 역으로 이전까지 여맹이 사회에서 별다른 의미를 부여받지 못했음을 뒷받침해준다. 그러나 이런 언급 후 여맹의 역할이 실제로 강화되었다고 보기는 어렵다. 당시 경제상황이 여맹에 일정 역할을 요구하고 있다는 점에서 여맹의 활동범위가 확대된 것은 사실이다. 1998년 여맹 중앙위원회 위원장이 새로 선거되었으며, 30여 년 만에 제2차 전국어머니대회가 개최되었다. 그러나 여맹의 역할에는 일정 한계가 있다.

경제적 어려움 속에서 최대의 피해자는 여성이다. 이는 1998년 이후 북한 언론에서 공식적으로 인정하고 있다. 여러 해 겪는 시련과 난관이 '남성보다 여성들의 어깨를 더 무겁게'[48] 한다든지, '고난과 시련의 검은 구름은 여성들의 가슴속에 먼저 그늘을 드리워'[49]라는 표현이 대표적이며, 좀더 직접적으로 '최후승리를 위한 강행군길에서 제일로 수고하는 것이 여성'이라는 표현도 볼 수 있다. 그런데도 북한이 여성들에게 강조한 것은 가족을 위한 희생정신이며, 이는 곧 김정일에 대한 도덕적 의리이다. '한공기의 죽도 남편과 자식들을 위해 양보'하고 '아무 내색도 없이 출근길엘 올라 빈 밥곽을 감추는' 여성이 아름답다[50]는 것은 가족을 위한 헌신을 강요한 데 지나지 않는다.

여맹의 활동 확대도 이러한 연장선상에 있다. 여맹 초급단체들은 주로 산업현장이나 군부대에 노력 및 물자지원을 벌이는 한편, 식생활 보장을 위해 집짐승 기르기 등에 여성들을 조직적으로 동원하고 있다. 즉 여맹은 경제위기 극복을 위해 여성들을 생산현장에 직접 참여시키기보다는 지원활동에 동원시키는 변화를 보인 것이다. 김정일의 언급은 이러한 여

48) ≪로동신문≫ 1998년 7월 30일자.
49) ≪로동신문≫ 2000년 7월 30일자.
50) ≪로동신문≫ 2000년 3월 8일자.

맹의 활동을 독려하는 데 목적이 있다고 보아야 한다.

그런데 1990년대 여맹의 구성원에서는 일부 변화를 관찰할 수 있다. 기관지를 보면, 체험기사에서 '읍 가두녀맹원(1990년)', '기업소 여맹원(1992, 1993년)'의 명칭을 동시에 볼 수 있으며, '여맹원들과 여성들'이라는 표현도 나타난다. 노동자와 가두여성이 모두 여맹원 소속인 것이다. 북측은 현재 여맹원수를 2백여 만 명으로 주장하고 있다.[51] 국영기업소 여성들은 직맹에 소속되는 한편, 편의봉사 등 협동 부문 여성들은 여맹에 소속되어 여맹원이 2백여 만 명 정도가 된다는 것이다. 그런가 하면 다른 주장도 있다. 탈북자 증언에 따르면,[52] 여성 노동자들이 대부분인 직장, 예를 들면 봉제공장의 여성들은 조선직업총동맹 소속이 되고, 여성 노동자들 수가 적어 다른 직장의 여성 노동자들과 초급단위를 구성할 경우 여맹 소속이라는 것이다. 분명한 것은 지금 여맹원에는 기업소 및 공장 노동자와 집안여성이 함께 있으며, 그 결과 여맹원수가 1980년대에 비해 늘어난 것으로 판단된다.

이렇게 본다면, 1980년대 위축되었던 여맹은 1990년대 들어 가두여성, 일부 기업소 근로자들로 조직을 재정비하고 일정 한계 내에서 활동의 범위를 넓혔다고 할 수 있다.

4. 여맹의 조직체계와 운영

1) 조직체계

여맹에 맹원으로 가입하려면 가맹 청원자가 해당 초급단체에 가맹 청원을 하고, 해당 초급단체에서 이를 토의 결정한 후, 1개월 이내에 시(구

51) 2002년 9월 15~17일, <통일뉴스> 박희진과 여맹 관련자의 인터뷰.
52) 2003년 7월 22일 황길녀(가명)와의 면담.

역)·군 여맹위원회에서 비준하면 된다. 여맹 조직은 지역적 또는 생산적 단위에 따라 조직되는데 가장 핵심이자 기초조직은 군, 리별로 조직된 초급단체이다. 대부분 여맹의 활동은 인원수에 따라 초급단체나 초급단체 위원회별로 조직·동원되어 이루어진다. 여맹의 조직체계는 <그림 4-1> 과 같다.

여맹 중앙위원회 위원장은 박정애(1945~1965), 김옥순(1965~1971), 김성애(1971~1998), 천연옥(1998~2000)에 이어 2000년 10월 여맹 중앙위원회 제5기 34차 전원회의에서 박순희가 선출되어 현재에 이르고 있다.[53] 위원장들의 경력을 보면 몇 가지 공통점을 찾을 수 있다.

우선 본인이건 가족이건 항일운동과 직·간접적으로 연계되어 있다는 점이다. 박순희의 경우 아쉽게도 위원장 이전 경력을 찾을 수 없었지만, 박정애는 김용범의 처로 모스크바 유학생 출신이며, 김옥순은 최광의 처로 유격대활동을 하였고, 김성애는 김일성의 후처, 천연옥은 빨치산 유가족 출신이었다. 또한 이들은 국가기구에서 상위직을 맡고 있었다는 공통점이 있다. 예를 들어, 박정애, 김성애, 천연옥은 최고인민회의 상임위원직을 겸임하였으며, 김옥순은 최고인민회의 외교위원회 위원을 역임하였다.

김성애의 경우는 특이하다. 별다른 경력 없이 김일성과 결혼한 후 2년 만에 여맹 중앙위 부위원장을 맡은 데 이어 1971년에 여맹 위원장이 되었다. 다른 이들의 경력과는 대조적이다. 예를 들어, 박정애와 김옥순은 당 중앙위원과 조평통 중앙위원을 지냈으며, 천연옥은 대외문화연락위원회 부위원장으로 상당히 활발한 대외활동을 벌였다. 북·네팔 친선협회장으로 네팔을 방문하거나 북한 여성대표단원으로 일본을 방문하였고, 조·중친선협회 대표단장, 정부 문화대표단장 등 상당한 대외경력을 가지고 있다.

천연옥의 경력은 관심을 끌기에 충분하다. 이미 언급한 바와 같이 대외경력은 상당하였지만, 위원장에 2년 남짓 있었을 뿐이며, 또한 당내 경력이 없다는 점이다. 김성애 이전 위원장들은 당 중앙위원을 맡는 등

<그림 4-1> 여맹의 중앙·지방 조직체계

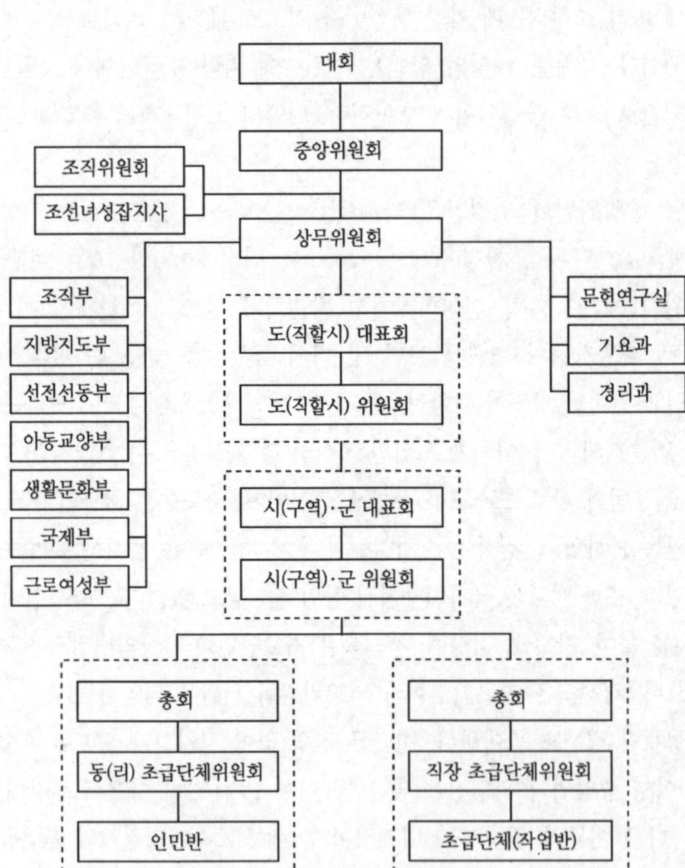

출처: 『조선노동당 주요 외곽단체의 조직 및 활동』(국토통일원, 1979), 386쪽을 재구성한 것임.

당내 경력이 있었지만, 천연옥은 당내 경력 없이 국가기구에서의 역할이 두드러진 것이다.

---

53) 현재 부위원장은 강관선, 강점숙, 김경옥, 로찬실, 오영옥, 왕옥환, 정명희, 최창숙, 한계옥, 허창숙, 홍선옥 등 11명이며, 상무위원은 강춘금, 김선옥, 정명순, 조순조 등이 맡고 있다.

2) 조직생활의 운영방식

여맹은 맹원들의 조직생활 강화를 위해 자발적 참여와 조직적 통제를 병행하여 활용하고 있다. 자발적인 참여를 위해 조직관념을 의식화한다면, 조직적 통제를 위해 엄격하고 강한 규율을 통해 '장악과 지도'를 병행한 것이다.

(1) 조직관념의 의식화

조직생활에 가장 중요한 것은 그것이 강제되었건 자발적이건 조직원들의 참여를 이끌어내는 것이다. 여맹도 학습을 통해 맹원들이 조직의 귀중성을 느끼고 스스로 참여하도록 조직관을 심는 데 주력하고 있다. 조직관념의 의식화는 조직생활 기풍을 확립하는 데 도움을 줄 뿐 아니라, 여맹이 당의 노선과 정책에 따른 과업수행에 맹원들을 동원하는 것을 합리화시킬 수 있기 때문이다. 여기에서는 주로 조직생활과 직접 관련된 사상교양사업을 다루고[54] 맹원 대상 사상교양사업은 후에 설명할 것이다.

그들 주장에 따르면, 모든 인민들은 '주체 혁명관'을 세워야 하며 이를 올바르게 세우려면 '혁명적 조직관'이 필요하다. '혁명적 조직관'의 기본은 당조직이지만 근로단체들에 대해서도 올바른 관점과 입장을 정립해야 한다. 근로단체들은 수령과 대중을 혈연적으로 연결시켜 사회정치적 생명을 부여하는 매개체이기 때문이다. 이런 맥락에서 여맹은 당의 사상과 영도를 따르는 혁명적 기풍을 세우는 한편, 당의 노선과 정책을 관철

---

54) 「혁명적 조직관이란 무엇이며 그를 세우기 위해서는 어떻게 해야 하는가」, ≪조선녀성≫ 1989년 3호; 「혁명적 군중관이란 무엇이며 그를 철저히 세우기 위해서는 어떻게 해야 하는가」, ≪조선녀성≫ 1989년 4호; 「혁명적 도덕관이란 무엇이며 그를 튼튼히 세우기 위해서는 어떻게 해야 하는가」, ≪조선녀성≫ 1989년 4호; 「당의 령도를 충성으로 받들어나가는 것은 녀맹조직들앞에 나서는 첫째가는 의무」, ≪조선녀성≫ 1990년 5호; 「녀성들을 주체형의 공산주의혁명가로」, ≪조선녀성≫ 1992년 2호; 「전투력있는 초급단체」, ≪조선녀성≫ 1998년 3호.

시켜야 한다. 그리고 여맹원들은 여맹의 조직생활에 성실히 참여해야 한다. 즉 여성들의 여맹 조직생활은 수령과의 연계를 위해 필수적이며, 조직 활동은 당정책의 실천임을 학습을 통해 인식시키는 것이다.

이러한 목표를 위해 그들은 구체적으로 두 가지, 즉 김일성, 김정일에 대한 충실성 교양, 그리고 여성에 대한 김일성, 김정일의 애정을 부각시키는 작업을 하고 있다. 먼저 충실성 교양을 위해 여맹 기관지에 '주체사상학습실'을 마련하여 그 내용을 설명하고, 수령에 대한 충실성을 '량심화, 도덕화, 생활화'[55]할 수 있는 방법과 사례를 제시고 있다. 그 가운데 수령에 대한 충실성은 김정일에 대한 충실성으로 이어진다. 또한 그들은 여성에 대한 두 지도자의 애정을 보여주기 위해 여맹의 조직과 발전을 이끌고,[56] 여성의 사회적 평등과 해방문제를 해결하며,[57] 여성의 사회적 활동을 보장하고,[58] 여성을 가정일로부터 해방시켜준 은인이 두 지도자[59]임을 강조하고 있다.

조직관념의 교양에 있어 특징적인 점은 의식을 통해 실천으로 연결되도록 강조한다는 점이다. 여성들은 지도자가 여성 자신들과 여맹의 발전에 은인임을 깨닫는 데 그쳐서는 안 된다. 그러한 충성과 효성을 생활화하여 여맹 과업에 적극 나서는 실천이 중요함을 주장하는 것이다. 이러

---

55) 「충실성을 신념화, 량심화, 도덕화, 생활화하여야 한다」, ≪조선녀성≫ 1992년 3호.

56) 「동맹이 오늘과 같이 주체의 녀성조직으로 강화발전되고 조선녀성운동이 승리의 한길을 걷게 된 것은 전적으로 위대한 수령님과 지도자동지의 현명한 령도의 결과」, 「조선민주녀성동맹창립 45돐」, ≪조선녀성≫ 1990년 6호; 「녀성들의 믿음직한 정치조직을 결성하시여」, ≪조선녀성≫ 1996년 2호; 「녀성동맹사업을 활력있게 벌려나가도록 이끄시여」, ≪조선녀성≫ 2000년 2호.

57) 「녀성해방운동의 빛나는 혁명전통을 마련하시여」, ≪조선녀성≫ 1991년 1호; 「남녀평등의 권리를 안겨주시여」, ≪조선녀성≫ 1991년 4호, 「세상에 첫 녀성해방법령」, 「녀성들을 끝없이 내세워주시여」, ≪조선녀성≫ 1996년 4호.

58) 「광범한 녀성들의 사회적진출」, ≪조선녀성≫ 1991년 3호; 「녀성들은 혁명의 한쪽 수레바퀴라 하시며」, ≪조선녀성≫ 1995년 6호.

59) 「가장 우월한 어린이보육교양제도를 마련해주시여」, ≪조선녀성≫ 1991년 5호; 「가정일의 무거운 부담에서 해방하여 주시고」, ≪조선녀성≫ 1991년 6호; 「가정부인들이 보다 홍겹고 헐하게 일하도록」, ≪조선녀성≫ 1993년 2호.

한 교육 속에서 여맹원이 조직생활에 적극적으로 참여하지 않는다면, 이것은 곧 김일성, 김정일에 대한 충성심 부족으로 의심받기 마련이다. 조직생활 참여는 그들에 대한 사랑을 보답하는 길이기 때문이다.

(2) 조직적 통제

조직의 운영방식에서 또 다른 특징은 여맹원들에 대한 의식화와 함께 강력한 조직 내 통제도 병행한다는 점이다. 이런 방식은 개인 및 조직간 통제를 통해 이중으로 이루어진다.

첫째, 맹원 개인에 대한 통제는 주로 초급단체에서 책임을 지며 '지도와 분공'을 통해 조직생활을 유도하고 있다.[60] 이때 초급단체에서 위원장과 부위원장의 역할이 특히 중요하다. 그들은 각 맹원들 개개인에 대해 관심을 가지고 신상명세를 파악하고 있어야 한다. 예를 들어, 개별 담화를 통해 성격, 심리, 취미 등 개인적 품성뿐만 아니라 개인문제, 가정문제 등도 알아야 한다. 개별 신상파악이 된 후에야 비로소 각 맹원에 맞는 조직생활 유도가 가능하고, 문제해결 등을 통해 그들 특유의 감화방식을 활용할 수 있기 때문이다.

또한 그들은 맹원들의 참여를 이끌어내기 위해 매달 맹원들에게 개별 분공 및 집체 분공을 할당하고 있다. 이런 분공을 통해 책임감을 가지게 하는 한편, 조직생활에 소극적인 맹원들에게는 관심을 유도할 수 있는 것이다. 예를 들어, 조직 활동을 등한시하는 여맹원을 다음과 같이 이끈 사례가 있다. 먼저 초급단체위원장이 자주 찾아가서 그 맹원이 음악에 취미가 있고 집안에 어려움이 있다는 것을 알아낸다. 그런 후 취미에 맞게 노래분공을 주는 한편, 집안 일을 도와준다. 그러자 그 맹원이 감동을 받고 조직생활을 열심히 하게 되었던 것이다.

흥미로운 것은 조직생활에 뒤쳐지지 않도록 개별 지도도 이루어진다는 점이다. 아무래도 나이 든 여맹원의 경우 학습과정에 뒤쳐지기 마련

60) 「전투력있는 초급단체」, ≪조선녀성≫ 1998년 3호.

이다. 이를 보완하기 위해 젊은 여맹원을 활용하여 학습시간 중 일부러 옆에 앉히고 학습을 도와주기도 하는 것이다.

둘째, 상급기관은 하급기관에 대해 엄격한 통제를 한다.[61] 여맹일군들의 정치사상적·실무적 능력을 배양시키기 위해 초급일군 대강습, 유급일군 대강습을 조직·활용한다. 그리고 조직 장악을 위해 초급단체위원회가 사업을 계획·결정한 후 각 초급단체조직의 정형을 장악하고 총화를 통해 엄격하게 수행하고 있다.

예를 들어, 초급위원회 부위원장, 위원들은 초급단체를 나누어 맡고 모임과 회의 때마다 참가정형을 장악한다. 이때 초급단체간 경쟁을 유발하기 위해 '충성의 모범 초급단체', '충성의 2중모범 초급단체', '영예의 2.17 모범 초급위원회' 운동을 벌이거나 직관경쟁도표를 활용하기도 하였다. 그리고 초급단체위원장 회의에서는 그동안 진행된 학습·강연 등 사상교양사업의 분공집행 정형, 당의 정책 집행정형, 동맹원들의 참가정형 등을 총화한다. 그리고 부문별 결함과 문제점을 분석한 후 이에 대한 조직적 대책을 세우고 문제점들은 분기 동맹생활총화에서 사상투쟁을 통해 해결하는 것이다.

5. 여맹의 주요활동

여기에서는 주로 1980년대와 1990년대 ≪조선녀성≫ 분석을 통해 여맹 활동을 살펴보았다. 전 시기를 살펴보지 못한다는 한계는 있지만 대체적인 사업의 방향을 제시하는 데는 큰 무리가 없을 것이다. 여맹의 사

---

61) 「전국녀맹모범초급단체위원장회의 진행」, ≪조선녀성≫ 1993년 1호; 「동맹조직사상생활을 강화하도록 이끄시여」, ≪조선녀성≫ 1994년 6호; 「요구성 높은 일군」, ≪조선녀성≫ 1996년 6호; 「장악과 지도를 짜고들어」, ≪조선녀성≫ 1998년 1호; 「장악과 지도를 짜고들어」,≪조선녀성≫ 2000년 2호.

업은 크게 두 가지, 사상교양사업과 조직사업으로 구분된다. 전자가 맹원들의 혁명적 개조를 위해 계급의식과 충성심을 고취하기 위한 것이라면, 후자는 그 계급의식과 충성심이 실생활에서 나타나게 하는 것이라고 할 수 있다. 이런 활동내용은 여맹이 여성의 권익보호 기구라기보다는 '정치적 교양자', 그리고 '조직동원자'의 역할을 수행하고 있음을 보여준다.

1) 사상교양사업

그들은 스스로 사상교양사업의 강화는 여맹의 가장 중요한 임무 중 하나라고 규정하고 있다.[62] 혁명과 건설에서 사람들의 사상과 의식이 결정적 역할을 하며, 그 사상 개조사업이 경제나 문화 개조사업보다 더 어렵고 복잡하기 때문이다. ≪로동신문≫에 실린 여맹관련 기사들을 보아도 여맹사업으로 가장 먼저 제시되는 것은 어느 시기이건 사상교양사업이었다.

사상교양사업의 목표는 한마디로 여성의 혁명화를 통해 북한체제에 바람직한 '충신', '효녀'를 만드는 데 있다. 이를 위해 낡은 사상, 예를 들면, 부르주아 사상, 수정주의, 교조주의, 사대주의 사상 등을 없애고 주체사상을 확립시키는 데 중점을 두고 있다. 이런 사상을 기반으로 여성들은 여맹 조직생활에 충실하는 한편, 정책 실현을 위한 조직 동원에 적극 나서게 되는 것이다. 그러면 교양 방식과 내용을 살펴보기로 하자.

(1) 교양방식

일반적으로 사회주의국가에서 교양의 중요한 원칙은 사상교양이 행정

62) 「사상혁명은 인간개조사업에서 기본」, ≪조선녀성≫ 1992년 4호; 「사상교양사업을 강화하는 것은 녀맹조직의 가장 중요한 임무의 하나」, ≪조선녀성≫ 1992년 5호.

화, 형식주의 경향으로 흐르는 것을 막고 일상생활과 밀접히 연관되고 또 그 생활에 스며들어야 한다는 점이다.[63] 즉 '군중 속에 파고들어' 여맹원들의 생활 속에서 자연스럽게 사상교양사업이 이루어져야 하는 것이다. 여맹에서 이루어지는 가장 대표적인 사상교양사업은 독서사업이며, 그 외에도 강연회, 예술소조활동, 구두, 직관, 모임선동, 영화관람 등의 방법을 통해 이루어지고 있다. 교양방식에 있어서 시대적 차이는 볼 수 없었으며, 다만 교양체계가 좀더 구체화되고 있다는 점을 지적할 수 있다. 사상교양과 관련 활용되는 방식은 다음 두 가지로 정리된다.

첫째, 교양은 주로 '해설'과 '설복'의 방식을 이용한다. '해설'은 교양내용을 이해시키고 '설복'은 자발적인 '따라배우기'로 이끄는 데 목적이 있다.[64]

먼저 '해설'의 경우, 그 대상은 김일성, 김정일의 저작, 당의 구호나 정책이다. 저작의 경우, 학습계획에 따라 맹원들에게 일정 양을 읽게 하고 맹원들의 준비 정도에 따라 중심사상을 해설한다. 그 과정에서 중점이 놓이는 부분은 김일성과 김정일의 위대성을 부각시키고 충성심을 고취시킨다는 점이다.

또한 당 구호나 당정책에 대한 해설은 내용 설명에만 그치는 것이 아니라 여맹의 향후 과업수행과 연관시켜 설명한다는 점과 신년사, 당 중앙위원회 전원회의 결정 등이 있을 때마다 수시로 이루어진다는 특징이 있다.

---

63) 「문답해설-사회주의사회에서 사상사업의 방법」, ≪조선녀성≫ 1996년 3호.

64) 「(구호해설)전당이 학습하자!」, ≪조선녀성≫ 1986년 6호; 「우리녀성들은 200일전투에서 높은 충성심을 발휘하자」, ≪조선녀성≫ 1988년 3호; 「사상도 기술도 문화도 주체의 요구대로!라는 당의 구호를 계속 철저히 구현해나가자」, 「당의 경공업혁명방침을 관철하여 인민소비품생산에서 전환을 일으키자」, ≪조선녀성≫ 1989년 5호; 「자력갱생, 간고분투의 혁명정신을 각기 최대한으로 증산하고 절약하자」, ≪조선녀성≫ 1990년 1호; 「위대한 수령님의 신년사를 높이 받들고 우리 식 사회주의를 더욱 빛내여나가자」, ≪조선녀성≫ 1993년 1호; 「모든 녀맹원들은 당 중앙위구호를 심장으로 받들고 철저히 관철하자」, ≪조선녀성≫ 1995년 3호; 「(구호해설)사회주의승리를 위한 강행군 앞으로」, ≪조선녀성≫ 1998년 2호.

당 구호의 경우, 해설과정에서 가장 먼저 제시되는 것은 관련된 김일성의 교시나 김정일의 말씀이다. 그런 후 구호가 나온 배경, 그리고 여맹과 여성들은 구호를 어떻게 실행에 옮길 수 있는가에 대한 설명이 이어진다. 예를 들어, "전 당이 학습하자!"의 구호가 나오면, 김정일의 관련 말씀을 인용하고 이어서 왜 여맹원들에게 학습이 필요한가에 대한 해설을 한다. 이때 중요한 것은 구호와 여맹 과업과의 연관성이다. 혁명적 학습기풍이 제대로 서야 혁명과업 수행을 성과적으로 할 수 있다고 학습의 필요성을 설명한 후 이어서 그 실현이 곧 주체혁명 위업의 달성이라는 점을 강조한다. 그리고 구체적인 학습내용으로 주체사상 학습, 그리고 경제·과학기술 학습을 독려하는 것이다.

한편 '설복'은 긍정적 모범을 제시하여 맹원들을 감화시키는 방법이다.65) 이는 '해설'을 통해 이해한 것을 자발적으로 실천하도록 맹원들을 조직동원하는 데 목적이 있다. 긍정적 모범사례는 대체로 두 가지로 대별된다.

대표적인 방법은 산업협장과 가정에서 여맹원들의 모범사례를 소개하는 것이다. 1980년대 대표적인 모범인물은 자강도 전천군 상업관리소 소장 정춘실이었으며, 그 외에도 물비누, 기계설비 등을 자체적으로 만든 사례도 볼 수 있었다. 또한 마라톤선수 정성옥의 언급도 눈에 띈다. 흥미로운 것은 정성옥과 관련 그들이 여맹원들에게 강조한 점은 선수의 성공담이 아니라 김정일에 대한 충성심과 투쟁정신이었다. 그들에게 중요한 것은 정성옥의 쾌거가 지도자에 대한 충성심에서 우러나왔으며, 여성이라는 점인 것이다. 여기에서 우리는 여맹의 사상교양사업 목적이 어디에

65) 「그 충성 따라배우며」, ≪조선녀성≫ 1986년 6호; 「우리 시대의 녀성영웅」, ≪조선녀성≫ 1988년 4호; 「충실성의 모범을 적극 따라배우며」, ≪조선녀성≫ 1989년 5호: 「인민의 참된 충복들」, ≪조선녀성≫ 1995년 1호; 「실효연단: 그들처럼 효녀로 살리」, ≪조선녀성≫ 1995년 1호; 「자력갱생이 제일: 대동강가내생산협동조합에서」, ≪조선녀성≫ 1995년 4호; 「군인들의 생활을 세심히 보살피시며」, ≪조선녀성≫ 1996년 2호; 「정성옥선수의 투쟁정신을 따라배워 참다운 충신, 효녀가 되겠다」, ≪조선녀성≫ 1999년 5호.

있는가를 잘 알 수 있다.

또한 김일성, 김정일, 김정숙 '따라배우기'에 나선 여맹원들의 사례도 소개되고 있다. 예를 들어, 김일성에 대한 김정숙의 충심 또는 김일성에 대한 김정일의 충심을 제시하면서 이를 따라 배운 여성의 사례를 제시하는 방식이다. 여기에서 그들이 강조하는 것은 지도자들의 고귀한 품성과 대를 이어 '충신'과 '효녀'가 되어야 한다는 점이다.

둘째, 여맹은 교양의 효율성을 높이기 위해 교양 대상의 특성과 준비 정도에 맞는 여러 형식과 방법을 활용하고 있다. 사상교양은 대체로 초급단체나 인민반 단위로 이루어진다. 이와 함께 어머니학교도 중요한 교양기관 중의 하나로, 1971년에는 어머니학교가 10만여 개에 달할 정도였다.[66] 그러나 1980년대 여맹의 약화와 맞물리면서 어머니학교에 대한 관심 또한 약화되었고, 1990년대 경제위기 후 기업소나 공장이 문을 닫으면서 그 기능도 더욱 약화된 것으로 추정된다.[67] 또한 여맹은 각 맹원들에게도 주의를 기울이고 있다. 맹원들의 나이, 지식, 환경, 성격 등 수준과 조건이 다양하기 때문에 획일화, 정형화된 틀로 교양하기보다는 각각 특성에 맞는 다양한 형식과 방법을 통해 선전과 선동사업을 전개하고 있는 것이다.

독서사업 방식을 살펴보자.[68] 학습의 효율성을 위해 다음 세 방식을 활용하고 있다. 첫째, 독서행군 조직을 구성한다. 일반적으로 초급여맹위원장이 행군 대대장, 초급단체위원들과 위원장들이 집행성원이 되어 몇 개 초급단체를 담당한다. 둘째, 단계별 학습일정 및 학습과정을 마련한다. 월계획, 주간계획, 일계획 등에 따라 학습목표를 정하고 학습을 진행하며, 학습은 이해단계와 심화단계 등 두 단계로 이루어진다. 이해단계

66) ≪근로자≫ 1969년 10호; ≪로동신문≫ 1971년 10월 10일자.

67) 앞의 면담.

68) 「'백두산밀영 고향집에로의 독서행군'을 다그쳐」, ≪근로자≫ 1989년 6호; 「'오산덕에로의 독서행군'을 다그쳐」, ≪근로자≫ 1992년 5호; 「'김정숙녀사 따라배우는 학습회'을 실속있게 조직하여」, ≪근로자≫ 2000년 2호.

에서는 걸그림 등을 활용하여 학습에서 배운 내용의 이해를 돕는 데 초점을 맞추며, 심화단계에서는 배운 내용을 공고화하기 위해 참고서, 출판물 등을 맹원들간에 서로 돌려보거나 연구발표회를 하기도 한다. 셋째, 학습효과를 위해 두 가지에 유의한다. 먼저 학습 진행을 뒤쳐지지 않고 원활하게 하기 위해 독서행군일지를 작성한다든지 경쟁방식을 도입한다. 예를 들어, 초급여맹위원회는 개인별, 초급단체별로 경쟁도표도를 만들어 그들간에 경쟁을 유도하는 것이다. 또한 학습효과를 위해서는 관심유도가 중요하므로 학습 전에 예술소품공연, 노래, 해설자료 발표 등을 하거나 학습 중에는 학습내용에 맞게 항일복 차림을 한다든지 흥미를 유발하는 방법을 활용한다. 이러한 과정을 거쳐 학습이 끝나면 여맹 생활총화를 통해 단계별로 독서행군과제를 총화하며 모범사례를 만들어 귀감으로 삼기도 한다.

(2) 교양내용

여맹원들에 대한 사상교양 내용은 크게 세 가지로 구분된다. 첫째로 주체, 계급, 혁명전통, 공산주의도덕 등 사상 교양, 둘째로 당 정책 교양, 셋째로 애국주의 교양 등이 그것이다. ≪로동신문≫에서 교양내용의 대체적인 흐름을 알 수 있다면,[69] ≪조선녀성≫에서는 구체적인 교양내용을 파악할 수 있다. 그 내용에는 몇 가지 특징이 있다.

첫째, 각 사상교양의 주제들은 상호 밀접한 연관 속에서 하나의 목표를 가지고 전개되고 있다는 점이다. 사상교양의 경우, 주체, 계급, 혁명전통 교양은 여성들을 참다운 주체형의 공산주의혁명가로 준비하는 데 초점이 맞추어졌다면, 공산주의도덕 교양은 가정에서 여성의 모범 역할을 강

---

69) ≪로동신문≫ 1958년 7월 30일자, 1960년 7월 30일자, 1962년 7월 31일자, 1964년 7월 30일자, 1966년 7월 30일자, 1966년 7월 30일자, 1967년 7월 30일자, 1971년 10월 5일자, 1972년 7월 30일자, 1976년 7월 30일자, 1980년 11월 18일자, 1981년 7월 30일자, 1983년 6월 28일자, 1985년 11월 18일자, 1996년 3월 8일자; ≪근로자≫ 1968년 4호.

조함으로서 자녀들을 올바르게 가르칠 것을 강조하고 있다.[70] 그런가 하면 애국주의 교양[71]은 국가와 민족에 대한 자긍심과 애국 고취를 내용으로 한다. 때로는 사회주의의 우월성을 강조하고, 때로는 다른 국가와의 차별성을 제시하는 등의 차이는 있지만 공통된 내용은 자기나라 혁명에 충실하기 위해서는 국가와 민족을 사랑해야 한다는 '민족제일주의'를 주장하고 있다.

여기에서 모든 주제의 중심에는 김일성과 김정일이 위치하고 있다. 참다운 공산주의인간이 되고, 후대들을 길러내며, 당 과업의 실현에 앞장서는 것 모두 지도자(와 국가)에 대한 사랑을 실천하는 것이다.

둘째, 당정책의 교양내용에는 대내적 당정책 및 노선에 대해서뿐만 아니라 대남 정책도 포함되어 있다. 전자에는 당 중앙위 결정이나 경제정책 등이 대부분을 차지한다면, 후자에는 통일방안, 전쟁준비 등이 속한다. 당시 이슈가 되고 있는 관련 사항들에 대한 교양인 것이다. 1950년대에는 전쟁 반대, 대량살상무기 금지, 군비축소, 1970년대에는 전쟁에 대처할 수 있는 사상 및 물질적(군사적) 준비, 1980년대 이후는 통일방안에 대한 내용이 자리 잡고 있다.

이런 내용 뒤에는 남한 여성들의 '비참한 삶'이 북한 여성들의 삶과

70) 「공산주의도덕과 우리 생활: 가정의 화목은 며느리에게」, ≪조선녀성≫ 1986년 3호; 「공산주의도덕과 우리 생활: 어머니들이 본보기가 됩시다」, ≪조선녀성≫ 1994년 6호; 「공산주의도덕과 우리 생활: 사상교양과 밀착된 도덕교양」, ≪조선녀성≫ 1996년 2호; 「공산주의도덕과 우리 생활: 자랑스러운 조선녀성들의 모성애」, ≪조선녀성≫ 1999년 1호; 「공산주의도덕과 우리 생활: 공중도덕과 어머니」, ≪조선녀성≫ 1999년 4호; 「공산주의도덕과 우리 생활: 아이들이 잘되고 못되는 것은 어머니의 교양에 달려있다」, ≪조선녀성≫ 1999년 6호.

71) 「투쟁의 지침: 조국은 생명보다 더 귀중하다」, ≪조선녀성≫ 1986년 6호; 「우리 인민의 긍지」, ≪조선녀성≫ 1988년 1호; 「자주, 자립, 자위의 나라」, ≪조선녀성≫ 1988년 5호; 「조선민족제일주의정신의 본질」, ≪조선녀성≫ 1991년 1호; 「우리 인민이 지닌 높은 민족적 긍지와 자부심」, ≪조선녀성≫ 1991년 2호; 「우리 식 사회주의제도의 우월성을 깊이 인식시켜」, ≪조선녀성≫ 1993년 1호; 「사회주의는 곧 우리 인민의 생활이며 생명이다」, ≪조선녀성≫ 1993년 2호; 「우리 식 사회주의의 모습」, ≪조선녀성≫ 1998년 1호; 「사상의 강국」, ≪조선녀성≫ 1998년 2호.

대조적으로 언급되고, 그 '비참함'을 해소하기 위한 북측의 지지와 남북 여성대표의 회동, 그리고 국제협력 모색 등을 제시하는 한편, 통일을 위해 당정책 과업에 적극 참여할 것을 독려하고 있다.

셋째, 계급 교양에서 그 내용은 시대에 따라 약간의 변화를 볼 수 있다. 가장 대표적인 것이 당사상을 언급하는 부분이다. 1960년대 초만 하더라도 마르크스-레닌주의의 지도를 받았다는 표현을 볼 수 있으나, 1970년대로 넘어가면 당의 유일사상체계 또는 위대한 혁명사상, 주체사상이라는 표현으로 변화되어 있다. 또한 철폐해야 될 낡은 사상이 1960년대 또는 1970년대 초까지 봉건인습 및 봉건적 자본주의사상으로 대변되었다면, 그 이후는 수정주의 외에 계급교양, 혁명전통교양 등의 언급과 함께 공산주의 교양을 강조하고 있다. 특히 1990년대 중반 이후에는 충실성 교양이 강조되고 있다.

넷째, 1990년대 북한의 경제위기와 함께 교양 내용에서 특이한 점을 볼 수 있다. 1990년대 후반 이후 전시정신이나 군사정신의 함양 부분이 특히 강조되고 있다. 전시 상황을 떠올리거나,[72] 군인에 대한 애정을 강조[73]하는 것이다.

전시정신을 받들자는 교양은 1950년대에도 애국주의 교양 내용 중에 이루어졌다. 그리고 1970년대는 전쟁준비를 위해 남자 대신 뜨락또르와 자동화 운전기술을 배우고 군과 후방가족을 위한 원호사업을 펼칠 것 등이 담겨 있었다. 그런데 1990년대 이전과 이후는 차이가 있다. 이전에는 항일 빨치산 투쟁에 참가해서 희생한 여성들을 본받아 과업을 수행하자는 독려의 의미가 컸다면, 이후에는 어려운 경제상황, 그리고 이를 타파하기 위한 '선군정치'와 밀접한 관계가 있다. 1996년 이후 ≪로동신문≫에는 군과 인민간의 '혈연적 관계'를 제시하며 '당의 군사중시사상'을 받

72) 「전화의 그날처럼」, ≪조선녀성≫ 1988년 2호.

73) 「군대를 사랑하는 뜨거운 마음들」, ≪조선녀성≫ 1996년 1호; 「편지: 어머니는 오늘도 군인정신으로 산다」, ≪조선녀성≫ 1996년 2호.

들라든지, '군민일치의 전통적 미풍을 피우라'는 표현을 볼 수 있으며, 여맹이 인민군대를 적극 원호할 것을 주장하고 있다.[74)]

이러한 정치의식화는 다음에서 설명할 조직사업에서 가정과 산업현장에서의 실천으로 나타나게 된다.

2) 조직사업

그러면 여맹은 조직을 동원하여 어떠한 활동을 벌이는가? 여맹은 가정의 혁명화를 위해 자녀교양과 가정유지의 모범사례를 통해 '따라배우기' 운동을 벌이는 한편, 여성의 노동계급화를 위해 산업현장에서 맹원들을 독려하고, 조직동원을 통해 지원사업을 벌이고 있다. 그들에 따르면, 여성은 사회적 해방과 함께 혁명화, 노동계급화가 될 때 비로소 완성되기 때문이다.

(1) 가정의 혁명화

가정의 혁명화를 위한 여맹의 활동은 그들 조직의 동원을 통해 이루어지기보다는 주로 개별적인 모범사례를 제시하고 '따라배우기'로 이끄는 방식으로 이루어진다.

북측 주장에 따르면, 가정의 혁명화는 온 사회를 혁명화하기 위한 기본 담보이다. 그런데 혈육들이 모여 사는 가정생활에서는 어느 단위보다 낡은 사상, 유습이 많이 남아 있다. 따라서 가정부인들은 이를 제거하는데 앞장서야 하며, 여맹은 기관지와 학습회를 통해 모범사례를 제시하고 따라 배울 것을 강조하고 있다.

여맹이 가정의 혁명화 사업에서 가장 중시하는 부분은 자녀교양문제이다.[75)] 이 과업은 1960년대 이후 지속적으로 제기되고 있다. 그들은

---

74) ≪로동신문≫ 1996년 3월 8일자, 7월 30일자, 12월 13일자, 1997년 2월 5일자, 8월 23일자.

자녀교양에서 아버지보다는 어머니의 책임이 더욱 중요하다고 주장한다. 아이들을 낳아 기르는 것은 어머니이며, 아이들의 '첫번째 교양자'도 어머니이기 때문이다. 따라서 여맹은 여맹원들에 대한 집단주의사상 교양을 강조하고, 그의 실천을 강조한다. 한 예로, 딸이 학교졸업 후 곧바로 결혼하지 않고, 어머니의 가르침대로 직장생활을 하며 당과 국가의 은혜에 보답한 예를 바람직한 사례로 제시하고 그러한 어머니상을 닮도록 여맹원들을 독려하고 있다.

한편 1990년대 경제적 위기와 함께 여맹은 가정의 혁명화를 위해 또 다른 여성의 역할을 강조하고 있다. 대표적인 역할이 가정의 '대잇기'이다. 출산을 장려하고 부모 없는 아이들을 키우는 예를 '충성의 사례'로 장려한다.[76] 가정의 대는 '혁명의 대, 민족의 대'이기 때문에 여성들은 아이들을 많이 낳아 역군을 길러야 하는 의무가 있다는 것이다. 이를 위해 '모성영웅제도' 등의 혜택을 알려주고 출산과 다산을 고무시킨다. 예를 들어, 산모, 산후 1년, 4살 이하 어린이들에게 흰쌀을 우선적으로 공급하고, 한 세대에 3명 이상의 형제에게는 국가가 학용품값을 50% 이상 보상해주며, 4명 이상의 자녀를 키우는 여성들에게는 자녀수에 따라 특별보조금을 주고, 3명 이상의 학령 전 어린이들은 주 탁아소, 주 유치원 등에 우선적으로 보내며, 셋째 아이 출산부터 산후 6～12개월간 식량을 공급하고 휴직제를 실시한다는 것 등을 널리 알리는 데 주력하는 것이다.

또한 여맹은 가족유지의 역할도 여성들이 하도록 고무시키고 있다. 이러한 과업은 여맹 초창기부터 꾸준히 제시되어 왔다. 예를 들어, 알뜰한

75) 「아들딸들을 나라의 믿음직한 역군으로」, ≪조선녀성≫ 1988년 2호; 「자녀들을 건전하게 키우는 것은 어머니들의 책임」, ≪조선녀성≫ 1990년 5호; 「자녀교양에서 어머니들의 임무와 역할을 밝힌 강령적지침」, ≪조선녀성≫ 1991년 6호; 「가정혁명화와 녀성들의 책임」, ≪조선녀성≫ 1999년 1호; 「아이를 많이 낳아 키워야 한다시며」, ≪조선녀성≫ 2000년 1호; 「문답: 밥먹이어린이의 사회적 특성과 생활」, ≪조선녀성≫ 2000년 1호; 「태아의 건강관리부」, ≪조선녀성≫ 2000년 6호.

76) 「내아들」, ≪조선녀성≫ 1994년 6호.

가정살림과 애호절약정신, 그리고 일터 가꾸기 등이 그것이다.[77] 그런데 1990년대 후반이 되면 그 외에도 부모공양, 남편 뒷바라지와 함께 식생활 보장을 여성의 몫으로 돌리고, 특히 식생활 보장을 위해 산나물 채취, 집짐승(토끼, 누에) 기르기 등을 장려하고 있다.[78] 여맹은 국가 대신에 여성들이 '강한 생활력'으로 어떻게 가족들을 부양할 수 있는가 하는 그 구체적인 방법을 제시하였다.

이렇게 본다면, 가정의 혁명화를 위한 여맹의 활동은 시기가 지날수록 점차 강화되어왔지만 국가공급체계의 와해를 보완하는 역할에 머물고 있다.

(2) 여성의 노동계급화

여성의 노동계급화를 위한 여맹의 활동은 여성들을 산업현장으로 인입시키고, 그런 후 산업현장에서 여성들이 당정책에 따른 과업을 완수하는 데 초점을 맞추고 있다.[79]

여성을 노동계급화하기 위해서는 무엇보다 먼저 여성들을 가정에서 끌어내어 산업현장을 이끄는 것이 필요하다. 여맹은 전후부터 여성들의 공업 및 농업 부문에서 생산현장 참여를 위해 많은 관심과 노력을 기울여왔다. 가뜩이나 전쟁으로 부족했던 생산력문제와 여성의 혁명화문제를 동시에 해결할 수 있기 때문이었다.

1950년대 이후 교육, 문화, 교육 부문과 상업, 유통 부문 등에서 여성들의 참여를 진작시키기 위해 당과 여맹이 나서는 한편, 1970년대는 지방산업공장과 가내작업반에서 여성 노동력을 활용하는 문제가 부각되기도 하였다. 그 과정에서 여성들은 '사회주의건설에 믿음직한 역군'으로

77) ≪로동신문≫ 1961년 7월 30일자, 1966년 7월 30일자, 1967년 7월 30일자, 1976년 7월 30일자, 1983년 5월 28일자.
78) 「가정혁명화와 녀성들의 책임」, ≪조선녀성≫ 1999년 3호.
79) ≪로동신문≫ 1958년 7월 30일자, 1960년 7월 30일자, 1964년 7월 30일자, 1965년 7월 30일자, 1973년 7월 30일자.

부터 '혁명의 한쪽 수레바퀴'로 표현되었다.

여성의 노동계급화에 부딪히는 가장 큰 문제는 역시 아이들의 교양문제였다. 이를 위해 여맹은 탁아소 및 유치원의 활성화, 그리고 가사일의 가동화에 노력을 기울였다. 또한 초기에는 여성노동자를 꺼리는 사회통념과 여성들 스스로 인식의 한계가 있었다. 1960년대 여성의 사회진출을 격려하는 가운데에도 일부 공장 및 기업소 직업일꾼들은 여성에 대한 편견을 그대로 드러냈으며 여성들도 봉건적 유습에서 벗어나지 못하고 있었던 것이다. 이러한 장애는 1990년대 이후 새로운 형태로 변화되었다. 기업소 및 공장의 가동중지가 여성들을 가정으로 내몰았던 것이다. 이는 다음에서 논의할 '노동계급화'의 성격변화와 밀접한 연관이 있다.

한편 여맹은 생산현장에서 여성노동자들의 과업 수행을 독려하였는데, 그 방식은 시기에 따라 변화를 보인다. 1990년대 이전 방식은 생산현장에서 모범사례를 소개하고 '따라배우기'를 고무시키는 형식이었다면, 1990년대 이후 여맹은 조직을 동원하여 또 다른 형식으로 여성들을 생산현장에 투입시켰다. 여성들을 생산활동에 직접 참여시키는 것이 아니라, 노력 및 물자 지원을 통해 생산을 지원하는 데 조직을 동원한 것이다. 여성들은 지원과 봉사 등 보조역할에 머무르고 있으며 그 앞에 여맹이 있는 것이다.

여맹은 주로 초급단체위원장회의에서 초급단체별로 사업에 대한 토의를 거친 후 지원에 나서고 있다.[80] 생산지원 부문은 주로 건설, 광산, 철도, 전기, 석탄으로 특히 생산에 어려움을 겪는 분야이며, 지원 방식은 여성들의 집단노력 및 물자 지원, 그리고 선전대 활동을 통한 노동선동 등으로 구성된다. 또한 농업지원 부문에서는 노력동원이 대표적이며 일부 지역에서는 일정 정보의 땅을 맡아 직접 경작하는 경우도 볼 수 있다. 여맹의 지원활동은 생산현장에 그친 것이 아니다. 군에 대해서도 식량, 장갑 등 구호품 지원과 선전활동이 있으며 상당히 많은 사례를 볼 수 있

80) 「전국녀맹모범초급단체위원장회의 진행」, ≪조선녀성≫ 1983년 1호.

다.

이러한 변화는 북한의 경제위기와 밀접한 연관이 있다. 1990년대는 주체혁명의 완성을 앞당기기 위한 대진군운동을 벌이던 시기로, 당시 북한 언론에 나타난 국가의 과업은 다음과 같다. 1991년 '우리 식 사회주의', '주체혁명의 완성'이 강조되었다면, 1995년부터는 '김정일 영도하에 혁명과 건설', '주체의 사회주의위업 완성', 그리고 1996년에는 '붉은기사상', '고난의 행군', 1998년 '강행군', 1999년 '강성대국건설', '제2천리마대진군' 등이 제시되었다.

이러한 구호 및 과업은 1990년대 경제위기를 반영하고 있다. 1990년 -3.7% 이후 계속 마이너스 성장을 보이던 국민총생산은 1999년에 이르러서는 10년 전에 비해 절반수준으로 감소되었다.[81] 그 결과 불안정한 국가공급체계를 보완하기 위해 북한 지도부는 주민들에게 여러 구호와 목표를 제시하게 되었다. 김정일에 대한 충성심 강조, 경제건설에의 적극 참여, 어려운 상황의 극복 독려 등이 그것이다.

이러한 과제 속에서 여맹은 사상교양사업을 통해 충성심과 애국심을 고취하는 한편, 조직정치사업을 통해 가정에서는 생계유지를 책임지는 등 조직 활동이 상대적으로 강화된 측면이 있다. 반면 생산현장에서는 오히려 맹원들의 역할이 상대적으로 위축되고 있는 것이다. 1970년대 그들은 여성의 혁명화를 위한 중요한 방도로 '집단노동 속에 단련시키는 것'을 제시한 적이 있다.[82] 이때 집단노동은 지방공장이건 경공업 부문이건 간에 생산현장에서 이루어지는 것이지 생산을 지원하는 데 사용되는 것은 아니었다. 그러나 여성의 혁명화를 위한 노동계급화는 국가경제의 어려움이라는 암초를 만나 굴절된 형태로 국가경제를 보완하는 데 그치고 있다.

---

81) 통일부, 『2000 북한개요』, 통일부, 1999, 314쪽.
82) ≪로동신문≫ 1971년 10월 5일.

6. 결론

지금까지 조선민주여성의 변화와 지속성을 역사적 전개과정과 함께 조직과 사업 등을 통해 살펴보았다. 여맹은 '당의 인전대'로서 정치·경제적 변화에 따른 당정책의 변화를 충실히 수행해왔다. 여맹은 당의 '인전대'로 규정된다는 점에서 '여성조직'으로서 한계가 있다. 여성의 불평등이나 억압을 해소하는 데 주안점이 있다기보다는 당정책의 지원역할에 그 목적이 있는 것이다. 이러한 점에서 여맹사업의 특징이자 한계는 바로 당정책에 종속되어 있다는 점이다. 이것이 전 시기를 걸쳐 여맹활동의 지속적 부분이라 할 수 있다.

반면 여맹은 전 시기를 가정의 혁명화와 여성의 노동계급화를 위해 여러 활동을 벌여왔으나 김정일 후계체제의 공고화, 그리고 경제위기와 맞물리면서 두 과제는 변화된 모습을 보여왔다. 우선 가정의 혁명화는 여성의 사회적 해방 이후 사회생활을 보장해줄 수 있는 육아와 가정일의 사회화로 나아가는 듯하였다. 그러나 가정생활과 노동생활의 이중고는 물론, 가정의 식생활을 보장해야 할 책임을 떠맡음으로 오히려 가정에 매이는 여성을 만들어냈을 뿐이다. 또한 여성의 노동계급화도 사회적 평등을 목표로 했으나 공업 및 농업 부문에서 생산력을 지원하는 데 그치고 말았다.

1950년대와 1990년대 이후를 비교해 보자. 1950년대는 경제복구를 위해 여성의 노력동원이 필요했고 이러한 맥락에서 여맹은 맹원의 확대, 그리고 사회활동을 위한 제반 조건 마련에 관심을 쏟았다. 반면, 1990년대 경제적 위기상황에서는 생산기업소의 작업시간이 감소함에 따라 여성들은 가정으로 돌아가야 했고, 여맹의 역할도 식생활 보장과 생산지원 부문에 제한되는 다른 현상이 전개된 것이다. 즉 여맹은 일관되게 가정과 직장에서 여성의 권리와 이익 보장을 위해 사업활동을 벌인 것이 아니라, 당이 요구하는 과업에 따라 그 내용을 변화시켰다. 중요한 것은 여맹 활동을 통한 국가과제의 수행이지, '여성문제'의 해결이 아닌 것이다.

이러한 조직정치사업이 큰 반발 없이 수행될 수 있었던 요인은 바로 여맹의 또 다른 사업인 사상교양사업이 체계적·조직적으로 이루어지기 때문이다. 사상교양을 통해 지도부에 대한 충성심과 애국심이 곧 실천으로 연결되는 데 주안점을 두기 때문에 여성과 여맹은 당정책에 따른 역할 변화를 자연스럽게 받아들이게 된 것이다. 이러한 점에서 북한사회는 여성들 스스로 '여성문제'를 인식하기 어려운 구조라고 할 수 있다.

그러면 향후 여맹의 역할과 성격 변화는 가능할 것인가? 이와 관련하여 우리는 중국의 전국부련의 변화에 주목할 필요가 있다. 전국부련의 활동 역시 당정책과 밀접한 연관을 갖는다는 점에서 여맹과 유사하다. 그러나 개혁·개방과 함께 전국부련의 역할은 일부 변화를 보이고 있다.[83] 1988년 전국부련은 전국부녀대표대회를 개최하고 장정을 개정하였는데, 새 장정에는 자녀 양육을 벗어나 여성의 이익을 대표하고 보호하여 남녀평등을 촉진하겠다는 내용이 담겨 있다. 그 후 노동시장에서 공개적인 인력채용으로 직업의 선택기회가 늘고, 3차 산업의 발전으로 여성노동력이 필요해짐에 따라 여성들의 생산참여가 증가하고, 남녀분업의 관념이 변화하고 있는 것이다. 이는 북한의 개혁·개방에 따라 여맹 또한 '여성조직'으로 변화할 수 있는 가능성을 보여준다.

그러나 여맹이 '여성조직'으로서 변화하기 위해서는 무엇보다 사회의 전반적인 인식뿐 아니라 여성의 인식 또한 변화해야 한다. 제도와 정책의 변화에는 먼저 인식의 변화가 전제되어야 하기 때문이다.

---

83) 김염자, 「중국의 사회주의 초급단계 국가건설과 여성의 입장」, 『이화여대 한국문화연구원 논총』, 1992년 11월, 328쪽.

<참고문헌>

1. 북한문헌 및 자료

1) 김일성, 김정일 저작

김일성. 1968,「근로단체사업을 개선강화할데 대하여」(조선로동당 중앙위원회 제4기 제9차전원회의에서 한 결론, 1964년 6월 26일),『김일성저작집』 제4권, 평양: 조선로동당출판사.

_____. 1968,「어린이들을 공산주의적으로 교양육성하는 것은 보육원, 교양원들의 영예로운 혁명 업무」(전국보육원, 교양원대회에서 한 연설, 1965년 10월 20일),『김일성저작선집』 제4권, 평양: 조선로동당출판사.

_____. 1974,「녀성들을 혁명화, 로동계급화할데 대하여」(조선민주녀성동맹 제4차대회에서 한 연설, 1971년 10월 7일),『김일성저작선집』 제26권, 평양: 조선로동당출판사.

_____. 1979,「해방된 조국에서의 당, 국가 및 무력 건설에 대하여」(군사정치간부들 앞에서 한 연설, 1945년 8월 20일),『김일성저작집』 제2권, 평양: 조선로동당출판사.

_____. 1979,「녀성동맹의 금후과업에 대하여」(북조선민주녀성동맹 제1차대표자회에 참가할 공산당원인 녀맹일군들앞에서 한 연설, 1946년 5월 9일),『김일성저작집』 제2권, 평양: 조선로동당출판사.

_____. 1979,「국제민주녀성련맹 집행위원회에 참가할 북조선민주녀성동맹대표와 한 담화」(1946년 9월 28일),『김일성저작집』 제2권, 평양: 조선로동당출판사.

_____. 1979,「유일당증수여사업을 바로하며 녀성동맹에 대한 당적지도를 강화할데 대하여(북조선로동당 중앙위원회 상무위원회에서 한 결론, 1946년 12월 27일),『김일성저작집』 제2권, 평양: 조선로동당출판사.

_____. 1979,「녀성동맹사업에 대한 지도를 강화할데 대하여」(북조선로동당 중앙위원회 상무위원회에서 한 결론, 1947년 10월 20일),『김일성저작집』 제3권, 평양: 조선로동당출판사.

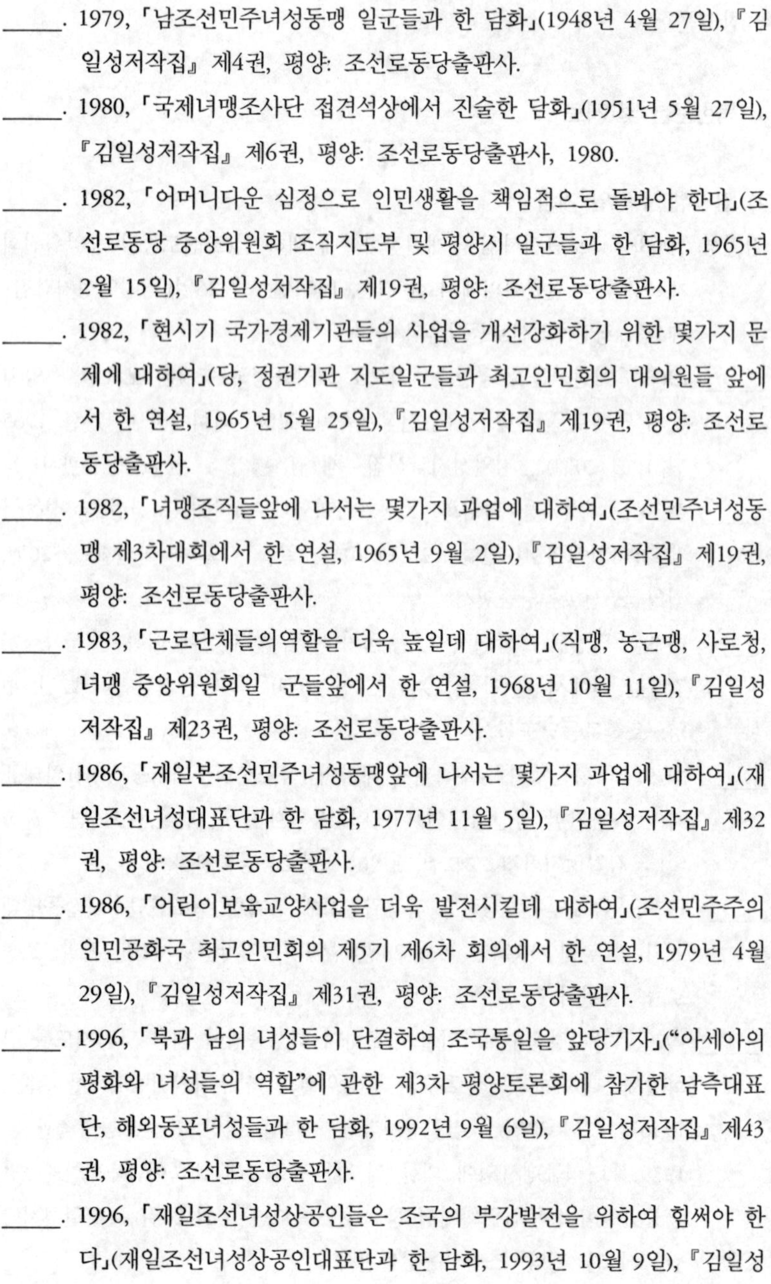

______. 1979, 「남조선민주녀성동맹 일군들과 한 담화」(1948년 4월 27일), 『김일성저작집』 제4권, 평양: 조선로동당출판사.

______. 1980, 「국제녀맹조사단 접견석상에서 진술한 담화」(1951년 5월 27일), 『김일성저작집』 제6권, 평양: 조선로동당출판사, 1980.

______. 1982, 「어머니다운 심정으로 인민생활을 책임적으로 돌봐야 한다」(조선로동당 중앙위원회 조직지도부 및 평양시 일군들과 한 담화, 1965년 2월 15일), 『김일성저작집』 제19권, 평양: 조선로동당출판사.

______. 1982, 「현시기 국가경제기관들의 사업을 개선강화하기 위한 몇가지 문제에 대하여」(당, 정권기관 지도일군들과 최고인민회의 대의원들 앞에서 한 연설, 1965년 5월 25일), 『김일성저작집』 제19권, 평양: 조선로동당출판사.

______. 1982, 「녀맹조직들앞에 나서는 몇가지 과업에 대하여」(조선민주녀성동맹 제3차대회에서 한 연설, 1965년 9월 2일), 『김일성저작집』 제19권, 평양: 조선로동당출판사.

______. 1983, 「근로단체들의역할을 더욱 높일데 대하여」(직맹, 농근맹, 사로청, 녀맹 중앙위원회일 군들앞에서 한 연설, 1968년 10월 11일), 『김일성저작집』 제23권, 평양: 조선로동당출판사.

______. 1986, 「재일본조선민주녀성동맹앞에 나서는 몇가지 과업에 대하여」(재일조선녀성대표단과 한 담화, 1977년 11월 5일), 『김일성저작집』 제32권, 평양: 조선로동당출판사.

______. 1986, 「어린이보육교양사업을 더욱 발전시킬데 대하여」(조선민주주의인민공화국 최고인민회의 제5기 제6차 회의에서 한 연설, 1979년 4월 29일), 『김일성저작집』 제31권, 평양: 조선로동당출판사.

______. 1996, 「북과 남의 녀성들이 단결하여 조국통일을 앞당기자」("아세아의 평화와 녀성들의 역할"에 관한 제3차 평양토론회에 참가한 남측대표단, 해외동포녀성들과 한 담화, 1992년 9월 6일), 『김일성저작집』 제43권, 평양: 조선로동당출판사.

______. 1996, 「재일조선녀성상공인들은 조국의 부강발전을 위하여 힘써야 한다」(재일조선녀성상공인대표단과 한 담화, 1993년 10월 9일), 『김일성

저작집』 제49권, 평양: 조선로동당출판사.

2) 단행본

김민·한봉서. 1985, 『령도체계』(위대한 주체사상총서 9), 평양: 사회과학출판사.

『조선민주녀성동맹 제3차대회 문헌집』, 평양: 근로단체출판사, 1966.

3) 신문, 잡지 및 기타

사회과학출판사 편. 1971, 『력사사전』 제2권, 평양: 사회과학출판사.

≪근로자≫ 1968년 4호, 1969년 10호, 1972년 7호, 11호, 1973년 10호, 1976년 6호.

≪로동신문≫ 1967～2000년.

≪조선녀성≫ 1986～2000년 각호.

『조선중앙년감』, 연도별.

2. 남한과 외국 문헌 및 자료

1) 단행본

國土統一院. 1989, 『北韓의 機關, 團體別 人名集』.

_____. 『朝鮮勞動黨 主要 外廓團體의 組織 및 活動』, 國土統一院.

G. K. 브라우닝. 1992, 『소련의 여성과 정치』(손봉숙 역), 한국여성정치연구소.

손봉숙·이경숙·이온죽·김애실. 1992, 『북한의 여성생활』, 나남.

손봉숙. 1998, 「조선민주여성동맹 연구」, 이종석 편, 『북한의 근로단체연구』(연구총서 98-02), 세종연구소.

송두율. 1990, 『소련과 중국: 사회주의사회에서의 노동자·농민·지식인』, 한길사.

쉬바르츠, W. 외. 1990, 『사적 유물론과 여성해방』(엄명숙·강석란 역), 중원문화.

윤미량. 1991, 『북한의 여성정책』, 한울.

이범준 외. 1998,『21세기 정치와 여성』, 나남출판.
정경심·조애리. 1990,「러시아의 여성조직: 1850년대에서 1930년까지」, 한국여성연구회 편,『여성과 사회』, 창작과 비평.
조금안 역, 1988,『마르크스·엥겔스·레닌·스탈린 여성해방론』, 동녘.
統一部.『北韓의 機關, 團體別 人名集』, 1991~2001년 각 연도별.
하이디 하트만·린다 번햄 외. 1990,『여성해방이론의 쟁점: 사회주의 여성 해방론과 마르크스주의 여성해방론』(개정증보판)(김혜경·김애령 편역), 태암.
『코민테른 자료선집: 대중운동, 농민문제』(편집부 편역), 동녘, 1989.

2) 논문
김염자. 1992,「중국의 사회주의 초급단계 국가건설과 여성의 입장」, 이화여대 한국문화연구원 논총, 1992년 11월.
南仁淑. 1996,「南·北韓 女性政策 比較」, ≪北韓學報≫ 제20호.
朴柳洙. 1996,「北韓 女性 政策에 관한 硏究: 變化過程을 中心으로」, 慶南大學校 行政大學院 碩士 學位論文, 1996년 6월.
펑링. 1992,「사회변혁의 와중에 있는 중국여성」, ≪여성연구≫ 제10권 제1호(봄).
韓貞淑. 1988,「혁명, 그리고 여성해방: 혁명기 러시아 여성운동에 대한 史的 眺望」, 여성사연구회 편,『여성』 제2권, 창작사.

3) 신문, 잡지 및 기타
대한매일신문사. 2001,『북한인명사전』, 대한매일신문사.
동아일보사. 1982~1984,『연감』, 동아일보사.
서울신문사. 1996~1997,『북한인명사전』, 서울신문사.
연합통신. 1982~1984, 2000,『연합연감』, 연합통신.
≪내외통신≫ 395호(1984. 8. 3), 417호(1985. 1. 11), 463호(1985. 11. 29), 보4824호(1986. 11. 19), 525호(1987. 2. 20), 566호(1987. 12. 4), 567호(1987. 12. 11), 639호(1989. 5. 12), 684호(1990. 3. 23), 보7124호(1991. 1. 24), 보7721호(1992. 2. 26), 보8155호(1992. 12. 4), 보8372호(1993. 4. 30), 보8679호(1993. 11. 17), 보8940호(1994. 5. 11), 보9434호(1995. 3. 31), 보10373호(1996. 12.

13), 보10372호(1996. 12. 11), 보10455호(1997. 2. 6), 보19689호(1997. 7. 10), 보109000호(1997. 11. 27), 보10902호(1997. 11. 28), 보11123호(1998. 4. 27), 보1108호(1998. 5. 7), 보11363호(1998. 9. 29), 보11262호(1998. 7. 27).

『합동연감』, 1964, 1971, 1982~1995, 1999~2002년 각 연도별.

제2부 기타 외곽단체

제5장 조선사회민주당과 조선천도교청우당

정성임

1. 서론

사회주의국가에서 공산당은 절대적인 권한을 누려왔다. 그들의 헌법을 보면 공산당의 위상이 어느 정도인지를 쉽게 짐작할 수 있다. 예를 들어, 1988년 소련헌법 제6조에서 소련공산당은 '소비에트사회의 지도적·교조적 세력'이며 '소비에트사회의 정치세력 및 모든 국가기관과 사회조직의 핵심'으로 규정되어 있는 것이다.1)

이러한 사회주의 정당제의 특성은 북한의 정당제도에 그대로 반영되어 있다. 조선로동당이 여타 국가기구나 사회단체들에 비해 매우 강력한 권위를 가지고 있는 것이다. 이와 함께 우리는 북한체제에서 또 다른 특징을 볼 수 있다. '우당(友黨)'이라 불리는 조선사회민주당(이하 사민당; 1981년 이전 조선민주당)과 조선천도교청우당(이하 청우당)의 존재이다.2)

---

1) 김영수 편, 『사회주의 국가 헌법』, 인간사랑, 1989, 35-38쪽.

2) 그 외에 민주독립당(1947년 10월 19일, 위원장 홍명희)과 근로인민당(1947년 5월 24일, 위원장 리만규)이 있었지만, 이들 두 당은 1962년 이후 『조선중앙년감』에서 자취를 감추었다.

왜 북한에는 '우당'이 있으며, 조선로동당과 '우당'은 과연 어떠한 관계에 있는가? 이 연구는 1945년 이후 2002년까지 북한의 '우당'을 지속성과 변화의 측면에서 살펴보는 데 그 목적이 있다. '우당'인 사민당과 청우당의 역사적 전개과정을 살펴보는 한편, 당의 조직과 활동내용을 분석함으로써 북한체제에서 '우당'의 성격과 역할이 무엇인가를 제시할 것이다.

북한에서 조선민주당과 조선천도교청우당의 출발은 해방과 함께 이루어졌다. 그 후 당의 활동은 북한의 대내외정책과 밀접한 연관 속에서 전개되어왔다. 북한의 정치·경제상황에 따라 부침을 거듭하며 당명이 개편되는가 하면 우선적인 활동내용이 변화되어온 것이다. 이러한 점에서 '우당'의 발전과정에서 지속적인 부분과 변화된 부분을 찾는 작업은 북한사회의 변화과정을 이해하는 데 도움을 줄 뿐 아니라, 북한 정당제도의 특수성을 밝혀 줄 수 있다는 점에서 의의가 있다. 또한 '우당' 연구는 최초로 시도되는 것으로 북한연구의 기초자료로 활용되는 한편, 연구분야의 지평을 확대하는 데 일조할 것이다.

관련 자료로는 당 기관지(≪사회민주당≫ 1983~1996년), 당대회 자료집, ≪로동신문≫ 등 1차자료 중심의 문헌연구방법을 활용하였다. 아쉽게도 북한 이탈주민 면담과정에서 '우당'에 대해 직접적인 증언은 나오지 않았으며, 1960~1970년대 자료도 일부만 구할 수 있었다. 사민당의 경우 기관지 분석을 통해 유추 해석이 가능했지만, 청우당의 경우 자료부족으로 연구범위에 제약이 있었다. 따라서 여기에서는 사민당과 청우당을 동일한 깊이로 다루지 못했으며, 특히 조직의 운용 부문에서는 사민당 위주로 분석한 한계가 있다. 사민당과 청우당에 대한 더 체계적인 비교연구는 추후 과제로 남긴다.

2. '우당'의 성격과 역할

북한 정당제의 일반성과 특수성을 제시하기 위해 먼저 일반론 차원에서 사회주의국가에서의 당이론 및 소련과 중국에서 정당제의 운용을 살펴본 후 조선로동당과 '우당'과의 관계를 살펴보도록 한다.

1) 사회주의 당이론: '일당 독재론'

사회주의국가의 당이론은 '프롤레타리아 일당 독재론'이며, 공산당의 우월한 지위는 마르크스와 엥겔스, 레닌, 스탈린을 거치면서 구체화되어왔다. 마르크스와 엥겔스가 자본주의와의 투쟁에서 공산당 조직의 중요성을 지적했다면, 레닌은 '엘리뜨 조직'으로서의 공산당을 역설하였고, 스탈린은 공산당의 '지도적' 위상을 헌법에 명문화한 것이다. '일당 독재론'은 사회주의국가에서는 '특수한 상황'을 제외하고 공산당 외에 다른 당이 존재하기 힘든 지형임을 말해준다. 그들의 논리를 자세히 살펴보자.

처음부터 마르크스와 엥겔스[3]가 프롤레타리아만의 정당을 주장했던 것은 아니었다. 「공산당선언」을 보면, 그들은 공산주의자들이 '다른 노동자당과 대조적으로 특수한 당파가 아니며, 프롤레타리아 전체의 이익과 분리된 이익을 갖지 않는다'고 한 것이다. 그러나 20여 년이 지난 후 마르크스는 프롤레타리아가 '스스로 특정 정당을 구성할 때에만' 계급으로 등장할 수 있다고 함으로써 공산당 조직의 필요성을 언급하였다. 당시 그가 상정한 공산당은 '노동자 전체의 조직'이었다.

그런데 레닌의 주장에는 중요한 변화를 볼 수 있다.[4] 우선 자본주의에

---

3) I. W. 레온하르트, 『소비에트이데올로기』 제2권(강재륜 역), 한울, 1984, 39-53쪽.
4) V. I. 레닌, 「공산주의 인터나쇼날 제2차 대회의 기본 과업들에 관한 테제」, 『레닌 전집』 31권, 제4판(조문 판), 217-218쪽.

대한 투쟁과정에서 공산당의 역할을 강조한 점에서는 마르크스와 유사하다. 투쟁과정에서 공산당만이 프롤레타리아를 지도할 수 있으며 당은 '프롤레타리아 계급조직의 최고형태'라고 한 것이다. 그러나 이때 공산당은 일반 노동자의 조직이 아니라 잘 훈련된 혁명가들이 핵심을 이루는, 즉 '엘리뜨 조직'이었다. 혁명을 직접 이끌던 레닌에게는 조직력이 약한 대중집단보다는 강력한 구심력과 지도력을 가진 그들만의 당이 현실적으로 필요했던 것이다.

스탈린은 더 나아가 왜 공산당의 '지도적' 역할이 필요한지를 보다 구체적으로 설명하고 있다.[5] 그의 설명에 따르면, 프롤레타리아 독재를 수행하려면 이를 도와주는 '연결고리(인전대, transmission-belt)'가 필요하다. 그 연결고리는 노동조합(생산 영역), 소비에트(국가행정 영역), 협동조합(경제 영역), 청년동맹(젊은 세대) 등 프롤레타리아의 대중조직들을 말한다. 그런데 프롤레타리아 독재를 수행하는 과정에서 이들 대중조직들과 공산당은 중요한 차이가 있다. 전자가 계급과 대중을 연결하는 역할을 한다면, 후자는 그런 대중조직을 지도하는 역할을 수행한다. 즉 당은 대중조직들에 대한 지도를 통해 프롤레타리아 독재를 수행하며, 이러한 점에서 당의 지도적 역할이 요구된다는 것이다.

여기에는 사회단체나 대중조직이 언급되었을 뿐 공산당 이외의 당이 존립할 근거는 어디에도 없다. 스탈린은 직접적으로 소련에서 왜 공산당만이 존재하는지를 이렇게 설명한다. 당이란 각 계급의 일부이며 그 계급의 선봉적 부분이다. 따라서 자본가와 노동자, 지주와 농민, 꿀락끄(kulak, 부농)와 빈농 등 여러 계급들의 이해관계가 대립하는 사회에서나 여러 정당들이 필요하다. 그런데 소련에는 서로 우호적인 노동자와 농민 두 계급만 존재하기 때문에 여러 정당들이 있을 토대가 없다. 정당은 계급의 이익을 대변하는 기구이며, 계급적 갈등이 없는 소련사회에서는 1

---

5) J. V. 쓰탈린, 「레닌주의의 제문제」, 『스탈린 선집(1905～1931)』 제1권(서중건 역), 전진, 1988, 196-253쪽.

개 정당, 즉 공산당만 존재한다는 논리이다.

그러면 실제 모든 사회주의국가에는 공산당만이 존재하였을까? 소련이 전형적인 일당독재국가였다면 중국은 경우가 다르다. 사회주의국가 건설과 정권획득 과정에서 차이가 있기 때문이다.

먼저 소련을 보면, 혁명 초기를 제외하고는 고르바초프 시대까지 소련공산당 외에 정당 역할을 하는 단체가 없었다.[6] 제정 말기 1905년 1월 혁명 후 두마에는 여러 정치조직들이 있었으며, 1907년 볼셰비키혁명 후 제2회 전러시아소비에트대회에서 선출된 소비에트정부도 공산당의 독재정권이 아니었다. 중앙 집행위원회는 공산당(61명), 좌익 사회혁명당(29명), 멘셰비키 국제파(6명) 등으로 구성되었고, 인민위원회도 공산당과 좌익사회혁명당의 연립성격을 띠고 있었다. 공산당이 주도적인 지위에 있었지만 다른 정당들도 활동하고 있었던 것이다.

변화의 계기는 헌법제정회의 선거와 함께 찾아왔다. 선거결과 전체 707석 중 볼셰비키는 158석(20%)을 차지한 반면, 좌익 사회혁명당 410석, 멘셰비키 16석, 입헌민주당 17석 등 원하지 않던 의석분포를 보인 것이다. 그러자 레닌은 1918년 1월 헌법제정회의의 강제 해산에 이어 6월에는 좌익사회혁명당과 멘셰비키를 중앙위원회에서 축출하기에 이르렀다.

그렇다고 1918년 소련헌법부터 '타정당의 결성금지' 규정을 명시했던 것은 아니었다. 공산당 관련 조항(제126조)[7]은 공산당이 정치제도적으로 모든 권력기관의 중심임을 표명한 데 지나지 않았다. 그러나 이미 그때도 공산당 외의 조직이나 단체의 정치활동은 힘들었을 것이다. 1921년 제10차 당대회는 「당의 단합에 관한 결의」를 통해 당내 특정 그룹들에 의한 조직적인 정치활동을 금지한 것이다. 공산당 결속을 강조하는 한편,

---

6) 김은숙, 「태동단계의 러시아 정당중심」, 정한구·문수언 편, 『러시아정치의 이해』, 나남, 1995, 354-358쪽.

7) 제126조: 노동계급, 근로, 농민 및 근로 인테리겐차 중 가장 적극적이고 또한 의식적인 시민은 자유의사에 기초하여 공산주의사회를 건설하는 투쟁에서 근로자의 공공적 및 국가적 단체의 지도적 중핵이 되는 소련공산당에 단결한다.

당내 파벌에 대해 경고를 하는 마당에 다른 조직이나 단체의 정치활동을 허용하기는 어려운 상황이기 때문이다. 그 후 1936년「스탈린헌법」제6조에서 소련공산당의 우월한 지위는 명문화되었고 일당제는 상당기간 지속되었다. 1936년 헌법 제6조와 1988년 헌법 제6조를 비교해보면,[8] 표현상 일부 차이는 있지만 공산당은 모든 기구의 중심에 있으며 그 외 단체 조직이 인정된 경우는 사회단체(제51조)[9]뿐이었다.

이러한 일당제에 획기적인 전환을 가져온 이는 고르바초프였다. 1988년 제19차 당대회에서 고르바초프가 공산당 내부 개혁을 역설한 후, 1990년 2월 소련공산당 중앙위원회는 제6조를 폐기한 데 이어 3월 최고회의에서 이를 승인하자 공산당과 입장을 달리하는 정치단체들이 출현하기 시작하였다. 좌파 성향의 볼셰비키 전소련공산당, 러시아공산주의 노동자당, 노동자사회당, 노동당, 중도 성향의 자유러시아인민당, 러시아 사회민주당, 러시아민주당, 러시아 농민당, 우파 성향의 입헌민주당, 자유민주당 등이 이 시기에 출현한 대표적인 정당들이다.

한편, 중국[10]에는 중국공산당이 모든 기구 및 단체를 영도하지만 '민주당파'로 불리는 8개 정당들(中國農工民主黨, 中國國民黨革命委員會, 中國民主同盟, 中國民主建國會, 中國民主促進會, 中國致公黨, 九三學社, 臺灣民主自治同盟)[11]이 있다. 민주당파의 지도급 인사들은 각급 인민대표대

---

8)

1936년 헌법 제6조	1988년 헌법 제6조
"소련공산당은 소비에트 사회의 영도세력으로서 소비에트 정치체제, 모든 국가기구와 공공단체의 핵이다……. 공산당은 사회발전에 관한 일반적 관점, 그리고 소련의 대내외 정책을 결정한다. 소비에트 인민의 위대한 건설적 활동을 이끌며, 공산주의 혁명을 위한 그들의 투쟁에 계획적이고 체계적이며 이론적으로 중요한 성격을 부여한다."	"소연방 공산당은 소비에트사회의 지도적·교조적 세력이며 소비에트사회의 정치체제 및 모든 국가기관과 사회조직의 핵심이다……. 공산당은 사회발전의 전반적인 전망과 소연방의 대내외 정책노선을 결정하고 소비에트 인민의 위대한 건설적인 활동을 지도하며 공산주의적 승리를 위한 소련 인민의 투쟁에 계획적이며 과학적으로 타당한 성격을 부여한다……"

9) 제51조: 공산주의 건설목적에 입각하여 정치적 적극성과 창의성의 발전 및 시민의 다양한 이익의 충족을 촉진시키는 사회의 여러 단체를 결성할 권리를 갖는다.

10) 김종현, 『사회주의 중국의 정치』, 인하대학교 출판부, 2001; 한요무, 『中國國家機構解說』(김형곤 역), 희성, 1992.

회 상무위원회에서 활동하고 있으며, 성(省), 자치구, 직할시의 인민대표대회에도 '적당비례(適當比例)' 원칙에 따라 참여하고 있다. 중국의 정당제는 중국공산당이 민주당파들과 합작하되 이들을 영도하며 공존하는 '다당합작' 형태인 것이다.

그러면 왜 중국에는 소련과 다른 정당이 존재하는 것일까? 이는 '민주당파' 용어가 처음 등장한 시대적 배경을 살펴보면 답을 얻을 수 있다. '신민주주의혁명' 당시 항일투쟁 과정에서 민주당파는 무산계급, 자산계급, 대지주를 제외한 중간 세력들로 구성되어 중국공산당이 이끄는 통일전선에 참여하였다. 이들은 제국주의, 봉건주의, 관료자본주의에 반대하고 새로운 중국을 옹호한다는 점에서 공산당과 공통점이 있었고, 이런 점에 주목하여 중국공산당은 이들과 공동투쟁을 벌였던 것이다.

이러한 협조관계는 중화인민공화국이 등장하기까지 지속되었다. 정치적 기반이 취약했던 중국공산당은 국민당에 대항할 수 있는 정치적 역량을 키우는 것이 급선무였고, 이 때문에 항일 통일전선에 참여했던 정당들과의 합작이 여전히 필요했던 것이다. 1945년 4월 중국의 제7기 전국대표대회에서 모택동은 「정치공작보고(論聯合政府)」를 통해 민주당파와의 합작을 직접 언급하는가 하면, 1956년 4월 「논십대관계(論十大關係)」에서는 민주당파와의 '장기공존(長期共存), 호상감독(互相監督)' 원칙을 표명하였다. 지금도 민주당파는 헌법이 허용하는 범위 내에서 활동을 벌이고 있다. 시대적 변화에 따라 중국공산당과 민주당파의 협력기반이 '반제, 반봉건'으로부터 '사회주의 현대화국가 건설'로 바뀌었을 뿐 이들의 공존관계는 지속되고 있는 것이다.

여기에서 주목해야 할 부분은 중국공산당과 민주당파의 관계이다. 현재 민주당파는 표면적으로 중국공산당 산하단체가 아니라 별도의 독립

---

11) 1949년 6월 정치협상회의에 참여한 민주당파는 모두 11개이나, 이 중 중국인민구국회(中國人民救國會)는 중국의 탄생과 함께 자진 해산하였고, 삼민주의동지연합회(三民主義同志聯合會), 중국국민당민주촉진회(中國國民黨民主促進會)는 중국국민당혁명위원회(中國國民黨革命委員會)와 합병되어 현재는 8개가 있다.

된 조직을 갖고 있다. 또한 '다당합작제'의 기본방침 중 하나는 여러 당들간에 '호상감독'이다. 그러나 통일전선시기부터 모택동은 공산당의 우월적 지위를 분명히 하였다. 자산계급이나 무산계급 모두 혁명을 영도하기에는 취약하기 때문에 '혁명의 선봉대'로 공산당의 역할이 중요하다는 점을 강조한 것이다.

결국 민주당파는 중국공산당의 '지도'를 받는다는 점에서 '독립'에 한계가 있으며, 중국공산당과 공통의 정치목표를 지향한다는 점에서 '합작'의 기반이 있다. 실제 민주당파들은 정책개발이나 정권경쟁 등에 나서지 않고 있다. 또한 각 당파의 구성원을 보면,[12] 그들의 사회적 역할은 주로 교육과 과학기술 분야에 집중되어 있다. 이렇게 본다면, 중국정당제의 경우 상황적 특수성 때문에 표면상 복수 정당제의 특성을 갖고 있지만, 실제 운영방식은 공산당의 '지도적 지위'라는 사회주의원칙에서 별반 벗어나지 않는다고 할 수 있다.

2) 북한사회에서 '우당'의 의미와 역할

북한사회에는 현재 연령별, 성별, 직업별로 조선로동당의 4개 근로단체(김일성사회주의청년동맹, 조선직업총동맹, 조선농업근로자동맹, 조선민주녀성동맹)가 있으며, 이들 단체들은 조선로동당의 외곽단체로 주민들에 대한 통제 역할과 함께 정치사회화의 기능을 담당하고 있다. 그런데도 왜 그들은 조선로동당의 또 다른 외곽단체로 '우당'을 인정하는가? '우당'과 근로단체의 역할은 어떠한 점에서 차이가 있는 것일까? '다당연합제' 주장

---

12) 중국농공민주당(中國農工民主黨)—의료, 위생, 농림, 수리방면의 학자 및 전문가; 중국국민당혁명위원회(中國國民黨革命委員會)—대륙에 잔류한 국민당 당원, 군정인사 및 그 자녀; 중국민주동맹(中國民主同盟)—문교, 과학기술계의 중·상층 지식인; 중국민주건국회(中國民主建國會)—상공업계, 금융계인사; 중국민주촉진회(中國民主促進會)—문교, 과학기술계 및 중등학교 교사; 중국치공당(中國致公黨)—귀국 화교와 그들의 권속; 구삼학사(九三學社)—과학기술계 지식인; 대만민주자치동맹(臺灣民主自治同盟)—대륙에 거주하는 대만국적 동포.

의 분석을 통해 그들이 자신들의 정당제를 어떻게 설명하는지를 살펴보고 '우당'과 근로단체의 역할 차이를 제시하도록 한다.

(1) '우당'의 성격: '다당연합제'와 '우당'

북한에서 조선로동당과 '우당'의 관계를 설명하는 논리는 '다당연합제'론이다.[13] 때로는 '다당협조제' 또는 '다당합작제'로도 표현되는데, 그들은 북한의 '고유하고 독특한 정당제도'로 특징짓고 있다.

'다당연합제' 용어가 사민당 기관지에 처음 제시된 것은 1991년이었다. 10월 13일 조선로동당 창립 40돐기념 기고에서 당시 김영호 사민당 부위원장(현재 위원장)은 '다당합작의 연합전선에 기초한 연합정권'이라는 표현을 사용하였다. 그리고 그해 12월 22일 당 중앙위 전원회의「1992년 당활동 지침에 대하여」에서 '다당연합의 기치아래 조선로동당을 비롯한 우당들과 긴밀히 협력'할 것이 언급되었다. 그렇지만 '다당연합제'에 대해 보다 구체적인 설명이 제시된 것은 1992～1994년이다. 여기에서 그들은 북한의 정당제를 '로동계급의 당의 주도하에 근로자 정당들이 공고한 련합을 형성하고 서로 굳게 단결하며 긴밀히 협조하는 다당련합의 제도'로 규정하였다.

이와 관련하여 제기되는 의문은 왜 하필이면 1990년대 들어 '다당제'와 '다당연합제'를 구분하고 차별화하였는가 하는 점이다. 1980년대에 이미 그들은 '다당제'와 '복수정당제'를 비판하면서도 자본주의사회와 사회주의사회의 '다당제'를 구분해서 표현하는가 하면 북한에 복수 정당이 필요한 이유를 제시했던 것이다.[14] 또한 왜 유사한 중국 사례를 언급하지 않았는가 하는 점도 의문이다. 중국이 자신들의 '다당합작제'를 설

13) 리지선, 「사회주의와 정당제도」, ≪사회민주당≫ 1992년 1호; 「조선사회민주당 중앙위 전원회의 확대회의 진행」, ≪사회민주당≫ 1993년 2호; 「우리 나라 다당합작제도와 조선사회민주당」, ≪사회민주당≫ 1994년 1호.

14) 「우리 나라 사회주의제도와 다당제」, ≪사회민주당≫ 1983년 2호; 「사회민주주의 강좌: 복수정당제」, ≪사회민주당≫ 1989년 3호.

명하는 방식이나 민주당파의 역사적 부침과정은 북한의 경우와 유사하다. 통일전선의 유용성이 퇴색한 후 북한에서와 마찬가지로 1950년대 중반 반(反)우파투쟁에서 민주당파의 활동은 위축되고 민주당파 인사들의 정부 내 직위마저 박탈되었던 것이다.

중국 사례를 언급하지 않은 것은 당시 양국관계로부터 유추할 수 있다. 1980년대 중국의 시장경제 도입과 함께 한·중 수교(1992) 등으로 인한 중국과의 소원한 관계가 영향을 미친 것이다. 그리고 1990년대에 '다당연합제'를 주장한 것은 당시 소련, 동구 등 구공산주의권의 변화와 관련된 것으로 보인다. 구공산국가들에서는 다당제를 도입하면서 공산당의 영향력이 급격히 쇠퇴하고 있었다. 따라서 공산당의 우월적 지위를 분명히 하고, 사회주의 정당제와 자본주의 정당제의 차별성을 강조할 필요가 있었던 것이다. '부르주아 정당제도를 받아들이라는 것은 자본주의로 복귀시키려는 악랄한 범죄적 책동'이라고 주장하면서 그 예로 동구를 제시하거나, '제국주의자들의 강요에 못 이겨 다당제를 받아들이면 사회주의를 망친다'[15]고 한 데서도 알 수 있다. 이제 그들의 '다당연합제' 논리를 살펴보자.

그들 주장은 세 가지로 요약된다. 첫째, 그들은 정당제도의 민주성 여부를 사회제도와 연관시킨다. 그들에 따르면, 다당제가 곧 민주주의를 보증하는 것은 아니다. 정당이 누구의 이익을 대표하는지가 중요하기 때문이다. 미국처럼 정당들이 독점자본의 이익을 대표한다면 그 정당제는 '민주주의'적일 수 없다. 반면 사회주의정권은 인민을 위한 '참다운 민주주의' 정권이기 때문에 사회주의제도하에서 운영되는 정당제는 '민주주의'적이다. 즉 정당제의 민주성 여부는 사회제도에 달려 있다는 것이다.

둘째, 그들은 사회주의국가에서 당은 '민주적'이기 때문에 그 수는 중요하지 않다고 본다. 사회주의국가에도 '사회경제적 처지와 정견이 다른'

---

15) 박주룡, 「다당제는 부르주아반동정치를 은폐하기 위한 위장물」, ≪근로자≫ 1991년 제2호.

여러 계급과 계층이 존재하며, 그들 이익을 대표하는 여러 정당이 있을 수 있다는 것이다. 즉 일당제인가 다당제인가는 일률적으로 규정되는 것이 아니라, 그 나라의 정치문화나 정치세력들간 관계나 과업에 따라 결정된다는 주장이다. 북한의 특수성을 들어 일당독재가 아닌 '다당연합제' 임을 정당화하고 있는 것이다.

셋째, 그들은 자신들의 '다당제'는 자본주의제도하의 그것과 다르다고 주장한다. 자본주의사회에서 정당들은 치열한 집권경쟁을 벌이는 반면, 사회주의사회에서 정당들은 서로 '단결하고 협조하는 관계'에 있다. 각 정당들이 대표하는 여러 계층들의 사회계급적 처지와 이해관계, 목적이 공통적이기 때문이다.

여기에서 우리는 '우당'과 조선로동당과의 관계를 파악할 수 있다. 정당들의 '협조관계'를 언급하면서도 그들인 강조한 부분은 바로 조선로동당의 주도적 지위이다. 이는 통일전선시기 이후 북한의 일관된 입장이다. 1950년 1월 이미 김일성은 다른 정당 및 단체들과의 통일전선 과업을 제시하면서 조선로동당의 지도적 역할을 주장하였으며,[16] 1990년대에도 마찬가지이다. 그들 설명에 따르면, 조선로동당과 다른 정당들은 '상설적인 통일전선'하에서 '공고한 련합을 형성'하고 있다. 그리고 '공고한 련합'은 당들간에 '행동의 통일성과 일치성'이며 조선로동당의 권위는 '매우 높고 비상히 강대'하다고 설명한다.

즉 '다당연합제'에서 제시된 '우당'의 위상은 조선로동당과 대등한 정당이 아니라 조선로동당의 정책에 따라 통일된 활동을 벌이는 당의 외곽단체인 것이다. 실제 현재 '우당'의 지도역할은 조선로동당 통일전선부가 맡고 있으며, 사민당의 대외활동은 조선로동당 국제부의 지도를 받고 있다.

---

16) 김일성, 「조국의 통일위업을 위하여 모든 애국적민주력량을 총집결하자」(북조선천도교청우당 제3차대회에서 한 연설, 1950년 1월 19일), 『김일성저작집』 제5권, 평양: 조선로동당출판사, 1980.

(2) '우당'의 역할

그러면 조선로동당의 외곽단체로 '우당'과 근로단체는 기능상 어떠한 차이가 있는가? '우당'이 요구된 역사적 배경이 있었을 것이고, 또한 근로단체가 할 수 없는 다른 역할을 수행하고 있다고 미루어 짐작할 수 있다.

1946년 반탁과 관련된 조선민주당 위원장 조만식의 감금, 그리고 1948년 '3.1 밀서사건'과 관련된 천도교인에 대한 대대적인 체포 이후 민주당과 청우당은 당시 북조선로동당의 철저한 감시와 통제하에 놓였다. 그런데도 북한은 이들 당을 해체하는 결정을 내리지 않았다. 더욱이 이들 당들은 한국전쟁 이후 당세 약화와 함께 침체에 빠져들었다. 그러나 오히려 1980년대 들어 사민당은 '사회민주주의'를 당명으로 내세우며 새로운 변모를 하게 된다.

특히 청우당의 존재는 보다 흥미롭다. 북한 헌법에는 '신앙의 자유' 조항(제68조)이 있다.[17] 또한 김일성은 1950년 북조선천도교청우당 제3차 대회에서 이렇게 말한 적이 있다.[18] 정치적 시련을 겪은 종교인은 '조국과 인민의 이익을 팔아먹은 범죄자들과 민족반역자들'뿐이며, 종교적 환상에 유혹되는 것은 경계해야 되지만 '종교를 나쁘게 보거나 종교인들을 학대하지는 않는다'고 한 것이다.

그러나 같은 해 나온 형법을 보면,[19] 종교에 대한 부정적 시각이 그대로 드러난다. 북한사회에서 종교기관이 본연의 임무를 수행하지 못하고 있음은 탈북자 증언에도 나타난다.[20] 외국인들의 헌금만 받는 단체(칠골

17) 제68조: 공민은 신앙의 자유를 가진다. 이 권리는 종교건물을 짓거나 종교의식 같은 것을 허용하는 것으로 보장된다. 종교를 외세를 끌어들이거나 국가사회질서를 해치는 데 리용할 수 없다.

18) 김일성, "조국의 통일위업을 위하여 모든 애국적민주력량을 총집결하자."

19) 제101조: 민족적 또는 종교적 불화나 증오를 일으키게 할 선전 선동을 한 자 또는 그러한 내용의 서류를 산포하거나, 작성 보관한 자는 2년 이하의 징역에 처한다……; 제257조: 종교단체에 기부를 강요한 자는 2년 이하의 징역에 처한다; 제258조: 종교단체에서 행정적 행위를 한 자는 1년 이하의 교화노동에 처한다.

20) 2002년 11월 21일 이춘근과의 면담; 2002년 12월 5일 최동현과의 면담; 2003년 1월 16일 이선권과의 면담.

교회, 봉수교회, 장충성당 등)로 보거나 심지어 '성경'이라는 말조차 모르는 경우도 있다. 그리고 천도교를 내세운 청우당에 대해 유명무실한 당 또는 조선로동당원들이 당원으로 위장한 단체로 알고 있기도 하다.

이와 관련, 우리는 중국에서 민주당파의 역할을 상기할 필요가 있다. 민주당파는 중국공산당의 지도하에 그들 정책과 노선을 보조하는 역할을 수행하고 있다. 조선로동당의 힘을 강화하고 보완할 필요성, 이것이 북한사회에서 '우당'이 수행하고 있는 역할이다.

북조선로동당과 '우당'의 '연합'관계가 시작된 계기는 중국의 경우와 마찬가지로 통일전선의 세력 강화에 있었다. 1940년대 말 미·소 공위, '민주'개혁 과정에서 그들에게 가장 중요한 문제는 통일전선 문제였다.[21] 이를 위해 당시 북조선로동당은 '조국과 민족의 이익을 위해 투쟁하는 민주주의적 정당'이라면 누구와도 손을 잡을 수 있다는 입장에 있었다. 그들 입장에서 볼 때 민주당과 청우당의 당원들을 보면 '민주주의' 정당으로 볼 수 있는 충분한 근거가 있었다.[22]

당시 민주당의 구성원은 소자산계급, 기업가, 상인, 부농, 일부 소시민 등이었다. 이들은 북한이 미국의 식민지로 전락한다면 다시 일제시대처럼 '령락파산'하게 될 것이고, 이런 이유 때문에 민주당원들 스스로 북조선로동당의 정책과 입장에 동조할 수밖에 없다고 본 것이다. 청우당의 구성원도 대다수가 농민들로 북조선로동당과 공동의 이해관계에 있다고 판단하였다. 즉 민주당과 청우당은 통일전선 차원에서 중요한 규합의 대상이었던 것이다.

---

21) 북조선인민위원회선전부, "金日成委員長重要報告 民主主義臨時政府樹立에關하여 各政黨들과 社會團體들은 무엇을要求할것인가―(附)民主主義臨時政府樹立을앞두고 朝鮮青年에게고함", 미국노획문서 2009-3-135.

22) 김일성, 「우리 당 단체들의 과업에 대하여」(북조선로동당 평안남도 순천군당대표회의에서 한 연설, 1948년 1월 24일), 『김일성저작집』 제4권, 평양: 조선로동당출판사, 1979; 「당 중앙위원사업에 대하여」(북조선로동당 함경남도 제2차대표회의에서 한 보고, 1948년 2월 21일), 『김일성저작집』 제4권, 평양: 조선로동당출판사, 1979.

이러한 '우당'의 필요성은 1956년 4월 조선로동당 제3차 대회까지 지속적으로 관찰된다.[23] 당시 일각에서는 전쟁기간 중 '우당'들의 반동적 행동에 대해 비판을 제기하였다. 그러자 김일성은 그런 잘못은 '우당' 정책에서 비롯된 것이 아니며, 오히려 조선로동당과 다른 당을 동일한 수준에서 보아서는 안 된다고 두둔하였다. 그리고 통일전선 강화를 위해 '우당'들의 정치교양사업을 도와줄 것을 강조하였다.

'우당'의 위상에 변화가 감지되는 시기는 1960년대이다. 1961년 조선로동당 제4차 대회에서는 조선로동당의 절대적 권한과 책임에 대한 강조가 눈에 띌 뿐, '우당'에 대한 언급은 볼 수 없다.[24] 사회주의혁명과 사회주의건설에서 '위대한 승리'를 달성하였다고 선언한 마당에 '우당'이 설 수 있는 입지가 좁아진 것이다.

그들 주장에 따르면, 향후 북한은 사회주의의 완전한 승리와 조국통일의 완성을 위해 총력을 기울여야 한다. 여기에는 무엇보다 7개년 경제계획의 성공이 필요하며, 그 성패는 조선로동당의 영도에 달려 있다. 1940~1950년대에는 '민주주의세력'의 역량 강화가 요구되었다면, 이제는 조선로동당의 지도력과 역할 강화가 요구되는 시점인 것이다. 실제 1960년대 민주당과 청우당은 지방조직이 해체되고 중앙조직만 남는 등 급격한 세 약화를 겪었다. 그러면 왜 그때 북한은 '우당'을 해산하지 않은 것일까? 이에 대한 자료는 어디에서도 볼 수 없었다. 추측컨대 조선

---

23) 김일성, 「조국의 통일위업을 위하여 모든 애국적민주력량을 총집결하자」; 「조국해방전쟁의 승리를 위한 각 정당들의 과업」(조선로동당, 북조선민주당, 북조선천도교 청우당 도위원회 위원장 련석회의에서 한 연설, 1950년 6월 27일), 『김일성저작집』 제6권, 평양: 조선로동당풀판사, 1980; 조선로동당 중앙위원회 제3차 전원회의에서 한 결론(1950년 12월 23일), 『김일성저작집』 제6권, 평양: 조선로동당출판사, 1980; "우리 당 단체들의 과업에 대하여(조선로동당 중앙위원회 제4차 전원회의에서 한 보고, 1951년 11월 1일)", 『김일성저작집』 제6권, 평양: 조선로동당출판사, 1980; "당조직사업을 개선할데 대하여(조선로동당 중앙위원회 제4차 전원회의에서 한 결론, 1951년 11월 2일)", 『김일성저작집』 제6권, 평양: 조선로동당출판사, 1980.

24) 國土統一院, 『朝鮮勞動黨大會資料集』 第Ⅱ輯, 國土統一院, 1980, 11-125쪽.

로동당의 입지가 확고한 상태에서 이미 약화된 '우당'들을 굳이 해산시킬 필요성을 갖지 못했기 때문이 아닌가 여겨진다.

그 후 다시 '우당'이 부상된 것은 이전과는 다른 이유 때문이었다. 통일전선이라는 대내적 필요성보다는 대남관계와 대외관계, 즉 1970년대 남북관계의 변화와 1980년대 국제환경의 변화와 관련되어 있다. 시대의 흐름에 따라 '우당' 역할의 성격이 변화된 것이다.

우선 대남 차원에서 남북교류 창구의 다양화에 '우당'은 일익을 담당할 필요가 있었다. 청우당은 천도교를 매개로 한국천도교협회라는 파트너가 존재한다면, 민주당은 민중당 등 진보적인 야당들과 관계 모색을 통해 남북대화와 선전의 폭을 넓힐 수 있는 장점이 있는 것이다.

또한 당시 북한의 대외관계는 당 국제부에서 공산권국가들과의 '당대당 외교', 외교부에서 서구국가들과의 '국가대국가 외교', 그리고 대외문화연락위원회에서 민간차원의 '인민외교'로 각각 분화된 역할을 수행하고 있었다. 그런데 1980년대 국제사회민주주의운동이 강하게 불면서 유럽 각국에서 사민당의 움직임이 활발해지고 있었다. 이들의 주장은 북한의 관심을 끌기에 충분했다. 블록 불가담, 반제, 반핵, 반전 등 대남 주장과 유사성을 가지고 있었던 것이다. 따라서 통일에 대한 북한측 입장을 국제사회에 선전하고 그들에게 유리한 통일환경을 조성하기 위해 국제사회민주주의운동에 동참할 필요성이 있었다. 그러자 민주당은 사민당으로 당명을 변경하면서 대외관계 확대에 나서게 되었던 것이다.

이렇게 본다면, '우당'과 근로단체는 조선로동당의 정책과 활동을 보완해준다는 점에서 공통점이 있으며 이것이 바로 조선로동당의 외곽단체가 존재하는 이유라 할 수 있다. 그러나 이들 역할에는 분명한 차이가 있다. 근로단체가 당-인민 관계에 초점을 맞춘다면, '우당'은 대남관계와 대외관계에 주력하는 것이다. 결국 '우당'의 유용성은 복수의 정당, 종교적 정당을 통해 일당 독재의 비난에서 벗어나고 종교의 자유를 선전하는 한편, 유럽 국가들과 당차원의 교류를 통해 '한반도문제' 해결에 유리한 국제환경을 조성하고, 다양한 루트를 통해 대남 선전을 강화하려는 데 있다.

3. 사민당과 청우당의 형성과 발전

해방 후 등장한 조선민주당과 조선천도교청우당은 크게 세 단계, 1940년대 창립과 변모기, 한국전쟁 이후 약화와 침체기, 그리고 1980년대 이후 개편과 재부상기 등을 거치며 부침의 과정을 겪어왔다. 그 계기는 북한의 정치적 상황, 그리고 대남관계와 대외관계 때문이었다. 각 단계별 변화의 과정을 살펴보자.

1) 창립과 변모: 1945~1950

이 시기는 조선민주당과 조선천도교청우당이 등장한 후 1946~1948년 지도부 개편을 통해 '우당'으로 새롭게 변모하는 시기이다. 먼저 조선민주당을 살펴보도록 하자.[25)]

조선민주당은 1945년 11월 3일 창립(당수: 조만식, 부당수: 이윤영, 최용건)되었다. 당시 민주당은 '소자산계급 민주주의독립국가 건설'을 목표로 중소기업자들, 도시와 농촌의 소자산계급의 이익을 옹호한다고 표방하였다. 그러나 모스크바 3상회의에서 신탁통치가 결정된 후 민주당은 큰 변화를 겪는다.

당시 지도부 중심의 반탁운동과 조만식의 감금이 결정적이었다. 당 자

25) 「당과 더불어 삽십팔년」, ≪사회민주당≫ 1984년 1호; 「시련을 헤치고 발전하여 온 우리 당」, ≪사회민주당≫ 1985년 4호; 「당창건 45돐을 열렬히 축하한다」, ≪사회민주당≫ 1990년 4호; 「조선민주당 제6차확대중앙위원회 결정서(1946년 12월 25일)」, 미군노획문서 2005-7-81; 「조선민주당규약」, 미군노획문서 2005-6-51.

체가 와해되며 당내에서조차 '당 무용론'이나 '해당론'이 나오는가 하면 출범당시 당 간부들은 대부분 월남의 길을 택했다. 1946년 초 조만식, 최용건, 김재범(김책) 등을 제외한 상무위원들이 모두 월남하여 서울에 조선민주당 본부를 둔다고 발표한 것이다. 더욱이 인민들 가운데도 민주당에 대한 불신이 팽배하였다.

북측 주장에 따르면, 조만식의 민주당은 출범 당시 이미 두 가지 문제점을 안고 있었다. 당의 이념, 정강과 당 지도부의 정치적 구성 간에 모순이 있었고, '모집식' 방식에 따른 충원으로 당 간부와 당원들의 정치적 수준이 낮았다. 이런 문제점이 결국 조만식의 반탁으로 표출되고 당의 존립 자체를 위협하게 되었다는 것이다. 민주당은 지도부의 전면적 교체와 당의 정비에 나서야 했다.

이러한 어려움을 돌파한 것이 1946년 2월 비상전당대회(혁신대회)이다. 최용건 위원장의 등장 등 지도부를 교체하였고, 당 중앙위원회 제7차 회의 결정에 따라 조직복구 사업이 이루어졌다. 그 후 민주당은 '개혁' 작업에 당원들을 본격적으로 동원하며 '우당' 역할을 수행하기 시작하였다. 구체적으로 북조선임시인민위원회의에 참여(제6차 확대중앙위원회 결정)하는 한편, 노동법령과 남녀평등권법령, 중요산업국유화법령 등을 인민들에게 설명할 해설선전대, 연예대를 조직·파견하기도 하였다.

그러나 당시 민주당은 지도부가 '개혁'된 것이지 당원들도 '개혁화'되었던 것은 아니었다. 따라서 동원과정에서 당원들이 당의 활동에 직접 반기를 드는 등 문제가 대두되었다. 대표적인 예가 토지개혁 문제였다. 민주당은 1946년 3월 8일 중앙본부 상무위원회에서 「토지개혁법령실시를 적극 협조할데 대하여」를 결정하고 당 간부들과 당원들을 지방인민위원회 및 농촌위원회에 파견하여 사업을 돕는 한편, 당 중앙위원회 '독려원'들을 지방당에 내려 보냈다. 그러나 일부 민주당원들은 토지개혁에 반대하며 탈당하는 일이 벌어졌다. 그 결과 당내에서는 정치검열과 지방당 조직개편의 필요성이 제기되었고, 이를 반영한 대회가 1947년 4월 제2차 당대회와 1948년 제3차 당대회이다.

제2차 대회에서는 강령 채택에 이어 비상전당대회 이후 조직사상사업에 대한 전반적인 총화 분석을 통해 당의 구조, 사업체계, 방법을 변화하기로 결정하였다. 그 후 수개월에 걸쳐 당원심사와 유일당증 교부사업이 실시되었고 정치강습을 조직하는 한편, 당 학교가 운영되기 시작하였다. 제3차 대회에서는 정강을 수정하였다. 특히 입당이 '추천제(기존 당원 2명)'에서 '보증제'로 바꿔 엄선된 당원 위주로 당을 구성하였고, 또한 당내 '민주주의'와 중앙집권 규율확립 등 조직의 기강확립에 전력하였다. 이제 민주당은 새로운 지도부 선출에 이어 조직 정비를 통해 '우당'의 기틀을 마련한 것이다.

그 후 민주당은 1948년 4월 남북조선 정당·사회단체 대표자연석회의에 대표단을 파견하고, 1949년 조국통일민주주의전선 결성대회에 합류하는 등 통일사업에 나서는가 하면, 대내 '개혁'에도 조직동원을 통해 적극 협조하였다. 1947, 1948년 인민경제발전계획, 1949~1950년 2개년계획의 완수를 위해 '노력협조대'를 조직하여 지원하였으며, 농촌에서도 당원들이 모범이 되도록 격려하였다. 또한 최고인민회의 대의원선거와 관련 각급 위원회와 선거위원회에 천 7백 명의 일군을 파견하여 해설선전사업을 벌이기도 하였다.

한편 조선천도교청우당의 변모과정도 조선민주당의 경우와 유사한 흐름을 겪었다.[26] 해방 당시 북한에는 99개의 교당을 기반으로 약 백 50만 명의 천도교인이 있었다.[27] 종교인이 모두 총 200여만 명(불교도 약 37만 5천 명, 개신교인 약 20만 명, 천주교인 약 5만 7천 명)이었고, 또한 천도교 종리원이 시, 군, 구, 면, 리 단위까지 구성되어 있던 점을 고려하면, 당시 북한에서 천도교가 어느 정도의 위세를 가지고 있었는지를 짐

26) 북조선천도교청우당본부, 『1948年度 第二次全黨大會文獻集』, 평양: 개벽신보사, 1948, 미군노획문서 2008-9-63; 강인철, 「현대 북한종교사의 재인식」, 김홍수 편, 『해방후 북한교회사』, 다산글방, 1992.

27) 조선중앙통신사, 『조선중앙년감』, 1950.

작하는 데 어려움이 없을 것이다.[28] 이를 기반으로 1945년 10월 30일 북조선천도교청우당이 창립되었고, 다시 1946년 2월 재창당(위원장 김달현)되었다.[29] 그 후 일제 탄압으로 잠적했던 당원들을 규합하고 각층 당부를 재건하였으며, 조직을 동원하여 북조선임시인민위원회의 정책을 지원하는 한편, 모스크바 3상회의 결정에 대한 지지에도 나섰다.

1947년에 들어 청우당은 전당대회(4월)를 개최하고 본격적으로 조직을 정비하는 한편, 교양사업과 선전사업을 전개하였다. 먼저 조직 정비는 당원의 질 향상에 중점을 두어 '가지치기'에 나섰다. 1947년 당원은 전년 대비 193%나 증가(1947년 6월 40만 명, 1947년 말 60만 명)[30]함에 따라 시, 군 당부조직도 35% 증가하였다. 2배에 가까운 급격한 당원수의 증가는 자연스럽게 당원의 질 문제를 낳았고, 이에 당원심사를 통해 불순분자를 제거하는 한편, 당원증 교부를 통해 조직력을 강화하였다. 1947년 11월부터는 각층 당부 간부에 대해서도 심사에 들어갔다.

또한 당원 및 간부에 대한 적극적인 교양사업이 이루어졌다. 7차례에 걸쳐 3,100명에 달하는 당 지도일꾼들은 중앙당학원(600여 명) 및 도당학원(2,500여 명)에서 강습을 받았다. 당원들도 도, 시, 군, 면 등 당부 단위로 정기 및 수시 강습(1947년 784회)을 받았고, 최저 2주간의 강습이 의무적으로 부과되었다.

교양사업과 관련 특이한 점은 여성지도자(40여 명) 양성을 위한 특별강습회(1947년 6월)가 있었다는 점, 그리고 강습 내용이다. 강습의 주요 내용은 '개혁' 조치에 대한 설명으로 구성되었다. '개혁' 과정에 당원들을 원활하게 동원하기 위해서는 '개혁'의 방향과 내용에 대한 이해가 전제되어야 했던 것이다. 이와 함께 교양사업을 위해 10여 종의 교재가 발부되었는데, 「당론」, 「정치」, 「경제」, 「사회학」, 「소련혁명사」, 「체조」, 「가요」, 「한글」,

28) 이헌경, 「북한의 사회주의 혁명·건설기 종교정책」, 『한국정치학회보』 제30집 4호, 1996년 겨울, 254쪽.
29) 북한에서는 공식적으로 청우당의 창립일을 1946년 2월로 주장하고 있다.
30) 강인철, 앞의 글, 1992, 171쪽.

「상식」 등 외에 관심을 끄는 주제는 천도교 신앙생활과 관련된 「교리」,「교사」도 들어 있었다는 점이다. 이는 당원이 천도교인들이라는 점 외에 당시 시대적 상황과 밀접한 관련이 있다. 통일전선을 위해서는 상당한 세력을 형성하던 천도교인들에게 우호적인 태도를 가질 수밖에 없었기 때문이다. 그들 주장에 따르면, 청우당은 '순수조선적', '애국적', '대중적'인 당으로 민족적 이익(통일전선)에 부합되기 때문에 청우당의 종교적 성격에 대한 반발은 아직 드러낼 시기가 아니었던 것이다.

전당대회 후 청우당은 각종 법령과 결정이 발표될 때마다 선전사업에 당원들을 적극 동원하였다. 1947년 인민경제정책, 민주주의민족통일전선, 인민위원회 사업과 시책에 대한 선전에 주력한 것이다. 당 기관지인 ≪개벽신보≫(주간)는 1948년 4월부터 월간에서 일간으로 발행횟수가 늘며 선전 및 교양사업에 활용되었다.

청우당의 변신을 가져온 계기는 1948년 '3.1 밀서사건(남북통일을 위한 천도교인 3.1재현운동)'이었다. '3.1 밀서사건'이란 서울 청우당 중앙총본부가 북한의 천도교도들에게 3.1절을 기해 단독정부 수립 반대 운동을 위해 총궐기할 것을 제의한 사건을 말한다. 그 외에도 천도교인들은 '영우회 사건', '김일성추대 반대 연판장 사건' 등을 통해 반공투쟁에 나섰다. 이를 계기로 청우당 내에 대대적인 변화의 바람이 불게 되었다. 검거선풍이 불면서 만 7천여 명의 교인들이 체포되었고 간부 74명은 살인, 방화, 폭도 등의 죄목으로 사형에 처해졌다.[31)]

이런 혼란을 수습한 대회가 1948년 4월 제2차 당대회이다. 당시 50만 당원의 청우당이 급선무로 해결해야 할 과제는 역시 조직의 정비 문제였다. 일부 간부와 당원들의 사상에 문제가 제기되고, 상층 당부로부터 지방 당부에 이르는 사업의 통일성 부족이 지적되었다. 따라서 당원 및 간부의 질 강화, 교양강습의 단계화와 함께 통일전선 강화, 문맹퇴치

---

31) 하종필, 『북한의 종교문화』, 선인, 2003, 151-153쪽; 고태우, 『북한의 종교정책』(종교사회총서 1, 개정판), 민족문화사, 1989, 63-65쪽.

사업 등이 당의 과업으로 제시되었다. 특이한 점은 대외적 과업으로 조소문화협회와의 긴밀한 관계 속에 소련의 '민주주의' 문화를 받아들일 것 등이 포함된 점이다. 여기에는 당시 조·소관계가 반영되어 있다. 북한은 소련 점령기구의 도움을 받아 '개혁' 조치를 수행하고 있었던 것이다. 이러한 과업 제시와 함께 국가적 요구에 발맞춰 당 강령 제4항[32]이 삭제되고 대신 민족통일전선, 주요 산업 및 토지의 국유화 등의 내용이 포함되었다.

1950년은 청우당에게 조직면에서 또 다른 계기를 마련해준 해였다. 1월에 제3차 대회를 개최하고 부위원장(박윤길) 중심의 김달현 위원장 축출 움직임을 저지한 데 이어 남조선청우당(1945년 9월)을 흡수 통합하여 현재의 조선천도교청우당(위원장 김달현)으로 발족되었다.

이렇게 본다면, 이 시기는 두 '우당'이 등장하고 민족주의자들 및 보수파의 제거를 통해 조선로동당에 협조적인 당으로 변모한 시기로 요약할 수 있다. 그 과정에서 민주당과 청우당은 세 가지 공통점을 가지고 있었다. 첫째, 당 변모의 계기가 당내에서 '조선문제'에 대한 입장 차이라는 점, 둘째, 조직의 정비와 강화 문제로 고심했다는 점, 셋째, 당 사업내용면에서 당시 북조선(임시)인민위원회의 정책 시행에 우선적인 관심을 두었다는 점 등이다.

민주당과 청우당에 차이가 있었다면 당원의 성격에 있다. 청우당은 당원을 천도교인들로 제한했던 것이다. 그러나 민주당이나 청우당 모두 당원들 중 대부분이 농민들(민주당: 76.05%, 청우당: 95%)로 구성[33]되었다는 점에서는 별반 차이가 없었다. 즉 이 단계에서 두 '우당'은 조직이나 활동 면에서 별다른 차이 없이 '우당'으로 변모하는 과정을 겪은 것이다.

---

32) 제4항: 국민 개노제(皆勞制)를 실시하여 일상보국(日常報國)의 철저를 기함.

33) 강인철, 앞의 글, 1992, 171쪽. 1948년 당시 청우당의 대의원은 총 274명으로 농민 71.11%, 근로자 8.3%, 기술자 0.1%, 사무원 19.3%, 소시민 0.3%, 여성 0.1% 등으로 구성되었다.

2) 약화와 침체: 한국전쟁~1970년대

이 시기는 한국전쟁을 거친 후 사회주의 건설과정에서 조선로동당의 입지가 확실해지면서 '우당'의 필요성이 감소함에 따라 두 '우당'은 지방조직의 와해와 함께 침체기에 접어드는 시기이다.

한국전쟁은 민주당과 청우당에 똑같은 시련을 안겨주었다. 민주당[34]의 경우, 당원이 급격하게 줄었으며 당 조직체계가 파괴되었고 당은 군중과 멀어졌다. 전쟁 중 일부 민주당원들이 유엔군과 국군의 진주를 환영하고 공산당원들을 습격하는 등 '반동행위'도 하였다. 그러자 중공군의 개입 후 민주당원들에 대한 보복행위가 있었고 그 과정에서 조선민주당은 조직이 흔들리게 된 것이다.

청우당[35]의 사정도 마찬가지였다. 한국전에서 일부 청우당원들이 국군과 유엔군에 협조하고 인민군과 공산당에 적대적인 행위를 한 이유로 비난의 대상이 되었으며, 천도교 북조선종무원의 간부(도사장 제외)들이 전쟁 중 대거 남한에 잔류함에 따라 천도교와 청우당 간부 중에는 진보파만 남으면서 지도부의 정비가 당면과제로 떠올랐다.

이러한 위기 속에 민주당과 청우당은 각기 조직 재정비에 나서게 된다. 먼저 민주당은 전쟁 중인 1951년 3월 제7차 중앙위원회에서 '해당론'을 반박하고 기회주의자, 동요분자, 변절자 등에 대한 비판·축출을 통해 당을 추스리려 하였다. 일순 잦아드는 듯했던 문제는 전후 사회주의경제건설이 본격화하자 다시 불거져 나왔다. 당의 주요 구성성분이자 지지기반인 수공업자, 상공업자, 부농, 중농들이 근로자로 변신하며 당에서 이탈하고, 이에 따라 당의 대중적 기반이 현저히 흔들리게 된 것이다.

이런 문제에 대처하기 위해 민주당은 1958년 제4차 당대회를 개최하

---

34) 「사회적진보와 륭성번영을 위한 투쟁의 40년」, ≪사회민주당≫ 1985년 4호; 「당창건 45돐을 열렬히 축하한다」; 『北韓總覽』, 북한연구소, 1983, 279-281쪽.

35) ≪내외통신≫ 632호(1989. 3. 24), 보8504호(1993. 7. 26); 『합동연감』, 1964, 1973; 『연합연감』, 1983; 『동아연감』, 1983; 이헌경, 앞의 글, 1992.

고 '군중속으로'라는 구호하에 일반주민들 가운데 침투를 적극화하는 한편, 당면사업을 결정서로 채택하였다. 당시 북한에서 수행되던 중공업 우선과 경공업, 농업의 동시발전을 위해 당이 적극 협조한다는 내용이었다. 당원확보와 당사업 수행, 이 두 과제는 서로 밀접하게 연관되어 있다. 현실적으로 당사업을 원활히 수행하기 위해서는 더 많은 당원이 필요했던 것이다.

따라서 이전 당원들(수공업자, 기업가, 상인, 부유한 농민)을 접촉하는 한편, 사회주의 건설과정에서 역할이 증대된 인텔리들을 끌어들이는 등 각계각층에 기층조직을 꾸리는 사업을 적극적으로 전개하였다. 그리고 당원들을 경제건설사업에 동원하는 한편, 대남 사업과 관련 북측 정당, 단체들과 함께 공동보조를 맞추고, 1960년 '남북연방제'에 대한 지지운동도 벌여나갔다.

그러나 1960년대로 접어들며 그들 조직은 오히려 더욱 위축되었다. 민주당은 1958년 군 당조직의 해체에 이어 1960년도 당조직을 해체하는 등 지방조직이 와해되고 중앙조직만이 남았다.[36] 특히 당 위원장인 최용건은 1955년 4월 조선로동당에 입당하여 당 중앙위원회 정치위원에 이어 12월 당 중앙위원회 부위원장을 맡았다.[37] 당 위원장이 조선로동당의 간부를 맡는 상황에서 민주당이 제 목소리 내기를 기대하기란 어려운 일이다. 이는 북한사회에서 당시 민주당이 어떠한 위상에 있었는가를 잘 보여준다. 아쉽게도 최용건이 민주당의 '우당' 역할에 직접적으로 어떠한 가교 역할을 했는지에 대해서는 자료를 찾을 수 없었다.

한편, 전후 청우당의 입지는 민주당과 비교할 때 훨씬 더 열악하였다. 왜냐하면 1950년대에 종교탄압이 시작되었던 것이다. 종교활동에 대한 제한 → 종교인 및 종교행사에 대한 탄압 → 그리고 종교인 및 가족들의 강제 이주 등 심화된 조치를 통해 천도교에 대한 탄압이 이루어졌으

36) 『北韓總覽(1983～1993)』, 북한연구소, 1994, 545-547쪽.
37) 이종석, 『새로 쓴 현대북한의 이해』, 역사비평사, 2000, 487-488쪽.

며, 그 여파로 천도교를 표방한 청우당도 운신의 폭이 좁아진 것이다. 한 증언에 따르면,[38] 이미 1954년 9월부터 북한에서는 종교의식이 공식적으로 금지되었다.

당시 종교에 대한 북한측 태도는 1959년 정하철의 글에서 짐작할 수 있다.[39] 그에 따르면, 종교는 제국주의자들의 침략행위(예: 병인양요, 샤만호사건)에 이용되어왔으며, 지금도 '미제국주의자들이 조선의 식민지화를 위해 종교의 간판'을 내거는 등 해독성과 반동성이 있다. 그렇다고 그가 모든 종교인들을 일률적으로 부정하고 배척한 것은 아니다. '조선로동당을 따르고 사회주의건설을 지지하는 종교인들'은 교양할 필요성을 제기한 것이다. 그럼에도 결국 그가 주장한 것은 종교인들 스스로 '종교를 버리도록 방조'하는 것이었다. 즉 종교를 인정하지 않은 것이다.

특히 1958년은 청우당에게 시련의 한 해였다. 한편에서는 중앙당 집중지도사업을 통해 종교인들이 격리 조치되었고, 다른 한편에서는 당 위원장인 김달현이 숙청되었다. 그 후 주민재등록사업(1967~1970)을 통해 이전의 청우당원들은 51개 부류 중 서른두 번째에 위치하면서 직책에 따라 일반 특수감시대상에 속하게 되었다. 이어 민주당과 마찬가지로 중앙의 조직만 남고 지방조직은 해체되는 어려움을 겪게 된다.

이러한 침체의 늪에 빠진 두 '우당'이 새로운 활로를 모색한 계기는 1970년대에 찾아왔다. 남북대화가 시작됨에 따라 북측에서는 여러 사회단체 및 정당의 통일전선이 다시 필요해진 것이다.

먼저 1972년 민주당은 14년 만에 제5차 당대회를 개최하였다. 당대회에서는 평화통일 사업 추진과 함께 당의 향후 진로에 대한 토의가 있었다. 그리고 변화된 정세에 맞게 당의 이념 및 정책을 갱신하기 위해 이를 전담할 기구 구성을 결정(「당 정책 연구 및 대책조를 구성할 데 대한 결정서」)하

38) 表暎三, 「北韓의 天道教, 國土統一院 調査硏究室」, 『北韓의 宗教』, 국토통일원, 1974, 191-192쪽.
39) 정하철, 『우리는 왜 종교를 반대하는가?』, 평양: 조선로동당출판사, 1959.

였고, 하급 당조직에서도 당 강령과 규약, 당의 진로에 대한 토론이 진행되었다.

또한 민주당은 1972년 남북적십자회담에 자문위원을 파견하는가 하면, 1979년 1월 민족통일준비위원회를 만들기 위한 남북 접촉에 대표를 파견하였고, 1980년「고려민주연방공화국」 지지를 표명하기도 하였다. 그렇지만 당시 민주당에게 정작 필요한 것은 대남 활동이 아니라 조직의 정비 문제였다. 그럼에도 당의 진로가 구체적으로 결정된 시기는 1981년 제6차 당대회로 그 전까지 민주당의 활동은 일정 한계 속에서 이루어졌다고 보아야 한다.

청우당도 1972년 남북대화를 계기로 관련 소식이 외부에 알려지기 시작했다. 시기적으로 1950년 1월 제3차 당대회 이후 1982년 제6차 당대회까지 제4차, 제5차 당대회가 있었으리라 추측되지만, 관련 정보를 찾을 수 없었다. 그들 주장에 따르면, 1960년대 청우당은 별다른 활동 없이 모든 주민들의 사상개조사업 및 김정일을 '위대한 계승자'로 받는 데 주력해왔다. 1967년 최고인민회의 제4기 제1차 회의에서 박신덕 위원장의 언급을 보자. 그에 따르면, 청우당은 그동안 '김일성의 혁명적 방침들을 활동의 강령적 및 지도적지침으로 삼아왔으며 그의 관철을 위한 투쟁에서 적은 힘이나마 이바지하기 위하여 적극 노력'하여 왔다는 것이다.[40] 즉 청우당은 조선로동당에 이어 또 하나의 김일성의 당으로 면면을 이어온 것이다.

남북대화와 함께 청우당의 움직임을 자극한 계기는 당시 세계종교정세였다. 공산권 국가들과 비동맹국가 종교인들의 평화운동, 세계교회협의회(WCC)의 변화, 제3세계 민족해방운동에 대한 종교인들의 적극 참여 등이 이루어지면서 북한사회에서도 종교계의 활동이 재개되었던 것이다.

1972년 조선불교도연맹, 조선기독교도연맹 등에 이어 1974년 조선천

40) 중앙정보부, 『북괴최고인민회의문헌집(北傀最高人民會議文獻集)』, 중앙정보부, 1976. 3, 823쪽.

도교회 중앙지도위원회가 등장하였다. 조선천도교회 중앙지도위원회는 완전히 새로 조직된 단체는 아니다. 1946년 2월 1일 천도교북조선종무원이 그 전신으로 1949년 이후 활동을 중단했다가 1974년에 이름을 바꿔서 활동을 재개한 것이다. 이들 단체들을 통해 북한은 남한 종교인과의 통일전선 구축, 세계종교계와의 관계 구축, 해외교포 및 해외종교인 포섭에 나서려는 목적이 있었다. 그 과정에서 종교에 대해 유화적인 정책을 취할 수밖에 없었고 청우당도 다시 재기의 움직임을 보인 것이다. 그러나 민주당과 마찬가지로 청우당의 본격적인 당 활동은 1980년대 이후 비로소 이루어지게 된다.

3) 개편과 재부상: 1980년대~현재

1980년대 민주당은 당명 개편을 통해 조선사회민주당으로 거듭나는 한편, 청우당은 조선천도교회와의 공동보조 속에 새로운 형태로 재부상되는 시기라면, 1990년대는 사민당과 청우당 모두 강령 및 규약 수정을 통해 재도약을 기한 시기이다.

먼저 변화를 보인 곳은 민주당이었다.[41] 1981년 1월 제6차 당대회는 조선민주당이 조선사회민주당으로 새롭게 태어난 전환점이었다. 조선사회민주당은 '민족사회민주주의'라는 새로운 지도이념하에 '자주적, 독립적, 민주주의적, 평화적 조선건설' 지향을 목표로 내걸고 변화를 모색하였다.

당 이념 및 정책의 변화 필요성은 이미 1972년 제5차 당대회에서 지적되었지만 이 문제는 10여년 간 별 진척이 없었다. 그런데 1981년 갑자기 왜 그들은 당명을 개칭하고 강령을 바꾸었을까? 그들은 두 가지 이

41) 「새해를 당활동을 적극화하는 해로」, 「민족사회민주주의는 현시대, 사회민주주의운동발전의 추세와 요구를 정확히 구현한 지도리념」, 「민족사회민주주의는 국제주의에 충실한 리념」, ≪사회민주당≫ 1983년 1호; 「민족적위업에 헌신한 애국의 로정」, ≪사회민주당≫ 1985년 4호.

유를 제시한다. 대내적인 당 개편의 필요성, 그리고 대외적인 사회주의 운동발전차원에서의 요구가 그것이다. 우리는 후자에 주목할 필요가 있다. 당시 사회민주주의운동은 서유럽을 벗어나 세계적 운동으로 발전하고 있으며, 이러한 시대적 변화와 요구를 반영하여 당명을 바꾸는 한편, 지도이념과 강령을 변경하게 되었다는 것이다. 즉 세계적인 사회민주주의의 흐름을 반영했다는 주장이다.

실제 당 개편을 가져온 배경에는 대외적 요소가 좀더 영향을 미쳤다. 당시 국제사회당 대회가 개최되며 활발한 움직임이 있었고, 제6차대회 직후인 1981년 2월 프랑스 사회당 위원장 미테랑과 일본 사회당 위원장 아스까다 이찌오(飛鳥田一雄)가 평양을 방문할 예정이었다.[42] 사민당을 활용하여 대외관계의 폭을 넓히는 한편, 서구와의 관계모색의 계기로 삼으려 했던 것이다.

그 후 사민당은 1982년 '움직이는 당'의 구호 속에 활발한 활동을 벌이기 시작하였다. 당대열을 정비하는 한편, 당원들 대상으로 당의 지도이념과 정강, 정책 등에 대한 강습, 집중학습 등에 나서는 등 조직선전사업에 치중하였다. 또한 '속도전' 등 국가정책의 수행을 위해 당원들의 조직동원에 앞장섰으며, '고려민주연방공화국' 창립을 위한 민족통일촉진대회, '100인 정치인연합회의'를 위한 대남 선전에도 나섰다. 그리고 대외적으로 다른 국가의 사회당, 사회민주당들과 친선관계를 도모하였다. 그리고 1983년에는 '당 활동의 적극화'를 위해 3만 당원 확보 사업에 나섰다.

1994년 사민당은 강령을 수정하였다. 강령에서 제시된 당의 역할이 '평화통일과 민주적 사회주의사회의 실현'인 점, '자주성'이 강조된 점, 10대 과제 중 첫번째로 '자주, 민주, 평등, 연대의 자주독립국가 건설'을 명시한 점을 고려한다면, 강령의 변화는 대내적 경제위기, 대외적 구공산주의권 와해 등이 연관된 것으로 보인다. 대내외적 어려움 속에 민족

---

42) 『北韓總覽(1983~1993)』, 546쪽.

의 이익과 외부의 간섭 배제를 앞세울 필요가 있었던 것이다.

한편, 청우당의 변모과정은 흥미롭다.[43] 1982년 8월 23~24일: 6차 당대회(위원장 정신혁)를 개최하고, 사업총화와 함께 당 강령 및 규약 개정, 중앙지도기관 선거가 있었으며, 통일전선노선에 입각하여 조선로동당과 긴밀히 협조하는 한편, 당 방침을 실현해나갈 것을 과업으로 내세웠다.

그리고 1993년 중앙위원회 제6기 제22차 전원회의에서는 기존의 당 강령 및 규약을 보충 수정한 안을 마련하였다. 종래 전 8장 32조에서 전 7장 43조로 개정하는 한편, 당원 자격을 천도교인으로부터 '만 18세 이상의 천도교인들과 각계각층의 모든 민족구성원'으로 확대하였다.[44] 이에 따라 1993년 이후 청우당은 외관상 전국적인 당으로 대외활동을 벌일 수 있는 터전을 마련하였다. 그리고 조선로동당 사업에 적극적으로 당원들과 교인들을 동원시키는 한편, 남북·해외 정당·단체 연대회의 소집 제의 등 대남 제의에 적극 나섰다.

이 시기에 사민당과 청우당의 변화과정을 보면, 청우당은 사민당과 크게 두 가지 점에서 다른 모습을 보인 것을 알 수 있다. 첫째, 청우당의 변화는 종교, 특히 천도교에 대한 인식 변화가 동반되며 이루어졌다는 점이다. 북한 헌법과 형법[45]을 보자. 1946년「20개 정강」[46]과 1948년

---

43) ≪내외통신≫ 보5523호(1988. 2. 26), 632호(1989. 3. 24), 보8338호(1990. 4. 8), 보8504호(1993. 7. 26), 보8726호(1993. 12. 17), 보9283호(1994. 12. 21), 보10490호(1997. 3. 3), 보10738호(1997. 8. 16), 보10490호(1997. 3. 3), 보10754호(1997. 8. 22), 보10840호(1997. 10. 21);『동아연감』, 1983;『천도교청우당 강령, 규약』, 1994.

44)『천도교청우당 강령, 규약』집에 1994년으로 표기된 것으로 보아 실제 효력은 1994년부터 발휘한 것으로 보인다. 따라서 여기에서는 1994년 강령, 규약으로 표기하도록 한다.

45) 북한에서 형법은 1950년 3월 3일 최고인민회의 제5차회의 제정, 1974년 12월 19일 최고인민회의 상설회의 결정(제1차 개정), 1987년 2월 5일 최고인민회의 상설회의 결정 제2호(제2차 개정), 1995년 3월 15일 최고인민회의 상설회의 결정 제54호(제3차 개정), 1999년 8월 11일 최고인민회의 상임위원회 정령 제953호(제4차 개정) 등을 통해 개정되어 왔다.

46) 전체 인민에게 언론, 출판, 집회 및 신앙의 자유를 보장시킬 것.

헌법[47]에서는 종교의 자유를 인정하고 있다. 그러나 1972년 헌법 제57조에서는 '신앙의 자유와 반종교선전의 자유를 가진다'고 하여 사실상 종교활동을 금지시켰다. 그러나 1992년(제68조)과 1998년(제68조) 헌법을 보면, 일부 표현의 차이는 있지만 '종교를 외세에 끌어들이거나 국가사회질서를 해치는 데 리용할 수 없다'고 하여 상당히 유화적인 내용을 공통적으로 담고 있다. 형법도 마찬가지이다. 1950년 형법에서 종교행위를 금지시켰던 것과는 달리 1987년 제2차 개정형법에서는 관련 조항이 사라진 것이다.

비슷한 시기에 천도교에 대한 인식도 변화를 보였다. 1986년 4월 5일 천도교창도기념식을 처음 거행한 이래 매년 천도교회 중앙지도위원회 이름으로 거행되고 있다.[48] 『현대조선말사전』에는 시기적으로 좀 뒤져 1990년대에 그런 변화를 확인할 수 있다. 1981년 판에서는 천도교를 '사람이 곧 하늘이라는 교리를 내세워 깨어나지 못한 농민들을 우매화하고 투쟁의식을 마비시키는 데 이용'되기도 했다고 비난하였다. 그렇지만 1992년 판에는 '보국안민의 지향 밑에 지상천국을 건설할 것을 주장'하는 등 비난이 사라졌음을 알 수 있다.

즉 1980년대 후반 이후 북한사회에서 종교에 대한 한층 관용적인 태도가 나타났고, 청우당의 활동재개 시기와 맞아떨어지는 것이다. 그 이유는 1991년 김일성의 연설에 나타나 있다. 그는 '종교에 대한 올바른 리해를 가지고 종교를 믿는 사람들과의 사업을 잘하는 것이 매우 중요'하다고 하였다.[49] 이런 언급이 종교 자체를 인정한다는 의미는 아니다. 그들이 인정하는 것은 남측의 '진보적 종교인들'뿐이며, 통일을 위해 그들과 단결할 필요성을 지적했던 것이다. 실제 1988년 조선천주교연합회

47) 제14조: 공민은 신앙 및 종교의식거행의 자유를 가진다.

48) 대한매일신문, 『북한연감』, 2003년.

49) 김일성, 「우리 민족의 대단결을 이룩하자」(조국평화통일위원회 책임일군들, 조국통일범민족련합 북측본부 성원들과 한 담화, 1991년 8월 1일), 『김일성저작집』 제43권, 평양: 조선로동당출판사, 1996, 176쪽.

를 결성한 다음 해 북한은 기존의 종교단체들을 취합하는 조선종교인협의회를 결성하였고, 이들을 통해 대남 교류에 나섰다.

둘째, 청우당은 당이 독자적으로 활동하기보다는 조선천도교회 중앙지도위원회와 긴밀한 연계 속에서 활동을 벌인다는 점이다. 이러한 현상은 특히 1990년대 들어 눈에 띈다. 1993년 천도교회 중앙지도위원회 고문인 류미영이 청우당의 위원장으로 선출된다든지, 1993년 청우당이 강령 및 규약 수정안을 마련한 날 조선천도교회 중앙지도위원회도 전원회의를 개최하고 수정교약 초안을 토의한 것이다.[50] 더욱이 1996년 이후는 청우당 중앙위와 조선천도교 중앙지도위가 합동회의를 개최하고 있다. 여기에서 유추할 수 있는 것은 천도교인들이 의무적으로 청우당원이 되고, 청우당이 조선천도교회 지방종무원 조직을 활용하고 있을 가능성이다. 현재 천도교인들은 1만 5천여 명(교당 800여 개)으로 청우당원들도 2만 명을 넘지 않는 것으로 추정된다.

이렇게 본다면, 이 시기는 '우당'의 재도약기로 대내외적 환경 변화에 적극 대처하기 위해 조직을 정비하는 한편, 사민당은 대외 관계에서, 청우당은 대남 관계에서 각기 '우당' 역할을 분담하고 있다고 할 수 있다. 사민당과 청우당 모두 당 강령 및 규약 개편은 전당대회가 아닌 당 중앙위원회 전원회의에서 이루어졌다. 조선로동당대회가 1980년 제6차 당대회 이후 열리지 않는 마당에 '우당'이 제7차 당대회를 열기에는 부담이 있는 것으로 판단된다.

4. 사민당과 청우당의 이념과 조직체계

이제 두 당의 이념과 조직체계를 살펴보자. 사민당의 경우, 일부 시기

50) 교약은 전 12장 58조에서 9장 50조로 개정되었으며, 시(구역), 군에만 종무원을 두었던 것을 도(직할시)에도 두기로 하였다.

의 당 기관지를 입수한 관계로 1997년 이후에 대해서는 ≪로동신문≫ 등을 통해 보완하였다. 또한 청우당의 경우, 조직체계에 대해서는 1993년 당 규약을 통해 추론이 가능하였지만 실제 당원들에 대한 교육과 통제양식에 대해서는 관련 자료를 찾지 못했다. 따라서 조직의 운용방식에 대해서는 사민당을 중심으로 논의를 전개하도록 한다.

1) 이념 및 목표: '자주독립국가' 건설

사민당과 청우당은 '우당'으로 어떠한 공통점과 차이점이 있을까? 당명으로 볼 때, 사민당은 사회민주주의를 표방하고 청우당은 천도교의 종교적 성격을 반영하는 등 분명 다른 이념과 목표를 가지고 있어야 한다. 그러나 사민당과 청우당은 표현만 다를 뿐 '자주독립국가' 건설이라는 공동의 목표를 가지고 있다. 먼저 사민당을 살펴보면, 당의 역사적 부침이 세 단계를 거쳐온 것처럼 당의 이념도 세 단계를 거쳐 변화되어왔다.[51]

첫째, 1947년 당 강령에서 조선민주당이 내건 이념은 '진보적 민주주의'이다. 이 시기는 일제의 식민지 통치와 봉건주의 잔재를 청산하는 반제반봉건단계로, '진보적 민주주의'란 '특정계급의 이익이 아닌 범민족의 이익을 옹호하는 민주주의사회와 부강한 자주독립국가 건설을 지향하는 애국적, 자주적인 이념'으로 규정하고 있다. 여기에서 '진보'란 과거의 봉건주의 잔재를 벗어나 사회주의를 지향한다는 의미로 향후 사회체제로 사회주의체제를 제시한 것이다.

둘째, 1981년 개편 이후 등장한 이념은 '민족사회민주주의'로 이전의 '진보적 민주주의'와 확연한 차이를 보인다.[52] 특히 '민족'을 강조한 점

---

51) 김병식, 「자주리념은 조선사회민주당의 정치리념」, ≪사회민주당≫ 1994년 1호; 「우리 당 정치리념의 력사적고찰」, ≪사회민주당≫ 1995년 1호.

52) 「민족사회민주주의가 지향하는 민주주의」, ≪사회민주당≫ 1984년 2호; 「민족사회민주주의가 지향하는 사회주의」, 「사회주의경제와 민주주의」, ≪사회민주당≫

이 특이하다. 그들에 따르면, '민족사회민주주의'에는 두 가지 특성이 있다. 사회민주주의 이념의 목적과 원칙을 고수한다는 점에서는 근본적으로 국제사회민주주의운동과 맥을 같이한다. 하지만 북한의 시대적, 사회역사적 조건이 반영되어 있다. 따라서 '조선식 사회민주주의'의 특성인 자주적, 애국적, 각계각층의 공동전선적 대중정당의 특성을 가진다는 것이다. 즉 '자주'를 내세우고 포괄적인 계층을 대상으로 한다는 점에서 북한의 '민족사회민주주의'는 사회민주주의의 북한화인 것이다.

그러면 1980년대 사민당은 조선로동당과 다른 이념을 내세운 것일까?[53] 그들은 사회민주주의란 '자유와 평등이 보장되는 민주주의적이고 사회주의적인 복지사회를 평화적 수단에 의하여 민주주의적 방법으로 실현'하는 것이며, 그 복지사회는 '모든 사람들이 연대하여 자유롭고 평등하고 풍요한 생활을 누리며 개성과 인격이 존중되는 사회'라고 주장한다. 사실 이런 설명만으로는 사민당과 조선로동당을 구별하기란 어렵다. 두 당 모두 지향하는 이상향이 동일한 것이다. 그런데 그들은 이런 언급도 했다. 사회주의 건설방법에서 사민당과 조선로동당은 공통점이 있으면서도 다르다는 것이다. 그 차이가 무엇인지 구체적인 설명은 없지만 우리는 관련 자료를 통해 그 차이를 유추할 수 있다.

제6차 당대회는 추후 당의 과업으로 여러 가지를 논의하였다. 그 내용을 보면, 정치 부문에서 다당제, 의회제 민주주의, 경제 부문에서 혼합경제, 기업관리에 생산자의 광범위한 참가, 민주주의적 경제관리체계의 공고화, 그리고 문화 부문에서 문화후생 및 복지 강화 등으로 집약된다. 또

1984년 4호; 「조선사회민주당은 조선식사회민주주의정당」, 「조선사회민주당은 애국적인 사회민주주의정당」, ≪사회민주당≫ 1992년 3호; 「민족사회민주주의는 조선식사회민주주의리념」, ≪사회민주당≫ 1993년 1호; 「민족사회민주주의는 우리 민족의 자주성 실현을 근본초석으로 하는 정치리념」, ≪사회민주당≫ 1993년 2호; 「민족사회민주주의는 참다운 민주주의를 지향하는 정치리념」, ≪사회민주당≫ 1993년 3호.

53) 「당의 사회주의구상의 실현을 촉진하자」, ≪사회민주당≫ 1988년 1호; 「우리 당이 지향하는 사회주의사회의 실현방도」, ≪사회민주당≫ 1989년 2호.

한 1984년 당 중앙위원회 부위원장 김룡준은 정치 부문에서 복수 입후보제, 근로자정당의 복수제, 지방정권기관들의 권한 확대, 경제 부문에서 혼합경제, 계획적 관리와 민주주의적 운영, 노동조건과 환경 개선 등을 주장하였다.

이들 내용을 종합하면, 사민당은 분권화, 복수정당제와 소유제 부문 주장에서 조선로동당과 입장이 다르지 않나 추측할 수 있다. 중앙집중보다는 지방권한의 강화를 강조하고, 정당제에 경쟁체제를 도입하고, 소유방식보다는 경영방식의 효율성을 주장하는 등 당시 상황에서는 파격적이었던 것이다. 이러한 주장은 1994년까지 당 기관지를 통해 꾸준히 나타나고 있다. 1993년 당의 과제도 주권기관 선거에서 단일 또는 복수 입후보제, 지방의 권한확대와 지역문제 처리에서 독자성 강화, 그리고 경제·문화 분야의 발전 등이었다. 혼합경제 주장은 보이지 않지만 완화된 형태로나마 1980년대 주장이 지속되고 있음을 알 수 있다.

그러나 사민당은 스스로 한계를 명확히 하고 있다. 그들의 목표가 조선로동당과의 협조로 얻을 수 있다고 주장한 것이다. 조선로동당이 내세우는 '사회주의의 완전한 승리'가 실현되면 사민당의 사회주의사회가 실현되는 데 획기적인 진전이 이루어진다. 따라서 사민당은 조선로동당과 보조를 맞추어나가고 이미 달성한 성과들을 발전시켜야 한다는 것이다. 이때 '달성한 성과'란 조선로동당의 업적이며 그 업적을 '발전'시킨다는 것은 결국 사민당과 조선로동당이 한 길을 걸어가는 '동행인'임을 말한다. 그들은 더욱 직접적으로 사민당이 조선로동당과 공통의 목적과 이해관계, 장기간의 공통투쟁을 해온 '우의관계'임을 밝히고 있다.[54] 결국 1980년대 그들의 주장은 조선로동당의 '성과'와 '우의관계'를 훼손하지 않는다는 일정 한계를 안고 출발하였으며, 그 결과 정책화되기에는 현실적으로 어려웠던 것이다.

셋째, 1994년 강령에서 새롭게 제시된 당 이념은 '자주'이다. 언뜻 보

54) 「조선로동당창건 40돐을 열렬히 축하한다」, ≪사회민주당≫ 1985년 4호.

면 1980년대 사민당의 성격과 거리가 있는 듯하지만 그들은 '사회민주주의'와 '자주' 간에 연속성을 주장한다. 1994년 12월 23일 새 강령은 크게 다섯 부문, 즉 당의 당면목표(1조), 당의 활동원칙(2조), 부문별 대내정책(3~8조), 통일정책(9조), 대외정책(10조) 등으로 구성되어 있다.[55] 그 중 5조에 사회복지분야가 명기되어 있는데 1980년대 사민당의 특징은 이 부분에 남아 있는 것이다.

또한 그들은 보다 구체적으로 '자주'와 사회민주주의의 기본가치들(사회정의, 평등, 연대)을 서로 연계시켜 설명한다.[56] 사회정치적 자주성이 실현되면 지배와 예속에서 벗어나 정의와 평등을 보장할 수 있는 한편, 동지적 사랑에 기초하여 참다운 연대를 이룰 수 있다는 것이다. 사회민주주의의 가치는 모두 자주성의 실현을 통해 얻을 수 있기 때문에 1980년대와 1990년대 사민당은 연속성이 있다는 논리이다.

그러면 '자주'는 무엇을 의미하는 것일까?[57] 당 강령에서 '자주'는 '인간과 민족, 인류의 생명'으로 '인간자주화, 민족자주화, 인류자주화를 3위 일체로 하는 정치이념'으로 규정되어 있다. 이때 '인간의 자주화'란 지배와 구속에서 해방되어 인간이 자기 운명의 주인이 되는 것이고, '민족의 자주화'란 민족의 자주독립이 실현되어 민족자주권을 행사하는 것이며, '인류의 자주화'란 모든 나라, 모든 민족들이 자주화되어 자유와 평등을 누리는 것을 말한다. 즉 자주사회 건설, 자주통일 실현, 자주세계 창조로 요약된다.

여기에서 '자주'의 의미를 제대로 이해하려면 그 중심을 어디에 두고 있는가에 주목해야 한다. 그들은 '자주'의 중심을 민족으로 본다.[58] 정

---

55) 「조선사회민주당강령(초안)」, ≪사회민주당≫ 1994년 1호.

56) 「자주성와 사회민주주의의 기본가치」, ≪사회민주당≫ 1996년 1호.

57) 「자주리념의 정립은 우리 민족과 인류의 자주위업에 대한 중대한 기여」, ≪사회민주당≫ 1995년 3호; 「자주성은 인류공동의 최고가치」, ≪사회민주당≫ 1995년 3호.

58) 「민족의 자주화는 자주리념의 중요구성부문」, 「민족과 자주성의 론리」, ≪사회민주당≫ 1996년 2호.

치, 경제, 문화생활 등 사회생활의 기본단위는 민족이며, 민족이 자주화되어야 구성원인 인간도 자주화되고, 각 국가와 민족의 자주화가 확대되는 과정이 곧 인류의 자주화이기 때문이다. 즉 그들에게 '자주'의 핵심은 민족의 자주화이며, 이는 민족문제의 해결, 즉 조국통일을 뜻한다.[59] 다시 말하면 사민당의 목표는 '자주독립국가' 건설인 것이다.

한편, 청우당의 목표도 '자주독립국가' 건설에 있다.[60] 1948년 전당대회와 제2차 당대회에서 제시된 강령에는 '민족자주의 이상적 민주국가의 건설'로 제시되어 있다. 1989년 이후 『조선중앙년감』에도 청우당의 기본강령은 '외래제국주의의 침략과 예속을 반대하고 조선을 부강한 민주주의자주독립국가로 건설'하는 것이다. 외부에 예속되지 않은 부강한 자주국가를 건설하겠다는 것이다.

이러한 목표는 1994년 강령에도 바뀌지 않았다. 강령에서 제시된 청우당의 당면목적은 조국의 자주적 평화통일, 평등사회 실현이며, 최종목적은 지상천국, 리화세계(理化世界)의 건설이다. 여기에서 핵심은 사민당과 마찬가지로 통일된 자주독립국가이며, 특히 '자주'를 강조하고 있음을 볼 수 있다.

당의 기본과업을 보자. 그들은 모두 9개항을 제시하고 있는데, '자주'와 관련된 내용이 4항(1항 외세의 간섭배제, 4항 자립경제, 5항 고유한 민족문화 발전, 6항 자위적 국방)에 이르며, 통일과 관련해서는 연방제 방식의 범민족통일국가 창립(8항)을 적시하고 있다. 그 외에 기본과업에는 인권존중(2항), 도덕생활(3항), 평등과 전민족의 대단합(7항), 대외국가와의 친선(9항) 등이 있으며 종교 정당의 특징이 드러난 부분은 세 번째 항 정도이다. 그런데도 당명에는 여전히 천도교가 남아 있다.

김일성은 천도교의 어떤 측면에 주목하여 조선로동당과의 접합점을 찾은 것일까? 종교 분야에서의 남북교류만을 염두에 두었다면, 불교, 개

59) 「민족자주화와 민족문제」, ≪사회민주당≫ 1996년 3호.
60) 『조선중앙년감』, 1949, 1950, 1989.

신교, 천주교 등을 모두 활용하는 방법도 가능할 것이다. 김일성은 천도교에서 민족 고유의 종교라는 점 외에 다른 종교와는 차별화되는 어떤 특성을 찾아냈다고 추측할 수 있다.

1980년대 중반 이후 북한사회에서는 천도교 창도기념식을 거행하고 있지만 그렇다고 김일성이 동학-천도교 사상을 무비판적으로 받아들였던 것은 아니다.[61] 동학-천도교는 유신론의 입장에 있었다. 동학 사상의 핵심은 인내천(人乃天)으로 이것이 천도교에서는 '사람이 곧 한울'로 나타나 있다. 그리고 그들은 우주 전체가 '지기'에 의해 이루어졌다는 '지기설(영혼설)'을 내세우고 있다. 여기에 문제가 있다. 김일성 주장에 따르면, 영혼을 인정하면 인간은 자기 의식과 의사에 따라 자주적·창조적으로 살지 못하고 영혼의 지배 밑에 숙명적 삶을 살게 된다. 즉 동학-천도교 사상은 '숙명론'에 기반한 사상으로 유물론에 기초한 주체사상과 배치된다는 것이다.

또한 동학-천도교 사상은 사회발전법칙에 부합되지 않는다. 유신론에 기초하다 보니 그들이 제시하는 미래사회에는 비폭력적 투쟁으로 온 세상에 '덕'을 통해 지상천국을 이룰 수 있다는 논리가 있을 뿐, 물적 토대에 대한 중요성을 간과하고 있다는 것이다.

그런데도 김일성이 천도교를 긍정적으로 평가하고 활용한 이유는 그들의 이념적·실천적 특성 때문이었다. 우선 이념적 측면에서 볼 때, 천도교는 분명 유신론의 입장에 있다. 그렇지만 여느 종교처럼 하늘을 맹목적으로 숭배하지 않고 사람 자체를 믿어야 한다고 하였다. 이것이 인간중심의 주체사상과 일맥상통한다고 본 것이다. 그리고 천도교는 봉건사회제도나 봉건적 신분제도를 하늘이 정한 질서가 아니라 변화 가능한 것으로 보았다. 조선로동당의 주장을 공유하고 있는 것이다. 또한 김일성은 동학-천도교의 실천적 성격에 긍정적 평가를 내렸다. 갑오농민전쟁으로부터 동학의 반침략, 반봉건투쟁, 그리고 천도교의 3.1운동에 이

61) 김일성, 『세기와 더불어』 제5권, 평양: 조선로동당출판사, 1994, 347-470쪽.

<그림 5-1> 조선사회민주당의 조직체계

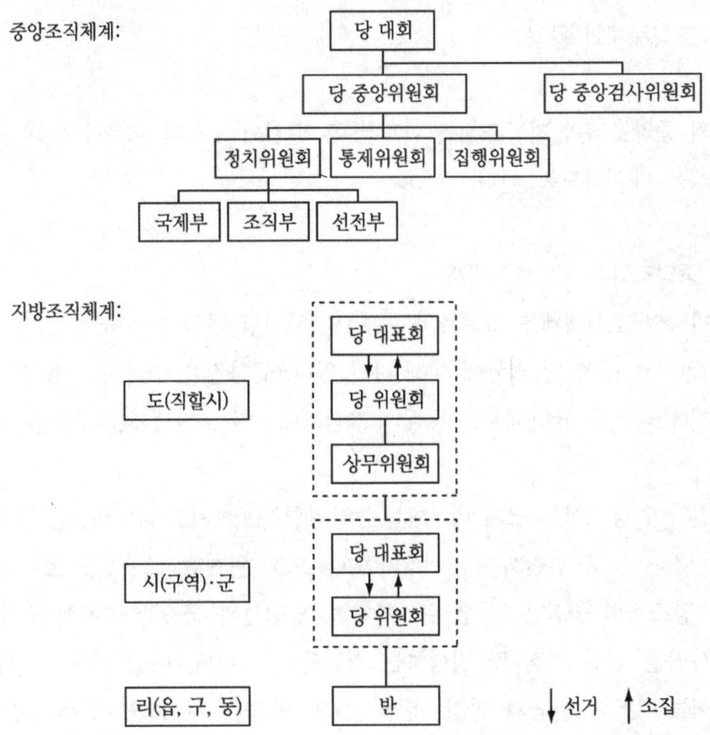

출처: "규약해설 - 당의 각급 조직과 그 직능", ≪사회민주당≫ 1990년 4호를 참조하여 구성함.

르기까지 반봉건, 반일 투쟁에 직접 참여한 점을 높이 산 것이다.

즉 인간 존중과 반봉건(으로 대표되는 평등)의 주장 등이 천도교와 다른 종교와의 차이인 것이다. 이를 기반으로 김일성은 청우당과 조선로동당의 공통분모를 제시하였다. 천도교는 '후천개벽' 사상을 통해 정신개벽, 민주개벽, 사회개벽 등 '3대 개벽'의 실천운동을 전개하는데, 세상을 개벽하여 건설된 지상천국이 바로 북한 사회주의의 목표와 동일하다는 논리를 전개한 것이다. 그 결과 청우당은 조선로동당의 '우당'으로 자리매

김하며 '자주독립국가'를 당 목표로 내세울 수 있었던 것이다.

2) 조직체계와 운용

먼저 중앙조직과 지방조직을 살펴본 후 당원의 구성과 교육을 통해 운용방식을 제시하도록 한다.

(1) 중앙조직과 지방조직체계

사민당의 조직체계를 살펴보자. 1981년 사민당 규약 3～6조에는 당의 조직 원칙과 구조 및 직능에 대해 나와 있다. 규약집을 구하지 못했지만, 기관지에 나타난 규약해설을 통해 <그림 5-1>의 조직체계를 구성할 수 있다.

사민당의 당조직은 크게 네 부분, 중앙위원회(최고지도기관)-도 당 위원회(연락소)-군 당 위원회(거점)-반(기초단위)으로 위계적인 구성을 보이고 있다. 당조직의 중심은 군 당 위원회이며, 당원들과 군중들 속에서 조직, 선전사업을 직접 조직 및 집행하는 역할을 수행한다. 이를 위해 군 당 위원회는 '반'의 활동과 반장, 부반장들의 학습을 지도하는 한편, '반' 활동과 관련된 부분, 즉 회의 장소, 학습교재, 선전자료, 당기관지 공급, 문화사업관련 장소, 수단, 자금 등을 지원한다.[62] 반은 당원들의 당조직 생활을 장악하고 당원들을 조직, 동원하는 역할을 담당한다. 그리고 당 사업의 핵심은 조직과 선전이며, 조직부가 입당심사와 신입당원 교육을 담당한다면, 선전부는 당원과 군중에 대한 사상교양, 선전사업을 담당하고 있다.

한편, 청우당의 조직체계는 1994년 당 규약과 관련자료를 통해 <그림 5-2>와 같이 유추할 수 있다.

전반적으로 청우당 조직의 틀은 사민당 조직과 별반 다르지 않다. 조

62) 「반의 역할제고는 군당의 중요임무」, ≪사회민주당≫ 1987년 1호.

＜표 5-2＞ 조선천도교청우당의 조직체계

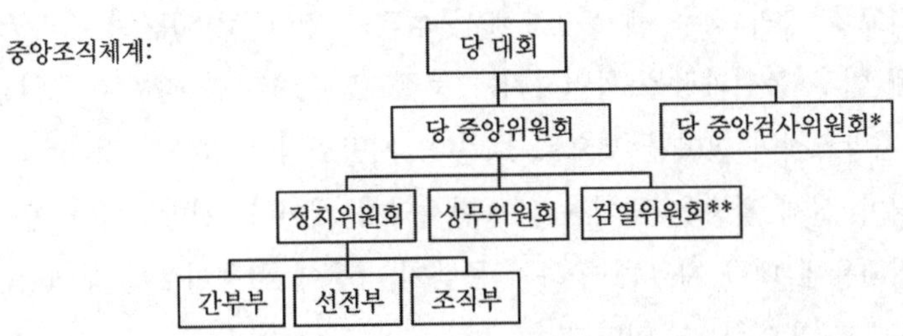

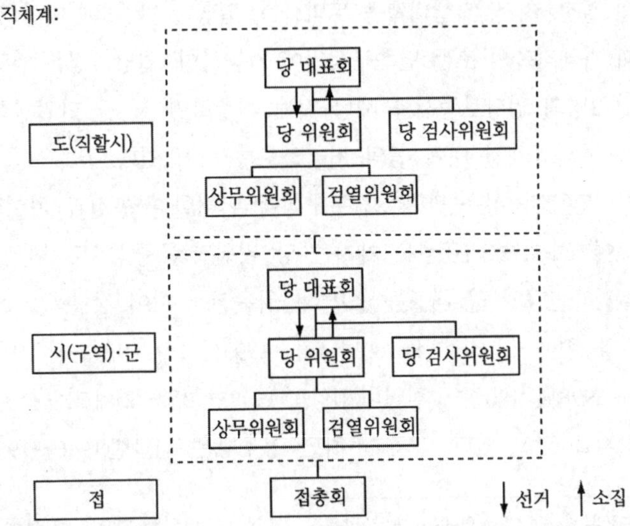

* 당의 재정·경리사업 검열

** 당원들의 당규약상 의무이행정형을 검열, 당규율문제와 관련된 하급당 조직의 건의와 당원들의 신소 심의처리

출처: 1948年度 第二次全黨大會文獻集,『북한인명사전』, 1996~1997년 개정·증보판, 서울신문사, 1996; .http://www.kdaily.com/korea/service_north.php?n=people.html(대한매일), 검색일 2003년 4월 11일; 『천도교청우당 강령, 규약』, 1994; 하종필(2003), 199-201쪽; 中央情報部, 『北韓人物錄』(中央情報部, 1973); 중앙일보사 부설 동서문제연구소, 『북한인명사전』, 1983; 북한연구소, 『최신북한인명사전』, 1991를 참조하여 구성한 것임.

직체계는 중앙위원회-도(직할시)-시(구역)·군-접 등 크게는 중앙과 지방, 그리고 지방의 경우 세 부문으로 구성되어 있다. 1960년대 지방조직의 해체 이후 복원과정을 확인하지는 못했지만, 1994년 청우당 규약을 보면 지방조직이 살아난 것으로 보인다. 지방조직이 있다는 것과 그 지방조직이 실제 활동을 벌이는가는 별개의 문제이다. 지방조직의 활동 및 사업내용에 대한 자료는 구하지 못했기 때문에 활동여부에 대해서는 직접적으로 확인할 수 없었다.

조직상 가장 말단 기초조직은 '접'이며, 접 총회를 개최하여 상급 당조직의 결정, 지시, 집행대책을 토의한다. 입당은 만 18세 이상의 천도교인들과 각계각층의 모든 민족구성원이 가능하며, 입당과정은 입당청원서와 당원 2명의 입당보증서를 해당 접에 제출하면 시·군 단위원회가 접 총회를 통해 1개월 내에 심의 처리하도록 되어 있다.

사민당[63]과 청우당[64]의 간부구성에 어떠한 공통점과 차이점이 있을까? 여기에서는 대표성을 가지는 당 위원장을 중심으로 살펴보도록 한다.[65] 사민당의 당 대표는 조만식, 최용건에 이어 강량욱(1959년~1983년 1월 사망) → 리계백(1989년 4월~1993년 1월 사망) → 김병식(1993년 7월~1998년 8월) → 김영대(김영호)(1998년 8월~현재)가 중앙위원회 위원장직을 맡고 있다. 그런가 하면 청우당은 김달현(1946~1958년 숙청)

---

63) 현재 중앙위원회에는 제1부위원장 강병학, 부위원장 김룡준, 김석준, 김성률, 김이현, 김태섭, 렴국렬, 문병록, 병록부 등 8명, 위원으로는 선우령, 손종철 등이 있다.

64) 현재 부위원장은 강철웅, 김철민, 리득엽, 리창도, 림선태, 최희준, 한영수, 한영읍, 한일섭 등 9명이며, 상무위원은 김정호, 리득엽, 정신혁, 조상호, 최희준 등 5명이고, 그 외에 서기장 김정호, 고문 장효섭, 정금석 등이 있다.

65) 『조선대백과사전』 제21권, 백과사전 출판사, 2001; 통일부, 『기관, 단체별 인명사전 2001』, 통일부, 2001; 서울신문사, 『북한인명사전』(1994년 개정증보판), 1994; 『북한인명사전』(1996~1997년 개정증보판), 1996; 통일부, 『북한 주요인물 자료집』, 2002; 북한연구소, 『최신 북한인명사전』, 1991; 중앙정보부, 『북한인물록』, 1973; 중앙일보사 부설 동서문제연구소, 『북한인명사전』, 1983, 1990; http://www.kdaily.com/korea/service_north.php?n=people.html(대한매일), 검색 2003년 4월 11일.

→ 박신덕(1959년 1월~1973년 8월) → 강장수(1973년 8월~1977년 6월) → 정신혁(1977년 6월~1989년 3월) → 최덕신(1989년 3월~1989년 11월 사망) → 정신혁(1989년 11월~1993년 7월) → 류미영(1993년 7월~현재)에 이르고 있다.

이들에게는 우선 대남관련 기구 간부를 역임하였다는 공통점이 눈에 띈다. 예를 들어, 조국전선 중앙위 위원(강량욱), 의장(정신혁), 공동의장(류미영), 조평통 부위원장(강량욱, 정신혁, 박신덕, 최덕신), 민주전선 의장(김달현), 중앙위 부위원장(김병식, 정신혁), 조국통일범민족연합 북측본부 부의장(김영대), 중앙위원(류미영), 민족화해협의회 회장(김영대) 등이 그것이다. 최덕신의 이력은 남다르다. 남한에서 육사 교장(1951), 외무부장관(1961~1963), 주서독 대사(1963~1967)를 역임했던 인물로 미국이민(1976) 후 입북(1986)했던 것이다.

또 다른 공통점은 이들이 국가기구에서 고위직을 차지한 경험이 있다는 점이다. 부주석(강량욱, 김병식), 최고인민회의 상임위원회 부의장(김달현, 김영대), 위원(류미영, 박신덕), 대의원(최덕신) 등을 역임하였다. 그 외에 강량욱은 대외문화연락위원회 위원장도 역임하였다. 특이한 점은 리계백과 김병식이 조총련 중앙위 출신이며, 김달현은 해방 전 함남 고원군 종무원장, 최덕신은 남측 천도교 교령을 역임하는 등 실제 천도교와 밀접한 관련을 갖던 인물이었다는 것이다.

이러한 경력에서 우리는 사민당과 청우당의 주요 활동이 대남 부문에 있으며, 표면적으로나마 국가기구에서 이들을 예우하고 있음을 알 수 있다. 그런데 청우당 간부는 다른 종교단체의 간부도 맡고 있다는 점이 흥미롭다. 그들이 조선종교협의회의 간부를 맡는 것은 하등 이상할 이유가 없다. 최덕신, 정신혁과 류미영은 각각 1989년, 1990년, 1991년에 조선종교협회 회장 및 부회장을 역임한 바 있다. 이는 북한 종교단체에서 천도교가 비중있는 위상을 차지하고 있음을 말해준다.

그러나 예를 들어 김철민이나 최희준의 경력을 보자. 김철민은 1980

<표 5-1> 당원의 구성

1948년 말		1989년·1992년	
구 분	비율	구 분	비율
중소기업가·상인·수공업자	9.12	산업노동자(지방산업·생산협동조합)	23
사무원·인텔리	7.19	편의봉사부문노동자(국영, 협동)	12
농민	76.05	교육, 과학, 문화, 보건부문 일군	36
노동자·기타	7.6	공무원(행정·경제부문)	4
		가내편의봉사원	10

(단위: %)

출처: 「3만 당건설목표를 완수할데 대하여: 조선사회민주당 중앙위원회 정치위원회 결정」, ≪사회민주당≫ 1989년 1호; 「당창건 45돐을 열렬히 축하한다」, ≪사회민주당≫ 1990년 4호; 「조선사회민주당은 공동전선적당」, ≪사회민주당≫ 1992년 4월.

년 청우당 중앙위 부위원장이 된 후 1989년 조선천주교인협회 중앙위 부위원장을 맡았으며, 최희준은 1982년 8월 조선천도교회 중앙지도위 부위원장 겸 상무위원이 된 지 3개월 후인 11월 조선불교도연맹 중앙위 부위원장직에 올랐다. 종교단체간에 차이를 고려할 때 이런 인사조치는 사실상 있기 어려운 일이며, 북한사회에서 종교단체가 순수 종교적 의미를 갖기보다는 다른 정치적 목적을 수행하고 있음을 보여준다.

(2) 당원 자격 및 당원의 구성

사민당을 예로 들어 살펴보자. 사민당은 그들 스스로 '공동전선적 당'이라고 주장한다. 특정 계급이나 계층을 대표하는 것이 아니라 각계각층을 망라하고 있다는 것이다. 1981년 당 규약에 따르면, 당은 노동자, 농민, 지식인, 기업인, 종교인들로 구성된다고 명기하고 있다.66) 해방 이후 당원의 구성과 수는 변화의 과정을 겪어왔다(<표 5-1> 참조).

1945년 조선민주당이 창당되던 무렵 당원들은 주로 중소기업가, 도시와 농촌의 소자산계급이었으나, 1948년 말 제3차 당대회 후 자료를 보

66) 「규약해설: 당의 목적과 구성」, ≪사회민주당≫ 1990년 1호.

면 농민들이 약 76%로 압도적 다수를 차지하는 변화를 볼 수 있다. 그러다 한국전쟁 후 당원들의 신분 변화로 당원 수는 급격히 줄어들었다. 그 후 당원확대를 위해 1958년 제4차 당대회 이후 이전 당원들과 인텔리들을 끌어들이려는 노력을 기울였다. 실제 그 후 인텔리 당원들은 전체 당원 중 40%(1948년 약 7%)에 육박할 정도로 많은 신장세를 보였다. 관련 자료에서 1950년대 말 전체 당원들의 수는 파악하지 못했지만, 최대 50만 명에 달했던 1940년대 말에 비해 당세는 훨씬 미약했던 것으로 추정된다. 이러한 추세는 당의 약화, 침체기 동안 지속되었다. 1983년 11월 전원회의에서 '3만 당원' 사업을 벌인 점을 고려하면, 그 이전 당원 수는 기껏해야 1～2만 명에 그쳤을 것이다.

1983년 당원 수 확대를 내건 후 사민당은 우선 당원자격에 특정 조건을 달지 않았다. 규약에 만 18세 이상으로 계급, 계층, 신앙에 상관없이 공민증이 있고 당의 강령과 규약을 찬성, 실현하고자 하는 사람은 누구나 기존 당원 2명의 보증을 받아 입당이 가능하도록 규정하였던 것이다.[67] 그런가 하면 그들은 특정배경을 가진 이들에 대해 집중 포섭에도 나섰다. 중소기업소, 생산협동조합, 편의봉사업소 종사자들, 그리고 기업관리 일군이나 은행원 같은 일반사무원, 과학자, 기술자, 교원, 문화인들, 여성 등이 주요 입당 대상으로 그들의 생활상태나 직업을 고려할 때 사민당의 이념과 정책에 동조할 여지가 크다고 판단했던 것이다. 그 결과 실제 당원수가 확대되는 성과를 거두었다. 1983년 2만 5천여 명이던 당원이 1989년 2만 9천여 명으로 20% 증가하였고, 그들은 갑자기 늘어난 당원들 때문에 당의 내실화문제를 거론하기도 하였다.[68] 그렇지만 그들에게 당원 수는 여전히 고민거리였다. 무엇보다 3만여 명의 당원으로 '공동전선적 당'을 내세울 수는 없는 노릇이고, 이러한 지지기반의 취약

67) 「규약해설: 당원의 자격과 입당절차」, ≪사회민주당≫ 1990년 1호; 「규약해설: 당원의 의무와 권리」, ≪사회민주당≫ 1990년 3호.

68) 「내실화는 당건설의 중심과제」, ≪사회민주당≫ 1988년 1호; 「군당 위원회의 기능강화는 당의 내실화의 기본고리」, ≪사회민주당≫ 1988년 2호.

성은 당의 존재 명분 자체를 취약하게 만들기 때문이다.[69]

현재 사민당원은 약 3만 명 정도로 추정된다. 당원들 중에는 1992년 현재 종교인(기독교인, 천주교인)의 비율이 11%를 차지하며, 당원들 상당수가 중앙 및 지방의 인민회의 대의원으로 활동하고 있다.[70] 최고인민회의 대의원으로 활동하는 당원들은 1990년 51명(1947년 35명, 1989년 28명)이며, 1989년 지방 인민회의 선거에서는 사민당원들이 총 890명(도 인민회의 대의원 110명, 군 인민회의 대의원 780명)이 당선되어 이전(650명)보다 약 40%의 성장세를 보였다. 1990년 전후로 중앙 및 지방 모두 약 40%나 신장세를 보인 점이 눈에 띄며, 3만여 명의 당원들 중에서 최고인민회의 대의원이 50여 명(전체 635명)이나 된다는 점도 특이하다.

(3) 당원 교육

사민당에서는 당원 통제를 위해 신입당원, 기존당원에 대한 사상교양 사업을 한편, 주민들 가운데 당을 선전하기 위해 군중 대상의 사상교양 사업도 함께 실시하고 있다. 각각의 내용과 방식을 살펴보자.

신입당원 교육은 1984년 해주시 당 위원회와 1988년 강원도 문천군 당 위원회의 사례를 통해 유추할 수 있다.[71] 이들에 대한 교육방식은 크게 집체교양과 개별교양으로 나뉘며, 주로 반 단위로 이념과 실천 단계를 거쳐 심화학습이 이루어진다.

첫 단계는 이념무장단계로 사민당의 이념, 정치주장, 정강정책과 연혁사 등 주로 개괄적인 내용을 주입시키는 시기이다. 주로 학습교재(예: 『국제사회당에 대하여』, 『조선사회민주당의 정강정책』)와 도서(『사회민주주의

---

69) 「지지기반강화와 군당 위원회」, ≪사회민주당≫ 1987년 1호.

70) 「조선사회민주당 중앙위원회 정치위원회 회의 진행」, ≪사회민주당≫ 1989년 3호; 「조선사회민주당 중앙위원회 확대전원회의 진행」, ≪사회민주당≫ 1990년 3호; 「최고인민회의 대의원선거에서의 커다란 성과」, 「당창건 45돐을 열렬히 축하한다」

71) 「신입당원들과의 사업」, ≪사회민주당≫ 1984년 4호; 「신입당원과의 사업」, ≪사회민주당≫ 1988년 4호.

개요』, 『민족사회민주주의해설』, 『자주독립, 민주, 평화, 인권옹호는 조선사회민주당의 기본정치주장』, 『조선사회민주당연혁사』), 당기관지 등이 활용된다.

개별교양으로 조직부 일군들은 개인적으로 당원들 지도하며, 수행과정을 체크한 뒤 다음 출판물을 주고 또 다른 학습으로 넘어가게 된다. 예를 들어, 조직부원은 당원에게 학습할 책을 주는데, 이때 그 내용을 개괄적으로 설명해준다. 그리고 학습과정에서 전화나 직접 만나서 모르는 것이 없는지 체크하며, 당원의 학습이 끝나면 함께 학습토론을 진행하는 것이다. 또한 집체교양으로는 시 당 위원회에서 신입당원들을 대상으로 한 강습회가 대표적이다. 이런 강습회에서는 정책이론일군과 조직관계일군들이 이론적 분석과 예증을 통해 당에 대한 이해를 높이는 데 주력하고 있다. 강습회 후에도 신입당원들의 구두 또는 서면질의에 답을 해주기도 한다.

둘째는 실천단계인데, 이는 다시 두 단계로 나뉜다. 먼저 첫 단계에서는 신입당원들이 당 생활을 능동적으로 하도록 도와주는 데 초점을 맞춘다. 반 단위로 야유회, 등산, 체육경기 등을 조직하거나 자녀교양이나 부모 문제 등 가정문제를 함께 토론하기도 한다. 이런 과정을 통해 반 단위의 조직생활에 익숙하게 되면, 다음 단계에서는 당원들이 직접 대중 속에 나아가 활동을 하도록 지도한다.

한편, 기존당원 교육의 경우 관련자료로는 「조선사회민주당의 선전사업지도서」가 있으나 아쉽게도 원본을 구하지 못했다. 대신 당 기관지에 다루고 있는 내용을 통해 우리는 교육내용을 유추할 수 있다.[72] 기존당원에 대한 교양내용은 당의 이념 및 정책 교양, 애국주의 교양, 그리고 사회도덕 교양이며, 다음 네 가지 방식을 활용하여 교양사업에 나서고 있다.

첫째, 월 1회 반 또는 지구 단위로 학습회를 하고 있다. 학습회 강사는

72) 「조선사회민주당 중앙위원회 정치위원회 회의 진행」, ≪사회민주당≫ 1989년 4호; 「조선사회민주당 중앙위원회 비상전원회의 진행」, ≪사회민주당≫ 1990년 2호.

시, 군 당 위원회가 임명하며, 시, 군 당 위원회는 학습강사를 위해 연 2회 이상 강습을 조직·진행한다. 둘째, 월 1회 반 또는 지구 단위로 강연회를 하고 있다. 학습회와 마찬가지로 강연회 강사도 시, 군 당 위원회가 파견한다. 셋째, 당 기관지 등 당내 출판물들을 활용하여 교양을 진행하고 있다. 이를 위해 1990년 당은 당기관지의 성격을 정치이론잡지로부터 정치잡지로 바꾸는 한편, 당사업 관련기사를 위주로 하되 내용에 다양화를 기했다. 넷째, 기념일(국경절, 당창건기념일 등), 민속명절을 활용하여 그날에 맞는 기념보고회, 기념강연회, 예술소품공연, 체육오락회, 야유회 등을 진행하고 있다. 이 외에도 그들은 당 간부 양성을 위해 중앙의 간부양성소(6개월반, 20일반)도 활용하고 있다.

또한 사민당은 매달 1, 3주째 목요일을 '주민들과의 날'로 정하고 일반 주민들을 대상으로 당 선전에도 나서고 있다. 군중사업은 사민당의 존재 의의를 알리는 한편, 당원확보를 위해서도 중요한 의미가 있다. 대표적인 방법은 해설담화로 집체적 또는 개별적으로 당에 대한 해설선전사업, 국내출판물을 통한 선전방식을 활용하기도 한다.

5. 사민당과 청우당의 주요 활동

'우당'의 활동은 크게 세 가지 차원에서 이루어지고 있다. 대남 차원에서 통일전선 활동 및 대남 선전, 대내 차원에서 지방경제 지원, 그리고 대외 차원에서 당차원의 교류 등으로 요약할 수 있다. 대남 활동이 사민당과 청우당의 공통된 활동이라면, 지방경제 지원과 당차원의 교류는 사민당에 집중되어 있다. 자료의 한계로 전 시기를 포괄할 수 없는 제약은 있지만, '우당' 활동의 흐름과 우선성의 변화를 대략적으로 짐작하는 데는 무리가 없을 것이다.

1) 대남 부문: 통일전선과 선전

1940년대 이래 사민당[73]과 청우당[74]의 변함 없는 공통된 역할은 대남 부문에 있다. 대남 차원에서의 당 활동은 창립 이래 꾸준히 이루어져 왔으며, 당시 남북관계, 이슈에 따라 선전활동의 강화와 약화가 반복되는 특징이 있다.

이와 관련,『조선중앙년감』의 항목 구분을 보면 흥미로운 변화를 발견할 수 있다. '우당' 관련 내용이나 표현이 시대에 따라 변모의 과정을 보여온 것이다. 먼저 1940~1950년대는 '조국 통일 민주주의전선 및 정당 사회 단체' 항목에서 사민당과 청우당을 다루며 관련 회의 및 내용을 세세히 언급했다면, 1960년대는 이전과 분명한 변화가 있다. 1960년대 중반까지는 민전과 구별하여 '정당, 사회단체' 항목에 포함되고 창립연도와 위원장 명칭만 서술한 반면, 1966년 이후에는 창립일만 나와 있을 뿐 이제는 위원장의 이름도 나타나지 않는다.

이런 표현은 1970년에 또다시 일부 변화를 보인다. 이전에는 '정당, 사회단체' 항목 중에 조선로동당 뒤에 이어서 나왔다면, 1970년 이후는 '기타 정당 및 사회단체' 항목에서 다른 외곽단체와 함께 창립일만 표기

73)「조선사회민주당 중앙위원회 정치위원회 회의 진행」, ≪사회민주당≫ 1988년 1호;「북남련석회의는 반드시 소집되여야 한다」,「조선사회민주당 중앙위원회 정치위원회 확대회의 진행」, ≪사회민주당≫ 1988년 2호;「조선사회민주당 중앙위원회 비상전원회의 진행」,「민족대단결을 이룩하기 위한 당활동의 강화대책에 대하여 토의: 조선사회민주당 중앙위원회 전원회의에서」, ≪사회민주당≫ 1992년 1호;「북남합의서를 성실히 리행하도록당활동을 강화할데 대하여 토의: 조선사회민주당 중앙위원회 전원회의에서」, ≪사회민주당≫ 1992년 1호 별책부록;「조선사회민주당 중앙위원회 정치위원회 회의 진행」, ≪사회민주당≫ 1996년 1호;「조선사회민주당 중앙위원회 전원회의 진행」, ≪사회민주당≫ 1996년 2호.

74) 국토통일원,『南北韓 統一·對話 提議比較』제1권(1945-1987); 제2권(1988-1991. 3); 제3권(1991. 4-1993. 10); 제4권(1993. 11-1997. 4); 제5권(1997. 5-2001. 63); ≪내외통신≫ 597호(1988. 7. 15), 632호(1989. 3. 24), 보8338호(1990. 4. 8), 보8504호(1993. 7. 26), 보8726호(1993. 12. 17), 보9283호(1994. 12. 21), 보10490호(1997. 3. 3), 보10783호(1997. 8. 16), 보10840호(1997. 10. 21).

된 것이다. 그러다 또 다른 변화는 1980년대에 볼 수 있다. 1987년 '당 및 국가기구' 항목에서 조선로동당 다음에 위치하며 관련회의 내용도 간략히 정리되어 있다. 그리고 1994년 이후는 '정치' 부분에 포함되며, 1999년에는 중앙위원회 전원회의 등 관련 회의내용이 다시 자세히 기술되고 있는 것이다.

이런 변화에서 우리는 '우당'의 부침과정을 읽을 수 있다. 어느 항목에서 어느 정도의 비중으로 다루는가는 곧 북한사회에서 당시 '우당'의 역할 및 위상이 반영된 결과인 것이다. 특히 민전의 부침과 연관되어 있다는 점에 주목할 필요가 있다. 민전의 활동이 활발했던 1940~1950년대에는 사민당과 청우당이 민전의 일원으로 대남 부문에서 중요한 역할을 했다면, 민전의 활동이 뜸해짐에 따라 사민당과 청우당은 중앙조직만 명맥을 유지하였다. 그리고 1970년대 남북대화, 1980년대 이후 통일방안의 제시와 1990년대 핵문제의 등장 등 남북관계가 급박하게 돌아가고, 대외적으로 관련 단체들의 움직임이 활발해지자 다시 사민당과 청우당은 활동을 재개하게 되는 것이다. 즉 '우당'의 주요 역할은 대남 부문에 있는 것이다.

'우당'의 대남 선전활동에는 몇 가지 특성이 있다. 첫째, 특정 현안이 제시되거나 부각된 후 관련회의가 활발히 개최되면서 활동이 이루어진다. 예를 들어, 1988년 김일성이 신년사에서 '북남련석회의'를 제시하자, 사민당은 이를 실현시키기 위해 노력할 것을 다짐하는 기사를 실었다. 그리고 기념일을 즈음하여 관련제의 등을 회상한 후 그 실현을 독려하는 내용도 게재되고 있다.

둘째, 선전방식으로는 성명서나 담화, 그리고 선전편지가 활용되고 있다. 사민당과 청우당은 단독 활동에도 나서지만, 1970년대까지는 조국통일민주주의전선, 1980년대 들어서는 조국평화통일위원회나 조선종교인협의회, 그리고 1990년대는 조국통일범민족연합(범민련)이나 민족화해협력위원회(민화협) 일원으로 참가하여 남측 정당들과 쌍무적·다자적 접촉을 시도해오고 있다.

셋째, 선전 내용은 그들 주장을 설명하고 남측 주장이나 정책을 비난하는 내용이 주류를 이룬다. 예를 들어, 연방제 통일방안, 남북한 사회단체 및 정당들의 연석회의 개최, 3자회담 등 북측 제의내용을 설명하거나 불가침협정 등 남북간 합의내용의 이행을 강조하는 내용을 볼 수 있다. 또한 민간차원의 대화를 주장하는가 하면, 통일환경을 조성한다는 명목하에 국가보안법 폐지, 팀 스피리트 반대, 남측 '진보'인사들에 대한 탄압 비난, 미국과의 평화협정체제 주장, 그리고 반핵 및 군축 주장도 하고 있다.

넷째, 선전 대상은 남북한 주민과 단체, 그리고 해외 정당 및 각계인사들을 포함하고 있다. 1940~1950년대는 주로 대상이 남한 주민들에 한정되었다면, 1980년대 이후는 남한 주민들과 정당, 종교단체, 사회단체들로 범위가 확대된다. 청우당의 경우, 정당, 사회단체뿐 아니라 조선종교인협의회 등 종교단체와도 공동 보조를 취하고 있다.

선전 대상에서 사민당과 청우당 간에는 차이가 있다. 청우당은 남측 천도교청우당을 주 대상으로 하고 있다. 천도교를 매개로 남북 천도교인간 통일문제 협의(1989. 3. 16)나 종교인회담(1989. 6. 2), 교령초청(1989. 6. 6, 1996. 9. 3), 동학혁명 남북공동기념 협의(1994. 1. 24) 등 상당히 적극적인 대남 교류를 제의하고 있다. 반면, 사민당은 야당(평화민주당, 민주당 등), 진보적 정당(민중당)을 대상으로 하고 있으나 청우당에 비해 별반 성과를 거두지 못하고 있다.

2) 대내 부문: 지방경제 지원

사민당과 청우당의 활동내용 중 가장 큰 차이를 보이는 부분이 아마도 지방경제 지원 활동일 것이다. 사민당과 청우당 모두 국가경제건설 지원 임무를 수행한다는 점에서는 조선로동당의 다른 외곽단체와 별반 다르지 않다. 경제건설 계획이나 중요대상건설이 제시되면 사민당과 청우당은 당원들을 적극 동원하여온 것이다.

예를 들어, 사민당은 1980년대 후반 태천발전소 건설, 김책제철연합기업소 확장공사, 북부철길 건설, 순천 비날론연합기업소 건설, 사리원 카리비료공장, 서해안 간석지 건설, 광복거리 건설 등에 당원들을 조직, 동원하였으며, 1993년에는 농업생산 지원, 그리고 평양시 3만세대 살림집을 비롯하여 도시와 농촌에서 살림집 건설 지원 등에 나섰다. 청우당도 1940년대는 물론 1980년대 말에도 순천 비날론공장, 사리원 카리비료공장, 광복거리 건설, 간석지 개간 새땅찾기 운동 등에 당원과 교인을 적극 동원하는 등 이들의 조직동원 사례를 쉽게 볼 수 있는 것이다.[75]

주목할 부분은 사민당이 1981년 조선사회민주당으로의 개편 후 강령의 변화와 함께 지방경제 지원에 많은 노력을 기울였고, 이런 움직임이 1994년 다시 당 강령이 수정될 때까지 상당기간 지속되었다는 점이다.[76] 청우당의 관련자료를 확보하지 못했다는 한계를 고려하더라도 사민당의 이런 움직임은 상당히 흥미롭다. 사민당은 왜 지방경제 지원에 주력하게 되었을까?

이는 한편으로 당시 사민당 당원들의 직업과 밀접한 관련이 있다. 당원들은 주로 편의봉사원, 지방산업과 협동조합의 노동자들로 지방경제 부문에서 일하고 있었던 것이다. 다른 한편으로 사민당이 지방경제 부문

---

75) ≪내외통신≫ 보5523호(1988. 2. 26).

76) 「인민들의 복리증진을 위한 지방당단체들의 과업」, ≪사회민주당≫ 1983년 3호; 「올해 당활동에서 새로운약진을 이룩하자!」, 「당장성사업과 지방당단체들의 임무」, ≪사회민주당≫ 1984년 1호; 「생산장성과 생활의 질제고의 결합」, ≪사회민주당≫ 1984년 4호; 「인민들의 복지증진을 위한 당활동을 더욱 강화하자: 당 중앙위원회 전원회의 진행」, 「지방당소식: 당장성사업을 짜고든다」, ≪사회민주당≫ 1986년 3호; 「중요대상건설에 대한 힘있는 지원」, ≪사회민주당≫ 1987년 2호; 「조선사회민주당 중앙위원회 전원회의 진행」, ≪사회민주당≫ 1989년 1호; 「사회주의경제건설에 적극 참가할데 대하여 토의: 조선사회민주당 중앙위원회 확대전원회의에서」, ≪사회민주당≫ 1990년 4호; 「1992년 당활동지침 토의: 조선사회민주당 중앙위원회 정치위원회 회의에서」, ≪사회민주당≫ 1992년 1호.

에 주목한 것은 당 이념에서 비롯된 측면도 있다.[77] 그들은 당 활동의 궁극적 목표로 인민들의 복지생활을 제시하고, 이러한 복지를 누리는 데 인민들간에 계급적·계층적·지역적 차이가 없어야 한다면서 지역경제 개발을 제시하였다. 즉 그들은 북한사회에 불평등이 존재하고 있음을 인정하고, 그 대안으로 지방 부문에 주력해야 한다는 논리를 편 것이다. 이런 맥락에서 사민당은 당 활동의 주요 방향으로 지방경제 지원에 주목했던 것이다.

특히 지방산업 언급 부분은 2001년 10월 '계획의 이원화' 조치 등 최근 북한의 경제정책을 상기할 때 매우 흥미롭다. 그들의 주장을 보자. 그들은 '군' 단위의 중소 공장 및 기업소를 중심으로 지역경제 개발을 제시하였는데, 그 이유는 두 가지 때문이었다.

우선 '군'은 경제 중심단위로 몇 가지 장점이 있다. 크기나 인구수가 적당하고, 상당기간 종합적 생활단위였으며, 이미 여러 기능을 담당하는 기관들이 업무를 수행 중이라는 것이다. 또한 지방의 공장이나 기업소는 규모면에서 유리한 점이 있다. 그 지방의 원료와 노력을 동원하는 데 용이하며, 기술개조나 자금, 시간문제 등에서 중소 규모가 적당하고, 현지 주민들의 요구에 따라 생산품종, 수량을 조절하거나 업종을 전환하는 데 수월하다는 것이다.

그리고 그들은 도나 군의 지역경제 관리운영 방식을 구체적으로 제시하였다. 도나 군이 지역의 경제와 문화발전을 위한 예산 수립, 가격 수립의 권한을 행사하며, 지방의 자원 및 원료를 최대한 이용하는 것 등이 그 예이다. 그리고 효과적인 당사업을 위해 지방 인민정권과의 연계를 강조하고 있다. 지방 인민회의나 위원회에서 활동하는 당원들을 매개로 그들의 정책과 제의를 적극적으로 알리는 한편 대책을 마련하게 한다는 것이다.

실제 사민당은 지방경제 발전을 위해 소비품 생산 증대, 봉사 부문(상

77) 「복지생활증진에서 지역경제개발이 가지는 의의」, ≪사회민주당≫ 1987년 2호.

업, 사회급양, 편의봉사)의 개선 등에 나설 것을 독려하였다. 특이한 점은 환경보호 활동이다. 당사업의 일환으로 자연환경의 보존, 환경오염 및 공해 방지를 위해 명승고적 및 천연기념물의 보호관리, 공원 및 유원지의 건설, 녹화사업, 공장, 기업소, 그리고 주택 건설시 환경훼손 유의, 체육 및 오락 시설의 확충, 관광사업 발전 등을 제시하였다. 특히 1986년 최고인민회의 제7기 제5차회의는 '환경보호법'을 채택하였는데 사민당은 그 공로가 자신들에게 있다고 주장하면서 환경문제에 상당한 관심을 보인 것이다.

그러나 1990년대 들면 이러한 '복지'를 위한 지방경제 지원활동은 눈에 띄게 줄어들게 된다. 당 이념이 '민족사회민주주의'로부터 '자주'로 바뀐 점, 그리고 당시 경제악화와 관련된 것으로 보인다. 여전히 국가사업에 적극 동참할 것을 독려하고 있지만, '복지'보다는 경제지원 차원에 초점이 맞추어져 있다.

3) 대외 부문: 당차원의 교류[78)]

대외활동에 사민당이 주목하고 적극적으로 나선 시기는 1980년대 이후이다. 1940~1950년대에도 '한반도문제'와 관련 소련 등 구사회주의권 국가들에게 서신을 보내기도 했지만, 1981년 당의 개편 후 이들은 국제적 연대성 확보를 위해 대외활동에 적극적인 관심을 가졌다. 이들이 국제사회민주주의운동에 관심을 가진 이유는 블록 불가담, 반제, 반핵, 반전 등 북한과 유사한 입장을 가지기 때문이다. 북측이 남한에 대해 주장하는 미군철수, 반핵 등과 맥을 같이했던 것이다.

---

78) 「평화를 수호하고 평화통일을 촉진하기 위한 과업을 전원회의에서 토의」, ≪사회민주당≫ 1984년 2호; 「조선사회민주당 중앙위원회 전원회의 진행」, ≪사회민주당≫ 1984년 4호; 「조선사회민주당 중앙위원회 전원회의 진행」, ≪사회민주당≫ 1995년 3호; 「우리 당의 평화정책과 조선반도의 비핵평화지대화」, ≪사회민주당≫ 1988년 4호.

이는 왜 사민당이 국제적 연대성을 확보하려고 했는가를 살펴보면 확연히 나타난다. 예를 들어, 1984년 9월 당 중앙위원회 전원회의는 대외활동의 필요성을 역설하였는데, 그 이유로 제시된 것은 당시 북한측의 3자회담 제안에 대해 지지를 이끌어내고, 그 지지를 발판으로 미국에 영향력을 행사함으로 자신들에게 유리한 통일환경을 조성하는 것이었다. 이를 위해 구체적으로 서신 및 출판물 교류, 그리고 대표단 교환 등이 제시되었다.

이러한 입장은 1990년대 들어서도 마찬가지이다.[79] 당 중앙위원회 전원회의는 국제사회당, 각국의 사회민주정당들과의 사업을 강화하여 남북한 정당·단체 연석회의 제안을 선전하는 한편, 국제적 관심과 지지를 불러일으킬 것을 지적했던 것이다.

따라서 사민당의 대외활동은 일반적인 정당들의 대외교류와는 그 성격이 다르다. 대상이나 의제가 한정되어 있는 것이다. 사민당의 대외활동은 국제사회당 관련회의에 참여하거나 다른 사회당, 사회민주당과의 상호방문 등이 대부분이다. 1983~1996년 상호방문 내용을 살펴보면, 지역적으로 유럽이나 남미에 한정되어 있었고, 북측의 해외방문이 더 많았으며, 대화 의제는 북한의 통일정책, 남한 정세, 핵전쟁, 군축 등에 국한되었다.[80]

---

79) 《로동신문》 1997년 2월 20일.

80) 방문: 1983년 노르웨이, 스웨덴, 1984년 에스파냐, 1986년 페루, 베네수엘라, 1987년 모리셔스, 키프로스, 스위스, 1988년 포르투갈, 노르웨이, 핀란드, 1989년 폴란드, 산 마리노 통일사회당, 1990년 포르투갈, 스위스, 1990년 레바논 사회진보당, 1994년 캄보디아, 타이, 인도, 네팔 방문, 페루, 에콰도르, 우루과이, 파라과이, 베네수엘라 / 초청: 1986년 독일자유민주당 대표단, 1988년 일본 사회당대표단, 레바논 사회진보당 대표단, 1989년 포르투갈 민주운동대표단, 산 마리노 통일사회당 대표단, 1993년 베네수엘라 사회주의에로의 운동 대표단, 태국 사회행동당 대표단.

6. 결론

지금까지 조선로동당의 '우당'인 사민당과 청우당의 역사적 전개, 조직과 당 활동을 살펴보았고 이를 통해 '우당'의 성격과 역할을 제시하였다. 북한체제에서 '우당'의 의미를 극명하게 보여주는 것이 사민당과 청우당의 활동내용이다. 그들은 일반적인 정당의 역할을 수행하지 못하고 있다. 북한정치체제 자체가 정당이 정책개발이나 제안, 그리고 주민들의 의사반영을 통해 정부와 주민의 연계고리, 또는 의사통로의 역할을 할 수 없게 만드는 구조인 것이다.

사민당의 경우, 시대에 따라 활동에 우선성이 변화되어왔다. 1940년대와 1950년대에는 주로 통일전선에 초점을 맞추었다면, 1980년대는 경제지원과 대남 선전, 그리고 다시 1990년대 이후 대남 선전에 치중하고 있다. 그렇지만 그 활동내용을 보면 시대를 막론하고 일관된 부분을 찾을 수 있다. 사민당은 조선로동당을 지원 및 보완하는 데 중점을 두어온 것이다. 대남 부문에서는 남북대화 창구의 다원화, 대내 부문에서는 경제건설의 지원, 그리고 대외 부문에서는 통일정책에 대한 지지와 그들에게 유리한 통일환경 조성을 통해 조선로동당의 정책을 지원해온 것이다.

청우당도 마찬가지이다. 당은 외관상 상당한 부침의 과정을 보이고 있으나 당의 활동에는 지속적인 측면이 있다. 1940년대와 1950년대 통일전선 차원에서 활발한 활동을 벌인 배경이나 1980년대 이후 종교적 색채를 활용하며 청우당의 재부상 계기를 제공한 것은 모두 대남관계와 관련이 있다. 청우당은 조선로동당에게 대외적으로 신앙의 자유가 있다고 선전하거나 남측 종교단체와 교류 및 선전을 다양화시킬 수 있는 일종의 수단인 것이다.

그 가운데에도 1980년대 사민당의 활동은 주목할 만하다. 정치적 부문에서 복수후보제와 지방기관의 강화, 그리고 경제적 부문에서 혼합경제와 중소기업의 강화 등 조선로동당의 정책과는 일부 다른 목소리를 냈던 것이다. 그러나 이런 주장도 1990년대 들어 사민당의 이념이 '자주성'으로 변화함에 따라 현실화되지 못했다.

이는 바로 '우당'의 한계를 보여준다. 즉 북한체제에서 '우당'이란 조선로동당과 공동의 목표를 가진다는 점에서 존재의 의의가 있으며, 조선로동당의 정책 수행을 지원해준다는 점에서 그들과의 관계가 '우호적'일 수 있는 것이다.

향후 사민당과 청우당은 일반 정당으로 변신이 가능할 것인가? 흥미로운 것은 사민당의 경우 1990년대 그들 스스로 '비계급적 전위당', '공동전선적 당'의 성격을 부각시켰다는 점이다. 그리고 그들은 사민당이 각계각층을 대상으로 하기 때문에 통일 후 남한의 근로자뿐 아니라 '애국적인 계급과 계층'을 포괄할 수 있다고 주장하였다.[81] 중국의 민주당파의 활동을 상기해본다면, 북한의 개혁·개방 과정에서 이들의 일정 역할과 변화를 기대할 수도 있다. 중국측 주장에 따르면, 민주당파들은 1980년대 이후 개혁조치들의 수행에 당원들을 적극 동원했던 것이다.

대내적으로 사민당과 청우당을 지방경제의 활성화에 활용하고, 대외적으로 사민당을 유럽국가들과의 경제교류에 내세울 가능성은 배제할 수 없다. 그러나 사민당과 청우당이 정당 본연의 임무를 수행하기 위해서는 무엇보다 먼저 전국적 정당의 모습을 갖추어야 하며, 조선로동당과의 관계 규정이 새롭게 이루어져야 한다. 즉 현재의 정치구조와 정당제 내에서 사민당과 청우당의 변화 가능성에는 한계가 있을 수밖에 없는 것이다.

81) 「조선사회민주당은 공동전선적당」, ≪사회민주당≫ 1992년 4호.

<참고문헌>

1. 북한문헌 및 자료

1) 김일성, 김정일 저작

김일성. 1979, 「우리 당 단체들의 과업에 대하여」(북조선로동당 평안남도 순천군 당대표회의에서 한 연설, 1948년 1월 24일), 『김일성저작집』 제4권, 평양: 조선로동당출판사.

_____. 1979, 「당 중앙위원회사업에 대하여」(북조선로동당 함경남도 제2차대표회의에서 한 보고, 1948년 2월 21일), 『김일성저작집』 제4권, 평양: 조선로동당출판사.

_____. 1980, 「조국통일민주주의전선결성과 관련하여 각 정당, 사회단체들은 무엇을 할 것인가(북조선민주주의민족통일전선 중앙위원회가 제37차 회의에서 한 연설, 1949년 5월 16일), 『김일성저작집』 제5권, 평양: 조선로동당출판사.

_____. 1980, 「조국통일민주주의전선결성에 대하여」(북조선로동당 중앙위원회 제6차회의에서 한 보고, 1949년 6월 11일), 『김일성저작집』 제5권, 평양: 조선로동당출판사.

_____. 1980, 「조국의 통일위업을 위하여 모든 애국적민주력량을 총집결하자」(북조선천도교청우당 제3차대회에서 한 연설, 1950년 1월 10일), 『김일성저작집』 제5권, 평양: 조선로동당출판사.

_____. 1980, 「조국해방전쟁의 승리를 위한 각 정당들의 과업」(조선로동당, 북조선민주당, 북조선 천도교 청우당 도위원회 위원장 련석회의에서 한 연설, 1950년 6월 27일), 『김일성저작집』 제6권, 평양: 조선로동당출판사.

_____. 1980, 「조선로동당 중앙위원회 제3차 전원회의에서 한 결론」(1950년 12월 23일), 『김일성저작집』 제6권, 평양: 조선로동당출판사.

_____. 1980, 「당단체들의 조직사업에서의 몇가지 결함들에 대하여」(조선로동당 중앙위원회 제4차 전원회의에서 한 보고, 1951년 1월 1일), 『김일

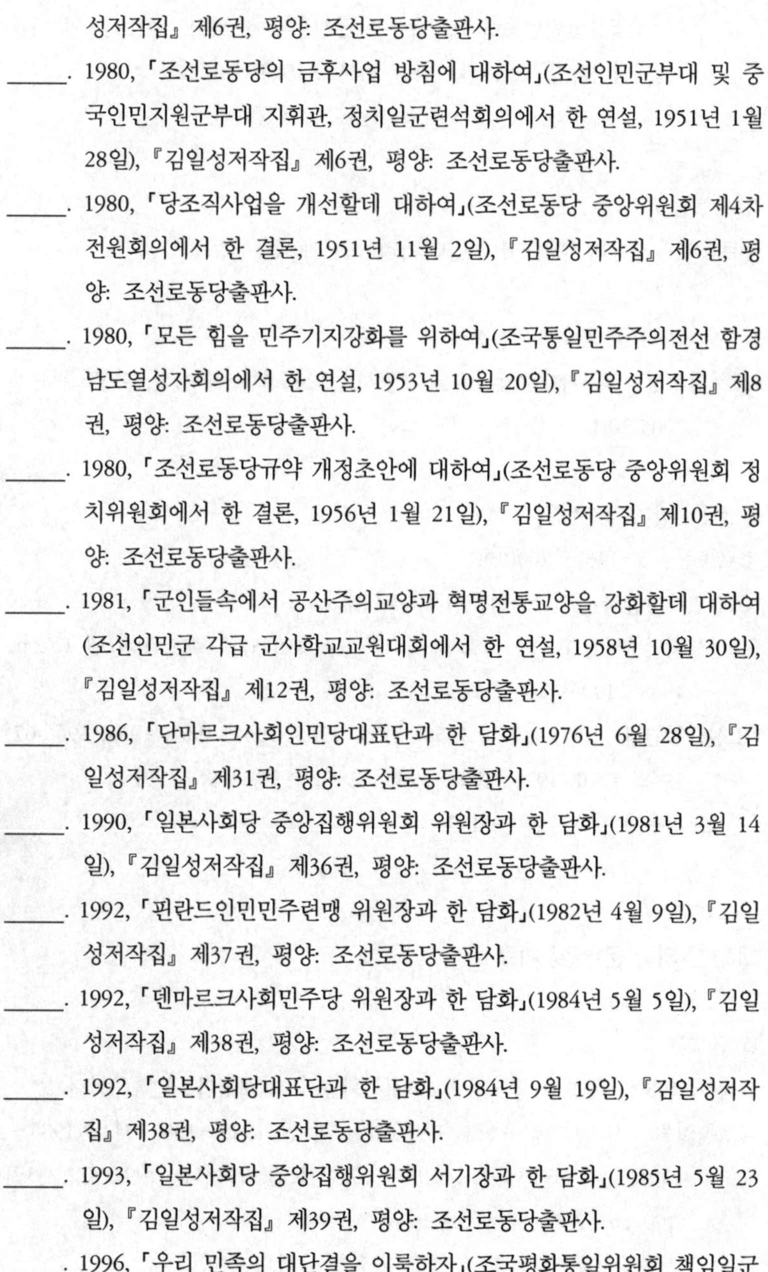

성저작집』 제6권, 평양: 조선로동당출판사.

______. 1980, 「조선로동당의 금후사업 방침에 대하여」(조선인민군부대 및 중국인민지원군부대 지휘관, 정치일군련석회의에서 한 연설, 1951년 1월 28일), 『김일성저작집』 제6권, 평양: 조선로동당출판사.

______. 1980, 「당조직사업을 개선할데 대하여」(조선로동당 중앙위원회 제4차 전원회의에서 한 결론, 1951년 11월 2일), 『김일성저작집』 제6권, 평양: 조선로동당출판사.

______. 1980, 「모든 힘을 민주기지강화를 위하여」(조국통일민주주의전선 함경남도열성자회의에서 한 연설, 1953년 10월 20일), 『김일성저작집』 제8권, 평양: 조선로동당출판사.

______. 1980, 「조선로동당규약 개정초안에 대하여」(조선로동당 중앙위원회 정치위원회에서 한 결론, 1956년 1월 21일), 『김일성저작집』 제10권, 평양: 조선로동당출판사.

______. 1981, 「군인들속에서 공산주의교양과 혁명전통교양을 강화할데 대하여(조선인민군 각급 군사학교교원대회에서 한 연설, 1958년 10월 30일), 『김일성저작집』 제12권, 평양: 조선로동당출판사.

______. 1986, 「단마르크사회인민당대표단과 한 담화」(1976년 6월 28일), 『김일성저작집』 제31권, 평양: 조선로동당출판사.

______. 1990, 「일본사회당 중앙집행위원회 위원장과 한 담화」(1981년 3월 14일), 『김일성저작집』 제36권, 평양: 조선로동당출판사.

______. 1992, 「핀란드인민민주련맹 위원장과 한 담화」(1982년 4월 9일), 『김일성저작집』 제37권, 평양: 조선로동당출판사.

______. 1992, 「덴마르크사회민주당 위원장과 한 담화」(1984년 5월 5일), 『김일성저작집』 제38권, 평양: 조선로동당출판사.

______. 1992, 「일본사회당대표단과 한 담화」(1984년 9월 19일), 『김일성저작집』 제38권, 평양: 조선로동당출판사.

______. 1993, 「일본사회당 중앙집행위원회 서기장과 한 담화」(1985년 5월 23일), 『김일성저작집』 제39권, 평양: 조선로동당출판사.

______. 1996, 「우리 민족의 대단결을 이룩하자」(조국평화통일위원회 책임일군

들, 조국통일범민족련 합북측본부 성원들과 한 담화, 1991년 8월 1일), 『김일성저작집』 제43권, 평양: 조선로동당출판사.
_____. 1994, 『세기와 더불어 5』, 평양: 조선로동당출판사.

2) 단행본
국토통일원. 1980, 『朝鮮勞動黨大會資料輯』 제2권, 국토통일원.

3) 논문, 연설문, 담화문, 결정서
『조선민주당 제6차확대중앙위원회 결정서』, 1946년 12월 25일, 미군노획문서 2005-7-81.

4) 신문, 잡지 및 기타
≪로동신문≫ 1967～2000년.
『조선민주당규약』, 미군노획문서 2005-6-51.
『조선사회민주당』, 1983～1985년 각 1～4호, 1986년 3, 4호, 1987년 1, 2호, 1988～1996년 각 1～4호.
『조선중앙년감』, 1949, 1950, 1958, 1959, 1961, 1962, 1964, 1965, 1966-67, 1968, 1970, 1971, 1987, 1989, 1990, 1994, 1996, 1999.
『천도교청우당 강령, 규약』, 1994.

2. 남한·외국 문헌 및 자료

1) 단행본
고태우. 1989, 『북한의 종교정책』(종교사회총서 1, 개정판), 민족문화사.
국토통일원, 『南北韓 統一·對話 提議比較』 제1권, 1945～1987, 제2권(1988～1991. 3), 제3권(1991. 4～1993. 10), 제4권(1993. 11～1997. 4), 제5권(1997. 5～2001. 6), 국토통일원.
_____. 1989, 『北韓의 機關, 團體別 人名集』, 국토통일원.

김영수. 1989, 『사회주의 국가 헌법』, 인간사랑.

김종현. 2001, 『사회주의 중국의 정치』, 인하대학교 출판부.

김흥수. 1992, 『해방후 북한교회사-연구·증언·자료』, 다산글방.

레닌, V. I. 1989, 『레닌과 사회주의혁명: 제국주의 세계대전 및 1917년 혁명기의 레닌저작』(조권일 역), 태백.

레온하르트, W. 1984, 『소비에트이데올로기』 제2권(강재륜 역), 한울.

朴東雲. 1970, 『北漢統治機構論』(亞細亞問題研究所共產圈研究叢書 3), 亞細亞問題研究所.

정한구·문수언 공편. 1995, 『러시아 정치의 이해』, 나남.

統一部. 『北韓의 機關, 團體別 人名集』, 1991~2001년 각 연도별.

하종필. 2003, 『북한의 종교문화』, 선인.

韓曉武. 1992, 『中國國家機構解說』(김형곤 역). 희성.

2) 논문

郭承志. 2001, 「동학과 북한 그리고 통일」, 『사발통문』 제5호.

김근식. 2002, 「'북한식' 민간단체의 현황과 변화 전망: 남북 교류·협력의 관점에서」, 『평화연구』 제11권 1호(2002/2003년 겨울).

兪英九. 1990, 「北韓 사회민주당 연구」, ≪월간중앙≫ 5월호.

윤이흠. 1998, 「북한의 종교정책과 종교현상: 종교정책의 시기별 변화를 중심으로」, 『통일논총』 제16집(12월호).

윤황. 2000, 「북한의 종교정책과 종교 실태에 관한 특징 분석」, ≪월간북한≫ 10월호.

이헌경. 1996, 「북한의 사회주의혁명·건설기 종교정책」, ≪한국정치학회보≫ 제30집 제4호(겨울).

임형진. 1999, 「천도교 청우당의 정치이념」, ≪민족문제연구≫ 제7호.

表暎三. 1974, 「北韓의 天道教」, 國土統一院 調查研究室, 『北韓의 宗教』, 국토통일원.

_____. 1979, 「北韓의 天道教」, 『北韓의 宗教』(국통조 79-12-1594), 國土統一院, 1979.

3) 신문, 잡지 및 기타

대한매일신문사. 2001, 『북한인명사전』, 대한매일신문사.

동아일보사. 1982~1984, 『연감』, 동아일보사.

북한연구소. 1983, 1994, 『北韓摠覽』, 북한연구소.

서울신문사. 1996~1997, 『북한인명사전』, 서울신문사.

연합통신. 1982~1984, 2000, 『연합연감』, 연합통신.

≪내외통신≫ 463호(1985. 11. 29), 515호(1986. 12. 5), 597호(1988. 7. 15), 632호(1989. 3. 24), 보5523호(1988. 2. 26), 보6151호(1989. 4. 18), 보8226호(1993. 1. 25), 보8338호(1990. 4. 8), 보8358호(1993. 4. 21), 보8504호(1993. 7. 26), 보8717호(1993. 12. 11), 보8726호(1993. 12. 17), 보8738호(1993. 12. 24), 보8977호(1994. 6. 4), 보9283호(1994. 12. 21), 보10452호(1997. 2. 4), 보10490호(1997. 3. 3), 보10506호(1997. 3. 12), 보10781호(1997. 9. 9), 보10783호(1997. 8. 16), 보10840호(1997. 10. 21), 보11155호(1998. 5. 18), 보11316호(1998. 8. 29).

『합동연감』, 1964, 1971, 1973, 1982-1995, 1999-2002년 각 연도별.

『대한매일』, http//www.Kdaily.com//korea/swevice north.php, 검색일: 2003년 4월 11일.

제6장 조선문학예술총동맹

노귀남

1. 서론

북한은 어떤 사회이며, 그 체제의 어떤 점이 변하지 않고 지속되고 있는가, 또 어떻게 변화하고 있는가 하는 물음에 답하고 미래를 전망하기 위해서는 북한사회가 조선로동당을 중심으로 이루어진 전일적 체제라는 이해가 있어야 한다. 외곽단체들은 당을 중심으로 하는 하나의 제도 속에 들어가 있고, 이들은 한결같이 당 노선과 정책에 따라 조직 활동을 한다.

현재, 조선로동당 외곽단체는 100여 개가 알려져 있다.[1] 그 가운데 문학예술과 관련된 단체는 조선문학예술총동맹과 조선건축가동맹이 있다. 이 논문은 문화단체를 대표하는 조선문학예술총동맹(약칭 '문예총')을 주된 연구대상으로 삼았다. 이것은 문학예술 전반과 관련한 단체이기 때문이다.

문예총은 사회단체의 하나로 규정한다. 북한에서 사회단체란 '같은 목적을 이룩하기 위하여 투쟁하는 사회의 일정한 계급 및 계층들의 자원적

1) 『북한개요 2000』, 통일부, 1999, 116쪽; 최성, 『김정일과 현대북한체제』, 한국방송출판, 2002, 280쪽.

인 조직'을 말한다. 이것은 정당이나 국가기관과 구별되는 사회적 조직으로, 광범한 군중을 혁명화, 노동계급화하여 당의 노선과 정책의 관철을 위해 조직동원한다. 사회단체에는 비당원인 청년·근로인민을 의무적으로 조직하는 4개의 근로단체[2)]가 있으며, 그 밖에 특수한 사명을 수행하는 문예총, 조선기자동맹, 조국평화통일위원회, 조선적십자회, 조선학생위원회 따위가 있다. 근로단체는 조선로동당의 인전대(引傳帶)이며 사상교양단체의 특성을 갖는 대중단체이고, 문예총과 같은 대중단체는 자기 고유한 사명과 특성을 가진 사회적 조직이라 말한다.

문예총은 작가·예술가들의 자원적 조직체인 부문별 동맹의 연합체이다. 문예총 중앙위원회 아래에는 조선작가동맹, 조선음악가동맹, 조선미술가동맹, 조선무용가동맹, 조선연극인동맹, 조선영화인동맹, 조선사진가동맹 등 7개 부문 중앙위원회가 있고, 지방에는 도위원회가 조직되어 있다. 중앙위원회의 기본임무는 당의 노선과 정책을 관철하기 위한 당면과업과 창작상의 제 문제를 토의 결정하며, 작가·예술가에 대한 사상 교양사업과 예술 교양사업, 신인선발 육성 사업 등을 진행한다.

이 글에서 문화단체로서 문예총에 주목하는 이유에는 두 측면이 있다. 하나는 문학예술의 보편적 의미에서 보는 점이며, 다른 하나는 문예정책을 관철하는 제도적 의미에서 보는 점이다. 흔히 반영론으로 말하는 문학예술은 사회문화를 이해하는 중요한 척도가 된다. 사회와 작품세계가 서로 닮아있다고 보는 골드만의 '상동성 이론'이나, 루카치가 말한 소설에서 '전형론'은 작품을 사회를 보는 거울로 삼는다. 이런 측면에서 문학예술 분야를 통해 북한사회를 이해하는 일은 의미가 있다. 북한에서 문학예술정책은 조직을 통해 직접적이고 체계적으로 관철시키고 있기 때문에 일반적으로 말하는 문학예술의 사회현실 반영의 의미는 더욱 커진다. 창작활동은 보통 자율적이고 무의식적으로 현실을 반영한다. 이에

---

2) 김일성사회주의청년동맹, 조선직업총동맹, 조선민주녀성동맹, 조선농업근로자동맹 등.

비해, 북한에서 문예활동은 반드시 당정책과 노선에 맞게 현실을 반영해야 한다. 뒤집어 말하면, 창작지도체계나 문학예술인 조직을 우선적으로 연구함으로써, 문학예술과 사회를 더 잘 이해할 수 있다는 말이다.

따라서 이 논문은 북한 노동당의 외곽단체의 하나인 문예총을 중심으로, 조직의 형성과정, 그 위상과 기능, 활동 등을 총체적으로 살펴봄으로써 북한 사회체제의 단면을 이해하고자 한다. 문예총은 '자원적 조직'이라는 규정에도 불구하고 실제는 당과 상호유기적 관계 속에 있고, 현재는 김정일의 절대적 영향 아래 있기 때문에, 조직체계의 내막이나 역사적 배경 등에 대해 심층적인 연구가 있어야 한다.

지금까지 연구에서는 문예총에 대한 역사적 전개과정을 비롯한 조직활동에 대한 총체적인 면모를 제대로 파악할 수 없었다. 문예총의 조직과 활동은 문예정책이나 문학예술 운영체계에 대한 연구에서 부분적으로 언급된 정도였다.[3] 역사적으로 살펴보면, 문예총은 조선작가동맹(약칭 '작가동맹')과 병행 연구가 필요하다. 7개의 부문동맹 가운데서 작가동맹에 주목하는 이유는 북한이 문학을 앞세우고 있듯이,[4] 실제로 역대 문예총 중앙위원회 위원장은 주로 문인이었고, 문학 부문이 문예정책 이론화의 중심에 놓이기 때문이다.[5]

또한 사회주의 문예 정책의 기원은 레닌의 문학관에 있었다. 소련에서 문학의 내용과 창작방법, 출판 등 관련 사업은 당정책에 의해 체제 속에 종속되어 갔다. 따라서 간략하게나마 소련작가동맹에 대한 고찰을 연구대상에 포함시킴으로써, 북한 문예총 형성기의 배경과 특성을 이해하는

---

3) 오양열, 「남·북한 문예정책의 비교연구」, 성균관대학교 대학원 박사논문, 1998년; 전영선, 『북한의 문학예술 운영체계와 문예 이론』, 역락, 2002; 이우영 외, 『통일시대 문화행정조직 구성을 위한 남북한 문화행정조직 비교연구』, (사)한국민족예술인총연합 문화정책연구소, 2002.

4) 김정일, 「혁명적 문학예술작품 창작에서 새로운 앙양을 일으키자」(문학예술부문 일군들과 한 담화, 1986년 5월 17일), 『주체혁명 위업의 완성을 위하여 5』, 평양: 조선로동당출판사, 1987, 401쪽.

5) 이 점에서 이 논문 중에 '문학'만을 지칭해도 '문학예술'을 포괄하는 뜻으로 쓴다.

자료로 삼을 것이다.

연구방법은 조직을 형성하고 발전하는 과정을 추적하는 문헌연구가 중심이 된다. 알려진 대로 북한 문헌은 이중적인 성격을 가진다. 문헌 내용에는 종종 역사적 사실 또는 현실 자체로 볼 수 없고 굴절된 것이 있다. 또 간행시기별로 서술 차이가 있기도 하므로 문헌연구는 비판적 시각이 필요하다.[6] 이를테면 한 사건에 대해 그 시기의 상황과 상관성을 갖는 역사적 계기를 규명하는 '역사적 분석'[7]을 함으로써 자료들을 비교 검증하는 작업도 할 것이다. 그리고 문헌의 비교검증을 위해 면담자료도 참고한다.

2. 문예총 위상과 역할

1) 소련작가동맹의 성격과 활동

사회주의 사회에서 문학예술은 정치적 목적에 따라 철저하게 통제되고, 중요한 정치적 수단이 된다. 북한에서 문학예술은 김일성·김정일의 혁명사상으로 무장된 계급이데올로기에 따라 혁명문학예술로 존재한다. 문학의 생산과 향유는 제도적으로 당과 인민을 잇는 관계, 즉 당-문화성-문예총의 삼위일체라는 체계 속에서 이뤄지게 해놓았다.

---

6) 김일성 문건의 경우 후술한 것, 개작한 것, 새로 쓴 것 등 원전의 문제점이 있다. 이에 대한 것은 서대숙·이완범 공편, 『김일성 연구자료집: 1945-1948년 문건』, 경남대학교 극동문제연구소, 2001 참조. 김정일 문건은 현재 원전 연구가 이루어지지 않은 상태이다. 1986년 5월 "수령의 후계자문제"가 해결되었음을 공식 천명한 때를 전후해서 본격적으로 그의 저작물이 간행되었다. 1984년 전후, ≪근로자≫ 등을 통해 김정일 이름으로 1964년, 1970년대 글 몇 편을 실었고(『북한자료집 김정일저작선』, 경남대 극동문제연구소, 1991 참조), 1987년에는 1964~1986년의 문건을 모아 『주체혁명위업의 완성을 위하여』(전5권)을 간행했다. 따라서 시기가 훨씬 지나서 간행된 글들을 '원전'으로 보는 데는 한계가 있다.

7) 이종석, 『새로 쓴 현대북한의 이해』, 역사비평사, 2000, 30쪽.

그러한 문학예술의 방향성과 제도가 나온 배경을 찾아보기 위해, 사회주의 종주국이었던 소련의 경우를 먼저 살펴보기로 하자.

1917년 볼셰비키 혁명 후 소련의 문학예술 단체들은 정치적 목적을 달성하기 위해 조직화하고 공산당의 정책과 목표를 반영하였다.[8] 소련작가동맹은 다른 많은 문학예술단체보다 사회주의문화 정착에 영향을 미쳤고, 작가들의 저작과 생활에도 변화를 불러왔다. 문학예술을 혁명화에 직접 복무시키는 일은 레닌에서 시작된다. 레닌은 공산당과 직업혁명가가 소련 사회주의사회 건설에서 전위적 역할을 할 것을 강조하고, 아울러 당의 외곽단체들을 조직하고 동원하였다. 문학예술단체 역시 공산당조직의 원칙이나 당의 이념에 따라 제도화함으로써 사회주의 문화건설에 이바지하게 했다. 이와 같은 당조직론을 혁명이론으로 체계화한 것이 「무엇을 할 것인가」(1902년)이다.

그는 공산주의 혁명 달성을 위해 헌신할 수 있는 조직화한 혁명가집단, 즉 혁명운동의 전위대(avant-garde)가 필요하다고 역설했다. 노동자의 자발적 혁명활동보다 사회주의적 의식을 고취시키는 혁명적 전위당의 역할을 강조한 것은 후에 문학정책에 결정적인 영향을 미쳤다. 즉, 혁명의식의 배양, 계급각성을 위해 미디어나 문학을 동원한 선전선동을 중시한 것이다. 실제로 레닌은 일반대중의 혁명의식을 불러일으키기 위해 신문매체와 문학을 동원하였다. 「당조직과 당 문학」(1905년)에서 레닌은 혁명전술만 아니라 출판활동에서도 당파성이 지도 원리가 되어야 한다고 주장했다. 그는 "문학은 프롤레타리아트의 공동 대의의 일부분이 되어야 하며, 전(全) 노동계급의 정치의식화된 전(全) 전위에 의해 가동되는 단일하고 거대한 사회민주주의적 기계장치(mechanism)의 '톱니바퀴와 나사'가 되어야만 한다"[9]고 했다.

---

8) 이에 관해서는 고재남, 「소련작가동맹에 대한 공산당 정책의 변화」, ≪한국과 국제정치≫ 제7권 2호, 1991, 237-262쪽 참조.

9) V. I. 레닌, 「당 조직과 당 문학」, 『레닌의 문학예술론』(이길주 역), 논장, 1988, 52쪽.

다시 말해, 문필활동은 조직적·계획적·통일적인 사회민주당 사업 가운데 '톱니바퀴'처럼 부분으로 기능하게 만든다는 것이며, 그것이 당파성의 원칙이 되었다. 여기에다 '정확한 이데올로기적 자세와 내용'과 '인민성의 견지'라는 원칙이 추가되어 사회주의적 사실주의의 3원칙이 정립된다. 이 3원칙은 계급문학의 중요한 창작원리가 되었다.[10)]

레닌이 말하는 당 문학은 출판과 보급을 비롯해, 관련한 시설 모두를 당의 통제 아래에 둠을 뜻한다. 레닌은 그런 통제에도 불구하고 창작은 자유롭다고 주장했다. 작가는 대중인 무산자계급과 공개적으로 연계되어 있기 때문이다.[11)] 통제의 정당성을 주장한 레닌의 문학관은 소비에트 정권 수립 후 사회주의적 사실주의 성립과 문예 단체의 조직, 소련 작가동맹의 결성 등에 결정적인 영향을 미쳤다. 1917년 볼셰비키 혁명 후, 문학예술 작품은 대중의 교육과 계몽, 정치의식을 고양시키는 선전도구로 이용되었다. 이런 배경에서 소련의 문학예술은 엘리트주의를 반대하고 '예술은 인민에게 속해 있다'는 대중적·인민적 가치를 중요시했다.

그런데 소련에서 당 문학 조직이 형성될 때, 처음부터 일사불란하게 당적 통제가 된 것은 아니다. 혁명정권의 지원을 받은 보그다노프에 의해, 프롤레타리아 문화창달의 선봉단체인 '쁘롤레뜨꿀뜨(프롤레타리아 문화)'라는 문화계몽단체가 설립되어 극단적이고 순수한 프롤레타리아 문화가 창조된다. 하지만 레닌도 그런 극단성을 비판했고, 1921년 실시한 신경제정책(NEP, the New Economic Policy) 기간 중에는 문화적 다원주의가 허용됨으로써, 쁘롤레뜨꿀뜨는 1924년에 해체되었다.[12)]

출판영역의 통제도 초기에는 느슨한 점이 많았다. 국가가 1919년 출

---

10) 서만일은 소비에트 문학의 초석이 된 레닌의 문학관을 '문학은 반드시 사상적, 당적, 인민적이어야 한다'는 교훈으로 요약했다: 「문학에 있어서의 당성(2)」, ≪문학예술≫ 제5권 제9호, 1952, 138쪽.

11) 자본주의 사회에서 문학은 은밀한 이해관계에 따라 창작의 자유가 제한될 수 있음을 뜻함.

12) 쁘롤레뜨꿀뜨에 대해서는 V. I. 레닌, 앞의 책, 1998, 16-17쪽 및 D. S. 미르스끼, 『러시아문학사』(이항재 역), 문원출판, 2001, 610-612쪽 참조.

판 네트워크로 가시즈다뜨(Gosizdat)를 설립했지만 개인 출판업의 영업이 허용되었다.[13] 1921년 신경제정책 도입으로 출판 조건이 개선됨으로써 공산주의자만 아니라 다른 계열의 작가들에게도 기회가 된다.[14] 좌익 작가들은 새로운 프롤레타리아 문학을 발전시키기 위해 당의 통제를 강화하고 당의 주도권을 강조하는가 하면, 우익계열의 작가들은 문학활동에 완전한 자유를 요구했다. 부하린(N. Bukharin)은 문학 부문에서 당이 정치적으로 해결하는 것을 반대했다. 트로츠키도 예술의 영역은 당이 명령할 위치에 있지 않고, 당은 단지 예술 영역을 보호하되 간접적인 방법으로 해야 한다고 주장했다. 이런 가운데, 레닌의 당 중앙위원회 포고(1920. 12. 1)는 문화에서 개별적인 자율권을 확보하려는 단체를 반대하고, 작가들과 문학단체들을 국가의 틀에 하나로 담아낼 수 있게 만들었다.

1925년 7월 당 중앙위원회에서 채택된 결의안 "예술·문학 영역에서 당의 정책에 대하여"는 문학의 자유헌장으로 환영받았다. 이 결의는 당 차원에서 처음으로 소련문학의 방향과 임무에 대해 규정한 것이다. 여기서 동반작가들 가운데 반프롤레타리아적, 반혁명적 요소를 일부 허용했다. 또 당이 다양한 문학유파들 사이의 자유로운 경쟁을 지지하고, 출판의 합법적 독점을 반대했다.

반면, 스탈린은 문학단체에 대한 레닌의 중립적 입장을 포기하고 창작의 자유를 제한한다. 스탈린은 프롤레타리아문학의 헤게모니 투쟁을 위해, 트로츠키파에 의해 1925년 결성된 라프(RAPP: 러시아 프롤레타리아트 작가동맹)를 일방적으로 지원했다. 1928년 12월 제1차 5개년계획안이 당 중앙위원회에서 채택되면서 문학에 대한 전면통제가 시작된다.[15] 이와 함께 라프는 레오뽈트 아베르바흐의 지도로 독재권을 확보한다. 라프의 정책은 '사회적 명령'을 슬로건으로 삼았다. 그에 따라, 언론인, 문학인

---

13) D. S. 미르스끼, 앞의 책, 2001, 608-609쪽 참조.

14) 1921년 2월 무렵 가장 왕성했던 '세라피온 형제들'(1924년 자진 해체)이 대표적 조직이다.

15) 고재남, 앞의 글, 1991, 248쪽.

들로 '돌격작업반'이 구성되어 5개년계획의 성공사례를 보고하도록 공장, 집단농장, 광산, 삼림지에 파견되었다.[16] 아베르바흐 그룹의 영향이 고조될 때, 소비에트 문학의 질은 전례 없이 떨어졌다.

1932년 4월 23일 당 중앙위원회는 스탈린이 발기하여 「문학예술조직의 개편에 대하여」라는 결정서를 채택했다. 이에 의해 라프를 해산하고, 단일한 소비에트 작가동맹을 만든다. 작가동맹은 당의 통제와 지도 아래 있었고, 조직 내 각 분야에 초급당조직이 있었다. 작가동맹의 서기국은 정부의 문화부의 감독보다는 당 중앙위원회 문화부와 긴밀한 관계를 맺고 지도를 받았다.[17] 이와 같은 조직 구조 아래 작가동맹은 소련공산당의 노선과 정책을 관철하는 대중동원에 나섰고, 소련사회 내에 조직화한 획일적 이념을 생산하는 주도적 역할을 담당했다.

1934년 8월 27일, 소련의 제1차 작가대표회의에서 쥬다노프의 연설은 소련의 당 문학 정책에 대한 매우 중요한 결정이었다. 여기서 '사회주의적 사실주의'라는 명칭을 공식화했다.[18] 사회주의적 사실주의의 창작방법의 원칙은, 사회주의 문학은 현실을 묘사해야 한다는 점, 사상 개조와 교육에 사용되도록 창작되어야 한다는 점에 주요했다.[19] 쥬다노프는 혁명적 낭만주의도 제기했다. 이것은 미래에 대한 낙관주의, 곧 공산주의 혁명에 대한 낙관주의이다. 사회주의적 사실주의는 후에 이 혁명적 낭만주의와 결합해 새로운 창작방법론으로 발전해나간다.[20]

---

16) 1924년 발표된 글라드꼬프의 『시멘트』는 작품성은 떨어지지만 세계문학에서 새 전기를 마련한 것으로, 숄로호프의 『개간된 처녀지』(1932-1933)는 이 시기 성과작으로 평가된다. D. S. 미르스끼, 앞의 책, 2001, 614-615쪽 참조.

17) 고재남, 「소련작가동맹의 생성배경과 구조 및 특권」, ≪중소연구≫ 14권 4호, 1990, 87쪽.

18) 사회주의적 사실주의의 이론 성립 과정은 반성완, 「사회주의리얼리즘의 역사적 전개와 그 이론」, ≪중소연구≫ 14권 4호, 1990, 23-30쪽 참조.

19) 이 원칙은 북한에서 그대로 적용됨: "작가는 사회주의적 레알리즘의 방법을 연구하며 량심적으로 또는 주의깊이 현실을 관찰하며 우리 생활 발전 과정의 진수를 투철히 통찰하면서 창작하여야 한다. 작가들은 반드시 인민을 교육하고 그들의 의식을 무장시켜 줘야 한다"(서만일, 「문학에 있어서의 당성(2)」, 147쪽).

20) 혁명적 낭만주의와 사실주의의 결합은 중국에서도 모택동에 의해 그대로 계승

1932년 이래 소비에트 문학의 전체 조직은 변하지 않는다. 모든 작가는 '사회주의적 사실주의'라는 공인된 슬로건으로 창작했다. 그러나 사회주의적 사실주의가 '형식주의'에는 엄격히 반대했지만, 사회주의적 사실주의 자체에 대해 본질을 뚜렷이 규정하여 주장하지 않아 계속 이견이 있었다. 그렇더라도 경향성·당파성의 요구는 중요했다.

1946년 8월 14일 당 중앙위원회는 소비에트문학에 맞지 않는 작품을 게재한 레닌그라드의 문학평론지 ≪별≫과 ≪레닌그라드≫를 특별히 겨냥해, 전후 재건 시기를 위한 일반적인 문화노선을 규정한 법령을 공포(公布)했다. 개혁 수행의 책임자인 쥬다노프의 주석이 붙은 이 법령과 예술과 과학 분야의 숙청은 소비에트 문화내부의 서구적 경향을 반대하고 소비에트 애국주의라는 이상을 의무적으로 가지고 예술의 교훈적 역할을 새롭게 강조했다.

위에서 살펴본 소련의 문예정책과 문학 활동이 북한 문학과 예술에 직·간접적으로 끼친 영향은 아래 몇 가지로 요약될 수 있다.

① 레닌의 당 문학에 대한 지도원리와 마찬가지 입장에서, 북한은 문예단체에 대해 서서히 당의 전일적 통제를 강화해나간다.

② 소련에서 1920년대까지는 문학활동에 다양한 조직이 있었고, 계급문학 이외의 작품 활동도 가능했다. 그러다가 1932년 라프를 해산하고 단일한 소비에트 작가동맹을 만들었다. 북한에서는 처음부터 스탈린 시대의 영향 아래 있었기 때문에, 문예총이라는 단일조직을 만든다. 한때 분야별 동맹조직이 독자적으로 활동한 적도 있었지만, 획일적 지도에 의한 중앙집권적 행정체계를 이루고 있다.

③ 1920년대 말에서 30년대 초, '돌격작업반'을 구성해 문학인을 현장에 파견함으로써, 직접적인 선전선동의 문학을 시도했지만 실패했다.

되어, 1958년 중국 공산당 제8차 대회 2차 회의에서 '혁명적 사실주의와 혁명적 낭만주의의 결합'이라는 새로운 창작방법론으로 제시됨. 윤재근·박상천, 『북한의 현대문학』 제2권, 고려원, 1990, 56쪽.

북한에서는 문예조직 형성 초기부터 문학예술인을 현지에 파견했고, 그 사업을 지속적으로 관철시키고 있다.

④ 1946년 ≪별≫과 ≪레닌그라드≫를 겨냥한 검열은 해방공간의 북한 문예조직에 영향을 준다. 이를테면, 원산작가동맹에 내려진 시집 『응향』에 대한 결정서는 북한 문예의 사상검열과 조직강화의 발단이 되었다.

2) 문예총의 역할

(1) 당 문학과 제도

북한에서 문학예술은 당정책에 절대적으로 따르는 당의 문학예술이다. 하지만, 문예총이 처음 만들어질 때는 완전한 당 문학의 면모를 갖추지 못했다. 1946년 3월 25일 북조선문학예술총련맹이 창립하면서 제시한 "새조선자주독립과 민주주의문화건설을 위하여 적극적으로 투쟁할 것"[21)]이라는 목적은 당의 직접적인 지도 체제를 완비하지 못한 상태에서 카프 전통을 잇는, 계급문학의 당파적 방향성이라 하겠다. 그 무렵, 김일성의 「문화인들은 문화전선의 투사로 되어야 한다」(1946. 5. 24)[22)]는 제언은 북한문학의 제도적 향방을 말해주었다. 그 요지는 문학예술인이 민주국가건설에 동참하여 문화전선의 투사가 되어야 한다는 방향을 잡고, 선전전·문화전의 방법을 대중 속으로 들어가서 찾아야 한다는 것이다. 김일성이 국가건설과 문화건설의 일치를 말한 것은 문예정책이 당정책에서 나와야 함을 뜻한다. 작가가 대중 속으로 들어가는 것은 대중을 사상적으로 교양하여 건설마당에 끌어내는 선전의 목적을 관철하는 일이다. 이를 위해 현장체험을 창작방법에 도입했다. 즉, '대중의 말로 말하며 대중이 요구하는 글을 쓰며 대

21) 『조선중앙년감 1949』(평양: 조선중앙통신사, 1949), 140쪽.

22) 『김일성저작집』 제2권, 평양: 조선로동당출판사, 1979, 231-235쪽. 이 문건의 원전에 대한 문제는 서대숙·이완범 공편, 『김일성 연구자료집: 1945-1948년 문건』, 148쪽 참조.

중에게 배울 줄 알아야 인민이 이해하는 말과 글로 정의와 진리를 대중속에 선전·해설할 수 있다'는 것이다.

김일성은, 20개 조정강 지지 등 새 민주조선을 건설하는 과업 수행이 바로 문화인·예술인들의 "숭고한" 사명이라고 주장했다. 이와 같은 구체적인 정책적 요구는 1949년 3월 북조선문학예술총동맹이 제3차대회에서 수정하여 제시했던 7개항의 목적 속에 반영되었다.[23] 그 가운데 '고상한 사실주의 방법의 형상화'[24]는 문예이론상의 화두가 되어 새로운 문예정책의 방향을 형성해갔다.[25] 그리고 문학예술인의 정치적 사상적 예술 수준을 높이기 위해 자체교양사업, 간부양성사업, 연구회 합평회 등을 조직하여 예술작품과 예술활동을 비판적으로 연구 분석함으로써 사실주의에 대한 이론탐구가 이뤄지게 했다.[26]

이와 같이 당정책을 관철하는 과정에서 문예정책이론이 생산되고 그 과정에서 매시기마다 특징적 문예정책이 나온다. 한설야는 1953년 9월 26일「전국 작가·예술가 대회에서 진술한 보고」에서 "우리의 문학예술은 당적인 문학예술"[27]이라고 천명했다. 당적 문학, 즉 당 문학이란 당정책의 관철을 위한 당적 배려와 지도, 문학예술의 방향과 노선에 대한 '수령의 교시'[28]에서 나오는 문학이다. 그러한 당적 지도가 의미 있게

23)『조선중앙년감 1950』, 242쪽 참조.

24) "전체 문학가 예술인들은 ……조선인민들의 조국건설을 위한 투쟁과 승리와 영예를 고상한 사실주의적 방법으로 형상화하며 광범한 인민대중을 인민적민주주의 정신으로 고무 전진시키는 역할을 수행할 것이다"(조선중앙연감 1950).

25) 1934년 8월 제1차 작가대표회의에서 사회주의적 사실주의를 천명한 쥬다노프가 "고상한 사상적 및 예술적 내용을 고도한 기교로써 창작하라!"(서만일,「문학에 있어서의 당성(2)」, 147쪽)고 제시했던 구호로 알 수 있듯이, 고상한 사실주의는 사회주의적 사실주의의 다른 이름이라 하겠다. 그것은 현실을 적나라하게 드러내는 자연주의나 전망을 어둡게 하는 비판적 사실주의와는 다르게, '고상한' 정신적 지향을 가지는 현실주의로 이해된다.

26) 김성수,「사실주의 비평논쟁사 주제별 목록(1945-1969)」, 김성수 편,『북한「문학신문」기사목록(1956-1993): 사실주의 비평사 사료집』, 한림대학교 아시아문화연구소, 1994, 49-95쪽 참조.

27) ≪조선문학≫ 1953년 10호, 125쪽.

28) ≪조선문학≫ 1953년 10호, 110쪽.

반영되기 시작한 것은 1949년 3월 문예총 3차대회라 하겠다. 6·25전쟁을 준비하면서 사회적 동원의 필요성이 그런 계기를 만든 것이다.[29] 이후, 주체사상이 확립되면서 당 문학의 핵심은 당성 강화에 있었다. 당성은 '당의 로선과 정책을 관철하기 위한 백전불굴의 혁명정신이며 당에 대한 끝없는 충실성'을 뜻하며, 문학예술에서는 '맑스-레닌주의당과 수령의 혁명사상을 유일한 사상적 기초로 하고 그것을 철저히 고수하는 것'[30]을 말한다.

북한의 당정책은 궁극적으로 공산주의 혁명화라는 전일적 목적을 지향한다. 사회 모든 분야에서 자체 목적에 따라, 계획과 동원 및 목표달성의 시스템이 유사하게 돌아간다. 문학예술 분야에서는 당의 정책을 좇아 문학예술의 목적이 정해지면 창작계획이 이뤄지는데, 흔히 그 목표를 초과하여 성과를 낸다. 이런 시스템이 순환되는 중에 검열과 총화로써 사상적 제도적 통제를 이뤄간다. 이 제도의 이론적 받침이 되는 사회주의적 사실주의는 창작방법에서 기본원칙을 제시하고, 문학의 내용과 형식을 제한한다. 즉 당성, 계급성, 인민성의 3원칙과 사회주의적 내용과 민족적 형식이라는 기본원칙은 사회주의 문학의 시금석이 된다.

한편, 소련에서 정립된 사회주의적 사실주의 문학의 일반적 특성 이외에, 북한 문예에만 특징적으로 나타나는 '종자론'과 '속도전'이 있다. 종자론은 김일성의 주체적 문예사상을 창작실천에서 구현하는 과정에 당이 독창적으로 밝혀냈다는 문예이론의 새로운 개념의 하나이다.[31] 종자

---

29) 안함광은 1950년 전쟁 직전에 간행한 『문학과 현실』에 수록한 「북조선민주문학운동의 발전과정과 전망」이란 글에서, 최초의 북조선예술총연맹이 1946년 3월에 김일성의 지시로 결성되었다는 사실을 끼워넣는데, 1947년 7월 31일 그 글을 썼을 때는 언급하지 않은 내용(≪조선문학≫ 창간호, 1947년 9월, 267쪽)이다. 안함광이 1949년 3월 문예총 3차 대회에서 문학동맹의 중앙위원장으로 선출된 점으로 미뤄, 그가 문학적 노선을 선회한 것으로 보인다. 이 무렵에는 김일성의 권력 중심이 확립되고, 문학예술조직에 영향력을 미쳤음을 짐작하게 한다. 김재용·이헌식 편, 『문학과 현실』, 도서출판 박이정, 1998, 293쪽과 원전 대조함.

30) 『문학예술사전』, 평양: 과학백과사전출판사, 1972, 196-197쪽.

31) 김하명, 『문학예술작품의 종자에 관한 리론』, 평양: 사회과학출판사, 1977 참조.

란 '사상적 알맹이'이며, 작품의 기본핵을 말한다. 종자는 그 작품의 가치를 규정하는 근본문제로 되며, 창작가는 종자를 똑바로 잡아야 자기의 사상미학적 의도를 정확히 전달할 수 있고, 작품의 철학성을 보장할 수 있다고 한다. 하지만 그것은 작품 검열의 제도적 장치가 된다.[32] 문학에서 속도전은 문학예술 작품이 당의 노선과 정책의 목적에 부합하고 필요한 때에 맞춰 나와주어야 하는 당 문학의 특성을 반영한 개념이다.[33]

(2) 당·문화성·문예총의 관계와 역할

문예총의 조직 활동과 창작활동이 어떤 위상 속에서 이뤄지고 있는지 살피기 위해 우선 조선로동당에 주목한다. 북한은 주체사상에 입각해 있는 사회주의의 당 국가이다. 주체사상은 한마디로 요약하면 인간중심철학이다. 인간은 개인으로서보다 사회성원으로서 의미를 가지며, 육체적 생명보다 사회정치적 생명이 더 중시된다. 따라서 정치적인 것이 모든 사고의 중심을 이루며, 문학예술 또한 정치적 이데올로기로 보게 한다.

북한의 주체사상체계는 이념, 실천, 제도 등 모든 면에서 철저히 판이 짜여 있다. 김일성혁명사상은 '주체사상, 주체사상에 의한 혁명이론, 주체사상에 의한 영도방법' 등 3대 구성으로 설명된다. 주체의 영도방법을 독자적 구성부분으로 이론화하여 령도체계를 정립함으로써 김일성혁명사상은 완벽한 혁명사상이 되었다고 주장했다.[34] 당의 영도가 곧 수령의 영도를 의미하는 령도체계의 전일화는 유일사상의 제도적 완성을 의미한다. "수령과 그 후계자의 유일적령도 밑에 전당과 전체 인민이 하나와 같이

32) 예를 들면, 천세봉은 1960년대 말에 『안개흐르는 새언덕』, 『석개울의 새봄』 등 주요 작품에 대해 종자론 문제로 비판받았다. 「작가, 예술인들 속에서 당의 유일사상체계를 철저히 세울데 대하여」(당사상사업부문 및 문학예술부문 책임일군들과 한 담화, 1967년 7월 3일) 및 「문학예술작품에 당의 유일사상을 구현하기 위한 사업을 실속있게 할데 대하여」(문학예술부문 책임일군들앞에서 한 연설, 1967년 8월 16일), 『김정일선집』 제1권, 평양: 조선로동당출판사, 1992 참조.

33) 전영선, 앞의 책, 2002, 123-128쪽 참조.

34) 김민·한봉서, 『령도체계』(위대한 주체사상총서 9), 평양: 사회과학출판사, 1985, 15쪽.

움직임으로써" 혁명과 건설을 위한 앞길이 열리게 되었다는 것이다.[35)]

유일적 영도, 전일적 영도는 당을 비롯해 당의 외곽단체, 모든 사회단체에도 해당된다.[36)]

문예총 규약에서, 문예총은 "조선로동당의 령도하"에 문학예술 활동을 통하여 근로 인민을 공산주의 사상과 혁명 전통으로 교양하는 사업을 자기의 기본 임무로 한다고 했다. 아래에서 영도가 이뤄지는 제도적 체계를 살펴보자.[37)]

북한에서 문학예술분야 정책결정은 당에서 한다. 정책의 전달체계상 관련 조직을 보면, 정치국과 비서국의 조직지도부 및 선전선동부가 중심을 이룬다. 행정조직으로는 내각 문화성이 있다.

정치국은 노동당 내 정책을 결정하므로, 문예정책의 기본 방향은 여기서 검토된다.

비서국은 당내의 '유일한 권력기관'[38)]이라 할 만큼 법제상 위상이 높으며, 인사, 조직, 일상적 지휘 감독 기능을 가지고 있다. 그 아래의 조직지도부는 조직, 인사, 정보 등 '당적 지도'를 책임지며, 내각 문화성 내 당 위원회 조직비서를 통해 문예총과 관련한 조직, 인사, 당정책 합치 여부를 검토함으로써 문예정책에 깊이 관여한다. 당의 조직지도부는 5부로 나눠지는데, 그 가운데 조직지도1부(13개과)의 4과는 내각의 문화예술부를 담당하며, 9과는 출판·보도와 관련하여 지도한다. 조직지도5부(근로단

---

35) 김민·한봉서, 앞의 책, 1985, 10쪽.

36) 당 지방조직은 말할 것 없고, 당 중앙조직도 당의 영도 대상이 된다. 당 중앙위원회는 북한전역의 당원들의 당 생활을 지도한다면 본부 당 위원회는 당 중앙위원회 모든 성원들의 당 생활을 지도한다. 김정일도 역시 노동당의 한 당원으로서 형식상으로나마 본부 당 위원회에 소속되어 당 생활을 한다. 본부 당 위원회는 조직지도부 제1부부장(장성택)이 책임비서이다. 현성일, 「북한사회에 대한 노동당의 통제체계」, http://www.koreascope.org/newdocs/sub/6/ks6.htm>연구논문자료, 1997년 12월(검색일: 2003년 2월 1일) 참조.

37) 문화행정조직에 대해서는 아래 책들을 참조해 정리함: 오양열, 앞의 글, 1998; 이우영 외, 앞의 책, 2002; 전영선, 앞의 책, 2002.

38) 이종석·백학순, 『김정일시대의 당과 국가기구』, 세종연구소, 2000, 22쪽.

체부, 5개과)는 문예총을 포함해 사회단체들 내의 당 위원회를 지도한다.

비서국의 선전선동부는 사회과학부, 선전선동1부, 선전선동2부 등 3부로 되어 있고, 우상화를 위한 상 학습과 교양을 맡는다. 여기서 사상검토를 주관하므로 당, 정부기관, 사회단체, 주민 전체에 대해 두루 생사여탈권을 가진다. 선전선동1부(4개과)는 당정책지도 및 선전선동사업에 관한 당적 지도를 맡는다. 1과(선전지도과)는 김일성과 김정일의 교시 및 말씀과 관련된 선전사업을 정책적으로 총괄지도한다. 3과(교양과)는 '학습' 관련 사업을 전담하는데, 전 인민을 대상으로 정기, 부정기적인 주체사상 학습을 관장한다.

선전선동2부(5개과)는 당 문화예술부를 흡수하여 부서를 확대 개편함으로써 기능을 분화 강화시켰다. 여기서는 각종 문화예술 선전매체들에 대해 실질적인 당적 지도를 담당한다. 과별 역할을 보면, 1과(예술과)는 연극 등 문화, 예술, 문학 창작 등에 대해 지도한다. 2과(영화예술과)는 영화에 대해 지도하며, 영화선전사업에 비중을 두고 있다.

당 중앙위원회 선전선동부의 계열에는 각 도, 시, 구역·군(리·동급은 초급당 단체들의 역할에 포함)급에 해당하는 모든 단위의 당조직들에 선전부문 전담부서를 두고, 중앙집권적 원칙 아래 기구체계를 이루고 있다.

내각 문화성은 1998년 9월 내각 개편에 따라 정무원의 문화예술부에서 문화성으로 개편되었다.[39] 문화성은 북한사회주의 제도의 우월성을 선전하며, 인민대중에 대한 정치, 사상, 교양사업 활동도 겸하여 수행한다. 문화성 조직은 계획국, 교시편찬국, 교육지도국, 군중문화지도국, 극장 및 회관관리 지도국, 대외사업국, 무대예술지도국, 문화유적유물보존관리국, 미술지도국, 생산 및 설비지도국 등으로 이뤄져 있다.

위와 같은 당과 문화성의 조직이 문예총과는 어떤 지도관계 속에 있는지 살펴보자.

---

39) 북한은 최고인민회의 제10기 4차회의(2001.4.5) 이후 '문화성'과 '문화예술성'을 혼용하고 있고, 정확한 기구표는 확인되지 않았다(연합뉴스, 2001년 4월 8일).

당 선전선동부는 내각 문화성의 직상급 기관으로, 김일성 부자의 유일통치체제를 전 당, 전 사회에 구현시키는 것을 사명으로 하는 사상기관이다. 문화성은 창작사업에 대한 행정적 지도와 집행을 주로 하는 기관으로 문예총을 통해 작가들에게 작품의 창작방향, 창작량 등을 배당한다. 문예총은 문화성의 방침에 따라 연간, 분기별, 월간 등의 작품 창작계획과 공연계획 등을 수립하여 문화성에 제출하여 비준을 받아, 이 계획서에 의거하여 엄격히 통제된 예술활동을 수행한다.

제2차 전당대회(1948. 3. 30)에서, 민족문화의 발전 문제, 문학예술인에게 하는 민주주의 교양문제 등 문예정책방향을 결정하고, 당 규약 중 문화인부를 폐지하고 그 사업을 <선전선동부> 지도하에 병합함으로써 문화 부문에 대해 통일적으로 지도하는 제도를 정착시킨다. 그것은 당·문예총·인민의 역할에 대한 문제제기이며, 현실적으로는 조직상의 문제와 미학상의 문제가 갈등하고 있음을 보여주었다. 1961년에 김일성은, 문화성은 국가행정기관이며 문예총은 작가 예술인들의 사회단체로서, 다같이 당의 영도 밑에 문학예술을 책임지고 지도하는 중앙기관이지, 문화성이 상급기관이 아니라 했다. 문예총에서는 문학예술작품들을 심의하고 검토하는 사업을 책임지고, 문화성에서는 작가, 예술인들의 사업조건을 보장해주고 출판, 인쇄, 제작과 같은 사업을 책임지면서 문예총을 도와주는 국가행정부서로 되어야 한다는 것이다.[40)]

이와 같은 관계를 북한은 당의 유일적 지도 밑에 문학예술을 지도하는 '주체적인 창작지도체계'로 정립한다. 그것은 혁명적 군중노선을 구현하기 위해 모든 창작가, 예술인들을 전일적 지도체계로 조직화하는 것이다. 김정일은 주체적인 창작지도체계를 구현하는 문학예술 부문 사업에 대한 지도로써 '당, 문학예술행정기관, 문예총의 3위1체의 원칙'을 강조했다.

당, 문학예술행정기관, 문예총이 '3위1체'가 되어 문학예술부문 사업에

---

40) 『김일성저작집』 제15권(1961.1-1961.12), 평양: 조선로동당출판사, 1981, 46-47쪽.

대한 지도와 방조를 강화할 데 대한 방침을 내놓았습니다. 물론 지금도 당이 "앞으로!"하고 구령을 내리면 문화예술부를 비롯한 문학예술행정기관들과 문예총중앙위원회에서도 "앞으로!"하고 구령을 내립니다. (…중략…) 당 중앙위원회 선전부와 문화예술부를 비롯한 문학예술행정기관들, 문예총중앙위원회에서는 잘 협의하여 문학예술건설에서 새로운 전환을 일으키기 위한 총적인 투쟁목표를 세우고 이에 기초하여 각기 자기 기관의 기능과 특성에 맞는 동원적인 계획을 세워야 합니다.[41]

'3위1체'의 원칙 아래 문예총은 어떤 역할을 하는지 살펴보자. 문예총 규약[42]에 나타난 기본 임무는 당의 영도 아래 문학예술 활동을 통하여 근로 인민을 공산주의 사상과 혁명 전통으로 교양하는 사업이다. 문예총의 역할은 아래와 같다.[43]

첫째는 조직동원이다. 작가·예술가들의 통일과 단결을 강화하고 그들을 당에 결속시켜 혁명과업수행에 투입시킨다. 둘째는 사상교양사업이다. 작가·예술가들을 당적 사상 체계로 무장시키기 위한 교양 사업을 진행하며 그들로 하여금 창작 활동을 통하여 당 문예정책을 실현하게 한다. 특히, 혁명문학의 전통은 항일무장투쟁시기를 원천으로 삼는데, 이 시기의 혁명적 문학예술 전통을 계승·발전시키고, 민족문학예술 유산을 주체적 입장에서 평가하고 계승한다. 셋째는 창작방법상의 원칙고수이다. 문학예술창작에서 주체성과 민족성을 구현해서, 사회주의적 내용과 민족적 형식을 결합시킨 사회주의적 사실주의를 유일한 창작 방법으로 한다. 이와 반대되는 수정주의를 배격하며 교조주의와 형식주의를 극복하고 주체를 확립하며, 문학예술의 당성, 계급성, 인민성을 침해하는 부르주아 문예 사상과 투쟁한다. 또한 문학예술 각 부문간의 창작적 연계

---

41) 김정일, 「다부작예술영화 ≪민족과 운명≫의 창작성과에 토대하여 문학예술건설에서 새로운 전환을 일으키자」(문학예술부문 일군 및 창작가, 예술인들과 한 담화 1992년 5월 23일), http://www.uriminzokkiri.com/uriminzokkiri/>불후의 노작(검색일: 2003년 4월 5일).

42) 1961년 제정한 규약(≪조선문학≫ 1961년 3호 게재)을 최진이(전 작가동맹 시인, 1999년 남한 입국)가 확인한 바로, 주요 내용에 크게 변동이 없으므로 참조했음.

43) 문예총 규약 중 총칙 참조.

와 집체적 역량을 발휘하고, 창작 및 이론 문제들을 공동연구하며, 창작 경험을 교류하여 작가·예술가들의 예술적 기량을 높이는 사업을 진행한다. 넷째는 신인육성 사업이다. 문학예술 각종 서클 사업들을 체계적으로 지도 방조하며 노동자, 농민을 비롯한 근로 대중 속에서 신인들을 선발 육성하는 사업을 진행한다. 다섯째는 대외교류사업이다. 남한의 문학예술 단체, 작가·예술가들과의 접촉과 문학예술의 교류를 실현하기 위하여 투쟁한다. 또한 세계의 진보적인 문학예술의 성과와 경험들을 창조적으로 받아들이며 그들과의 국제주의적 친선 단결을 강화 발전시키기 위하여 노력한다.

이를 요약하면, 문예총은 당의 노선과 정책 관철을 위한 문학예술이 되도록 지도하고, 작가 예술인들에 대한 교양사업을 실시하며, 문학예술의 대중적 발전을 담당한다.

문예총 산하에는 각 부문별 동맹의 중앙위원회가 있다. 그러나 부문별 창작·예술 활동에 문예총은 실질적인 지도권은 없고, 당 선전선동부의 승인하에 동맹의 전원회의, 강습, 모임, 회의, 대외적인 행사 등을 주관할 뿐이다. 문예총 산하 동맹은 작가·예술인들의 자격을 심사하고 결정하는 권한을 갖고 있지만 사실상 동맹원 자격 심사는 이미 제정되어 있는 동맹원 자격 기준에 부합되면 자연 맹원으로 등록되므로 큰 의미가 없다.

3. 문예총 형성과 변천 과정

1) 문예총 형성기

(1) 해방공간의 조직들

해방이 되자 좌익 계열의 문학인들은 구 카프문인 림화(임화)를 중심으로 결집하여 「조선문학건설본부」(1945. 8. 16)를 세웠다. 이어 9월 17일 카프문학을 계승하여 「조선프롤레타리아문학동맹」이 결성되었다. 이렇게 활동주체가 분립된 것을 문제로 느껴, 1945년 12월 3일에 양 단체 대표로 구성한 공동위원회를 열고, 12월 6일 합동에 관한 공동성명서를 발표하고, 12월 13일 합동총회를 개최했다. 이로써 「조선문학동맹」이란 명칭으로 통합하였다.

조선문학동맹은 조선에서 민족문학건설의 운동기관으로 과도적 역할을 해오다가, 1946년 2월 9일 제1회 전국문학자대회에서 조선문학동맹의 모든 행적을 승인받고, 이름을 「조선문학가동맹」이라 개칭하고, 민주주의 원칙에 따라 완전 성립되었다. 이후 중앙조직을 확대 강화하여, 인천, 개성, 춘천, 수원, 대구, 부산, 군산, 진주, 전주, 해주, 안동, 기타 각 주요 지방에 지부 혹은 맹우회의 지방조직과 세포조직을 만들어나갔다.[44]

이 문학자대회에서 조선문학의 기본 임무를 민족문학의 수립에 두고, 일제 문화지배의 잔재와 봉건주의적 유물의 청산을 당면 과제로 제시했다. 민족문학의 수립과정에서 민주주의 조선국가 건설이 관건이 되므로 국수주의를 배격하고, 진보적 입장과 국제문학과의 제휴 등을 내세웠다.[45]

임화, 김남천, 이원조 등이 이론을 주도했던 조선문학가동맹의 이념적·정치적 배경은 남로당 박헌영의 8월테제[46]에 상응하여 나오는 진보적 민주주의였다. 임화는 현실을 부르주아 민주주의혁명에 속하는 것으로 보고 그에 따른 당면과제를 주장한다. 만일에 현실을 프롤레타리아 혁명시기로 규정한다면 민족전선의 실현은 불가능하고 격렬한 계급투쟁을

44) 서지국, 「조선문학가동맹운동사업개황보고」, ≪문학≫ 제1호, 1946, 147-153쪽 (영인본: 『조선문학가동맹총서』 전4권, 창조사, 1999)참조.

45) 조선문학가동맹 편, 최원식 해제, 『건설기의 조선문학: 제1회 전국문학자대회 자료집 및 인명록』, 온누리, 1988 참조(*1946년 초판의 재출간본).

46) 박종성, 『박헌영론』, 인간사랑, 1992, 106-117쪽 참조.

부른다고 말했다.[47] 그에게 '인민성'은 계급적인 것보다 민족적인 것을 우선시하는 범민족적 통일전선의 특징을 강하게 띤다. 이런 인식을 바탕으로 함으로써 '계급적인 문학이냐, 민족적인 문학이냐'라는 질문을 했을 때 후자를 발전의 기초로 삼았던 것이다.[48]

김남천은 진보적 민주주의 건설을 위한 민족문학을 주장한다. 이 토대를 이루는 현실의 조건 가운데 '토지문제의 혁명적 해결'[49]은 봉건적 잔재와 일제 잔재를 청산하는 관건이 된다. 이것은 정치와 문학의 일치를 지향하는 것인바, 북조선에서 그것은 현실로 이뤄진다.

북조선에서 현실적 당면과제는 '건국사상총동원'으로 압축되고, 이를 위한 문화전선이 형성된다. 안함광은 ≪민주조선≫ 1946년 12월 24일 사설에서 민주주의적 경제 토대와 민주주의적 정치 환경의 쟁취로써 조국을 새로이 창건하는 데 있어, 인민들의 철저한 사상상의 변화를 먼저 요구하였다. 건국사상총동원의 궁극 목적은 "하루 속히 조선 완전독립을 쟁취하는 데 있는 것이며 그러기 위해서 매개 인민은 일대 혁신된 사상을 오직 한가지 건국의 방향에로 단결 집결시킬 것이 필요한 것"[50]에 있다고 했다. 문화 영역에서 당면 과업은 그러한 정치적 과업을 달성하기 위한 운동으로, 인민적 공감을 자극하고 그것을 자주적으로 발동시키도록 하는 것이다. 여기에 헌신하는 일은 문화부대의 책임이자 긍지이므로, '문화인은 이 운동에 총궐기하자'고 주장한다.

이런 배경에서 문예단체가 조직된다. 평양에서, 리기영(이기영), 한설야, 안함광 등이 앞장서 1946년 3월 25일에 북조선문학예술총련맹(위원장 한

---

47) 임화, 「민주주의민족전선: 통일전선의 민주주의적 기초」, 『인민평론』, 1946; 김윤식 편, 앞의 책, 1989b, 125쪽 참조.

48) 임화, 「조선민족문학건설의 기본과제에 관한 일반보고」(1946. 6), 김윤식 편, 앞의 책, 1989b, 176쪽 참조.

49) 김남천, 「새로운 창작방법에 관하여」(1946.6), 김윤식 편, 『원본 한국현대현실주의 비평선집』, 나남, 1989, 218쪽.

50) 김재용·이헌식 편, 『민족과 문학』(안함광평론선집 3), 도서출판 박이정, 1998, 287쪽.

설야)을 결성하고, 1946년 10월 14일에 그것을 북조선문학예술총동맹(위원장 리기영)으로 개편했다. 그 산하에 문학동맹(위원장 리기영), 연극동맹(송영), 음악동맹(우철선), 미술동맹(정관철), 영화위원회(신두희), 무용위원회, 사진위원회[51]를 두어 각기 독자적인 기능을 수행했다. 이 대회결정서에서 "민주주의 민족문화예술의 새로운 발전을 위하여 소련의 위대한 문학예술을 섭취하고 우리 민족의 문학예술전통을 정당히 계승한 후에 새로운 민족적 형식의 완성에 노력할 것이다."고 밝히고 있다.

그런데 안함광은 1946년 3월에 '김일성의 지시를 받들어'[52] 북조선예술총연맹이 만들어졌다고 말한다.[53] 이로써 그는 북조선에서 문학예술운동이 비로소 단일한 체계하에 통일·정비되었다고 본다. 하지만 이것은 사실이 아니다. 앞에서 밝혔듯이, 안함광은 김일성과 관련한 내용을 만들어서 끼워 넣었다.[54] 그가 처음에 쓸 때, 북조선예술총연맹의 기본방침은 "문학의 대중화" 곧 인민에 복무하는 문제에 있었다. 그에 따르면, 1947년 1월 제1차 확대상임위원회에서 문예총의 방향을 결정적으로 확립했다. 결정 중에 ① 문학예술가들이 "참으로 조국과 인민에게 복무하는 문학예술"의 역할을 달성하도록, "고상한 사상성"과 "고상한 예술성"으로 충실한 창작을 많이 내놓아야 한다, ② 전 역량을 창작활동에 집중하도록, 군중문화사업은 직총문화인부 사업으로 소속케 한다, ③ 작가들은 인민의 생활과 투쟁을 파악하고 예술적 주제를 찾아 공장, 농촌, 광

51) 『문화전선』 제2호, 1946, 50쪽.

52) 김재용·이헌식 편, 『문학과 현실』(안함광평론선집 4), 도서출판 박이정, 1998, 293쪽.

53) 김윤식은 오영진, 『나의 증언』, 중앙문화사, 1952의 글을 인용하여, 공산당 선전부장 김창만의 지도로 리기영(철원), 한설야(함흥), 안함광(해주), 월북한 구 카프계 박팔양과 박세영, 김사량(연안), 윤기정(소설가), 안막(평론가) 등이 모여 북조선예술총동맹을 정비했다고 함. 김윤식, 『해방공간의 문학사론』, 서울대출판부, 1989, 36-39쪽.

54) 그는 1947년 조기천의 시가 지나치게 김일성 개인 중심이라 지적했다가 당 출판과장 자리에서 쫓겨난 적이 있다. 현수, 『적치6년의 북한문단』, 중앙문화사, 1952, 55-57쪽 참조. 그 후, 그는 '김일성 기치 밑에 더욱 앞으로'라는 논조로 「김일성 원수와 조선문학의 발전(1)-(4)」, 『문학예술』 4호-7호, 1953을 썼다.

산, 어촌에 깊이 들어갈 것을 요구한다는 내용들은 모두 인민성과 대중화에 초점을 두고 있다.[55)]

그와 같은 문예 단체의 자율적인 결정과 활동은 점진적으로 소련파의 영향과 함께 정치의 중심세력이 되어가는 김일성의 영향에 따라 특정방향으로 나아갔다. 1945년 8월 29일 소련군인들과 함께 들어온 제1진 소련파 인물에는 시인 전동혁과 조기천, 극작가 임하, 소설가 김세일 등이 포함되어 있었다.[56)] 이들은 문학을 도구로 한 정치 선전에 앞장섰다.[57)] 조기천은 '선전성이 너무 노골적이다'고 평가받았는데 오히려 그는 선전성이 노골적인 것에 시의 효용이 있다고 주장했다.[58)]

또 하나의 사건으로, 북조선문학예술총동맹 중앙상임위원회는 1947년 1월 「시집 응향에 관한 결정서」[59)]를 발표했다. 이 사건은 소련에서 1946년 8월 14일 당 중앙위원 쥬다노프가 레닌그라드작가대회에서 행한 "문학운동에 대한 소련당의 새로운 비판"에 비견된다. 소련의 당 중앙은 레닌그라드작가동맹이 간행한 잡지 ≪별≫과 ≪레닌그라드≫에 실린 작품이 퇴폐적인 부르주아 문화의 시궁창에 빠져 있다고 비판하며, 이를 뿌리뽑기 위한 결정서를 낸 것이다.[60)] 이와 유사하게 평양에서 파견한 "응향" 사건조사위원단[61)]은 종래의 서정시 개념이 북한에는 더 이

55) ≪조선문학≫ 1947년 9호, 270-271쪽.

56) 그 외 강미하일 소좌, 오기찬 대위 등이 있음. 중앙일보 특별취재반, 『비록·조선민주주의 인민공화국』, 중앙일보사, 1992, 178-189쪽.

57) 1957년 말 소련으로 되돌아간 정상진(일명 정률)은, "전동혁·조기천·김세일 등 문필가들은 평양 역전에서 한글신문을 발행, 인민들에게 「김일성장군」을 홍보하는 역할을 했지요. 전동혁은 45년 10월 14일 「김일성장군 환영대회」의 김일성연설문을 직접 작성한 사람이지요."라고 증언했다. 중앙일보 특별취재반, 앞의 책, 1992, 180쪽.

58) 조기천은 소련군대에서 낸 ≪조선신문≫을 통해, 여기서 주관한 <문예야회>, <예술축전> 등에서 문학의 선전선동성을 주도함. 현수, 『적치6년의 북한문단』 참조.

59) ≪문학≫ 제3호, 1947년 4호, 71쪽.

60) ≪문학≫ 제3호, 1947년 4호, 30쪽.

61) 최명익·김사량·송영·김이석 등이 포함. 『구상문학전집』, 성바오로출판사, 1970, 405쪽 참조.

상 존속할 수 없음을 밝힌 것이다.

이런 일은 문예미학에 대한 소련의 새로운 영향을 보여주고, 국내파 문인들과 비교해 소련파의 위상을 확인케 한다. 카프계열의 작가조차 문학의 새로운 가치, 정치적 상황에 복무함에서 변화를 요구받은 셈이다. 문학의 방향을 선전 교양사업에 두고, 노골적으로 정치 노선으로 가는 당 문학을 예고한 것이었다.

1949년 3월 문예총 3차대회를 계기로, 문예총 중앙과 각 동맹 지도부의 간부 개선 등, 조직지도사업의 강화에 따라, 작가·예술인들은 '계획생산'을 본격화한다.[62] 이때는 총 창작 편수만 밝힌 정도의 계획이었지만, 이것은 당정책과 계획경제 방식에 문학예술의 창작체계를 일치시켜 갔음을 의미한다. 문예총 8차 중앙위원회는 1949~1950년 2개년 인민경제계획에 관한 법령을 준수하여, '2개년 계획 문학예술 실적과업'을 내놓았다. 이에 따라, 각 동맹원들은 생산직장에 장기 주재하며 군중문화사업을 협조하고, 또 노동자, 농민 출신의 신인을 지도육성하고, 실지 현장에서 취재하는 애국적 전형을 작품화했다.[63]

사회주의 국가건설을 목표로 삼고 이를 실현시키는 과정에서 인민동원을 위해 당 선전사업과 인민교양은 필수 요건이 된다. 문학예술은 교양의 중요 수단이다. 그래서 군중에게 '고상한 사상성과 예술성을 주는 작품들'을 더욱 많이 제작하여 일반화시키는 사업을 문예단체를 비롯한 각 사회단체 내 당조와 각 도당 위원장에게 책임지운다.

그러나 이런 발상이 제대로 관철되지 않았다. 조선로동당 중앙위원회의 주요 결정서들을 보면, 중복되게 지적되는 사업결함이 많다. 지적 중에는, 하부 말단에서는 제 사회단체사업이 상호간 혼선되어 동일한 조직체가 중복되어 있는 듯한 경향을 극복하지 못한 것, 제 사회단체 내 맹

---

62) 문학동맹, 음악동맹, 무용동맹, 미술동맹이 창작할 편수를 장르별로 밝힌 창작계획표(1949-1950)를 각각 내놓았다. 『조선중앙년감 1950』, 354-358쪽.

63) 국토통일원, 『북한의 문학예술분야 사업총화집(1949-1970)』, 국토통일원, 1974, 5-6쪽 참조. 이 자료집은 주로 『조선중앙년감』에서 문학예술 분야를 뽑아 묶은 것임.

원들의 교양사업이 미약해 교재의 통일안이 없다는 내용들이 들어 있다.[64] 이런 현상에 대해 당은 군중문화사업에서 대중에게 고상한 사상교양을 주지 못하고, 예술적 창발성을 발휘시키는 방조가 부족하며, 군중의 자연생장성에 추종하는 경향을 극복하지 못했다고 비판한다. 광범한 근로인민을 포옹한 조직으로서 당과 대중을 연결하는 인전대 구실을 못했다는 말이다.

이처럼, 문예총 형성 초기의 조직의 난맥상과 함께, 고상한 사상성, 고상한 예술성, 고상한 애국주의 등 문학이념에 대한 논쟁거리들이 정리되지 못함으로써, 나중에 고상한 리얼리즘 또는 사회주의적 리얼리즘 이론에 대한 본격적 논쟁이나 종파투쟁의 화두가 된다.

(2) 조직정비와 전국작가예술가대회

서울과 평양으로 양립되어 있던 좌파의 문예단체는 1950년 12월 조선로동당 중앙위원회 제3차 정기총회의 사회단체 통합에 관한 결정에 의거하여, 1951년 3월 10~11일에 남북 문화단체 중앙위원회 연합회의를 개최하고, <조선문학예술총동맹>을 새로 발족시킨다. 북조선문예총을 이끌던 한설야가 중앙위원장으로서 통합시대를 여는데,[65] 문학에 대한 미학적 견해 차이가 잔존해 있었기 때문에 진정한 의미의 통합은 아니었다.

서울의 제1차 전국문학자대회에 조선프롤레타리아문학동맹의 리기영, 한설야 등이 부위원장으로 명단에 올라 있었다. 하지만 이들이 아예 참가도 하지 않았던 것은 '서울파'와 '평양파'의 거리를 말해준다. 이와 반대로, 1953년 9월 26~27일 평양에서 열린 제1차 작가대회에서 서울파

64) 「사회단체사업에 대한 당단체의 협조정형에 대하여」(당 중앙위원회 제10차회의 결정서, 1947년 10월 13일), 『결정집』(1946. 9-1951. 11 당 중앙위원회), 조선로동당 중앙위원회, 48-53쪽 참조.

65) 문예총 부위원장 리태준, (조기천). 조선문학동맹 중앙위원장 리태준: 『조선중앙년감 국내편 1951-1952』, 평양: 조선중앙통신사, 1952, 480쪽.

는 중앙위원에서 완전 배제되었다. 여기에, 서울의 조선문학가동맹에 적극 참여하다가 월북한 작가로서 중앙위원으로 들어간 박세영, 안함광, 한효 등은 애초에 조선프롤레타리아문학동맹에 참여했던 인물이다.[66]

이런 대립의 이면에는 카프의 전통성 문제와 관련이 있었다.[67] 다른 한편, 현실에 대한 인식에서 진보적 민주주의에 바탕을 두는 비계급적 인민성과 마르크스-레닌주의에 기반을 둔 계급적 인민성 사이의 강조점 차이, 나아가서는 당성의 차이가 있다 하겠다. 1953년 9월 26일 전국작가예술가대회에서 한설야의 보고 중에 노동당의 당적 배려와 지도에 대한 강조, "초당적인 것의 가면을 벗기고 투명하고 명확한 정치로선을 꾸준히 실천에 표시하라"는 스탈린의 구호 인용, 당적인 문학예술의 선언 등은 문예총의 새로운 방향성을 분명히 한다.

이 대회의 결정서에는 이념과 조직에서 모두 새로운 면모를 보여준다. 결정서에서, 문학 예술인들에게 전후 인민경제복구발전[68]과 국토완정 통일을 목표로 하여, 모든 창작의 힘을 노동계급의 건설투쟁에 쏟을 것을 요구한다. 과업으로는, 인민들을 애국주의와 대중적 영웅주의의 건설 투쟁으로 앙양시킬 것, 작가 예술인들이 현실 속으로 들어가 노동계급의 실지 생활을 체득하여 인민을 고상한 도덕성으로 교양할 것, 민족적 전통의 비판적 계승, 아동문학예술의 창조사업 강화 등을 제시했다. 또한, 문학예술의 사상성 강화를 위해 당성·계급성·인민성의 원칙과 사회주의적 사실주의의 원칙성을 수호하여 문학예술사업에 대한 이론적 해명을 주는 평론사업을 요구했고, 신인육성사업도 중요시했다. 여기서 주목되는 것은 당적 문학의 선언에도 불구하고, 사회주의적 사실주의의 원칙성 속에 문학예술사업에

---

66) 작가동맹 중앙위원회, 상무위원회, 분과위원회, 서기장, 기관지 주필 등 인물구성은 ≪조선문학≫ 창간호, 1953, 141-142쪽 참조.

67) 김재용, 「북한학계의 '반종파투쟁'과 카프 및 항일혁명문학」, ≪역사비평≫ 1992년 봄호, 227-231쪽.

68) 1953년 정전협정 후 북한의 과제는 조선로동당 제6차 전원회의에서 김일성이 밝힌 바대로, "모든 것을 전후 인민경제 복구 발전을 위하여"에 있었다.

서 마르크스-레닌주의의 교조적 수용을 배격하고 현실에 결부시키는 이론적 해명을 부각시킨 점이다. 이것은 문예정책의 방향 면에서 1949년 3월의 문예총 3차대회에서 강조했던 '고상한 사실주의'[69]보다 현실문제를 추구하는 사회주의적 이념성을 더욱 강조한 것이다.

조직면에서도 연합체인 문예총을 발전적으로 해소하고, 조선작가동맹, 조선작곡가동맹, 조선미술가동맹 등 3개 단체로 개편하고, 나머지 동맹원은 해당 단체나 기관에 이관시킬 것을 결정했다.[70] 즉 조선연극동맹, 조선음악동맹 중 연주 부문, 조선무용동맹, 조선영화동맹, 조선사진동맹의 맹원들은 소속한 해당기관 또는 해당단체에 이관되었다. 이런 변화는 새로 발족한 부문 동맹들이 독자적으로 진행할 수 있는 조직과 창조 역량이 갖춰졌음을 의미한다고 평가했다.[71] 즉, 각 동맹의 전문성과 역동성이 강화된 것이다.

이때, 문학동맹을 조선작가동맹으로 개편하면서 진행한 제1차 조선작가동맹회의 결정으로, 중앙위원회(위원장 한설야), 상무위원회, 분과 위원회(소설분과, 시분과, 극문학분과, 아동문학분과, 평론분과)와 서기장, 기관지 주필 등을 구성했다.[72]

조직이 바뀐 것은 문예총이 이미 자기의 역사적 사명을 다하고 총동맹의 연합체적 조직체계로는 산하 동맹의 사업발전에 적응할 수 없는 낡은 것이 되었다고 보았기 때문이다. 여기서, 새로운 것이란 본격적인 사회체제의 개조, 즉 사회주의화가 관건이었다. 이 과정에서 벌어진 종파투쟁의 역사에서 비춰보면, 변화된 문예조직의 활동은 일종의 과도기가 된다. 즉, 작가, 작곡가, 미술가 등 각 창작활동가들 중심의 동맹이 문예총 기능을 대신하고, 나머지 연극,. 연주, 무용, 영화, 사진 부문은 해당 단체에 이관함으로써 공연·전시예술로서의 기능에 초점을 맞추도록 한 것이다.

---

69) 『조선중앙년감 1950년』, 353쪽.
70) 「결정서(2)」, ≪조선문학≫ 1953년 10호, 142쪽.
71) 『북한의 문학예술분야 사업총화집(1949-1970)』, 국토통일원, 1974, 59쪽.
72) ≪조선문학≫ 1953년 10호, 143-144쪽.

2) 종파투쟁과 문예총의 변화

(1) 제2차 작가대회와 전환기

문예총을 해소하면서, 작가동맹은 당적인 문학예술을 선언하고 평론사업의 강화를 요구했다. 그 배경에는, 농업협동화를 비롯해 생산기반을 사회주의체제로 완전히 개조시켜야 하고, 이에 따른 이념과 사상의 혁명성도 갖추는 공산주의 인간형을 요구하는 현실과 만남이 있다. 작가동맹은, 작품으로써 인민을 교양하도록 작가가 혁명화 과정에서 무엇을 어떻게 해야 하는지에 대해 교양했다. 이런 측면에서 평론 부문의 논쟁이 중요하게 된 것이다.[73]

1956년 1월 18일 상무위원회의는 「문학예술분야에서 반동적 부르주아 사상과의 투쟁을 더욱 강화할데 대하여」[74]에서, 카프 작가·예술가들을 핵심으로 전체 진보적 작가·예술가들을 당의 주위에 결속시켰으며, 창작적 실천으로서 당의 문예 정책을 옳게 집행해오고 있다고 하면서, 당적 원칙을 내세웠다. 여기서 제기한 반동적 부르주아 사상은 박헌영, 리승엽, 허가이 등의 처단과 관련한다. 박헌영과 연관된 작가인 임화, 리태준, 김남천 등은 이미 처단했으므로, 허가이와 관련한 박창옥, 박영빈이 손잡았던 문인들, 즉 기석복, 전동혁, 정률 등이 문제였다. 이들을 "당의 문예정책 집행에서 <당적 원칙을 고수하는 진보적 작가, 예술가들>에게 의거하느냐, 반동 작가, 예술가에 의거하느냐"라는 측면에서 비판한다.

이때, 박창옥, 박영빈, 기석복, 전동혁, 정률 등에 대한 비판 내용은 당 문예정책 집행상의 실수가 아니라 부르주아 사상에 물든 개인 영웅주의, 출세주의에서 나온 반당적 사상적 오류로 규정한다.[75] 여기에 동조한 김

---

73) 1956년 8월 전원회의, 2차 작가대회 등에서 언급한 '토론과 비판'의 중요성을 반영하여 작가동맹 중앙위원회 새 기관지 ≪문학신문≫이 창간(1956.12.6)되었다. 안함광은 평론에 대한 요구에 비해 문제가 많다고 지적했다("평론의 선도성을 위하여", ≪문학신문≫ 1965년 10월 26일).

74) 『결정집 1956년도』, 평양: 조선로동당 중앙위원회, 49-58쪽.

조규, 민병균도 비판했다.

이와 같은 배경 아래, 제2차 작가대회(1956. 10. 14~16)가 열렸다.[76] 이 대회는 노동당 3차대회 결정에 근거해 문학의 당면 문제를 토의하는 목적으로 준비된바, 당대회의 결정이 전체 작가들의 창작상의 행동 강령이 되었다.[77] 3차 당대회는 사회주의 공업화 기초와 농촌에서 사회주의 개조 완성을 위한 5개년계획에 초점이 맞춰졌다. 문학에서 사회주의화의 과제는 사회주의적 사실주의를 고수하여 발전시키는 것이었다. 따라서 당은 작가들의 마르크스-레닌주의 사상 체득과 당성 단련에 초점을 맞추고, 작가들을 사회주의 건설장에 장기 파견하는 사업을 조직하였다.[78] 이전보다 당성의 문제가 강조된 것은 종파투쟁의 과정에 있는 사회정치적 흐름을 반영한 것인데, 그 당성은 이미 '유일 사상'을 지향하고 있었다.[79]

한편, 대회의 총화에서 지적된 바대로, 사상투쟁의 영향으로 인해 작품들은 교조주의적 경향, 작품창작에서 도식주의와 기록주의의 경향, 주제의 협애성, 장르의 국한성, 스찔(stil', 문체)의 단조성 등이 문제가 되고, 이후 이런 점들은 북한문학예술에 근본적인 모순이 되게 하였다.

1957년 11월 작가동맹 중앙위원회 제2차 전원회의[80]에서는 "우리 문

---

75) 박창옥은 당 중앙위원회 정치위원에서 제명, 박영빈은 당 중앙위원회 정치위원 및 중앙위원회 위원에서 제명, 기석복은 당 중앙위원회 위원에서 제명(1947년 1월 28일, 최창익(책임), 김창만, 박창옥, 태성수, 박영빈 등은 중앙위원회 내에 '맑쓰 레닌 쓰딸린 저서 번역 교열 출판위원회' 성원으로 되었음).

76) 카프 계열 작가가 대거 포진한 45명의 중앙위원 선거. 분과조직은 시, 소설, 극문학, 아동문학, 평론, 외국문학, 고전문학, 남조선문학연구 분과와 신인지도부 등 10개 분과. 도(시)지부 또는 작가반은 10곳이 구성됨. ≪조선문학≫ 1956년 11호, 202-204쪽.

77) 「제2차 작가대회를 성과 있게 맞이하자」, ≪조선문학≫ 1956년 8호, 4-9쪽.

78) "제2차 조선 작가 대회", ≪로동신문≫ 1956년 10월 14일 참조.

79) 종파투쟁의 과정을 말한 사설에서, "우리 당은 유일한 사상, 의지, 규률이 전 당을 관통하는 전투적이며 단결된 조직체로 되였기 때문에 간고한 혁명투쟁에서 대중을 승리에로 이끌었다"고 지적했다: "(사설)작가들은 당의 사상전선의 선두에 서야 한다", ≪문학신문≫ 1957년 8월 22일, 1면.

80) "조선작가동맹 중앙위원회 제2차 전원회의 결정서", ≪문학신문≫ 1957년 11월 14일 참조.

학의 새로운 창작적 앙양을 위하여" 작가들이 레닌적 당성원칙을 고수할 것을 강조했다. 위 회의에서 서기장이던 홍순철[81]을 당의 문예정책에 반대한 반당종파분자로 규탄하고, 전체 작가들을 당 주위에 결속시킴으로써, "당작가"로서 영예를 고수할 것을 강조했다. 동시에, 동맹 상무위원회 기능 제고와 "미제가 부식한 남반부 반동문학"의 본질을 폭로하는 사업 강화를 결정했다. 또한 공장과 농촌에 <독서조>를 조직하는 결정을 했는데, 이것은 대중들의 손에서 문학작품이 무기의 역할을 수행하도록 한다는 의도였다.[82] 그리고 신인지도 사업에서 문학의 기본진지를 노동청년들 속에 둔다는 결정을 했는데, 이것은 ≪청년문학≫[83]의 창간에서도 알 수 있듯이, 창작주체를 노동자·농민 속에서 키워낸다는 당의 문예방침을 재확인한 것이다.

1958년 도시와 농촌에서 사회주의적 개조가 완성됨으로써, 북한사회는 새로운 국면, 사회주의혁명의 대고조로 넘어간다. 한설야의 「공산주의 문학 건설을 위하여」[84]는 1950년대 중반 계급적 교양사업 강화와 고상한 당성과 계급성을 앙양하는 문제였다. 김일성의 「공산주의 교양에 대하여」는 투철한 계급의식을 요구한다. 그 문학적 관철은 문학이 당과 정책을 떠나서 존재할 수 없음을 말한다.

---

81) 평론가, 시인. 제1차 작가대회(1953.9)에서 상무위원 겸 편집위원 겸 서기장으로 선출됨. 부위장도 역임. 그에 대한 비판은 신고송, "종파사상은 우리 문학 발전을 저해하는 독소이다", ≪문학신문≫ 1957년 11월 14일, 5면 참조.

82) 작가들이 인민에게 복무하는 사업의 하나로, 작가동맹 중앙위원회는 "문학 작품 '독서조'를 어떻게 조직 운영할 것인가"(≪문학신문≫ 1957년 8월 1일)를 밝힌 독서조 지도체계를 결정한다. 이 조직과 일상적 지도는 해당 직맹단체와 민청단체가 담당하고, 작가동맹 지부(반)에서는 항상 해당 도의 독서조 사업에 관심을 높이고, 광범한 작가를 동원해 독서조 사업을 방조한다. 독서조 사업은 강력한 문화계몽운동의 하나였다.

83) 신인작가의 지도육성을 목적으로, 1956년 3월 5일 작가동맹의 새로운 기관지 ≪청년문학≫을 창간함(≪조선문학≫ 1956년 2호 참조). 1973년 표지와 판형을 청년 특성에 맞추어 부수가 배로 늘어나고, 신인문단이 활성화함. 1992년 11월 18일 김정일 방침으로 청년들의 문화교양주제 전문문학잡지로 전환함.

84) ≪조선문학≫ 1959년 3호, 4-14쪽.

위에서 살펴본바 당의 결정이 창작상의 행동 강령이 됨으로써, 당성이 중심이 되어 계급성·인민성의 원칙이 세워졌고, 문학예술의 의의는 정치적 투쟁과정에서 얻어질 수밖에 없는 체계가 된 것이다. 따라서 문예총 3차 대회 이후, 문예 조직에 지속적으로 당의 영향력이 확대되면서 문학예술의 성격이 좌우되었다 하겠다.

(2) 문예총 재결성과 김정일 지도

1961년 3월 2일 김일성의 직접 발기로 조선문학예술총동맹(문예총)이 창립된다.[85] 그 산하에는 이미 활동하던 조선작가동맹(위원장 한설야[86]), 조선미술가동맹(위원장 정관철), 조선작곡가동맹(위원장 이면상, 조선음악가동맹으로 개칭하여 1961. 1. 20 재결성)[87]과 함께, 새로 발족한 조선연극인동맹(위원장 배용, 1961. 1. 19 결성),[88] 조선영화인동맹(위원장 심영, 1961. 1. 17 결성),[89] 조선무용가동맹(위원장 최승희, 1961. 1. 18 결성),[90] 조선사진가동맹(위원장 고룡진, 1961. 1. 22 결성)[91] 등 7개 부문을 망라했다.[92] 문예총의 재결성은 문예사업에 대한 통일적이며 집체적인 지도를 강화하도록 전체 작가 예술인을 조직하고, 또한 사상적으로 단결시키는 데 목적이 있었다.

문예총 재결성은 천리마시대와 맞물려 있었다. 1960년 11월 27일 「천리마 현실과 천리마 기수 형상」에 대한 김일성의 교시는 천리마운동을 문학 예술적 형상화로 복무할 것을 요구한다. 천리마운동은 인민경제발진의 추동력으로만 아니라, 사상·의식·문화생활에 이르는 인간개조를

85) "조선문학예술총동맹 결성 대회 진행", ≪문학신문≫ 1961년 3월 3일.
86) 1962년 12월 당 제4기 5차 전원회의에서 종파주의자, 부르주아 작가로 비판받아 숙청됨. 실제로는 김일성의 문예노선에 반대한 때문이라고 함. 최척호, "북 문예총 기능과 역대 위원장들의 위상", 연합뉴스, 2001년 10월 7일.
87) "조선음악가동맹 결성", ≪문학신문≫ 1961년 1월 24일.
88) "조선연극인동맹 결성", ≪문학신문≫ 1961년 1월 20일.
89) "조선영화인동맹 결성", ≪문학신문≫ 1961년 1월 20일.
90) "조선무용가동맹 결성", ≪문학신문≫ 1961년 1월 20일.
91) "조선사진가동맹 결성", ≪문학신문≫ 1961년 1월 24일.
92) 『조선중앙년감 1962』, 273쪽.

의미한다. 지난 시기 문예총·작가동맹의 활동에서 작가는 현장 속으로 가서 체험하고, 인민의 삶 속에서 교감하는 혁명사상을 문학예술로 바꾸었다. 이런 전통은 이 시기에도 유감 없이 발휘되었다.

김철의 회고에 보면, 작가들은 김일성 교시에 따라 천리마 기수를 찾아 현장으로 나갔고, 그 시기 ≪문학신문≫에 전국 각지에 나간 작가들의 얼굴로 채운 그림이 2~3면 가득히 실렸다고 한다.[93] 1960년대 천리마식 창작 속도전에서 나온 작품들은 현장체험의 산물이라는 분위기를 말해준다.

4차당대회(1961. 9. 18)는 문예에서 당성·계급성에 입각한 사회주의적 사실주의 기치를 내세웠는데, "우리 혁명과 새 생활 건설의 참된 주인공들을 형상화함으로써 그것을 통하여 사람들을 당과 로동계급의 사상으로 교양"[94]하는 것을 요구했다.

이 무렵 문학예술은 혁명전통과 역사적 주제에 크게 관심을 돌렸다.[95] 1959년, 문학의 혁명전통에 대한 학술보고회를 진행했고, 또 항일무장투쟁기 전적지 답사단이 조사 수집한 자료를 모아 전시회를 열었다.[96] 뒤이어, 항일무장투쟁기 문학예술을 문학사적으로 평가하여 책으로 묶어냈다.[97] 이것은 이 시기 문학예술을 혁명문학예술의 원형으로 한다는 신호가 되고, 이후 북한문학사에서 항일무장투쟁시기를 중심축으로 삼아 혁명전통을 세우게 된다. 이런 영향으로, 작품에는 1930년대 조국광복회 활동과 무장투쟁시기 투사 형상화가 활발히 반영된다.

김일성의 1964년 11월 7일 교시[98]는 '혁명적 대작 창작'의 실천과 함

93) 김철, 「작가의 참모습」, ≪조선문학≫ 2000년 8호.
94) 「4차당대회가 제시한 문학예술의 강령적 과업」, ≪조선문학≫ 1961년 10호.
95) 『북한의 문학예술분야 사업총화집(1949-1970)』, 국토통일원, 1974, 113-114쪽 참조.
96) "우리 문학의 혁명전통에 대한 학술보고회 진행", ≪문학신문≫ 1959년 8월 28일자; 전시회 기사는 ≪로동신문≫ 1959년 11월 30일자 참조.
97) 조선민주주의인민공화국 과학원 언어문학연구소 문학연구실 편, 『항일무장투쟁과정에서 창조된 혁명적 문학예술』, 평양: 과학원출판사, 1960.
98) 김일성, 「혁명적문학예술을 창작할데 대하여: 문학예술부문일군들 앞에서 한 연

께 유일사상체계로 가는 문예조직의 변화를 예고한다. 당시 문예총 위원장 박웅걸(1962~1964 역임)은 이 교시에 입각해 1930년대 항일 투사-공산주의자의 전형을 부각한 '혁명전통주제의 작품'을 많이 창작하자고 독려한다. 혁명적 대작은 시대의 총체적 화폭으로서, 시대정신을 반영한 주인공의 내면세계를 표현하는 특징적 사건을 포착하여, 이것을 예술적 전형으로 그려내는 것을 말했다.[99)]

혁명전통의 부각은 전체 작가, 예술인들의 당성, 계급성, 인민성을 강화하면서 사실은 김일성 중심 사상 체제를 공고화시키는 것을 의미했다. 이에 따라 문예총도 전일적 체계로써, 유일사상체계와 합치시켰다. 1967년, 문헌에서 교시를 고딕으로 인용하기 시작했고, 뒤어어 김일성의 말을 '수령교시'로 썼다.[100)]

이와 같은 변화는 김정일의 문학예술 지도로 시작되었다고 보아도 지나치지 않다.[101)] 1964년 12월 8일 당 중앙위원회 정치위원회 확대회의에서 김정일은 영화예술사업을 지도하는 담당자로 임명된다. 김일성은 조선영화촬영소 사업지도차 들른 현지에서 확대회의를 개최하고, 그 자리에서 "혁명적 영화창작에서 새로운 전환을 가져오기 위하여" 김정일을 "영화예술사업을 지도할 수 있는 담당자로 위임"했다. 그 지도사업 과정에서 방해를 한 박금철, 리효순 등을 유일사상체계에 반기를 제기하고 있다고 김정일이 폭로했다.[102)] 말하자면 문학예술 부문에서 김정일은 종파투쟁을 마감하고, 사상이념 문제를 내세워 조직체계를 수령과 당 아래 두고 완전 장악하게 만들었다.

설」, 『김일성저작집』 제18권, 평양: 조선로동당출판사, 1982.

99) 박웅걸, "혁명적 작품 창작에서 더욱 새로운 앙양을 이룩하자", ≪문학신문≫ 1966년 1월 4일.

100) 『조선중앙년감』(1966-1967; 1968) 참조.

101) 최형식, 『조선문학사 13』(평양: 사회과학출판사, 1999)에 따르면 김정일의 영도는 1959년 6월 22일 문학예술창작에서 수령 형상창조 중요성을 언급하는 데서부터 시작된다. 1960년 12월 9일, 수령형상에 '선차적 주의'를 돌려야 한다고 강조했다.

102) 이찬행, 『김정일』, 백산서당, 2001, 241쪽.

이후, 문학은 유일적 당의 구도 아래 놓이게 되고, 북한문학사에서 1970년대를 제1차 문예혁명으로 규정하게 된다. 이것은 문학예술이 당의 통제 아래 유일사상 곧 김일성 혁명사상으로 철저히 무장한 혁명문학예술일색으로 전환함을 의미한다. 작가동맹 기관지 ≪조선문학≫의 변화는 조직 활동의 단면을 말해주는데, 작가, 예술인들을 수령의 문예사상으로 무장시키기 위해 '당 문예정책연구', '항일혁명문예작품학습' 등 고정란을 만들고, 여기에 「사회주의적내용과 민족적 형식을 옳게 결합시킬데 대한 김일성동지의 사상」 등을 실었다. 그리고 작가동맹, 영화인동맹 등의 분과에서는 항일혁명투쟁시기 김일성이 직접 창작·지도했다는 혁명적 작품을 영화로 만든 <피바다> 등에 대한 연구토론회를 진행했다.

김정일 지도에서 특색은 주제와 형식면 모두 새로운 의미를 부여한 혁명적 문학예술들, 즉 혁명가극, 혁명소설 등을 일종의 장르로 만들어낸데 있다. 1970년대에 나온 <피바다>식 가극 곧 혁명가극을 비롯해,[103] <성황당>식 연극, 혁명연극[104] 등은 김정일의 직접 지도로 개척된 새로운 문예 양식이었다. 그러한 지도의 초점은 주로 항일무장투쟁시기의 김일성 관련 형상화 사업이었다.[105] 이에 따라서 문학예술창작 원칙은,

---

103) <피바다>는 ① 1936년 8월 하순경 만강부락에서 김일성이 각본을 만들어 지도한 연극. ② 1969년 조선예술영화촬영소에서 원작을 광폭예술영화로 제작함. ③ 1971년 피바다가극단 7장 4경으로 창조공연. 『문학예술사전』(1972) 참조.

104) 1970년대에 항일혁명투쟁시기에 창작되었다는 『성황당』을 연극무대에 옮기는 과정에 새형의 연극예술이 창조된다. 이후, 새형의 혁명연극을 <성황당>식 연극이라고 부른다. 혁명연극의 새로운 특징 중에는 무대미술을 흐름식으로 입체화하는 혁신을 일으켜 극을 생활의 논리에 맞게 자연스럽게 구성할 수 있게 된다. 또 필요한 대목마다 방창을 삽입하고, 음악과 노래를 적극 도입한다. 김정웅, 『문학예술건설경험』(평양: 사회과학출판사, 1984), 85-91쪽 참조.

105) 1966년 2월 7일 「새로운 혁명문학을 건설할데 대하여」에서 김정일은 당시 수령형상창조사업을 총화하고, 근본적인 전환을 일으켜야 한다고 말한다. 1967년 5월 4일 당 중앙위원회 4기 15차전원회의 이후 「반당반혁명분자들의 사상여독을 뿌리빼고 당의 유일사상체계를 세울데 대하여」, 「작가, 예술인들 속에서 당의 유일사상체계를 철저히 세울데 대하여」, 「문학예술작품에 당의 유일사상을 구현하기 위한 사업을 실속있게 할데 대하여」, 「4·15문학창작단을 내올데 대하여」, 「조선영화문학창작사에 대한 지도사업을 잘하기 위한 몇가지 문제에 대하여」 등 김정일의

① 주체를 세울 데 대한 방침, ② 당성, 노동계급성, 인민성의 원칙을 지킬 데 대한 방침, ③ 사회주의적 사실주의 창작방법에 서서 사상성과 예술성이 결합한 혁명적 문학예술작품을 창작할 데 대한 방침, ④ 근로자들 속에서 당의 유일사상체계를 세우며 그들을 혁명화, 노동계급화하기 위한 혁명적 대작을 창작할 데 대한 방침, ⑤ 문학예술을 군중적 지반 위에서 발전시킬 데 대한 방침 등을 제시했다. 당 중앙, 곧 김정일[106]은 수령의 주체적 문예사상과 뜻을 관철하기 위해 속도전을 벌릴 데 대한 방침으로 문학, 예술인을 지도했다.

속도전은 종자를 바로잡고, 작품에 대한 파악이 생긴 다음에는 높은 창작속도를 보장해야 작품의 질도 좋아진다는 작품창작원칙이다. 예술영화 <한 자위단원의 운명>을 40일 동안에 창작한 것, 백두산창작단의 일솜씨, <피바다>식 혁명가극을 2년 동안 5편씩이나 창조한 것 등을 속도전 과정에서 이룩한 성과로 말한다.[107] 이와 같이, 창작기관은 당의 정책을 속도전으로 반영한 작품창작을 독려하고, 작품은 사상적 알맹이, 곧 종자를 바로잡아 주체사상을 구현하는 것이어야 했다. 이 종자론은 사상검열의 기제로 작용하여 모든 작가, 예술인을 타율적으로 묶는 것이 되어, 문예총·작가동맹의 역동성은 약화된다.

그런데 속도전식의 창작은 경제선동에도 원용된다. 김정일이 1974년 6개년 인민경제계획(1971~1976)에서 4차 연도의 공업 부문 계획에 차질이 생기자, 비상조치로 '70일전투'를 발기했다.[108] 이 과정에서 김정일은 문화예술 부문에서 12개의 중앙예술단과 48개의 지방예술단으로 구성된 '경제선동대'를 구성하여, 공장, 건설장, 협동농장, 탄광 등에 근로

지시는 문학예술에서 당의 유일사상체계를 철저히 세우는 혁명적 전환을 가져왔다. 최형식, 『조선문학사 13』, 평양: 사회과학출판사, 1999, 21쪽.

106) 1974년 2월 당 중앙위원회 5기 8차전원회의에서 김정일은 정치위원이 되고, 이때부터 '당 중앙'으로 불렸다.

107) 『문학예술사전』(1972), 534-535쪽 참조.

108) 탁진 외, 『김정일지도자 제2부』, 평양: 평양출판사, 1994, 109-113쪽.

자의 생활 속으로 찾아가 현지 공연하는 새로운 양식을 도입했다.[109] 경제선동대는 기존에 작가·예술인들을 현지에 파견하던 문예총·작가동맹의 사업을 생산성에 직결시켜 목적을 더욱 선명하게 한 것이라 하겠다. 이처럼, 경제문제를 문화예술 부문에서 선동대를 만들어 해결하려고 한 점은 북한의 문예정책의 특징적 단면을 보여준다.

김정일의 지도가 문예 분야에서 먼저 시작된 점과 속도전이 문학창작이론에서 경제이론으로 원용된 점[110]은 둘 다 의미가 깊다. 즉 문학예술을 정치에 종속시킨 특성이 거꾸로 정치가 문학적 영향 아래 놓이게도 하는데, 이른바 문학적 상징을 구사한 구호 정치가 그것이다. 이런 문제는 문예총이 사회동원 기능에만 집중하고 사회비판적 기능은 상실하여, 결과적으로 현실 이해를 어둡게 하는 맹점을 드러냈다.

3) 주체문예이론 확립기의 문예총

김정일의 지도로 1970년대 중반에 주체사상에 기초한 이론을 깔고 문학예술은 '혁명문학예술'이 되었다. 1980년대에 들어서면서 온 사회를 주체사상화하는 것이 주된 시대정신이었고, 이에 따라 마르크스-레닌주의 문예이론을 '주체문학예술론'으로 대체해나간다. 이런 변화의 배경에는 사회주의권의 개방문제가 걸려 있었고, 북한은 '우리 식'이란 모토로

---

109) 탁진 외, 앞의 책, 1994, 114쪽.

110) 경제건설에서 천리마운동의 속도전이 먼저 시작되었지만, 그것을 동원이데올로기로 이론화하는 것은 문학에서 주도했다. 1972년판 『문학예술사전』에는 속도전 설명이 있는데, 사회과학원 경제연구소, 『경제사전』 제2권, 평양: 사회과학출판사, 1970; 『정치사전』, 평양: 사회과학출판사, 1973; 『백과전서』 제4권, 평양: 과학,백과사전출판사, 1983 등에는 그 설명이 없다. 이후에 나온, 『경제사전』 제2권, 평양: 사회과학출판사, 1985; 『철학사전』, 평양: 사회과학원 철학연구소, 1985(힘, 1988)에는 속도전을 사상혁명을 확고히 하고 동시에 기술혁명을 다그치는 조직지도사업으로, 주체사상과 계속혁명사상을 사상이론적 기초로 한다고 밝히고 있다. "사회주의 건설에서 속도전"에 대한 것은 유수복 편, 『위대한 령도자 김정일동지의 사상리론: 경제학』 제1권, 평양: 사회과학출판사, 1996, 181-191쪽 참조.

대응했다.

김정일은 "우리 식대로 살아나가자! 바로 이것이 오늘 우리 당이 중요하게 내세우고있는 전략적구호입니다"[111]고 행동지침을 내렸다. 이 구호는 중국에서 덩샤오핑의 개혁·개방이 구체화된 직후에 나왔다. 중국은 1978년 12월 22일 중국공산당 제11기 3중전회의에서 실사구시에 의거한 개방정책을 추진하기로 결정하고 본격적인 체제개혁을 단행한다. 이에 맞추어 김정일이 말한 "우리 식"은 내적으로 유일지도체계가 마무리되는 상황에서 중국의 개방정책에 대응하는 조치였다.[112] 이에 대해 곽승지는 향후 북한이 독자적인 체제를 유지할 것임을 시사한다고 평가했다.

사실, 이 문제는 영화 부문 사업지도에서 이미 제기되었다. 김정일은 영화를 만들어내는 체계가 자본주의적이고 교조주의적인 것이 '범벅식'으로 된 것을 당 사상사업의 요구를 반영하여 '우리 식'으로 할 것을 요구했다.[113] 이와 같은 입장을 견지하여, 주체사상을 문학예술 이론으로 끌어올렸다. 그 이론적 기초는 문학예술에서 당의 유일사상의 구현, 항일무장투쟁시기의 혁명적 문예전통의 계승발전, 문예사업에 대한 당의 영도로 요약할 수 있다.[114]

이와 같은 배경 아래 문예총 활동은 갈수록 사상이념의 문제를 중심축으로 한 김정일의 문학예술지도 노선과 요구에 일치하여 움직였다.

1980년 1월 7일~10일, 조선작가동맹 제3차대회가 소집된다. 이 대회는 당의 영도 밑에 문학 부문에서 이룩한 과거의 성과를 총화하고, 온

---

111) 김정일, 「당의 전투력을 높여 사회주의건설에서 새로운 전환을 일으키자」(당중앙위 책임간부협의회에서 한 연설, 1978년 12월 25일), 탁진 외, 앞의 책, 1994, 210-216쪽.

112) 곽승지, 「북한의 '우리 식사회주의' 성격에 관한 연구」, 동국대학교 대학원 박사논문, 1997, 55-57쪽.

113) 김정일, 「우리 식의 혁명적영화창조체계를 철저히 세울데 대하여」(영화부문 일군들과 한 담화, 1971년 4월 28일), 『김정일선집』 제2권, 평양: 조선로동당출판사, 1993, 238-252쪽.

114) 사회과학원 문학연구소, 『주체사상에 기초한 문예리론』, 평양: 사회과학출판사, 1975, 20-50쪽 참조.

사회의 주체사상화 시기에 맞게 문학을 주체적으로 발전시키며 사상예술적으로 훌륭한 작품 창작에 제기되는 미학 실천적 문제들을 토의한다. 대회에 보낸 조선로동당 중앙위원회 축하문[115]은 당 제6차대회를 앞두고 혁명과 사회주의건설에서 새로운 전환이 이룩되고 있는 시기의 중요성을 상기한다. 대회를 통해서, 당은 작가들에게 혁명적 문학예술전통을 계승 발전한 주체문학을 참다운 공산주의 인간학으로, 또한 시대의 가장 전투적이고 혁명적인 문학으로 건설하는 데 창작의 총력을 바칠 것을 요구한다. 즉 문학은 온 사회에 당의 유일사상체계를 세우고, 당원·근로자를 수령과 당에 끝없이 충직한 "주체형의 공산주의 혁명가"로 교양하는 데 적극 이바지하고, 문학창작에 "당적 원칙"을 견결히 고수함으로써, 계급의 문학, 혁명의 문학으로서의 문학의 전투적 기능과 역할을 강조한 것이다. 특히, 대중 속에서 배출된 주체형의 공산주의자의 참된 전형들, 당과 혁명, 조국과 인민에 끝없이 충직한 '숨은 영웅'들을 널리 찾아 형상화할 것을 요구했다.[116] 숨은 영웅이란 "그 어떤 바람이 불어도 오직 한마음 당과 수령을 위하여, 조국과 인민을 위하여 몸바쳐 투쟁하여 소문 없이 큰 일을 한 열렬한 애국자, 참다운 공산주의자들"[117]을 말한다. 이처럼 작가들은 당의 정책적 요구에 민감하고 생활을 깊이 반영할 수 있는 정치적 식견과 창작적 기량을 가져야 한다는 것이다.

1980년 1월 8일, 그 대회 중에 김정일이 보낸 서한, 「현실발전의 요구에 맞게 작가들의 정치적 식견과 창작적 기량을 결정적으로 높이자」는 당시 작가들에게 준 중요한 지침이었다. 김정일은 온 사회의 주체사상화라는 목적에 맞게 창작에 새로운 면모를 불러일으키고, 문학을 주체의 인간학의 경지에 올려 세우기 위해, 중요한 것은 작품의 '종자'를 똑바로

---

115) ≪조선문학≫ 1980년 2호, 10-11쪽.
116) 1979년 10월의 '숨은 영웅들의 모범 따라배우기 운동'에 자극되어 나온 새로운 문학 전형임.
117) 「머리글: 당 제6차대회를 혁명문학건설의 새로운 일대 앙양으로 맞이하자!」, ≪조선문학≫ 1980년 3호, 4쪽.

잡는 것이라고 했다. 그의 강조점은 작가의 사상의식과 세계관이 창작에 결정적 역할을 하며, 창작과정이 혁명화 과정으로 되어야 한다는 것이다. 이에 따라 문학 부문 사업에 대한 당적 지도도 재차 강조했다.[118]

김정일의 영도로 진행시켰다는 작가동맹 3차대회와 김정일의 서한은 시대의 요구에 맞게 문학을 급속히 발전시키는 문제, 사회주의 현실에 맞는 사상예술적 문학작품 창작을 위한 투쟁에서 역사적인 전환점[119]으로 평가되는데, 이것은 마르크스-레닌주의의 문학에서 주체문학으로의 전환을 뜻한다.[120] 이에 따라 문학작품은 '주체의 인간학'이라 규정한 주체형의 인간을 주인공으로 내세워야 하며, 그의 성격을 높은 수준에서 형상화하여야 한다.

또한, 문예총 40돌을 맞으며 김정일은 문예총 6차대회를 소집하도록 지도했다.[121] 이 대회의 안건은 당의 영도로 이룩한 문학예술 사업의 업적을 옹호하고 계승·발전시킬 데 대한 문제였다. 당의 영도로 문학예술 혁명을 일으켜, 문학예술의 대전성기를 펼치고, 사회주의·공산주의 문학예술 건설과 활동에서 나서는 이론실천적 문제들을 '우리 식'으로 해결한 업적과 '3위1체방침'에 근거하여 문예총 성격과 사명이 독창적으로 규정되고, 교양단체로서의 문예총·작가동맹의 기능과 역할이 강화된 내용을 보고했다. 또, 현실발전의 요구에 맞게 문예총과 산하동맹의 기능과 역할을 높여 당의 주체적인 문예사상과 독창적인 문예방침으로 동맹원들을 튼튼히 무장시키며, 그들의 정치적 식견과 예술적 기량을 높이고, 대회선전사업을 개선 강화하는 데서 나타나는 문제들을 토의했다. 또한 문학예술 부문에서 우리 식의 창조체계와 창작지도체계를 철저히 고수

---

118) 김정웅·천재규, 『조선문학사』 제15권, 평양: 사회과학출판사, 1998, 11-13쪽 참조.

119) 김정웅·천재규, 앞의 책, 1998, 14쪽.

120) 1981년 3월 전국문화예술인 열성자대회 참가자들에게 김정일은 「주체적문학예술을 더욱 발전시키기 위하여」라는 서한을 전하면서, 또다시 주체문학을 강조한다.

121) 문예총 6차대회에 대한 자세한 내용은 『친애하는 지도자 김정일 동지 문학령도사』 제3권, 평양: 문학예술종합출판사, 1993 참조.

하고 창작 및 창조 사업에서 새로운 혁명적 앙양을 일으킬 것에 대한 문제, 동맹내부사업에 힘을 넣어 동맹 대열을 튼튼히 꾸리고 동맹생활을 강화하는 데서 나타나는 문제를 토론한다. 김정일은 대회를 앞두고 동맹기층조직과 동맹대열을 조직정비 사업을 잘하도록 지시했다.[122]

그런 가운데 문예총 조직의 주요 임무는 사상교양사업에 있었다. 작가들이 받은 사상교양은 작품을 통해 당원과 근로자들에게 강조해야 할 것인데, 당에 대한 교양, 조국에 대한 교양, 민족적 자존심을 높이기 위한 교양, 새것에 대한 교양 등이 주된 내용이었다. 이처럼 문예총 등에 대해 교양단체 기능을 강화시킨 것은 오로지 온 사회의 주체사상화로 계속혁명을 지켜감으로써, 1970년대 말 중국의 개방을 비롯해 서서히 밀려오는 변화의 물결에 대응했던 상황을 반영한 것이라 하겠다.

4) 김정일시대의 문예총

1992년에 나온『주체문학론』을 비롯해 김정일의 문예이론의 정립[123]은 문예담론의 새로운 틀을 만드는 효과를 가져왔다. '자주'의 뜻을 대신한 '주체'란 어휘를 1967년에 '주체사상'이라는 북한 고유의 철학으로 정립하고, 그 후 문학의 장에서는 '주체문학'으로 발전시켜 새로운 담론을 만들어갔다. '주체'의 외연을 넓혀가는 모습은 마치 한 시대의 집단창작품이 형성되는 것과 비슷했다. '천리마운동', '강성대국' 등도 여기저기서 쓰이다가 나중에는 중심 의미를 형성하여 집단을 움직이는 구호나 정치사상으로 발전했다. '선군정치', '선군혁명' 역시 김일성 사후의 김정일시대 문학을 특징짓는 '선군혁명문학'으로 발전한 용어가 되고 있다.

여기서 선군혁명문학에 주목하는 것은 선군(先軍), 곧 군대를 앞세운다는

---

122) 앞의 책, 1993, 18쪽.

123)『영화예술론』(1974),「연극예술에 대하여」(1988),「무용예술론」(1990),「음악예술론」(1991),「미술론」(1991) 등(『김정일선집』에 수록).

좁은 의미에서 이념적 보편화를 꾀하여 차츰 넓은 뜻으로 써가고 있기 때문이다. 이 용어는 ≪천리마≫ 2000년 11호에서 1994년 7월 이후 창작한 1만 5천여 편의 작품을 통틀어서 지칭하면서 처음으로 썼다. 그 뒤, 리현순은 선군혁명문학을 당 정책노선의 구현이라 해석했다.[124] 류만은 선군혁명문학을 새 세기 명작창작의 요구라고 재해석한다.[125] 류만은 명작창작이 "당의 선군혁명로선과 그것이 빛나게 구현되고 있는 현실"을 기본대상으로 하여 이뤄지는 것이라고 새롭게 밝혔다. 말하자면, 특정 소재문학이 아니라 문학일반론으로 확장시킨 선군혁명문학을 주장한 것이다. 선군혁명문학은 새로운 현실 속에 당의 의도를 깊이 반영하는 작품창작론이라 주장하는데, 작가에게 의의 있는 종자, 시대의 전형적 성격, 다양하고 풍부한 형상방법 등을 혁신적 안목으로 구현시킬 것을 요구한다. 요컨대, 선군혁명문학에서 기존 문학일반론과의 차별성은 선군 영도를 받드는 제일기수이며 돌격대인 인민군대를 혁명의 전위로 삼고 총대중시의 강성대국건설로 진군하는 데 놓여 있다. 과거의 사회주의적 사실주의가 노동계급을 혁명전위로 한 것과 확실한 선을 그었다고 하겠다.

이 문제는 정치사상면에서도 중요하게 다루고 있다. "선군정치는 혁명의 주력군에 대한 새로운 해명에 기초하고 있는 독창적인 사회주의정치방식"이라고 주장하고 있듯이, 사회계급관계에서 노동계급을 혁명의 전위로 하지 않고, 선군후로(先軍後勞) 즉 군대를 혁명의 주력군으로 보고 있음은 주목을 요한다. 이 점은 김정일시대의 정치노선의 핵심을 이루는 문제라 하겠다.[126]

문예총, 작가동맹은 선군혁명문학예술이라는 이론화 작업을 통하여 그

---

124) 리현순, 「문학예술에서의 선군혁명로선의 구현」, ≪조선예술≫ 2001년 4호.
125) 류만, 「새 세기 명작창작의 앞길을 밝혀 준 강령적지침」, ≪조선문학≫ 2001년 4호.
126) 박철수, 「우리 인민군대를 혁명의 주력군으로 키우는 위대한 령도」, ≪천리마≫ 2002년 4호, 38-39쪽; 김기철, 「군민일치의 미풍을 높이 발휘하는 것은 우리 혁명의 주체를 강화하기 위한 중요한 담보」, ≪철학연구≫ 2003년 1호, 30-31쪽; 류제일, 「선군사상에 의한 혁명의 주력군문제의 새로운 해명」, ≪철학연구≫ 2003년 2호, 25-27쪽 참조.

와 같은 당의 노선을 받들고, 그 이론적 기초 위에서 창작과업이 주어지고, 창작품은 인민대중을 혁명화하는 수단이 된다. 작가동맹의 사업 중에 <평론창작경기 조직요강>[127)]이 내건 내용은 바로 그런 이론화 과정에 광범한 대중을 참여시키면서 이론적 보편화를 꾀하고 있음을 보여준다.[128)]

이와 비슷하게, 1990년 12월 27일 한마디로 던진 김정일의 친필서한[129)]은 작가, 예술가를 동원하는 모티브로 작동했다. 수령의 교시와 당의 방침은 창작의 기초가 되고 작품총화의 기준이 되는 '원칙' 때문에, '영원한 동행자'와 같은 한마디에 수많은 작품이 나오는 것이다.

선군과 애국은 국제 정세 변화와 체제 위기의 압력에 대한 마찬가지로, 「내 나라 제일로 좋아」라는 노래가 모티브가 되어 100부작 영화를 만들었는데, ＜민족과 운명＞ 시리즈가 그것이다.[130)] 이것을 통해, 김정일은 1990년대를 제2의 문예혁명으로 만들고자 한다.[131)] "민족의 운명이자 개인의 운명"이라는 종자를 가지고 기획한 이 다부작은 주체사상의 일색화로써 '민족의 운명' 문제를 예술적으로 해명하려는 전략이 깔려 있었고, 또 '3위1체'의 원칙에 입각한 주체적 창작지도체계로써 문예조직을 장악하는 전략이 있었다.[132)] 이렇게 '민족의 운명'을 끌어내는 의도는 복합적이라 하겠다. 1980년대 말 이후 공산권의 붕괴와 개혁·개방

---

127) ≪조선문학≫ 2002년 1호, 53쪽.

128) 요강에서 요구한 평론 내용: "선군혁명령도, 선군정치를 사상정서적으로 안받침하는 우리 식의 새로운 선군혁명문학운동과 창작을 힘있게 추동하는 평론, 특히 비범한 예지와 정력적인 령도로 선군혁명문학의 시원을 열어 주시고 빛내여 주신 경애하는 장군님의 불멸의 업적을 폭 넓고 심오하게 해설선전하며 주체사실주의문학에서 새로운 단계를 이루는 선군혁명문학의 본질과 미학적 특성, 혁명적군인정신을 체현한 새로운 성격창조에서 나서는 창작실천상문제를 깊이 있게 해명한 평론."

129) "조선문학창작사 전체 동지들!/ 새해를 축하합니다./ 우리 당 건설과 활동에서 영원한 동행자, 충실한 방조자, 훌륭한 조언자가 되기를 바랍니다./ 김정일"

130) 서정남, 『북한영화탐사』, 생각의 나무, 2002, 216-323쪽 참조.

131) 김정일, 「다부작예술영화 ＜민족과 운명＞의 창작성과에 토대하여 문학예술건설에서 새로운 전환을 일으키자」, 문학예술부문 일군 및 창작가, 예술인들과 한 담화, 1992년 5월 23일 및 최척호, 『북한영화사』, 집문당, 2000, 91-101쪽 참조.

132) 위의 1992년 5월 23일 담화에서 김정일은 6대 실천 전략을 제시했다.

의 압력이 동시에 작용한 체제위기 상황은 강력한 애국주의사상으로 막을 필요가 있었다. 이때 '민족과 운명'이라는 원초적 감성을 통해 즉효를 얻으리라 기대했을 것이다. 또한 밀려오고 있는 자본주의 물결을 외면할 수 없는 상황에서, 그 영화에 나오는 비사회주의적 요소를 포함한 소재와 양식들은 '민족과 운명'의 의미로 재해석할 필요가 있었다.

선군과 애국은 국제 정세 변화와 체제 위기의 압력에 대한 일종의 저항이다. 현실을 방어하기 위해 문예총과 작가동맹은 당적 사상을 선전선동하는 기수로서의 기능을 강화한다. 작가들은 '시대의 요구'대로, '현실을 민감하게 반영하도록' 더욱더 높은 당성으로 시험받게 된다. 그 요구란 '작가들과 창작지도일군들 모두가 한마음되여 어떻게 하면 위대한 김정일동지의 사상과 의도에 맞는 작품을 창작하겠는가 하는 하나의 목적과 지향을 가지고'133) 창작기풍을 세운다는 식이며, '시인들은 선군정치를 격조높이 구가하는 시대의 가수된 영예를 안고 창작전투를 벌렸다'134)는 식이다.

이와 같은 문예총의 모습은 이전 시대와 다를 바 없다. 그러나 선군혁명 노선에 따라 '문예총 지도일군들이 인민군대의 지휘관들처럼 주도성, 창발성, 헌신성을 지니고 전진의 돌파구를 열어 나가는 유능한 작전가가 될 것'135)을 요구함으로써, 새로운 전형을 군대적인 것에서 찾은 점이 시대의 특징으로 나타난다.

133) "조선작가동맹 중앙위원회 제3기 제20차전원회의 확대회의 진행", ≪문학신문≫ 1995년 9월 8일.

134) "주체문학의 대화원을 장식하는 자랑찬 성과: 조선작가동맹 중앙위원회에서", ≪로동신문≫ 2001년 3월 27일.

135) "문예총 중앙위원회 제6기 제14차 전원회의 확대회의 진행", ≪문학신문≫ 2001년 1월 27일.

4. 문예총 조직과 활동

1) 조직

초기 문예총은 예술 부문의 독자적 활동과 기능을 발휘할 수 있는 조직체로서 각 부문에 걸쳐 동맹체가 조직되어 있었다. 제2차 북조선문학예술인 전체대회 이후, 결의기관이었던 문예총을 하나의 협의기관으로 만들고, 각 동맹을 종전의 결의기관으로 조직개편했다. 이런 특성이 점점 강해지면서 한동안 문예총을 해체시키고 각 동맹조직 중심으로 활동하게 만들었다.

1961년 문예총 제5차 대회 규약에 의하면, 문예총은 민주주의적 중앙집권제의 원칙에 의하여 조직되며 모든 활동은 집체적 협의제에 의하여 진행된다. 동맹의 각급 지도기관과 동맹의 대표회 및 대회 대표자는 비밀투표에 의하여 선거하게 되어 있다. 그때까지 조직의 이념적 근간은 마르크스-레닌주의 미학과 카프문학예술의 전통에 있었다. 물론 이념투쟁은 해방 이래로 지속되어 왔고, 임화, 김남천의 경우처럼 정치노선 차이로 인해 숙청을 불러오기도 했다. 그렇지만 유일사상체계 이전 시기의 당과 문예총 사이에는 자율성이 확보되어 있었다.

문예총 중앙위원회 위원장은 한설야(1946~1953, 1961~1962) 이후, 박웅걸(1962~1964), 천세봉(1964~1966), 리기영(1967~1984), 백인준(1986~1998), 장철(1998. 11~2003. 8), 김정호(2003. 9 현재)[136] 등으로 이어갔다(<표 6-1> 참조). 1962년 한설야가 숙청되고, 이후 문학예술에서 주체를 세워 수령 형상을 당성을 평가하는 가장 중요한 척도로 삼는 문학예술건설로 나아감으로써,[137] 위원장의 위상은 약화되고 문예총은 사회정치적 생

136) 김정호는 문예총 제1부위원장이었는데, 장철의 사망으로 승진 임명. 문화성 부상 겸직. 연합뉴스, 2003년 9월 19일.

137) 박승덕, 『사회주의문화건설리론』(위대한 주체사상총서 8), 평양: 사회과학출판사, 1985, 163-185쪽 참조.

<표 6-1> 문예총과 작가동맹 위원장 명단

관련 연도·자료	문예총 위원장	작가동맹 위원장	비고
1946. 3. 25	한설야		북조선문학예술총연맹 *북조선문학동맹(46. 9. 27 결성)
1946. 10. 13 (『문화전선』, 1946. 11)	리기영	(북조선문학동맹) 리기영	북조선문학예술총동맹
『조선중앙년감 1949』	한설야		북조선문학예술총동맹 문학동맹
『조선중앙년감 1950』		안함광	*1949. 3. 문예총 3차대회 남북중앙위 연합회의에서 <조선문학예술총동맹> 결성 이때, 서기장 박웅걸
1951. 3. 10		리태준	
1953. 3. 26			문예총을 발전적으로 해체하고, 조선작가동맹, 미술가동맹, 작곡가동맹을 조직 결정.
1953. 9. 26	문예총 휴지기 (1953.4-1961.2)	(조선작가동맹)한설야	*제1차 작가대회 ≪조선문학≫(1953. 10) 참조.
1956. 10. 14			*제2차 조선작가대회 ≪조선문학≫(1956. 11) 참조.
『조선중앙년감 1961』	한설야		1961.3.2 문예총 재결성(5차대회)
『조선중앙년감』 1962년-1965년	박웅걸	천세봉 (1962-1985) *1986.4.18 사망	*1962년 한설야 숙청.
*1964. 12.≪조선문학≫ *1966년 ≪문학신문≫	천세봉		*1964. 11. 7 대작창작교시 후, 작품 비판 받음(수기)
*1967년 ≪문학신문≫	리기영 (1967-1984)		
*1971. 6. ≪조선문학≫			*1970년 중앙년감에 단체장 이름 없음(이후 동일함).
*1986. 3. ≪조선문학≫	백인준		*1980. 1. 7 작가동맹3차대회 *1982. 9. 문예총기구 개편 *1986. 3. 25 문예총 6차대회
*1986. 9.		석윤기 (1986.9-)	*1986.9.29 평양국제문학토론회에서 석윤기의 폐막사 (≪조선문학≫ 1986. 12.)
1990. 1.		김병훈 (1990-1995)	*김병훈의 작가동맹제1부위원장 역임: 1989년까지(1차). 1995-1998. 11(2차)
1995년경 (최진이 증언)		백인준 *1999.1.20 사망	*1998. 11. 백인준 문예총 위원장 사임.
1998. 11.	장철 (1998.11-2003.8)	김병훈 (1999.4-2003.현재)	*2003. 8. 30 장철 사망.
2003. 9.	김정호		*문예총 제1부위원장이 위원장으로 승진.

명을 안겨주는 김일성과 김정일에 의해 움직여진다. 리기영, 천세봉, 백인준 등의 수기대로,[138] 위원장이 한결같이 '수령의 은혜로운 품속의 작가'로 남았던 모습들은 문예총이 정책과 이념에 의한 인전대 역할을 했다기보다는 그 조직이 수령에 대한 '혈연적'인 충성심으로 움직였음을 보여준다.

조직의 경직성은 1970년대 이후 문예총의 기본 사명을 '동맹원들을 교양하는 데' 집중시킨 데서 드러난다 하겠다.[139] 즉, 문예조직을 유일사상체계로 전환시킴으로써 당은 창작가들의 사상의지 통일과 단결을 기하는 사업에 중점을 두었다.

1986년 3월 문예총 6차대회에서 동맹기층조직을 강화하기 위하여 조직개편이 있었다. 맹원이 5~50명까지 있는 단위에는 초급단체를 두고, 맹원이 51명 이상인 단위에는 초급위원회를 두되, 그 밑에 다시 초급단체들을 내오도록 하며, 예술단체들에 조직되어 있던 문예총기관위원회를 없애도록 했다.[140] 이것은 초기 북조선 문예총에서 예술단체 속에 해당 동맹의 초급단체를 두었던 조직 방식을 없앤 것으로 추정된다.[141] 이로써 조직의 기능을 사상교양단체적 의미에 집중하고, 당적 지도의 선을 분명하게 한 것으로 보인다.

문예총 기층조직과 전국대회를 비교해보면, 전자는 사상교양적 통일에 의한 창작지도체계를 잘 반영시킬 수 있는 말단 조직이고, 후자는 전체 조직 의지를 통일시켜 사회동원 효과를 극대화시킨다. 문예총의 기층

---

138) 「수기묶음: 위대한 사랑의 나날을 더듬어」, ≪청년문학≫ 2002년 4호, 6-10쪽 참조.

139) 김정일, 「문학예술작품창작에서 혁명적인 전환을 일으킬데 대하여」(조선문학예술총동맹산하 창작가들의 사상투쟁회의에서 한 결론 1972년 9월 6일), 『김정일선집』 제2권, 437쪽.

140) 『친애하는 지도자 김정일동지 문학령도사』 제3권, 18쪽.

141) 북조선 문예총 4차 중앙위원회 결정서에, 북조선 각 극단에 연극동맹 초급단체를 조직, 각 음악단체에 음악동맹의 초급단체를 조직함으로써, 예술적 지도와 협조사업을 긴밀하고 조직적으로 한다고 결정함. ≪조선문학≫ 제2집(1947년 12월호), 220쪽.

조직은 각도와 직할시, 중요문학예술단체들에 도위원회, 초급위원회, 초급단체를 두고 정연한 사업체계를 갖추고 있다고 했다.[142] 초급위원회는 창작기관 단위로 조직한 문예총의 기층이라면, 초급단체는 기관 내의 분과조직에 해당하는 것으로서 조직의 말단이 된다. 예를 들면 작가동맹 중앙위원회의 평양시창작실은 '초급위원회'에 해당하고, 창작실 안의 시, 소설 등 각 분과조직은 '초급단체'에 해당한다. 만약 소설분과처럼 그 단위 조직의 사람 수가 50명이 훨씬 넘으면, 이를 나눠서 조직하여 제1초급단체, 제2초급단체 등으로 이름붙였다. 그러니까 조직의 수직적 단위가 중앙위원회-도위원회-초급위원회-초급단체로 짜지는 셈이다. 이와 같은 체계로 된 기층 조직의 의미는 '3위1체'의 원칙에 따라 당조직-행정조직-문예조직이 일체를 이루듯이 상호관계 속에서 역할을 하는 점에 있다.[143]

문예총의 최고 기관은 전국대회이다. 전국대회는 4년에 1회 문예총 중앙위원회가 소집한다고 했지만, 1961년 문예총이 결성될 때 있었던 5차대회에 이어, 25년 만인 1986년 3월에 문예총 50돌 기념보고를 겸해서 문예총 6차대회가 열렸다. 그 이후 전체 대회는 없었다. 대신, 문예총 창립 45돌 기념보고회와[144] 50돌 기념보고회를 가지고 백인준 위원장이 보고를 했다.[145] 백인준의 사망[146] 이후는 5년마다 열리던 문예총 창립 기념보고회 행사마저 따로 치르지 않고, 대신에 위원장 장철이 문예총 55년 역사와 임무에 대한 보고의 글을 발표했다. 그리고 제1부위원장 최영화는 2002년 2월에,[147] 부위원장 신진순은 그해 10월에 잇달아 사망

142) 장철, "당과 수령의 품속에서 문예총이 걸어 온 영광의 55년: 예술교양단체로서의 문학예술총동맹", ≪문학신문≫ 2001년 3월 24일.

143) 행정조직이든 사회단체조직이든 기층조직을 당조직과 일치시키는 형태는 북한 사회조직의 일반적 모습이다. 이 측면에서 '3위1체'의 원칙은 말단조직까지 중앙의 영향 아래 묶는 조직의 획일화를 뜻한다.

144) ≪로동신문≫ 1991년 3월 26일, 4면.

145) ≪로동신문≫ 1996년 3월 26일, 3면. 그런데 『조선중앙년감 1997』에서 '주요대회' 난에 문예총 50돌과 관련한 내용이 포함되지 않음.

146) "백인준동지의 서거에 대한 부고", ≪로동신문≫ 1999년 1월 21일.

함으로써,[148] 문예총 영향력은 상대적으로 더 약화되었을 것으로 추정된다. 중앙위원의 선거나 사업총결보고의 토의와 승인 등, 규정되어 있는 문예총 전국대회 사업은 위와 같은 상황에서는 정상적으로 수행할 수 없기 때문이다.

그 가운데 조직의 실질적인 중앙의결기구로서, 1년에 1번 정도 열리는 중앙위원회 전원회의가 있다. 전원회의에서 하는 보고와 토론 내용은 주로 당의 정책적 요구를 반영하여 작품을 평가하는 작품총화, 현실에 대응하는 창작지침 등에 관한 것이다. 문예총 중앙위원회는 전국대회 사이에 벌어지는 문예총의 모든 사업을 지도한다.[149] 중앙위원회에는 조직부, 선동부, 교양부 등의 부서가 있고, 산하에 작가동맹 등 7개의 부문별 동맹이 있다. 또한 조선민족음악위원회, 조선공연협회, 조선예술교류협회와 재일본조선문학예술가동맹(문예동)도 산하 단체로 들어 있다(<그림 6-1> 참조).[150]

---

147) 오영재, 「그가 남긴 생의 여운 - 시인 최영화를 추억하여」, ≪조선문학≫ 2003년 2호 참조.

148) 백인준 위원장과 함께 한 부위원장은 최영화, 신진순, 김용원, 길수암, 최창근 등임. 최영화, 신진순 사후, 김정호, 송석환이 부위원장으로 활동함.

149) 그 기본 임무는, ① 당의 로선과 정책을 관철하기 위한 동맹 단체들의 전반적 또는 매 시기의 당면 과업들과 문학예술 창작상 제 문제를 토의 결정하고 지도한다. ② 작가·예술가에 대한 사상 교양 사업과 그들의 창작적 기량을 높이기 위한 예술 교양 사업을 진행한다. ③ 근로 대중 속에서 문학예술을 대중적으로 발전시켜서 신인들을 군중적으로 선발 육성하는 사업을 진행한다. ④ 문예총 간부를 양성하기 위한 대책을 토의 강구한다. ⑤ 대외 관계에서 문예총을 대표한다. ⑥ 문예총 예산을 승인하며 동맹 재정을 관리한다. ⑦ 문예총 기관지 및 기타 출판물을 출판한다.

150) 오양열, 「남·북한 문예정책의 비교연구」, 99쪽 및 장철, 「당과 수령의 품속에서 문예총이 걸어 온 영광의 55년: 예술교양단체로서의 문학예술총동맹」 참조.

<그림 6-1> 문예총 조직표

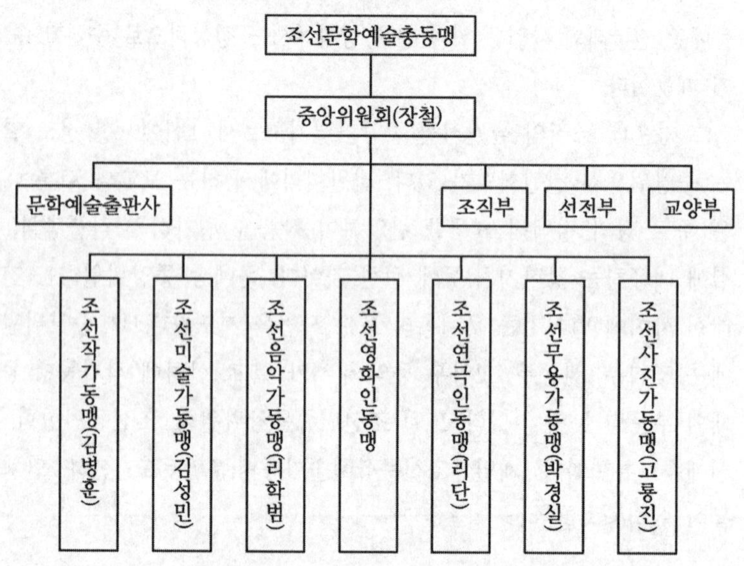

출처: 최척호, 『북한영화사』, 129쪽을 참조하여 보완하였음.
*( )은 2001년 현재 각 중앙위원회 위원장 이름임. <영화인동맹>은 위원장 공석. 부위장: 리승환, 주종일, 황경철. <문학예술출판사>에는 현대문학편집부, 조선문학편집부, 청년문학편집부, 아동문학편집부, 조선예술편집부, 조선미술편집부, 외국문학편집부 등이 소속되어 있음.

문예총 산하 중 작가동맹의 경우, 1953년 9월 26~27일 평양에서 열린 제1차 조선작가대회에서 구성한 조직을 보면,[151] 중앙위원회(위원장 한설야 외 서기장, 위원들로 구성), 상무위원회, 소설분과위원회, 시분과위원회소설, 극문학분과위원회, 아동문학분과위원회, 평론분과위원회, 기관지 주필, 편집위원회 등으로 되어 있었다. 1956년 10월 14~16일 평양에서 열린 제2차 조선작가대회에서 구성한 각급 기관과 각 부서를 보면,[152] 중앙위원회(위원장 한설야 외, 부위원장 3인, 위원들과 후보위원들

151) ≪조선문학≫ 창간호, 1953년 10호에 게재.
152) ≪조선문학≫ 1956년 11호에 게재.

로 구성), 중앙검사위원회, 중앙상무위원회(위원과 후보위원) 등 중앙의 실행조직이 보강되었다. 창작분과는 소설분과 4개로 되어 있던 것에, 외국문학분과위원회, 고전문학분과위원회, 남조선문학분과위원회 등이 추가되고, 신인지도부가 조직부서로 특화되어 있다.[153] 그 외, 인사와 경리를 맡는 조직부와 강연 사업을 보장하는 선전부가 있다. 출판부서로는 조선문학, 청년문학, 아동문학, 문학신문 등 4개 기관지와 단행본부의 편집위원, 주필을 구성했다. 동맹의 지방조직으로는, 각 도지부(량강도 자강도는 작가반)와 개성시 지부가 조직되어 있었다. 현재 작가동맹의 조직은 남조선문학분과위원회를 대신하는 101호 창작실이 당 중앙 소속으로 별도로 조직되고, 그 외 분과조직은 동일하다(<그림 6-2> 참조. 101호 창작실은 4·15창작단처럼 행정적으로 중앙당 3호청사에 속하고, 문예총은 간접적인 관할을 한다).[154]

각 동맹은 분과위원회와 지방조직이 설치되어 있다. 작가동맹에는 각 도(시)위원회가 있고, 그 외 동맹의 지방조직은 각 도(직할시)에 동맹들을 묶어 하나의 지부조직으로 되어 있다.[155] 문예총 산하 부문별 동맹의 기본 조직은 동맹 지부이다. 동맹 지부는 동맹 상급 기관의 결정 지시들과 창작 및 이론상 문제들을 토의하고 집행하며 작가·예술가들에 대한 사상 예술 교양 사업과 신인 육성 사업을 진행한다.

---

153) 신인지도부는 1년에 1달씩 문학통신강습을 조직한다. 대상은 문학지망 근로자로 20~60세에 이르기까지 광범위하게 참가한다. 또한 1년에 1달씩 문학통신원 중앙강습을 조직한다. 신인지도부에서 김정일의 말씀을 앉힌 문학통신원 강습참가 공문을 매기관 기업소, 협동농장의 당 위원회에 내려주면, 전국의 문학신인들 중 실력 있는 사람을 선출하여 참가시킨다(2000년 7월 28일 최진이 증언).

154) 위 최진이 증언.

155) 상동.

<그림 6-2> 작가동맹 조직표

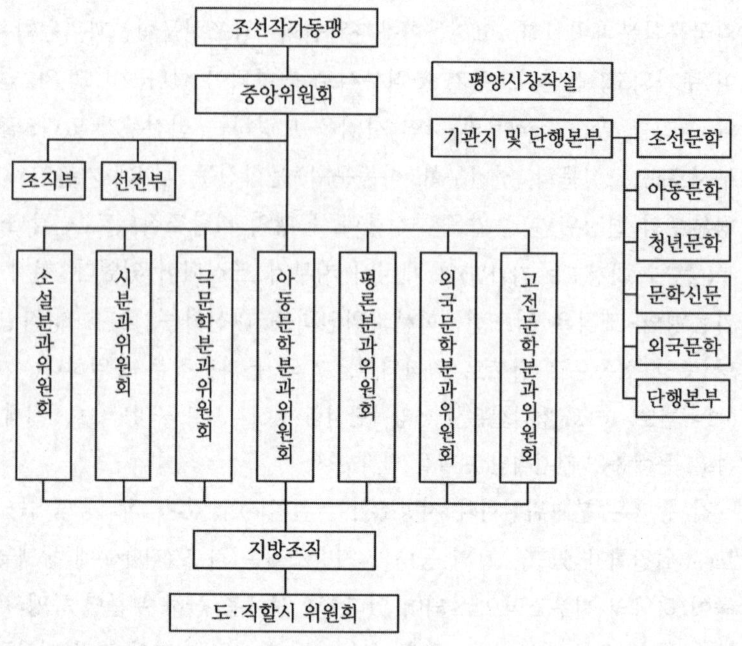

*1995년경, <조선문학창작사>가 <평양시창작실>로 개편됨(최진이 증언).

2) 활동

(1) 창작활동과 작품 검열

북한에서 개인의 사회활동은 조직생활을 기본으로 해야 한다. 당원은 당조직에, 비당원은 근로단체에 망라되고, 특별하게는 사회단체의 성원도 겸하여, 누구나 생활총화를 통해 정치적인 교양을 받는다. 작가들의 창작활동도 집단적 의미를 가진다. 1960년대 초반부터 창작의 자유를 부르짖는 무규율적·자유주의적인 창작방법을 없애고, 집단 통제 속에서 단련하면서 혁명적으로 창작하는 기풍을 요구하여, 집단 집필을 위한 창작실을 주요 시·도에 설치한다. 특히 4·15문학창작단(1967년 창단)은 문학창작기관의 본보기가 되는데, 창작사업에 대한 지도체계를 사상적으로 집체적으로 만들었다.[156)]

창작체계를 제도적인 장으로 끌어냄으로써 작가들에게 사상투쟁의 분위기를 고조시켰고, 당 생활에서 나타나는 사소한 결함도 묵과하지 않고 제때에 강한 타격을 주어 극복하도록 하였다. 이렇게 하여 작가들이 집체적으로 생활하면서 작품을 창작하고, 작품심의를 비롯한 창작지도체계를 새롭게 세우게 되었다.[157)] 그것은 문학예술사업에 대한 당의 영도에서 정치사업을 확고히 앞세우며, '집체적 유일심의방법'[158)]에 의해 창작지도를 한다는 말이다.

작가의 창작활동은 소속 작가동맹 창작실에서 일상 근무하며, 일과와 함께 대중들처럼 사상학습과 생활총화를 한다.[159)] 반드시 소속 기관이나 해당 동맹에 맹원 또는 후보맹원으로 등록되어 있어야 한다.

북한에서 작가다운 명예는 작가동맹의 맹원[160)]으로 가입됨으로써 얻어진다. 작가동맹의 정맹원이 되지 못한 신인작가, 문학통신원들은 문예총의 맹원(정맹원, 후보맹원)이 된다.[161)] 문예총이나 작가동맹 맹원으로서 권리는 크게 두 가지가 있는데, 하나는 1년에 2번 작가강습에 참여하는 것과, 다른 하나는 우산장과 같은 창작실을 이용할 수 있는 자격이다.

---

156) 김정일, 「4·15문학창작단을 내올데 대하여」(조선로동당 중앙위원회 선전선동부 책임일군들과 한 담화 1967년 6월 20일), 『김정일선집』 제1권, 250쪽.

157) 김정일, 「조선영화문학창작사에 대한 지도사업을 잘하기 위한 몇가지 문제에 대하여」(조선로동당 중앙위원회 선전선동부 영화과 일군들과 한 담화, 1967년 6월 30일), 『김정일선집』 제1권, 251-260쪽 참조.

158) 사회과학원 문학연구소, 『주체사상에 기초한 문예리론』, 49쪽.

159) 작가생활에 대한 참고: 「북한문학의 실태」, 『'북한문학'-북한주민의 정서생활에 관한 연구』, 국토통일원, 1978, 111-122쪽.

160) 후보맹원은 단편소설이나 시를 3편 이상, 40편 이상을, 정맹원은 6편 이상, 80편 이상을 발표해야 가입자격이 된다. 전국 맹원 수는 2000명 정도. 최진이 증언(2000년 7월 28일).

161) 이로써 기성작가와 여타 작가가 구별된다. 이를테면 출판사 소속 문예총 맹원은 작가동맹 맹원이 되는 게 소원이라 한다. 최진이 증언(2003년 1월 28일).

현재 작가강습은 맹원들의 활동에서 중요한 몫을 차지한다. 이를 통해 작가들은 시사와 정세에 대한 실질적인 교양을 얻기도 한다. 1999년 4월 27일부터 3일간 평양에서 진행된 53차 작가강습을 보자. 작가동맹 중앙위원회 김병훈 위원장은 '세계 사회주의운동의 공인된 지도사상리론가로서의 김정일'에 대한 내용과 '강성대국건설에 이바지하는 명작을 더 많이 창작하자'는 주제로 강의했다. 그리고 창작 및 현실체험, 경험토론이 있었다. 작가들의 토론에서, 혁명전설발굴과 정리사업의 경험, 순천지구 현실체험과정에 얻은 교훈, 「시초 <영웅찬가>」 창작경험 등에 대해 토론했다. 이어 작가들의 식견을 넓히는 데 이바지하는 여러 강의와 문화사업이 있었다. 작가강습은 작가에게 현실발전의 요구에 맞게 주체의 강성대국건설에 힘 있게 이바지하는 시대의 명작들을 더 많이 창작할 수 있게 해 주는 계기가 된다.[162]

1980년 1월 제3차 작가대회 이후 전국문학자대회가 없는 상황에서, 작가강습은 회의를 대신하기도 한다.[163] 그리고 내각 문화성이 매월 주최하는 강습에는 모든 문예총 관련 성원과 작가 예술인들이 참여한다. 강연제강은 중앙당 위원회 선전선동부 강연과에서 만들고 노동당출판사 편집부에서 편집인쇄하여 쓴다.

그 밖에 창작활동에서 당의 개입은 일상화되어 있다. 예를 들면, 중앙당 문학과 부과장과 1명의 지도원이 매주 2~3차씩 작가동맹 평양시창작실 시분과에 나와 김정일의 최근활동 소식을 알려주고, 그에 대한 작품창작을 요구하고 있다.[164]

북한에서 작품의 평가는 작품평론이나 작가동맹의 분과위원회에서 실시한 창작총화회의 등에서 이뤄졌다. 그러다가 당 문학의 의미가 유일사상체계에 의한 당의 영도로 바뀌면서 검열의 제도화가 필요했다.

---

162) 『조선문학예술년감 2000』, 평양: 문학예술종합출판사, 2000, 192쪽.
163) 최진이 증언(2003년 1월 28일).
164) 최진이 증언(2000년 7월 28일).

김일성은 민족문화유산을 정확히 평가하고 처리하기 위하여 당, 정권기관, 교육, 문학예술 부문의 책임적인 일군들로 국가심의위원회를 조직하는 것이 필요하다고 언급했다. 이렇게 만들어진 국가심의위원회는 옛날 책들을 하나하나 검토하여 혁명에 해로운 것과 해롭지 않은 것을 갈라놓고 정확히 평가처리하는 일을 했다. 김정일은 그 가운데 진보적인 것이라도 미숙한 사상성과 시대적 제한성이 있으면, 시대의 요구에 맞게 해설을 달아서 내보낼 것을 요구했다. 국가심의위원회는 당과 혁명, 역사와 인민 앞에 완전히 책임지는 입장에서 민족문화유산을 발굴하고, 고전문학, 20세기 초기의 문학예술작품을 발굴정리하고, 1930년대의 혁명적인 문학예술작품들을 찾아내도록 했다.[165)]

북한에서 문예작품 심의는 그 종류와 특성에 따라 구분된다.[166)] 심의가 엄격한 분야는 소설, 시, 아동문학, 희곡 등 문학작품이다.

첫번째 단계는 소속 기관의 심의이다. 4·15문학창작단, 조선문학창작사(평양시창작실)[167)] 등에 소속되어 창작활동만 하는 현역작가는 소속 창작사의 부책임자, 최고책임자, 당비서의 심사를 각각 통과해야 한다. 특히, 수령형상문학 문학작품을 전담하고 있는 4·15문학창작단의 작가들의 작품은 첫 단계에서부터 중앙당 선전선동부 문학과의 지도 및 심의를 받는다.[168)]

---

165) 김정일, 「민족문화유산을 옳은 관점과 립장을 가지고 바로 평가 처리할데 대하여」(조선로동당 중앙위원회 선전선동부 일군들과 한 담화, 1970년 3월 4일), http://www.uriminzokkiri.com/uriminzokkiri/>불후의 노작(검색일: 2003년 4월 5일).

166) 이에 관한 것은 연합뉴스, 2002.3.24.http://nk.chosun.com/ 검색어: 심의 검열제도(검색일: 2003.4.5) 참조.

167) 조선문학창작사는 1982년 만들어져, 문예총 중앙위원장 백인준이 작가동맹 중앙위원장을 겸하게 된 1994년 말경에 이를 해체하고, 대신 작가동맹 중앙위원회에 평양시창작실을 내왔다. 이 점은 백인준의 개인적 영향력에 힘입어 창작조직의 중심을 작가동맹 중앙위원회로 회복시킨 셈이다.

168) 당 선전선동부 직속 문예단체들(예: 조선영화문학창작사, 피바다가극단, 만수대창작사 등)을 '중앙 문화예술단체'라고 하여, 행정적으로는 내각 문화성에 소속되지만, 정치생활과 예술활동은 당의 직접적인 지시를 받는다. 작가동맹, 4·15문학창작단 등 문학단체는 행정적으로도 문화성 관할이 아니다: 최선영, "북 문예단

출판사 등 직장에 다니면서 창작활동을 하는 현직작가들의 작품은 해당기관 당비서의 승인만 받으면 된다. 단, 장·중편의 경우에는 평양시창작실의 심의를 거쳐야 한다. 문학통신원을 비롯한 신인들의 작품은 작가동맹 평양시창작실의 군중문학지도부의 심의를 더 거쳐야 한다.

두번째 단계는 소속기관에서 심의를 통과한 작품을 펴내는 출판사에서 한다. 출판사 내부 검열부서의 검열은 사상성에 집중된다.

세번째는 작품국가심의위원회의 검열을 받아야 한다. 이 심의위원회는 작품의 사상성과 예술성을 다 심사하지만 예술성에 더 비중을 두고 있다고 한다.

네번째는 출판검열총국의 검열을 받아야 한다. 출판검열총국은 북한에서 발간되는 도서·잡지·신문 등 모든 출판물과 문학작품들, 방송에 나갈 원고들까지 전부 검열하여 최종적으로 승인하는 비공개기관이다. 출판검열총국의 검열원칙은 사상성에 기본을 두고 있으며, 이 같은 문학작품의 심의는 예외 없이 적용된다.

문학작품의 심의체계는 1972년 이후, 영화문학과 일반 문학작품을 구분했다. 영화문학은 문화성의 작품국가심의위원회에서 심의한다. 소설 등 문학작품은 '3위1체'의 원칙에 따라서 당, 사회단체인 문예총, 국가기관인 문화성으로 구성된 강력한 작품국가심의위원회에서 심의한다.[169]

(2) 인민교양활동

북한은 일찍이 현장과 거리로 나가는 문학예술 활동을 많이 했다.[170] 직장, 농촌, 학교를 찾아가는 선전선동대만 아니라, 작가들도 창작과 선

체 조직구성 어떻게 돼 있나", 연합뉴스, 2001년 9월 25일.

169) 김정일, 「문학예술작품창작에서 혁명적인 전환을 일으킬데 대하여」(조선문학예술총동맹산하 창작가들의 사상투쟁회의에서 한 결론, 1972년 9월 6일), 『김정일선집』 제2권, 455쪽.

170) 『조선중앙년감 1949년』에 보면, 9개의 전문극단과 9개의 이동연예대(移動演藝隊), 수천의 연극동호회가 현장을 찾아갔다. 현재는 수많은 각종 선전선동대 활동이 일상으로 이뤄짐.

전전을 위해 현장으로 갔다. 작가동맹 중앙위원회, 각 도(시) 작가동맹은 해마다 새해 공동사설을 받아 안고 새로운 혁신과 위훈창조를 위해, 전국 각지 공장, 기업소, 건설장에 나가 작품창작과 경제선동을 한다. 이로써 당원들과 근로자의 투쟁기세와 열의를 더욱 북돋아, '강성대국건설의 위대한 전환의 해'와 같은 구호로 제시하는 당정책을 관철하는 데 적극 이바지한다.[171)]

구체적 사례를 보면, 작가동맹 량강도위원회 시인들은 대홍단군 홍암분장과 삼지연군 무봉로동자구 등 김정일이 현지지도했던 곳을 찾아 "현지답사"를 진행하면서 창작사업을 벌였다. 작가동맹 평양시창작실 시인들은 평남-남포고속도로 건설장, 각 지구에 나가 '시낭송 경제선동'을 진행했다. 이처럼 중앙과 지방의 작가동맹에서 지역 건설장, 공장기업소, 협동농장 등 현장을 찾아가서, 당적 정치사업의 하나로 당면과업을 관철시켜서 창작하고 근로자에게 혁명 열의를 고무한다.[172)]

5. 결론

사회주의 사회에서 문학예술사업은 사회주의건설의 한 부문으로서 국가적인 사업으로 조직·진행된다. 그 관건은 사람과의 사업, 정치사업을 앞세워 사람들의 사상의식을 혁명적으로 개조하는 데 있다. 혁명화에서 문학예술은 중요한 수단이 된다. 문예총은 사상교양단체로서, 작가·예술인들에게 혁명의 목적에 맞는 창작을 고무하되 행정식 사업방식을 지양하고 철저히 정치사업으로 되게 하는 데 의의를 둔다.

---

171) 『조선문학예술년감』에, 중앙과 각도(시) 작가동맹에서 벌인 현장활동 내용이 실린다.

172) 사업 조직은 주로 작가동맹의 당일군인 초급비서, 부문별 비서들이 제안하여 된다고 함(최진이 증언).

북한에서 정치는 당이 주도하는 주체사상 일색화에서 나오는 것이므로, 문학예술단체인 문예총도 당의 외곽단체로서 역사를 이어왔다. 당의 문학예술은 거대한 당사업이 돌아가는 데 톱니바퀴나 나사못처럼 전체의 한 부분으로 작동하는 것이다. 문예총이 형성될 때는 당 문학의 성격이 지금과는 달랐다. 문학예술인의 조직체는 문화선전전의 투사로 되어, 당정책과 노선을 인민에게 전달하는 인전대 역할을 일사불란하게 한 것도 아니고, 또 문학이 그런 성격을 가지고 창작되어야 한다는 통일성도 없었다. 해방 직후, 민주건설기의 국가성격을 보는 입장이 달랐듯이, 현실을 인식하고 문제를 문학에 반영하는 사회주의적 사실주의의 원칙이 각기 다르게 해석되었기 때문이다. 그래서 문학동맹(작가동맹)의 초기에는 평론사업이 중요시되었다. 이런 이론적 투쟁 가운데 조직은 역동적으로 움직였다.

당정책의 형상화가 작품창작의 동기가 되고, 작품은 인민교양을 위해 써야 하는 것이므로, 작가들이 현장으로 들어가는 문제는 당-인민의 인전대로 역할할 수 있는 수단이 된다. 이 점에서 북한에서는 해방공간에서부터 현재까지 작가가 배낭을 꾸려 공장, 농촌을 찾아가고 있다. 현재는 작가동맹에서 조직을 만들어 현장에 가서 경제선동대로 시낭송을 하는 일도 하고 있다.

이처럼, 문학예술 대중화와 군중문화 중시 정책에 따라, 주로 공장, 농촌에서 신인작가를 배출하고 있다. 인민의 현실을 당성, 계급성, 인민성의 원칙 아래 반영하는 것이 사회주의적 사실주의의 일반론인데, 북한은 거기에다 속도전과 종자론을 덧붙인다. 정책을 속도전으로 반영하여 작품창작을 해내고, 작품은 사상적 알맹이 곧 종자를 바로잡아 주체사상을 구현해야 한다는 것이다. 이 종자론은 사상검열의 기제로 작용한다. 즉 모든 작가, 예술인의 당성을 타율적으로 잼으로써, 결과적으로 문예총·작가동맹의 역동성은 약화되었다.

문예총·작가동맹은 문예정책의 차원에서는 당성, 계급성, 인민성의 원칙을 고수하는 데서 사회주의 문학의 정체성이 확립된다. 이 원칙은 사회주의 혁명의 보편적 가치이기도 하다. 따라서 문예총은 정치적 차원에서 당대회의 결정과 밀접한 관계 속에서 변화했다.

6·25전쟁 직전 문예총 3차대회를 계기로, 당정책과 계획경제 방식에 문학예술의 창작체계를 일치시켜 작가·예술인들은 '계획생산'을 본격화했다. 당 3차대회의 당사상 사업의 영향으로 문예조직에도 숙청이 뒤따랐고, 당 4차대회 때는 천리마대고조식의 사회주의적 개조사업의 영향 아래 창작지도체계를 변화시켰다. 이후, 속도전과 종자론은 사상적으로 주체사상 일색화에서, 경제적으로는 자력갱생에서 문학예술의 선전선동성을 극대화하였다.

이런 변화 속에서 문예총 조직을 '김정일의 절대적인 숭배자, 수령결사옹위의 선봉투사들의 조직으로 꾸린다'는 것을 혁명의 내용으로 채움으로써, 조직의 자율적 기능을 마비시켰다. 이런 모습은 서서히 굳혀온 김정일 권력화의 길과 다를 바 없다. 현재는 그것이 선군혁명 노선에 따라 '문예총 지도일군들이 인민군대의 지휘관들처럼 주도성, 창발성, 헌신성을 지니고 전진의 돌파구를 열어 나가는 유능한 작전가가 될 것'을 요구함으로써, 새로운 전형을 군대적인 것에서 찾은 점이 시대의 특징으로 나타나고 있다.

이와 같은 선군혁명의 지점에서 조직의 변화는 그동안 문학예술사업에서 작업한 주체문예이론의 일반화처럼, 선군혁명문학 이론의 보편성을 어떻게 획득하느냐에 달려 있다 하겠다.

<참고문헌>

1. 북한 문헌 및 자료

1) 김일성, 김정일 저작

김일성. 1979-1997, 『김일성저작집』 제1권~제47권, 평양: 조선로동당출판사.

김정일. 1987, 『주체혁명 위업의 완성을 위하여』 제5권, 평양: 조선로동당출판사.

_____. 1992-2000, 『김정일선집』 제1권~제14권, 평양: 조선로동당출판사.

_____. 1992, 『주체문학론』, 평양: 조선로동당출판사.

2) 단행본

국토통일원 편. 1980, 『조선로동당대회 자료집』 1~3집, 국토통일원.

과학원 언어문학연구소 문학연구실. 1961, 『조선로동당의 문예정책과 해방 후 문학』, 평양: 과학원출판사.

김민·한봉서. 1985, 『령도체계』(위대한 주체사상총서 9), 평양: 사회과학출판사.

김정웅. 1984, 『문학예술건설경험』, 평양: 사회과학출판사.

김정웅·천재규. 1998, 『조선문학사』 제15권, 평양: 사회과학출판사.

김하명. 1977, 『문학예술작품의 종자에 관한 리론』, 평양: 사회과학출판사.

박승덕. 1985, 『사회주의문화건설리론』(위대한 주체사상총서 8), 평양: 사회과학출판사.

사회과학원 문학연구소. 1975, 『주체사상에 기초한 문예리론』, 평양: 사회과학출판사.

유수복 편. 1996, 『위대한 령도자 김정일동지의 사상리론: 경제학』 제1권, 평양: 사회과학출판사.

정룡진·강진. 1993, 『친애하는 지도자 김정일동지 문학령도사』 제3권, 평양: 문학예술종합출판사.

조총련 문화부 편. 1965, 『조선로동당의 문예정책과 문학예술(문예학습자료)』, 동경: 재일본조선인총련합회 중앙상임위원회 문화부.

조선문학가동맹 편. 최원식 해제. 1988, 『건설기의 조선문학: 제1회 전국문학자대회 자료집 및 인명록』, 온누리.

최형식. 1999, 『조선문학사』 제13권, 평양: 사회과학출판사.

탁진 외. 1994, 『김정일 지도자 제2부』, 평양: 평양출판사.

『조선문학가동맹총서』(전4권, 영인본), 창조사, 1999.

조선민주주의인민공화국 과학원 언어문학연구소 문학연구실 편, 『항일무장투쟁 과정에서 창조된 혁명적 문학예술』, 평양: 과학원출판사, 1960.

3) 논문, 연설문, 담화문, 결정서

『결정집 1956년도』, 평양: 조선로동당 중앙위원회.

『결정집(1946. 9~1951. 11 당 중앙위원회)』, 평양: 조선로동당 중앙위원회.

김기철. 2003, 「군민일치의 미풍을 높이 발휘하는 것은 우리 혁명의 주체를 강화하기 위한 중요한 담보」, ≪철학연구≫ 1호.

김철. 2000, 「작가의 참모습」, ≪조선문학≫ 8호.

류만. 2001, 「새 세기 명작창작의 앞길을 밝혀 준 강령적지침」, ≪조선문학≫ 4호.

류제일. 2003, 「선군사상에 의한 혁명의 주력군문제의 새로운 해명」, ≪철학연구≫ 2호.

리현순. 2001, 「문학예술에서의 선군혁명로선의 구현」, ≪조선예술≫ 4호.

박웅걸. 1966, 「혁명적 작품 창작에서 더욱 새로운 앙양을 이룩하자」, ≪문학신문≫ 1966년 1월 4일자.

박철수. 2002, 「우리 인민군대를 혁명의 주력군으로 키우는 위대한 령도」, ≪천리마≫ 2002년 4호.

서기국(書記局). 1946, 「조선문학가동맹운동사업개황보고」, ≪문학≫ 제1호(1946년 7호).

서만일. 1952, 「문학에 있어서의 당성(2)」, ≪문학예술≫ 제5권 제9호.

안함광. 1947, 「북조선민주문학운동의 발전과정과 전망」, ≪조선문학≫ 창간호.

_____. 1953, 「김일성 원수와 조선문학의 발전(1)~(4)」, ≪문학예술≫ 4호~7호.

오영재. 2003, 「그가 남긴 생의 여운: 시인 최영화를 추억하여」, ≪조선문학≫ 2호.

장철. 2001,「당과 수령의 품속에서 문예총이 걸어 온 영광의 55년: 예술교양 단체로서의 문학예술 총동맹」, ≪문학신문≫ 2001년 3월 24일자.

한설야. 1959,「공산주의 문학 건설을 위하여」, ≪조선문학≫ 3호.

「수기묶음: 위대한 사랑의 나날을 더듬어」, ≪청년문학≫ 4호, 2002.

「시집 <응향>에 관한 결정서: 북조선문학예술총동맹 중앙상임위원회의 결정서」, ≪문학≫ 제3호, 1947.

「잡지 ≪별≫과 ≪레닌그라드≫에 관한 1946년 8월 14일부 소련공산당 중앙위원회의 결정서」, ≪문학≫ 제3호, 1947.

4) 신문, 잡지 및 기타

북한의 연감: 『조선중앙년감』. 『조선문학예술년감』 1998~2000.

북한의 정기간행물: ≪로동신문≫, ≪문학신문≫, ≪조선문학≫, ≪조선예술≫, ≪청년문학≫ 등.

사회과학원 경제연구소, 『경제사전』 제2권, 평양: 사회과학출판사, 1970.

『경제사전』 제2권, 평양: 사회과학출판사, 1985.

『문학예술사전』, 평양: 과학백과사전출판사, 1972.

『백과전서』 제4권, 평양: 과학,백과사전출판사, 1983.

『우리 민족끼리』, http://www.uriminzokkori.com/uriminzokkiri/, 불후의 노작(검색일: 2003년 4월 5일).

『정치사전』, 평양: 사회과학출판사, 1973.

『철학사전』, 평양: 사회과학원 철학연구소, 1985, 번각본; 서울: 힘, 1988.

2. 남한과 외국 문헌 및 자료

1) 단행본

경남대 극동문제연구소 편. 1991,『북한자료집 김정일저작선』, 경남대 극동문제연구소.

구상. 1970,『구상문학전집』, 성바오로출판사.

국토통일원 편. 1974, 『북한의 문학예술분야 사업총화집(1949~1970)』, 국토통일원.

김성수. 1994, 『사실주의 비평사 사료집』, 한림대학교 아시아문화연구소.

김윤식 편. 1989a, 『원본 한국현대현실주의 비평선집』, 나남.

_____. 1989b, 『해방공간의 민족문학 연구』, 열음사.

김윤식. 1989, 『해방공간의 문학사론』, 서울대출판부.

김재용. 1998, 『민족과 문학』(안함광평론선집 3), 도서출판 박이정.

김재용·이헌식 편. 1998, 『문학과 현실』(안함광평론선집 4), 도서출판 박이정.

돌베개 편집부 편. 1988, 『북한 '조선로동당' 대회 주요 문헌집』, 돌베개.

V. I. 레닌. 1988, 『레닌의 문학예술론』(이길주 역), 논장.

D. S. 미르스끼. 2001, 『러시아문학사』(이항재 역), 문원출판.

박종성. 1992, 『박헌영론』, 인간사랑.

서대숙·이완범 공편. 2001, 『김일성 연구자료집: 1945~1948년 문건』, 경남대학교 극동문제 연구소.

서정남. 2002, 『북한영화탐사』, 생각의 나무.

윤재근·박상천. 1990, 『북한의 현대문학』 제2권, 고려원.

이구열. 2001, 『북한미술 50년』, 돌베개.

이우영 외 3명. 2002, 『통일시대 문화행정조직 구성을 위한 남북한 문화행정조직 비교연구』, (사)한국민족예술인총연합 문화정책연구소.

이종석. 2000, 『새로 쓴 현대북한의 이해』, 역사비평사.

이종석·백학순. 2000, 『김정일시대의 당과 국가기구』, 세종연구소.

이찬행. 2001, 『김정일』, 백산서당.

전영선. 2002, 『북한의 문학예술 운영체계와 문예 이론』, 역락.

중앙일보특별취재반. 1992, 『비록·조선민주주의 인민공화국』, 중앙일보사.

최성. 2002, 『김정일과 현대북한체제』, 한국방송출판.

최척호. 2000, 『북한영화사』, 집문당.

통일부. 1999, 『북한개요 2000』, 통일부.

한국예술연구소, 세계종족무용연구소 편. 2000, 『북한 월간 ≪조선예술≫ 총목록과 색인』, 한국예술종합학교 한국예술연구소.

현수. 1952, 『적치6년의 북한문단』, 중앙문화사.

2) 논문

고재남. 1991, 「소련작가동맹에 대한 공산당 정책의 변화」, ≪한국과 국제정치≫ 제7권 2호(가을-겨울호).

_____. 1990, 「소련작가동맹의 생성배경과 구조 및 특권」, ≪중소연구≫ 14권 4호(겨울).

곽승지. 1997, 「북한의 '우리식사회주의' 성격에 관한 연구」, 동국대학교 대학원 박사논문.

김재용. 1992, 「북한학계의 '반종파투쟁'과 카프 및 항일혁명문학」, ≪역사비평≫ 봄호.

반성완. 1990, 「사회주의리얼리즘의 역사적 전개와 그 이론」, ≪중소연구≫ 14권 4호(겨울).

오양열. 1998, 「남·북한 문예정책의 비교연구」, 성균관대학교 대학원 박사논문.

최선영. 2001, 「북 문예단체 조직구성 어떻게 돼 있나」, 연합뉴스, 2001년 9월 25일자.

최진이. 2000, 「<조선작가동맹>대해부: 북한문학의 최고 산실」, ≪월간중앙≫ 12월.

3) 신문, 잡지 및 기타

연합뉴스, http://www.yonhapnews.co.kr.

≪NK조선≫, http://nk.chosun.com/, 검색어: 심의 검열제도(검색일: 2003년 4월 5일).

최진이(전 작가동맹 시인, 1999년 남한 입국) 증언.

최척호. "북 문예총 기능과 역대 위원장들의 위상", http://www.yonhapnews.co.kr(검색일: 2002년 10월 7일).

현성일. "북한사회에 대한 노동당의 통제체계", http://www.koreascope.org, 연구논문자료, 1997년 12월(검색일: 2003년 2월 1일).

제7장 대외경제기구

동용승

1. 서론

북한을 비롯한 사회주의국가들은 전반적으로 대외경제 부문의 비중이 그다지 높지 않았다. 그 이유는 자급자족에 기초한 계획경제 시스템에 기인한다. 사회주의국가들은 내부적 자원동원을 통한 경제운영을 기본으로 하면서 부족한 부분을 외부에서 조달하는 방식을 취했기 때문에 상대적으로 대외경제 부문에 대한 중요도가 낮았던 것이다. 특히 북한은 자력갱생의 기초하에 자립적 민족경제건설을 목표로 해오고 있기 때문에 그러한 성향은 더욱 강하다고 할 수 있다. 당적 지도의 방식으로 경제운영을 장악하고 있는 조선 노동당 차원에서도 대외경제 부문에 주력하기 위해 외곽단체를 구성하는 움직임은 찾아보기 더욱 어려운 실정이었다. 따라서 사회주의권 붕괴 이전 북한의 대외경제관련기구들에 대해 정리된 자료들 또한 거의 없는 실정이다. 일반적으로 내각에 소속된 무역기관들을 중심으로 여타 사회주의국가들과 전통적인 경제관계를 유지해왔다.

그러나 북한은 현재 대외관계 측면에서 많은 혼란을 겪고 있을 것으로 보인다. 사회주의권 붕괴 이후 북한이 기존 시스템으로 대응할 수 없는 상황이 계속되고 있기 때문이다. 지난 10여 년 동안 북한이 새로운 국제사회에 진출하려는 시도는 핵문제 등으로 번번이 좌절됨으로써 내부 시스템을 변경하려는 시도 역시 혼선을 초래할 수밖에 없었을 것이다. 더욱이 체제유지라는 근본적 제약조건하에서 부분적인 시스템의 변경은 오히려 북한 내부의 혼란을 가중시키기에 충분했다. 그러나 북한은 대외경제 부문의 역할이 부족한 부분을 보충하는 것이었기 때문에 부족한 부분이 충족되지 못할 경우 북한경제의 어려움은 더욱 가중될 수밖에 없는 구조적 취약성을 가지고 있다. 식량과 에너지 부족으로 나타나고 있는 북한의 경제난은 이러한 환경적 요인에 기인하고 있다 해도 과언이 아니다. 이에 따라 1990년대에 접어들면서 현재까지도 북한은 경제문제 해결을 위해 다양한 시도를 하게 된다. 나진선봉 개방, 외국인투자법의 대대적 도입과 함께 새로운 무역체계의 실시, 무역제일주의 선언 등 새로운 제도들이 만들어졌으며, 여기에 맞춰 이를 담당하는 기구들 또한 다양한 모습으로 나타나게 된다. 더욱이 남북경협이 점진적으로 확대되면서 남북한 경제교류와 관련된 기구들의 변화도 눈에 띄는 대목이다.

이러한 환경적 요인이 1990년대 이후 북한 대외경제관련기구의 변화에 그대로 반영되어 나타나는 현상을 발견할 수 있다. 그러나 이 부분 역시 관련 자료를 찾아보기 힘들다. 변화에 적응하기 위한 현상들이 지속적으로 전개되고 있을 뿐만 아니라, 북한체제의 폐쇄성으로 인해 그 정확한 실상을 파악하기가 힘들기 때문이다.

본 논문의 문제의식은 여기에서 출발한다. 전통적인 북한의 대외경제기구들이 탈냉전 이후 보이는 변화들을 살펴보면서 실질적으로 노동당의 영향력이 어떤 방식으로 각각의 경제기구들에 영향을 미치며, 어떤 시스템으로 정착되어 가고 있는가를 살펴보는 데 주안점을 두고자 한다.[1] 또한 이 과정에서 북한체제 내 형성되고 있는 조직간의 갈등구조를

1) 조선 노동당의 외곽단체 연구의 일환으로 대외기구 분야를 검토하는 것이 본 논

구체적인 사례 검토를 통해 파악해보고자 한다. 그러나 앞서 지적했듯이 관련 자료들이 절대적으로 부족할 뿐만 아니라 대부분 인적 접촉과 언론 보도를 통해 구전되고 있는 내용을 정리하는 것이기 때문에 자료의 신뢰성이 약하다는 제약이 있다. 따라서 본 논문은 북한 대외경제기구의 모습을 정리하기 위한 초보적 작업이라 할 수 있을 것이다.

2. 북한 대외경제기구의 특징

1) 중국의 대외경제기구

(1) 개혁·개방 이후의 대외경제기구

개혁개방 이전까지 중국은 대외무역 등 대외경제관계가 중국경제에서 차지하는 비중이 그다지 높지 못했다. 이는 전통적으로 중국의 방대한 국토와 인구 규모를 감안할 때 대외관계보다는 내부적인 관계가 상대적으로 중요한 역할을 담당했기 때문이다. 여기에 1949년 사회주의체제로 전환한 이후 선택한 성장전략 및 대외경제관계에 대한 부정적인 시각으로 인해 대외무역 등 대외경제관계는 더욱 위축될 수밖에 없었다.

중국은 1978년 12월 제11기 중국공산당 3중전회(中全會)에서 경제개혁과 대외개방노선을 채택하고, 계획경제에서 사회주의 시장경제로의 경제체제 전환을 추진하기 시작했다. 이에 따라 대외관계에 있어서 서방국

문의 목적이지만, 현실적으로 외곽단체로서 대외분야를 담당하는 기관을 분석대상으로 삼는 것에 한계가 있을 정도로 미미할 뿐만 아니라, 1990년대 이후 북한의 대외환경이 급변하면서 나타나는 대외경제기구의 변화는 북한체제의 지속성과 변화라는 측면에서 노동당의 외곽단체의 범위를 넘어서서 살펴봐야 하는 중요한 함의를 가지고 있다. 또한 비록 내각에 소속된 기관이라 할지라도 실질적으로 당적 지도에 의해 노동당의 지휘 감독을 받고 있으므로 포괄적으로 당의 외곽기구로서의 성격도 지니고 있는 측면들이 있다 할 것이다.

가들과의 교류를 강화함은 물론이고, 경제개발에 필요한 외자를 적극 도입하는 한편, 이를 위한 정책 수립 및 시행을 추진했다. 중국은 이러한 정책노선에 따라 계획경제하에서 추진되던 중공업 중심의 사회주의적 공업화 노선을 전면 수정하고, 중앙집권적인 행정적 관리체제를 대폭 개편하기 위하여 1979년 4월 '조정, 개혁, 정돈, 향상'이라는 소위 8자(字) 방침을 세운 바 있다. 더욱이 대외경제기구는 개혁개방 이후 외자 도입 및 대외경제관계의 중요성이 부각됨에 따라 국무원 산하의 기구들이 주요 역할을 담당하였다.

특히 중국의 당국가체제에서 대외정책의 결정은 당과 정부의 협의체인 중앙외사영도소조(中央外事領導小組)에서 한다. 이 기구은 1958년에 설치되어 운영되다가 문혁으로 사실상 폐지되었다. 그러나 문혁 이후 재건되어 활용되고 있다.[2] 이 소조를 실무적으로 뒷받침해주는 실무 비서조직이 국무원 외사판공실이라고 할 수 있으며, 각각의 부서의 역할에 따라 실무적인 역할 분담이 이루어져 소조의 활동에 참여하게 된다. 이 가운데 대외경제문제는 과거에는 대외무역경제합작부가, 그리고 2003년 행정개편 이후에는 신설된 상무부가 실무책임을 맡고 있다. 최근까지 중국의 WTO 가입문제 등에 대해 대외무역 경제합작부가 책임을 지고 중국의 협상안을 마련했는데, WTO 가입 이후에는 새로운 시대에 부응하기 위해 국내외 무역을 모두 총괄하는 상무부를 신설했다. 따라서 향후에는 상무부가 종래 대외무역경제합작부가 수행했던 임무를 수행할 것으로 예상된다.

중국의 대외무역은 철저한 국가관리제도로 되어 있다. 국가의 대외무

2) 중앙 외사영도소조는 협의기구로 운영되고 있으면서도 소조의 조장과 참여기관에 대한 정보와 자료가 공식적으로 발표된 바가 거의 없다. 그러나 간접적 자료에 의하면 1997년까지는 리펑 당시 총리가 조장으로 활동했으며, 1997년 이후 최근까지 장쩌민 총서기가 조장으로 활동했다. 최근 후진타오가 총서기로 취임한 이후 소조의 조장 역할도 후진타오에게 이양되었는지는 확인되지 않고 있다(서진영, 「개혁개방시대 중국의 대외정책 결정과정: 제도적 맥락」, ≪동아시아 연구≫ 제6호, 2003년).

역 관리수단은 입법, 행정 및 경제적 방법이 이용된다. 중국에서는 누구나 수출입을 자유롭게 할 수 있는 것이 아니고 대외무역권한을 부여받은 경제실체만이 대외무역업무에 종사할 수 있고 기타의 어떤 경제조직이나 개인도 대외무역거래를 할 수 없다. 다만 최근 들어 중앙 또는 지방정부의 무역공사외에 독립기업들도 무역권한을 부여받아 수출입 업무를 할 수 있다.

대외경제관련 기구로서 최고기구는 역시 대외무역경제합작부라고 할 것이다. 앞서 지적한 바와 같이 2003년 10기 전인대에서 상무부로 확대개편되었지만, 대외경제관련 업무는 과거 대외무역경제합작부에서 하던 기능을 지속할 것으로 보인다. 이 기구는 국무원으로부터 각급 대외무역기업에 대한 심사 및 허가권을 위임받아 수행하며 주요 업무는 무역의 방침, 정책, 규정의 제정과 집행, 국가계획위원회와의 협의하에 장기무역계획, 연도 수출입상품 목표의 편성 및 하달, 집행상황 감독, 각종 경제수단에 의한 수출입 조정조치의 제정, 무역기업의 활동에 대한 지도, 상벌 제도의 제정 및 집행 등이다.

다음으로 대외경제무역청이 있다. 각 성(자치구, 직할시, 計劃單列市)의 직능부서로서 대외무역경제합작부가 제정한 정책의 집행과 합작부가 부여한 관리업무를 수행하는 데 대외무역경제합작부에 업무상황을 보고하지만 구체적인 업무는 성정부의 지도를 받으며 인사권도 성정부가 가지고 있다.

대외무역기업은 중앙의 무역총공사와 지방의 분공사(分公司), 국무원 산하 수출입공사 및 지방정부 소속의 무역총공사가 무역활동을 수행한다. 이 밖에 독립기업들도 무역권한을 부여받아 직접 수출입업무를 할 수 있지만 대부분 국영기업이다. 대외무역기업은 성격에 따라 전문적인 무역기업, 기본의 업무와 동시에 무역을 하는 기업, 대외무역과 관련된 자문, 광고, 운수, 보관 등의 서비스 관련기업으로 분류할 수 있다.

무역전업총공사는 대외개방정책 실시 이전부터 대외무역을 전담하던 중앙정부산하의 조직으로, 오랜 기간 대외무역에 종사한 경험과 자금력, 비교적 높은 국제신용도 등으로 중국 내 가장 중요한 대외무역관련 기업이다. 1979년 이후 각 지방에 설치되기 시작한 무역전업총공사의 분공사는 1988년부터 분리·독립되어 독립채산제를 채택함으로써 총공사 업무의 상당부분이 분공사에 위임되었다. 대외무역경제합작부 산하에는 12개소의 무역전업총공사가 있는데 이 중 농수산물의 수출입과 관련되는 총공사는 중국양유식품진출구총공사(中國糧油食品進出口總公司)와 중국토산축산진출구총공사(中國土産畜産進出口總公司)가 있다.

중앙정부 공업관련 부서 산하의 무역공사는 기계공업부, 전자공업부, 화학공업부 등 국무원의 생산부문 담당부처가 직접 설립한 공사로서 보통 제조공장을 가지고 생산·수출입에 대한 통제권을 중앙부처로부터 위임받으며, 이러한 기업들은 주로 해당공업 부문 또는 공업 부문에 소속되어 있는 기업에 필요한 제품을 수출입 해주고 있는데 각 지방에 분공사를 두고 있다.

종합무역공사는 최근 몇 년 사이에 많이 나타나고 있는 기업으로 영업활동의 범위가 비교적 광범위하다. 즉 전문적으로 취급하는 품목이 있으며 또한 기타 품목에 대해서도 수출 혹은 수입을 대행하고 있으며, 자체적으로 생산공장을 가지고 있는 경우도 있다.

무역복무공사(貿易服務公司)는 정부 부문에 직속된 것 혹은 학회, 협회, 단체들이 설립한 것 등 여러 가지 형태가 있는데, 광고, 전시회개최, 자문 등의 각종 무역관련 서비스(服務)업무를 담당한다.

직접 수출이 가능한 생산기업 혹은 기업연합체도 대외경제사업에 참여할 수 있다. 중앙정부는 대규모 제조업체에 대하여 생산에 필요한 원자재를 수입하거나 자체생산품목을 수출할 수 있는 권한 부여와 공업과 무역을 연결시키려는 방안의 하나로 생산기업과 무역기업이 공동출자한 무역공사 설립을 허용하고 있다.

지방 무역전업공사는 원래 중앙의 각종 무역전업총공사가 각 지방에 설립한 지사형태의 기업이었으나 무역체제에 대한 개혁과 더불어 현재는 대부분 지방정부가 관리하는 지역적인 무역전업공사로 전환되어 운영되고 있다.

지방 종합무역공사는 1979년 이후 각급 지방정부는 종합적인 무역업무를 하는 기업들을 설치하고 있는데, 이들의 주요업무는 중앙정부 취급품목을 제외한 해당 지방에서 생산되는 상품을 수출하거나 각 지방이 필요로 하는 물자를 수입하는 업무를 수행한다.

지방 경제기술개발공사는 지방경제를 발전시키고 외국의 선진기술과 설비를 도입하여 지방의 신상품을 수출하기 위하여 설립된 기업이다.

경제특구(經濟特區) 무역공사는 경제특구의 발전을 도모하고 대외창구로서의 특구가 가진 기능을 발휘할 수 있도록 하기 위한 우대조치의 일환으로 중앙정부는 특구 내에 특구와 관련된 무역업무를 담당하는 기업이다.

연안개방도시 경제개발구(沿岸開放都市 經濟開發區) 무역공사는 개발구에서 생산되는 제품을 수출하고 경제개발구에서 필요로 하는 각종 원료 혹은 기술설비를 수입하는 기업이다.

이상과 같이 중국은 개혁개방 이후 대외경제관계의 중요성이 높아지면서, 대외경제기구도 급속하게 확대 증가했다. 더욱이 최근에는 중앙의 정책결정기능에서 말단의 실무부서 및 각 기업에 이르기까지 중국 경제발전의 핵심적인 역할을 수행하고 있다.

(2) 양안경제교류 관련기구

중국의 개혁개방은 양안(중국-대만) 교류 시작의 계기가 됐다. 중국은 1979년 1월1일 '대만동포에게 고하는 글(告臺灣同胞)'을 발표하면서 양안간 경제교류·협력의 확대를 의미하는 '삼통사류(三通四流)'를 대만에 제의했다.[3] 중국은 1978년12월 중국공산당 11기 3중전회에서 대만문제

---

3) 중국의 3통4류는 통상(직교역),통우(우편물 교환), 통항(직항로)의 3통과 경제교류,

의 해결방식을 종래의 무력 해결에서 평화적 해결로 전환했다. 그러나 대만은 미·중 수교(1979) 등으로 인한 고립 상황에서 전통적인 삼부(三不) 정책[4]을 고수하며 중국의 각종 제의를 거부하고 대내 안정 확보에 주력했다. 이에 따라 중국의 '대만동포에게 고함' 발표 이후 거의 2년 동안 대만은 오히려 반공정책을 강화하였고 통일논의를 금기시했다. 중국의 적극적인 우대조치로 양안간 간접 교역량이 지속적으로 증가하면서 대만상품의 간접적인 중국 유입이 급증하고, 중국 제품의 대만 유입도 꾸준히 증가했다. 대만 상품의 중국으로의 수입액수는 1978년 5만 달러 수준에서 1981년 3억 8,415만 달러로 급신장했다. 대만 역시 민간 차원의 경제 교류를 묵인하기 시작했다. 규제 일변도를 고집하던 대만은 1984년 홍콩·마카오 등을 경유한 대륙 물품의 수입제한을 완화하여 민간기업의 대륙과의 중계무역을 허용했다. 1985년 7월 대만 당국은 '홍콩·마카오지구 경유 중계 무역 3가지 기본 원칙'[5]을 통해 간접교역을 공식적으로 인정했다.

대만 당국은 1987년 10월 대만인의 대륙 내 친척방문을 허용함으로써 인적교류의 계기를 마련했다. 인적교류의 허용은 대만기업인의 중국 방문 및 투자를 크게 증가시키는 결정적인 요인으로 작용했다. 중국정부도 대만정부의 대륙정책 전환에 환영을 표시하고, 양안의 교류·협력을 뒷받침하기 위한 각종 조치를 마련했다. 중국은 1988년 대만기업의 중국 투자시 특혜조치를 명시한 '대만 동포의 투자 장려에 대한 규정(關於企鼓勵臺灣同胞投資的規定)'을 마련했다. 그 결과 1987년 80개 항목의 1억 4천만 달러 규모였던 대만의 대중국 투자가 1989년에는 무려 1천 560개 항목의 16억 6천만 달러로 크게 증가하기에 이르렀다. 대만도 1990년 10

문화교류, 과학기술교류, 체육교류 등 4류이다.

4) 공산당과 접촉하지 않고(不接觸), 담판하지 않으며(不談判), 타협하지 않는다(不妥協)는 정책

5) ① 중국과의 직접교류 금지 ② 기업인의 중국 요원과의 접촉 금지 ③ 간접무역에 대한 정부의 불간섭

월 '대륙에 대한 간접투자 및 기술협력에 관한 규정'을 발표하여 대만기업의 중국 투자를 공식적으로 인정하고 장려하기 시작했다. 그러나 대만은 국제시장에서 경쟁력을 갖춘 품목에 대해서는 여전히 대중국 투자를 금지하면서 소극적인 자세를 유지했다. 이와 같이 대만의 대중국 정책변화의 배경을 보면 국내외적 경제환경의 변화에 기인함을 알 수 있다. 대만 원화의 대폭적인 평가절상으로 경쟁력이 저하되고, 선진국의 보호주의와 통상마찰로 수출여건이 악화되었다. 국내적으로는 노동력 수급 부족, 지가 상승, 긴축정책으로 인한 중소기업의 자금난이 겹치면서 위기를 겪게 되었다. 이에 따라 대만기업인들은 대중 투자의 대폭 허용을 강력 요구했으며, 대만 정부는 민간의 대중국 경제교류 요구를 어느 정도 수용해야 했다. 정치적 변화 역시 대중국 정책전환의 계기로 작용했다. 1986년 9월 야당 설립 허용, 1987년 7월 계엄령 해제, 1988년 이등휘(李登輝)의 총통직 승계 등 대내 정치개혁 및 민주화가 대륙정책 전환의 배경으로 작용했다.

1990년에 들어서면서 양안 교류 협력의 제도화가 진행되었다. 양안간 무역량이 지속적으로 증가하고 경제적 상호의존성이 증대함에 따라 사실상 양안간 직교역이 실시되었다. 중국은 장쩌민 주석이 직교역을 촉구하고 대만 경제인들의 투자 보장과 비자 발급 간편화 등 직교역 실현을 위한 법적 장치를 마련했다. 대만의 공식적인 대중(對中) 직교역 불허에도 불구, 대만과 중국은 양국 기업의 해외지사를 통한 교역을 시작함으로써 사실상 직교역을 실시했다. 대만측의 우려에도 불구하고 대만의 대중국 무역의존도가 증가하였다. 1990년 대만의 무역흑자 가운데 대중 무역흑자의 비중이 약 20% 수준이던 것이 1993년에는 82%까지 이르렀다. 대만 정부는 산업의 공동화(空洞化)를 우려해 대중국 무역의존도를 10% 이내로 제한하는 정책을 펴고 있으나 현재의 무역구조를 고려해보면 의존도가 줄어들 가능성이 거의 없다고 해도 과언이 아니다. 대만기업의 대중(對中) 투자가 확대되면서 투자 규정이 보다 명확히 제도화되었다. 초기 주문자 상표 부착(OEM) 방식의 중소규모 노동집약형 산업이 주종을 이루었으나, 점차 자본집약적 산업으로 투자가 확대되었고 중국의 소비수준 확대로 서비스 산업과 같은 내수시장 투자도 활발해졌다.

교류협력의 제도화 과정에서 양안간 정치적 대화를 시작했다. 경제적·사회문화적 교류 확대에 따라 교류·협력 제도화와 상호 이해와 현안을 협의·조정할 양안간 정치적 대화가 시작되었다. 대만과 중국은 정부간 접촉을 대행할 수 있는 반관반민 성격의 중재기구인 해협교류기금회(海峽交流基金會, 1990. 11)와 해협양안관계협회(海峽兩岸關係協會, 1991. 12)를 설립하고 책임자간 회담인 이른바 '왕고(汪辜)회담'을 개최했다. 몇 차례의 예비회담과 본회담이 개최되었으나, 중국-대만관계의 악화로 인해 1990년대 중반 회담이 중단되었다.

이와 같이 중국-대만의 경제관계는 당국간 협의에 의해 인위적으로 견인되었다기보다는 민간차원에서 자연스럽게 교류가 확대되었으며, 따라서 관련 기구도 미비한 상태이다. 다만 중국이 대만자본의 유치에 적극성을 보였다는 점이 이러한 현상이 가능하게 한 요인이라고 볼 수 있다.

2) 북한 대외경제기구의 주요 특징

(1) 무역성 및 산하기관

북한의 대외경제관계는 내각의 무역성이 중심적인 역할을 수행하고 있다. 국가계획위원회가 연간 무역계획[6]을 수립하고, 무역성은 이를 기

6) 무역계획이란 "사회의주의 국가가 수출을 적극 늘이고 인민경제발전에 필요한 물자를 수입하기 위하여 세우는 계획으로서 수출계획, 수입계획, 외화수입지출계획으로 구분하여 작성한다. 무역수출계획은 상품수출계획, 종합설비수출계획으로 구분되며, 수입계획은 상품수입계획, 기계설비수입계획으로 구분되고, 외화수입지출계획은 통상에 의한 외화 수입과 지출, 차관에 의한 외화 수입과 지출, 비무역화에 의한 수입과 지출로 구분된다. 이들 계획은 각각 총체적으로 작성되고, 개별적 대상국가별로도 작성된다"(『경제사전』 제1권, 평양: 사회과학출판사, 1985,

초로 산하 무역회사들을 통해 무역계획을 달성하는 방식으로 운영되고 있다.[7] 무역성은 성장(리광근), 부성장(일반적으로 7~8인 정도로 구성)을 비롯하여 국과 처 단위로 구성되어 있으며, 국과 처 밑에는 과 단위가 있다. 개별 대상국가 및 지역을 담당하는 국이 1~7국까지 있으며, 무역회사를 직접 지도, 관리하는 수출입지도국, 재정외화국, 가격국, 경제조사국, 후방경리처 등이 있다.

무역성 산하 기관으로 각 기능별로 총국, 총회사, 지도국 등의 명칭을 사용하고 있는 기관들이 있다. 이 기관들은 무역성의 국별 기능을 실질적으로 추진하기 위한 사업단위의 성격을 지닌다. 우선 외국과의 합작, 합영을 관리하는 기관으로 경제협조관리국이 있다. 일반적으로 조선국제합영총회사(또는 총국)라는 명칭을 사용한다. 여기에는 외국투자경영지도처, 총련투자경영지도처, 라선투자경영지도처 등이 있다. 북한의 합영사업은 주로 일본의 총련기업들을 중심으로 이루어졌기 때문에 총련투자경영지도처가 별도로 구성되어 있으며, 라선경제무역지대의 투자를 담당하는 라선투자경영치도처가 있는 점이 주목된다.

지방무역지도국은 각 지방의 무역을 관리하는 기관이다. 처 단위로 구성되어 있는데, 농토산물처, 수산물처, 공업품처, 변강무역처, 수출기지조성처, 가공 및 되거리과 등이 있다. 각 지방 특산물의 수출을 관리함과 동시에 중국과의 변경무역을 담당하고 있다. 또한 각 지방의 대외무역 창구들을 관리하는 기능도 가지고 있는 것으로 보인다.

세관총국은 통관과 관련된 업무를 담당하고 있다. 세관지도국, 자유무역경제지도과, 관세처, 평양세관 등이 있으며 평양역, 국제우편국 등 국

569쪽).

7) 북한의 모든 무역상사는 원칙적으로 무역성에 소속되어 있지만, 실질적으로는 대부분 당, 내각, 군 등 각각의 기관으로부터 직접적인 관리를 받고 있다. "외국과의 상품수출입거래를 전문으로 담당수행하는 상업기업소. 북한의 무역회사는 국가단일무역체계에 기초하여 해당 분야의 당 무역정책을 집행하는 기본단위로서 국가의 중앙집권적 지도와 통제밑에 독립채산제원칙에 의하여 운영되는 국영기업소"(앞의 책, 1985, 572쪽).

제 물자의 통관의 이루어지는 기관에 사업소를 두고 있다.

그 밖에 주요 무역회사들로는 종합적인 무역을 담당하는 광명성 총회사, 봉화총국, 개선무역회사 등이 있다. 주요 물자별 무역을 담당하는 전문무역회사로는 흑색금속수출입회사, 광업무역회사, 량곡무역회사, 건재무역회사, 원유수출입회사, 대외건설총국, 종합설비수출입회사, 대외운수지도국 등이 있다. 최근 북한의 경제난의 원인이 되고 있는 원유 및 식량 수입을 관리하는 별도 무역회사가 있다는 점이 주목된다.

북한 대외경제관계의 주요 기관으로서 국제무역촉진위원회와 대외경제협력추진위원회가 있다. 이 두 기관은 한국 및 국제사회에 비교적 많이 알려진 기관으로서 북한과 경제관계를 유지하는 국가 및 기관들은 이 두 기관과 공식적인 협약관계를 유지하고 있다. 북한의 공식적인 대외기관은 모두 국가기관이므로 미수교국 또는 외국단체들과의 경제관계를 유지하기 위한 적당한 기관이 없는 실정이다. 이에 따라 북한은 반관반민의 형태로 위원회를 구성하여 미수교국가 및 외국단체들과의 관계를 형성하고 있다. 사회주의권 붕괴 이후 북한은 서방국가들과 경제관계를 확대하는 과정에서 자연스럽게 국제무역촉진위원회와 대외경제협력추진위원회가 국제사회에 많이 알려지는 계기가 되고 있다.[8] 초기 사업 협의를 위해 북한을 방문하는 외국기관, 단체 및 개인들에게 주로 이들 두 기관이 초청장을 발급하고 있다.

국제무역촉진위원회(위원장 김정기)는 1950년대 초반부터 활동을 해온 기관으로서 미수교국 또는 민간차원에서 추진하는 대외경제관계 관련 사업들을 관장하고 있다. 무역 및 투자 등 직접적인 활동을 전개하는 사업조직은 없으며, 일종의 초기 접촉 창구라고 볼 수 있다. 1984년 9월 북한은 합영법을 도입하여 외국자본을 유치할 수 있는 법적 근거를 마련

8) 비록 반관반민 형태를 취하고는 있으나, 실질적으로는 무역성 산하기관의 성격을 가지고 있다. 특히 동 위원회의 위원장들은 대부분 무역성 부상 또는 국장 직함을 가지고 있다. 일본 총련 기업인들은 이 두 기관을 무역성 내에 있는 국 단위의 기관이라고 보고 있다.

하였다. 이에 따라 외국자본들은 북한과의 사업협의를 위한 초기 접촉 창구가 필요해졌으며 이러한 창구 역할을 국제무역촉진위원회가 담당하고 있다. 특히 국제무역촉진위원회는 일본과의 경제교류에 중요한 역할을 담당하고 있다. 1950년대 초반 일조협회와 국제무역촉진위원회는 「조일무역의 촉진 및 상품교역의 일반조건에 관한 담화록」을 발표[9]하면서 일본과의 경제교류에서 주요 기능을 해오고 있다. 현재 일본주재 북한무역대표부 성격을 지니고 있다고 하는 조일수출입상사와 연결되어 북-일 경제교류의 창구역할을 담당하고 있다.

대외경제협력추진위원회(위원장 김용술)는 1990년 초반 활동을 시작한 기구이다. 북한은 1991년 12월 28일 정무원(현재 내각)결정 제74호에 의해 라진-선봉 자유경제무역지대 설치를 선포했다. 나진선봉지역은 북한 최초의 개방지역으로서 북한은 이 지대에 외국의 투자를 집중시킬 계획을 가지고 있었다.[10] 따라서 이 지역에 대한 투자를 검토하기 위한 초기 접촉 창구가 필요했으며, 그 역할을 대외경제협력추진위원회가 담당했다. 최근 북한은 신의주 행정특구 개방과 함께 화란유럽아시아 국제무역회사(회장 양빈)와 특구개발과 관련된 조약을 대외경제협력추진위원회가 주체가 되어 체결한 바 있다.[11] 또한 동 위원회는 북한 내에 설립된 합작합영회사를 대상으로 경제정보를 제공하는 홈페이지를 개설·운영하고 있다.[12] 이러한 사항을 종합해보면 대외경제협력추진위원회는 북한의 개방지역인 나선시 및 신의주지역에 대한 외국인투자의 접촉창구 역할을 담당하고 있는 것으로 판단할 수 있다. 그러나 이 기관이 비록 무역성의 외곽단체 성격을 가지고 있지만, 직접적인 행정업무를 담당하는 것은 아니다.[13]

---

9) 신지호, 「북-일 경제관계 10년 평가와 전망」, 조명철 편, 『북한의 대외경제정책 10년 평가와 과제』, 대외경제정책연구원, 2001.

10) 자세한 내용은『라진-선봉 자유경제무역지대 투자환경』, 평양: 김일성종합대학출판사, 1995 참조.

11) 조선중앙방송, 2002년 9월 24일자 방송.

12) 조선중앙통신, 2002년 9월 12일 보도.

13) 나진선봉의 예를 보면 이 지역에 투자를 계획하는 외국기업이 투자승인 및 심의

(2) 대남 경협 담당 기구

한편 대남경협사업을 관장하는 기구로는 무역성 산하 기관이지만, 대남 사업의 특성상 별도 전담조직이 구성되어 있다. 민족경제연합회(회장 정운업)가 바로 그것이다. 민경련으로 불리고 있는 이 기관은 무역 및 위탁가공 사업 등 대남 경협 사업의 창구역할을 담당하고 있다. 남한기업이 대북사업을 추진하기 위해서는 민경련과 최초 접촉을 통해 사업을 협의하고, 이와 관련하여 민경련은 구체적 사업을 추진하기 위해 필요한 북한 내 각 사업단위들과 직접 연결을 주선하고 있다. 민경련 산하에는 대남사업을 주로 하는 삼천리 총회사, 광명성 총회사, 개선무역회사, 금강산국제관광총회사 등 무역회사들이 포함되어 있다. 이들 기업들은 각 분야별로 담당을 하고 있는데, 삼천리 총회사의 경우 주로 전자 분야, 광명성 총회사는 섬유분야, 개선무역은 무역 중심, 금강산국제관광총회사는 금강산 사업 등을 관장하고 있다. 최근 북한이 개성공업지구법을 도입하면서 개성공업지구에 대한 투자를 유치하기 위해 중앙특구개발지도총국(총국장 박창련 국가계획위원회 부위원장)을 만들었으나, 아직 구체적인 활동은 없는 상태다.

(3) 당과의 관계

북한에서 경제문제는 내각에서 책임지도록 되어 있다. 당은 기본적으로 당의 정치노선을 관철하기 위해 내각 기관을 지도하는 기관으로 볼 수 있다. 공식적으로는 당 조직부와 선전부가 무역성 및 기타 기관을 관리·통제하고 있으며, 이 과정에서 북한 대외경제기구와 당과의 관계가 설정된다. 또한 당 비서국의 전문부서인 국제부, 경제정책검열부, 재정경리부 등에서는 각각의 사안에 따라 대외경제기관을 지도 통제하게 된다.

절차를 거치는 기관은 지대당국(나선시 당국)과 무역성으로 규정되어 있다. 즉 대외경제협력추진위원회는 행정업무라인에 있는 조직이 아님을 의미한다. 자세한 내용은 『라진-선봉 자유경제무역지대 투자환경』, 1995, 79쪽 참조.

<그림 7-1> 북한의 대외무역기구

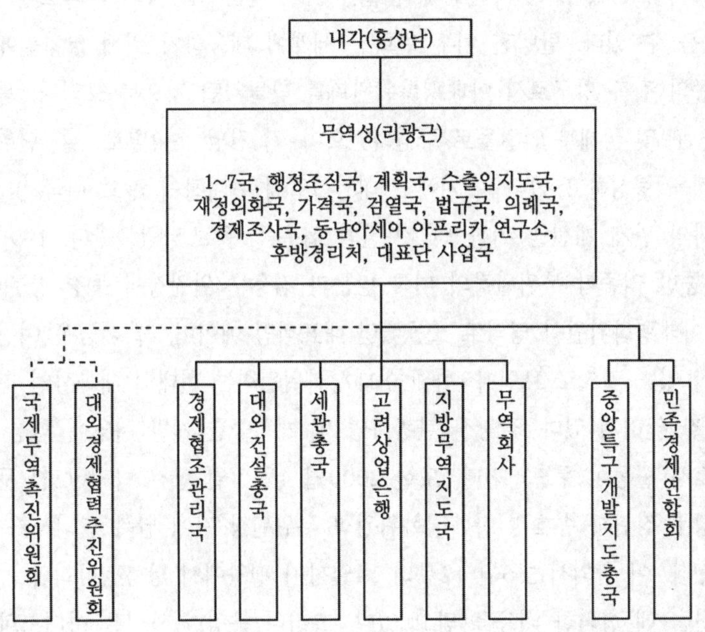

주 : 점선 표시는 반관반민 형태로 운영됨을 의미

따라서 노동당이 직접 나서서 경제활동을 하기 위해 당의 외곽단체를 구성하고 대외경제관계를 직접 관장하는 경우는 없다고 볼 수 있다.

그러나 대남 경협분야는 사안의 특성상 기본적인 당과 대외경제기구와의 관계와는 다른 시스템이 구축되어 있는 것으로 보인다. 북한은 같은 경제활동이라도 대남경협사업은 일종의 대남사업으로 인식하고 있다. 따라서 남한기업과의 경제교류는 당의 대남담당 부서인 통일전선부(부장 강관주)에서 지도·통제하도록 되어 있다. 통일전선부는 대남사업은 물론 대외적으로 해외교포와 관련된 사업들도 지도·통제하고 있다. 따라서 일본의 총련기업과 관련된 사항은 통일전선부에서 각 기관을 관리한다.

한편 최근에는 조선아시아태평양평화위원회(위원장 김용순)의 활동이 두드러지고 있다. 1994년도에 창설된 이 기관은 노동당의 외곽조직이라고 볼 수 있다. 탈냉전 이후 변화된 세계에 대응하기 위해 당차원에서 일종의 접촉 창구로서 아태평화위원회를 만들었던 것으로 보인다. 통일전선부 및 국제부 인원들로 구성되었으며, 각 담당 분야별로 '실' 단위의 조직을 형성하고 있다. 초기에는 대남사업에 관여하지 않고 미국 및 일본과의 관계 개선을 위한 민간차원의 접촉을 주로 담당해왔다. 1990년대 중반 리종혁 부위원장의 미국 방문과 김용순 위원장의 동경 방문 등은 아태평화위원회 명의로 활동했던 대표적인 예이며, 그 기능은 여전히 남아 있는 것으로 보인다. 한편 아태평화위원회는 현대의 대북사업 창구로 잘 알려져 있다. 금강산 관광사업 및 개성공단 개발 사업에 협상 창구로서 활동이 두드러진다. 또한 2000년 4월 8일 당시 박지원 전 문화관광부 장관과 송호경 아태평화위원회 부위원장 간에 남북 합의서가 체결됐다. 이 합의서는 6월 12부터 14일까지 평양에서 남북정상회담을 개최하는 데 합의한 내용을 담고 있다. 그러나 분명한 사실은 아태평화위원회는 경제활동을 하는 대외기구는 아니라는 점이다. 북한이 대외경제관계를 원활히 추진하기 위해서는 북한 내부적으로 조정하거나 정치적으로 결정해야 할 사항들이 많이 있다. 왜냐하면 앞서 지적했듯이 대외환경이 급격하게 변했기 때문에 북한의 시스템으로는 서로 맞지 않는 상황이 발생하기 때문에 이를 내부적으로 조정하고 결정해야 할 필요성에 출발했기 때문이다. 따라서 아태평화위원회는 일종의 정치조직이라고 봐야 할 것이다.[14] 그러므로 이러한 관점에서 북한의 대외경제기구 또는 대남경협 담당기관들이 아태평화위원회의 일과 관련될 경우 동 위원회의 지도 및 통제를 받게 되는 것이다.

---

14) 일반적으로 아태평화위가 대남 협상 창구로 활동하고 있기 때문에 민경련이나 다른 대남 접촉창구와 유사한 성격이 기관이라고 인식하고 있으나, 근본적인 태생과 운영방식에 차이가 있다.

3. 북한 대외경제관련기구의 변천과정[15)]

1) 사회주의권 붕괴 이전의 변화

1990년대 이전 북한은 사회주의국가들과의 경제관계를 대외경제관계의 기본틀로 삼아왔다. 따라서 대외경제관련기구도 사회주의국가들과의 경제교류에 초점이 맞추어져 있으며, 부분적으로 서방국가들과 교류를 위한 조직들이 형성되었다. 이러한 관점에서 대외경제관련기구의 변천과정을 몇 가지 특징별로 분류·정리해보면 다음과 같다.

첫째, 헌법개정 및 행정기구 개편에 따라 명칭이 변경되고 신설되는 경우이다. 우선 현재 북한 대외경제관계의 중심이 되고 있는 무역성은 1958년 9월 내각 상업성에서 분리독립하여 무역성으로 출발했다. 당시 산하단체로 국제무역촉진위원회를 두고 있었으며, 이 위원회는 현재까지도 무역성 산하단체로서 활동하고 있다. 1958년에 상업성에서 분리독립한 것은 북한 내부적인 사회주의 경제체제를 안정화시키는 과정에서 외국과의 무역교류를 확대할 필요성에서 비롯되었다. 무역성은 1972년 사회주의 헌법 개정과 함께 내각이 정무원으로 개편되면서 무역부로 명칭이 변경되었다. 또한 내각 직속이었던 대외경제총국을 내각의 한 부서인 대외경제사업부로 승격시켰다. 이 조직은 외국과의 경제교류 이전의 무역상담, 시장조사 및 개척, 외국투자유도, 기술도입, 외국에 대한 경제지원 등의 임무를 전담했으며, 이는 당시 외교부와 무역부의 기능 중의 일

15) 대외경제기구의 변천과정을 1990년대 이전과 이후로 구분한 이유는 사회주의권 붕괴와 함께 북한이 주로 상대하는 대상국들의 성격이 근본적으로 변화했기 때문이다. 1990년대 이전까지 대외경제기구는 주로 사회주의국가들과의 경제교류를 위한 조직으로 이루어졌으며, 부분적으로 서방국가들과의 교류 확대를 위한 조직 개편들이 진행되었다. 반면 1990년대 이후에는 서방국가들과의 경제교류를 위해 각종 정책전환 및 조직 개편과 그 과정에서 나타나는 북한내부적 변화 현상들을 정리해볼 수 있다.

부를 독립시킨 의미를 가지고 있었다. 주목할 만한 사항은 당시 북한은 서방국가들로부터 각종 플랜트 등을 적극적으로 도입하기 시작했던 시기였던 만큼, 북한의 기존 시스템으로는 이러한 업무를 수행하기 힘들었기 때문에 새로운 조직이 필요했다는 점이다.16)

둘째, 사회주의국가들로부터의 원조를 받기 위한 각종 위원회가 설치되었다. 1967년 10월 모스크바에서 「조소 경제 및 과학기술협의 위원회」가 창설되었다. 동 위원회는 1~2년마다 상국의 부총리를 대표로 하는 협의 위원회를 개최하여 단기 또는 장기간의 경제협력 전반에 걸친 문제들을 토의하고 의정서를 조인해서 쌍방간 경제협력을 확정했다.17) 따라서 동 위원회는 상설기구가 아닌, 소련으로부터의 원조를 받기 위한 협의 창구 역할을 담당했던 것이다. 또한 이렇게 체결된 계약을 추진 및 관리하는 것은 무역부 또는 대외경제사업부에서 담당했다. 내각의 관련부처에는 이러한 내용을 담당하는 국들이 만들어졌으며, 이 조직이 지역 및 국가 담당 기관으로 발전해온 것으로 판단된다. 이와 유사한 형태로 쿠바(1968. 8. 6), 불가리아(1969. 12. 20), 루마니아(1970. 8. 1), 헝가리(1971. 9. 20), 폴란드(1972. 10. 4), 체코(1973. 11. 2), 동독(1973. 11. 9), 라오스(1974. 10. 7), 유고(1975. 2. 22) 등과 경제 및 과학기술협의 위원회를 창설 운영한 바가 있다. 사회주의권 붕괴 이후에는 이들 위원회의 활동이 사실상 중단되었으며, 이미 1980년대 이후부터 유명무실한 기구가 되었던 것으로 보인다.

2) 사회주의권 붕괴 이후의 변화

1990년대 이후 북한의 대외경제관련기구들은 근본적인 성격 변화과정

16) 이러한 점은 1990년대 초반 무역부와 대외경제사업부가 대외경제위원회롤 통합되는 데 중요한 함의를 찾는 계기가 된다.
17) 『북한총람』, 북한연구소, 1983, 664쪽.

을 거치고 있는 것으로 평가할 수 있다. 이는 사회주의권 붕괴 이후 대상국들의 변화에 기인한다. 기존 사회주의국가들과의 경제교류 방식으로는 한계가 있기 때문에 그 접점인 대외경제관련 분야의 변화는 불가피했던 것이다. 북한이 체제에 미치는 영향을 고려하여 대외개방에 제한적인 입장을 보이고 있지만, 경제활동을 위해서는 변화가 불가피하다는 점을 받아들이고 있다는 점에서 향후에도 대외경제관련기구들의 변화 추이는 지속적으로 검토할 필요가 있을 것이다.

(1) 대외환경 변화에의 적응 과정

북한은 1992년 헌법을 개정하면서 정무원의 무역부와 대외경제사업부를 통합하여 대외경제위원회를 출범시켰다. 조직과 기능은 무역부와 대외경제사업부의 역할을 그대로 흡수했지만, 두 부서를 통합했다는 점은 의미가 크다. 즉 대외경제사업부는 1972년에 신설되면서, 외국으로부터의 플랜트, 기술도입 등을 담당했는데, 이는 주로 서방국가들과의 경제관계를 유지하기 위한 것이었다. 1992년에는 이미 사회주의권 국가들이 대부분 체제전환을 한 상태였고 중국이나 베트남의 경우도 북한에 대해 본격적으로 경화결제를 요구하기 시작한 시점이었다. 따라서 북한의 대외경제기구를 서방 자본주의국가들과의 경제교류를 위한 시스템에 맞춰 변화시켰다는 점이 주목된다.[18)]

이와 같은 조직 변화의 함의는 각종 정책의 변화에서도 찾아볼 수 있다. 우선 1990년대 초반에 북한은 '새로운 무역체계'라는 개념을 도입하고 있다. 1992년에 발간된 ≪경제연구≫에 수록된 리신효의 논문 「새로운 무역체계의 본질적 특성과 그 우월성」에 개념이 자세히 소개되고 있다. 특히 이 논문에서는 김일성이 "대외무역을 발전시키자면 위원회, 부들과 도들에서 무역활동을 직접 하게 하는 한편 대외시장을 끊임없이

18) 당시 위원장이었던 김달현은 한국사회에서 영어에 능통할 뿐만 아니라 국제적인 감각을 지닌 인물로 알려졌었다.

넓혀가야 합니다"라고 언급한 내용을 분석하고 있다. 그동안 국가가 유일하게 관리해온 대외무역을 각 행정단위는 물론 생산 부문 및 지방단위에서도 독자적으로 추진할 수 있도록 하는 조치가 취해졌음을 의미하는 것이다. 이에 따라 북한의 대외경제기구들에서 기존의 전통적인 관리 방식에서 변화가 나타나기 시작했다. 당을 비롯하여 각 행정단위는 물론 군에서 직접 관리하는 무역회사들이 등장하기 시작한 것이다. 이전부터 실질적인 영향력을 행사해왔겠지만, 이 무역회사는 우리 기관 소속이라는 것을 공공연히 주장하기 시작했다. 이와 함께 한정된 생산물자를 각 기관들이 선점하려는 과정에서 계약 불이행 등의 부작용이 발생하기도 했다.[19] 정확한 사항은 아니지만, 대체적으로 알려진 내용은 다음과 같다. 북한에서 가장 큰 무역회사라고 할 수 있는 대성총국은 명목상 무역성 소속이지만, 실질적으로는 당 자금을 관리하는 39호실에서 직접 관리하는 무역회사로 알려지고 있다. 또한 군에서 직접 관리하는 무역회사로는 매봉총국 및 룡악산 무역회사가 있다.[20] 또한 나진선봉 지역을 최초로 개방하면서 외국자본을 이 지역에 유치하기 위한 노력도 기구 개편에 포함되어 있다. 아울러 국제무역촉진위원회와 함께 동 지역 투자 유치를 위한 협의 창구로서 대외경제협력추진위원회(당시 위원장은 김정우)가 활동을 시작한 점이 특징이다. 이후 대외경제협력추진위원회는 적극적인 투자유치활동을 전개하였는데, 각종 투자유치 관련 책자의 발행은 물론이고, 북한의 외국인투자관련법의 정비 및 투자유치 설명회를 나진선봉은 물론 일본, 미국, 동남아 등지에서 개최했다.[21] 1998년 헌법 개정과

---

19) 대표적인 사례가 금 및 아연괴 등 북한이 상대적으로 경쟁력을 지닌 물자교역에서 나타났다. 외국무역회사들은 북한의 무역회사와 금 및 아연의 무역계약을 맺었는데, 금과 아연의 생산량은 한정되어 있지만 무역회사의 급증으로 이중, 삼중의 계약이 체결되어 버린 것이다. 이 무역회사들은 각자 관리 조직의 힘을 믿고 계약을 했지만 결국은 가장 힘이 있는 기관이 관리하고 있는 무역회사에 집중됨으로써 다른 회사들은 계약을 위반할 수밖에 없는 상황이 발생한 것이다.

20) 자세한 내용은 임강택, 『북한의 대외무역의 특성과 무역정책 변화전망』, 민족통일연구원, 1998 참조.

21) 1996년 9월에는 나진선봉 지역에서 투자유치를 위한 국제설명회가 개최되었고,

함께 정무원의 대외경제위원회는 내각의 무역성으로 명칭을 변경했으나, 기능은 그대로 유지되어오고 있다.

(2) 대남 경협 기구의 등장

1990년대 이후 대외경제관련 기구의 변화에서 두드러진 특징은 대남 경협 기관들이 공식적으로 등장하기 시작했다는 점이다. 1988년 7·7선언을 계기로 남북경협은 시작됐다. 그러나 북한측이 남북경협을 공식적으로 인정한 것은 1997년 전후로 볼 수 있다.[22] 그 이전에는 제3국을 경유한 거래 형태였기 때문에 직접 남북 당사자간에 직접 거래가 이루어졌다고는 볼 수 없었다. 그러나 실질적으로는 남한기업이 배후에 있거나 또는 에이전트를 통한 거래였다는 사실을 북측은 대부분 인지하고 있는 상태였다. 이러한 과정에서 남한기업과의 접촉이 확대되면서 발생한 조직이 고려민족발전협의회(약칭 고민발, 회장 최정근)였다. 주로 북경을 중심으로 활동했던 이 조직은 스스로 대남경협 창구라고는 주장했지만 그 근거는 약했다. 또한 앞서 살펴본 바와 같이 북한 내 무역정책의 변화로 인해 무역회사들이 난립하면서 실적이 우선되었기 때문에 고민발을 통하지 않더라도 다른 무역회사들과 대북경협을 추진하는 데 전혀 문제가 없었다.

이 과정에서 북한측은 스스로 대남 경협 사업의 창구를 정리할 필요성을 느끼게 되었다. 여타 대외경제관계와는 달리 남북경협은 대남사업이라는 특수성이 있기 때문에 창구를 일원화하여 관리할 필요성이 있었기 때문인 것으로 보인다. 1997년경부터 대남경협사업에 참여하기 시작한

일본 및 서방기업들이 관심을 보인 바 있으나, 당시 남북관계의 경색으로 국내기업은 참가하지 못했다.

22) 1992년 서울을 방문한 김달현 대외경제위원회 위원장은 국내 모기업을 방문해서 사업관련 협의를 하는 중, 국내 기업인이 북한측이 무역대금을 지불하지 않고 있으니 그것부터 해결해달라고 하자, 북한은 남한기업과 거래를 한 적이 없다고 주장했던 것으로 알려지고 있다.

광명성경제연합회(약칭 광명성, 회장 김봉익)는 창구의 단일화를 적극적으로 추진했다. 이 시점부터 북한과 사업을 원하는 기업들은 광명성 경제연합회를 통해 사업이 성사되는 사례가 증가하기 시작했다. 또한 제3국 기업이나 교포 에이전트를 배제한 채 직접적인 접촉이 시작된 것도 이 시기와 일치한다.[23] 또한 경제문제를 직접 다루지는 않으면서 정치적으로 해결할 문제를 담당한다는 명목으로 북한의 비경제인들이 경제상담에 참여하는 현상이 증가했다. 당시 이러한 인물의 소속은 정확히 알려지지는 않았지만, 조선아시아태평양평화위원회(약칭 아태, 위원장 김용순)에 소속된 인물들이었다. 즉 그동안 일본이나 미국업무에 치중해오던 아태가 대남사업에도 관여하기 시작했음을 의미하는 것이다. 한편 김대중 정부 출범 이후 본격화되기 시작한 남북경협에 대해 북한은 공식적인 경협 접촉 창구를 지정했는데, 민족경제연합회(약칭 민경련, 회장 정운업)가 그것이다. 현재 민간기업의 남북경협 창구는 민경련을 통해 대부분 이루어지고 있다. 또한 현대의 대북사업이 성사되는 과정에서 아태의 활동이 두드러졌으며, 이를 기반으로 대형 경협사업에는 반드시 아태가 개입되는 현상을 보였다. 현재는 민경련이 직접적인 창구가 되는 경우와 아태를 통해 민경련으로 연결되는 형태가 주를 이루고 있다. 전반적으로 대형사업의 경우는 아태를 통해 민경련 또는 여타 관련부서와 연결되고 있으며, 민경련 차원에서 직접 추진할 수 있는 중소형 사업들은 아태를 거치지 않고 직접 민경련에서 관장하고 있는 것으로 보인다.

이러한 현상들을 종합해보면 다음과 같이 정리할 수 있다. 일단 북한은 대남경협사업은 남북관계의 특수성을 감안하여 별도로 관리하고 있는 것으로 보인다. 이에 따라 무역성 산하에 민족경제연합회를 설치하여 모든 경협창구는 이 기관이 일차적으로 담당토록 하고, 민경련 산하 무

---

23) 이 시기에 에이전트로 활동했던 인물들은 자신들의 활동영역이 축소됨을 간파하고 북한과 남한기업 간에 정보전달을 왜곡하면서 자기들의 몸값을 올리기에 치중하는 모습을 보였다. 이에 따라 남북경협에 참여하는 남북한의 기업들은 서로를 불신하는 현상마저 발생하게 되었다.

역회사에서 처리할 수 없는 분야들의 경우 내각의 각 부처 및 관련 경제 단위와 연결해주는 역할을 하고 있다. 그러나 북한의 경제운영 원칙에 따라 당적 지도와 함께 내부적으로 각 기관간의 문제를 풀어내야 할 조직이 필요한데 이러한 역할을 담당하는 곳이 조선아시아태평양평화위원회라고 보면 된다. 따라서 아태평화위원회는 경제관련기구라고 볼 수 없을 뿐만 아니라 대남사업의 전담기구라고 보기도 어렵다. 따라서 당의 외곽기구로서 미수교국 및 대남접촉에 있어서 초기 단계에 필요한 정지작업을 하는 기관으로 성격을 규정지을 수 있다.

4. 북한 대외경제기구의 지속성과 변화: 사례연구

북한의 대외경제기구들은 새로운 환경에 적응하기 위한 변화과정에 있다. 이러한 변화과정에는 전통적인 시스템과 새로이 발생한 시스템 간에 충돌이 있기 마련이다. 신구의 충돌과정에서 발전적인 타협점이 찾아가면서 안정적인 시스템이 자리 잡게 되는 것이다. 북한은 현재 그 과정에 있다. 이하에서는 조선아시아태평양평화위원회(이하 아태평화위원회)와 대외경제협력추진위원회의 사례를 중심으로 북한에서 어떤 변화가 발생하고 있는지를 정리해본다.[24)]

1) 조선아시아태평양평화위원회

아태평화위원회가 북한 내에서 어떤 위상과 역할을 가지고 있는지 정

24) 이들 두 기관을 중점적으로 살펴보는 이유는 북한의 대외기구로서 1990년대 이후 신설된 기관이기 때문에 기존 시스템과의 충돌이 가장 잘 나타나고 있는 기관이기 때문이다. 이하에 내용은 자료에 근거한 분석이라기보다는 각종 인터뷰 및 정황분석에 의존할 수밖에 없는 한계가 있다는 점을 사전에 밝힌다.

확한 정보나 자료는 찾아보기 힘들다. 다만 최근 아태평화위원회의 활동에서 나타나고 있는 현상들을 정리해보면 대강의 윤곽은 잡을 수 있다. 우선 남북정상회담을 성사시키기 위한 막후 접촉에 참여했던 송호경이 아태평화위원회 부위원장 명의로 활동했던 점이 주목된다. 또한 정상회담 당시에 김용순 위원장이 남북정상간 회담에 단독으로 배석했을 뿐만 아니라 2000년 9월 추석특사로 서울을 방문했던 점이 특이하다. 물론 김용순이 당의 대남담당 비서라는 직책이 있기 때문이라고 볼 수 있지만, 아태평화위원회의 위상과 역할이라는 차원에서는 중요한 의미를 부여할 수 있다. 더욱이 정상회담을 전후해서 대남관계에 아태평화위원회가 급부상한 점은 주목해 볼만하다.

그렇다면 아태평화위원회는 어떤 과정에서 대남사업에 참여하게 되었는가를 추론해보면 다음과 같다. 아태평화위원회는 출범 초기에 대남사업을 담당하지 않았고, 주로 대미·대일관계에 주력했다. 특히 1996년 일본이 10만 톤의 대북식량지원을 추진하는 과정에서 아태평화위원회는 일본과의 접촉이 빈번해졌다. 동위원회는 당 국제부와 통일전선부의 인물들로 구성되어 있는 바, 일본측과 연결되는 인물 또는 조직이 개입되어 있음을 추론하기는 어렵지 않다. 한편 1997년 당시 현대는 대북사업을 추진하기 위해 다양한 접촉 창구를 모색하고 있었다. 이 과정에서 일본과의 접촉도 빈번히 이루어졌다. 현대의 대북사업에 대한 아태평화위원회의 주요 인물로 황철 참사가 거론된다. 황철 참사는 일본통으로서 일본과의 접촉에 중요한 역할을 담당한 인물이다. 또한 국내 언론에서는 신일본 무역의 요시다라는 인물이 현대의 대북사업에 중요한 역할을 했다고 전하고 있다. 여기에서 접점이 이루어진 것으로 보인다. 즉 현대의 대북사업이 전격적으로 성사되는 데 아태평화위원회가 결정적인 기여를 하게 됐으며, 이를 계기로 아태평화위원회는 현대 대북사업의 창구역할을 담당하게 된 것으로 보인다. 1998년 김대중정부는 출범과 함께 대북포용정책을 천명했다. 그러나 당시는 남한경제가 IMF 위기상황에 있었기 때문에 이 정책을 뒷받침할 수 있을 만큼 대북사업에 적극 참여할 수 있는 기업들이 많지 않았다. 따라서 현대의 대북사업은 김대중정부의 햇볕정책을 뒷받침하는 데 가장 중요한 사업일 수밖에 없었다. 금강산 관광사업에 '햇볕정책의 옥동자'라는 별칭을 붙이는 것도 여기에 기인한다. 그러나 김영삼정부 시절 단절됐던 남북관계를 정부차원에서 다시 복원하는 것은 쉽지 않았다. 결국 정상회담이 성사되는 과정에서 남북을 연결할 수 있던 루트는 현대-아태평화위원회라는 점을 추론하는 것은 어렵지 않다. 정상회담까지 이끌어내고, 현대의 대북사업과 같은 대규모 사업을 성사시킨 아태평화위원회는 북한 내부에서 좋은 평가를 받았을 뿐만 아니라, 대남사업 전반에 실질적 영향력을 행사하기에 충분했다.

문제는 여기서 비롯된다. 우선 대남사업 및 해외교포사업을 담당했던 통일전선부(부장 강관주)와 업무 영역에서 충돌 현상이 발생하게 됐다. 일본 총련계 기업인으로 오랫동안 활동했던 인사들과의 인터뷰 과정에서 이를 파악할 수 있었다. 즉 총련중앙본부와 관계를 지속해온 통일전선부가 최근 북한 내의 입지가 약화되면서 총련본부 내에서 이에 대한 불만의 소리가 높아지고 있다는 것이다. 총련도 시대의 변화에 따라 운영방식을 변경해야 하는데 통일전선부는 이를 받아들이지 않고 있으며, 오히려 아태평화위원회를 통한 사업에서는 변화를 받아들이는 경우가 상대적으로 많다는 점을 지적했다. 이는 북한 내부적으로 아태평화위원회와 통일전선부 간에 갈등관계가 형성되었음을 의미한다. 새로이 조직된 아태평화위원회는 북한 내에서 다양한 형태의 견제를 받게 된 것이다. 한편 금강산 관광사업은 지역 특성상 북한 군부와 충분한 협의가 필요했다. 장전항은 북한의 주요 군사항이므로 군부에서 이 지역을 개방하도록 결정하는 데 많은 반대가 있었을 것으로 보인다. 이를 무마할 수 있었던 것은 바로 금강산 관광에 따른 외화수입이었다. 그러나 금강산 관광 대가 지불이 원활해지지 않자 군부의 반발은 거세질 수밖에 없었다. 특히 2001년 부시 행정부 출범과 함께 남북관계는 대화가 단절되고, 북미 관계는 급속도로 냉각됐다. 이 와중에 기존 시스템을 무너뜨리고 있는 아태평화위원회는 군부 쪽의 견제를 받게 됐을 것이다. 결국 당조직과 군에서 집중적으로 견제를 받게 되면서 아태평화위원회는 어려움에 봉착하게 된다. 당시 김용순 위원장은 오랜 기간 공식석상에서 모습을 보이지 않았다. 또한 언론보도에 따르면 2001년 4월 김정일 위원장이 임동원 특사와의 면담과정에서 김용순이 그동안 많이 어려웠는데 자신이 구제해주었다는 발언을 한 것으로 알려졌다. 종합해보면 아태평화위원회가 분명한 위상과 역할을 보이는가의 여부는 북한체제가 변화된 환경에 적응해가는 과정을 추론해볼 수 있는 좋은 사례가 되는 것이다. 즉 북한체제의 지속성과 변화라는 관점에서 주목해봐야 할 당의 외곽기구라고 할 수 있다.

2) 대외경제협력추진위원회

대외경제협력추진위원회(이하 대경추)는 북한의 지역개방과 그 맥을 같이하고 있다. 나진선봉 개방과 비슷한 시기에 출범한 대경추는 최근 신의주 경제특구에도 관여하고 있는 것으로 확인되었다.[25] 이는 북한의 대외개방지역에 대한 창구는 대경추가 담당하고 있음을 의미하는 것이다. 북한의 지역개방은 기존의 폐쇄적 정책기조와는 상충되는 것으로 신구의 충돌이 발생할 수 있는 사안이며, 대경추가 충돌의 접점에 있다고 할 수 있다. 물론 대경추는 무역성의 외곽기관이면서 국 정도의 수준이기 때문에 북한 내의 위상이 아태평화위원회와는 비교할 수 없다. 그러나 이 기관의 명암은 개방에 따른 북한사회의 작용과 반작용을 투영해볼 수 있는 대상임에는 분명하다.

북경에서 활동하고 있는 조선족 학자의 전언에 따르면 1990년대 후반

25) 신의주 행정장관으로 임명되었던 양빈과 신의주 행정특구를 개발하기로 계약을 맺은 북한 기관이 바로 대외경제협력추진위원회(위원장 김용술)였다.

김정일 위원장이 나진선봉지역을 처음으로 방문했을 당시 김일성의 초상화가 다른 외국기업의 간판보다 낮게 걸려 있는 것을 보고, 황색바람이 너무 많이 들어왔다고 지적했다고 한다. 그 이후 나진선봉지역에는 찬바람이 불기 시작했다고 한다. 이를 뒷받침하는 것으로, 당시 가장 활발하게 활동을 했던 대경추 김정우 위원장이 갑자기 활동을 중단했고 숙청설이 나오기까지 했다. 총련 기업인의 전언에 따르면 김정우 위원장은 건강상의 문제로 병원에 입원했으며, 업무의 공백 때문에 림태덕 부위원장이 위원장직을 맡게 되었다고 한다. 그러나 실질적으로는 이를 계기로 개방에 대해 탐탁지 않게 생각했던 당내 인물들이 적극 견제에 나서 김정우 위원장의 복귀가 어렵게 되었다는 것이다. 즉 김정일 위원장의 발언에 힘입어 내부적 반대세력의 반작용이 효과를 발휘함으로써 대경추의 위상이 급격히 약화되는 결과를 초래했던 것이다.

다른 측면에서의 사례는 대외개방과 관련해서 국제무역촉진위원회와 대경추 간의 이견 충돌을 들 수 있다. 국제무역촉진위원회는 1950년대부터 북한의 대외경제관계에 관여해온 기관이다. 반면 대경추는 앞서 본 바와 같이 1990년대에 나타난 조직이다. 비록 상호 업무영역이 분명하게 구분될 수 있지만 사업대상과 관련해서는 중복되는 현상이 발생할 수밖에 없다. 이러한 맥락에서 신구의 충돌현상을 찾아볼 수 있다. 1997년을 전후해서 북한이 남포·원산지역에 보세가공구를 설치할 것이라는 내용이 대경추의 인물들을 통해 발표되었다. 임태덕 부위원장은 1997년 11월 북경에서 열린 두만강지역개발계획 정부간 조정위원회 회의에서 북한이 원산과 남포의 보세가공구역화 방안을 검토 중이라고 밝혔다.[26] 또한 나진선봉 투자설명회를 위해 일본을 방문했던 김문성 부위원장도 동일한 내용을 언급한 바 있다. 그러나 같은 시기에 일본을 방문한 국제무역촉진위원회 인물은 나진선봉도 제대로 하지 못하고 있는데 남포와 원산에 또 보세가공구를 설치하려는 것은 무모한 행동이라고 비난했다

26) 연합뉴스, 1997년 11월 18일 보도.

고 한다.[27] 이는 동일한 시기에 같은 무역성 산하기관에서 나온 상이한 의견이라는 점에서 이례적이라고 볼 수 있다. 또한 국제무역촉진위원회 인물들이 대경추로 자리 이동을 하는 경우가 빈번하다는 점에서 더욱 그러하다. 그러나 실질적으로는 개연성이 있을 수 있다. 국제무역촉진위원회는 오랫동안 일본과의 경제교류 창구의 역할을 해왔으며, 이들 사업은 주로 남포나 원산지역에서 이루어지고 있다. 그런데 보세가공구가 설치되어 나진선봉과 같은 방식으로 운영될 경우, 대경추의 역할은 확대되는 반면 국제무역촉진위원회의 역할은 축소될 수밖에 없기 때문이다. 당시 정황으로 대경추의 활동이 김정우 위원장의 와병과 함께 급격하게 위축되면서 이러한 논의들이 사라졌으며, 상대적으로 국제무역촉진위원회의 활동이 증가했던 점은 시사하는 바가 크다고 할 것이다. 최근 신의주 개방과 함께 다시 대경추의 활동이 본격화될 것으로 예상되지만 신구의 충돌에 따른 영향을 받을 여지는 여전히 남아 있다.

5. 결론

북한체제는 현재 지속성과 변화라는 측면에서 혼돈 상태에 있다. 이러한 혼돈은 개방의 접점에 있는 대외경제기구의 변화 여부와 밀접한 관련이 있다. 또한 시스템이 안정화되어 있지 않는 상태에서는 기존의 기득권 세력이 인적 네트워크를 통해 기득권을 유지하려고 할 것이며, 새로운 시스템을 만들려고 하는 세력은 변화의 계기를 도약의 발판으로 삼아 기득권층에 자리를 잡으려는 시도를 하게 된다. 이러한 신구의 충돌은 지속적으로 발생할 수밖에 없다. 그러나 북한과 같이 폐쇄된 사회에서는 이러한 현상을 파악하기가 매우 어렵다.

---

27) 일본 총련계 기업인과의 인터뷰.

특히 북한의 대외경제기구는 기존에는 북한경제의 중심축이 아니었기 때문에 당의 주목을 받을 만한 사항이 별로 없었다. 즉 권력집단의 이해관계가 그렇게 많지 않았다는 것이다. 그러나 사회주의권 국가의 붕괴 이후 북한의 대외관계는 근본적으로 변화해야만 했고, 외화벌이는 가장 중요한 현안으로 부각됐다. 기득권층의 이해관계는 집중되고, 이에 따라 대외경제기구는 많은 변화를 겪게 된다. 아태평화위원회는 대외관계는 물론 대외경제관계도 관장하는 당의 외곽기구라고 할 수 있다. 물론 경제기구가 아니라는 점은 수차례 강조한 바가 있지만, 필요에 따라서는 경제문제에 직접 개입할 수도 있는 것이다. 이러한 관점에서 아태평화위원회를 비롯하여, 무역성 및 대외경제기구들의 변화과정을 살펴보았다. 그리고 미완의 결론은 바로 이러한 대외경제기구들이 북한체제의 지속성과 변화를 투영해주는 거울이라는 점을 도출했다. 비록 자료의 제약과 한계로 인해 완성도는 극히 낮지만, 북한체제의 변화를 분석하기 위한 초보적 자료를 작성했다는 점에 위안을 삼고자 한다. 이를 바탕으로 많은 자료의 보완과 투명성 제고 과정을 거쳐 좀더 완성도가 높은 자료가 누적될 수 있기를 기대한다.

<참고문헌>

1. 북한 문헌 및 자료

1) 단행본

김일성종합대학출판사 편. 1995,『라진-선봉 자유경제무역지대 투자환경』, 평양: 김일성종합대학출판사.

2) 논문

리신효. 1992,「새로운 무역체계의 본질적 특성과 그 우월성」, ≪경제연구≫, 평양: 과학백과사전종합출판사.

3) 신문, 잡지 및 기타

『경제사전』 제1권, 평양: 사회과학원출판사, 1985.

2. 남한과 외국 문헌 및 자료

1) 단행본

북한연구소 편. 1983,『북한총람』, 북한연구소.

임강택. 1998,『북한의 대외무역의 특성과 무역정책 변화전망』, 민족통일연구원.

2) 논문

서진영. 2003,「개혁개방시대 중국의 대외정책 결정과정: 제도적 맥락」,『동아시아 연구』 제6호.

신지호. 2001,「북-일 경제관계 10년 평가와 전망」, 조명철 편,『북한의 대외경제정책 10년 평가와 과제』, 대외경제정책연구원.

3) 기타

연합뉴스, 1997년 11월 18일 보도.

일본 조총련계 기업인들과의 인터뷰 자료.

<조선중앙방송>, <조선중앙통신> 보도.

찾아보기

인명

(ㄱ)

(ㄹ)

(ㅁ)

용어

■ 지은이

정성장
파리 10-낭떼르 대학교 정치학 박사
현재 세종연구소 연구위원
주요저서 *Ideologie et système en Corée du Nord*(1997)
『북한사회의 이해』(공저, 2002)
『김정일 정권의 생존전략』(공저, 2003)

정상돈
Freie Univ. Berlin 정치학 박사
현재 세종연구소 북한연구센터 객원연구위원
주요저서 *Herrschaft in der Arbeitswelt. Konflikt und Konsens ziwschen Lohnarbeit und Kapital*(1996)
「이데올로기 문제와 통일교육의 다원화」(2002)
「북한노동조합의 자율성 논쟁: 해방 이후부터 한국전쟁 이전까지」(2003)

정성임
이화여자대학교 대학원 정치학 박사
현재 세종연구소 북한연구센터 객원연구위원
주요논문 「최근 북·러 경제관계: 현황과 한계」(2002)
"Reconnection of Transportation Networks between South and North Korea, and Its Effect on the North Korean Economy"(2002)
「한·러관계 100년: 러시아의 인식변화를 중심으로」(2000)

노귀남
경희대학교 대학원 문학 박사
현재 세종연구소 북한연구센터 객원연구위원
주요논문 「북한문학 속 변화 읽기」(2001)

「여성주의 시각으로 본 북한문학」(1999)
「통일문제 문학과 현실의 거리: 북한소설에서 '실천적 리얼리즘'의 모색」(1998)

동용승
성균관대학교 무역학과 박사과정
현재 삼성경제연구소 북한연구팀 팀장
주요저서 『김정일시대의 북한』(공저, 1997)
『남북경협 GUIDE LINE』(공저, 2001)
『통일을 향한 남북한 산업지도』(공저, 2001)

한울아카데미 589

조선로동당의 외곽단체

엮은이 | 세종연구소 북한연구센터
펴낸이 | 김종수
펴낸곳 | 도서출판 한울

편집책임 | 서영의
편집 | 송은주

초판 1쇄 인쇄 | 2004년 1월 15일
초판 1쇄 발행 | 2004년 1월 25일

주소 | 413-832 파주시 교하읍 문발리 507-2(본사)
121-801 서울시 마포구 공덕동 105-90 서울빌딩 3층(서울 사무소)
전화 | 영업 02-326-0095, 편집 02-336-6183
팩스 | 02-333-7543
홈페이지 | www.hanulbooks.co.kr
등록 | 1980년 3월 13일, 제406-2003-051호

Printed in Korea.
ISBN 89-460-3174-3 93340
ISBN 89-460-0115-1 (세트)

* 가격은 겉표지에 있습니다.
* 이 책은 2002년도 한국학술진흥재단의 지원에 의해 연구되었음 (KRF-2002-072-BM1020)